全北大學校開校50年紀念

全北研究論著目錄

姜吉遠

全北大學校 全羅文化研究所

序　文

　全羅道는 북쪽에서 錦江으로 忠淸道와 나누고 동쪽에서 섬진강으로 慶尙道와 가르고 서쪽에서 황해 바다에 잇닿는다. 이곳은 馬韓, 百濟의 古地이더니 新羅를 지나 高麗朝 成宗 때는 東西 兩分하여 江南, 海陽道라 하고, 顯宗 때는 다시 합하여 全羅道라 하였다. 그 후 몇 차례 나뉘고 합하여졌지만 朝鮮朝에는 대체로 全羅道라 부르는 것이 굳어졌다.

　百濟 이래 100여 개 郡縣들도 안에서 나뉘어 옹기종기 이어진 산자락과 뜰에 있었던 100여 개 군현들 중에도 全州와 羅州 두 곳이 우뚝한 큰 고을이었기 때문에 전라도라 불리어진 곳이다. 이러한 전라도는 韓末(1896) 새로운 行政區域 改編에서 지리, 노령 두 잇대어지는 峻嶺을 중심으로 南北으로 나뉘어져 비로소 全羅南道, 全羅北道로 따로 부르기 시작하면서 오늘의 전라북도가 시작되었다.

　開道 이래 日帝의 侵略으로 반식민지, 식민지시대를 지냈고 그 후 光復을 맞이하여 반세기를 지나게 되었다. 광복 이후 半世紀동안 우리들의 삶은 이런저런 일들 때문에 분주하였던 가운데도 이곳과 이곳에서 살았고 살고 있는 이들에 대한 학문적인 조사와 연구는 꾸준히 이루어졌다. 그러나 硏究者들의 관심이 각기 달랐고, 이 때문에 여기저기 발표되었던 論著들은 찾아보기 어려웠고 전문 연구자들이 누구인지 헤아리기 또한 어려웠다.

　이에 불편을 느껴오던 중 그간의 硏究內容들을 쉽게 찾아보고 각기 다른 관심을 가지고 진행하였던 연구자들을 밝히어 앞으로 종합적인 연구의 바탕을 삼고 학제간 연구의 이해를 돕기 위하여 全北大學校는 開校 50年 紀念 學術硏究의 하나로 『全北硏究論著目錄』을 간행하기로 하고 이에 필요한 지원을 하였다.

　全北大學校 全羅文化硏究所는 이 작업을 진행하여 이제 한 권의 책으로 내놓게 되었다. 이 작업은 유호석 박사의 헌신적인 노력과 최범호, 김병남, 이현기(대학원 재학생) 등의 협조가 있었다. 본인은 張明洙 總長님, 수고한 분들, 그리고 책을 맡아 출판하여준 도서출판 혜안의 오일주 사장에게 감사의 뜻을 전한다.

全北大學校 全羅文化硏究所長　姜　吉　遠

◇　凡　例　◇

1. 수록범위

(1) 본 목록집은 1945년 이후부터 1995년도까지 국내에서 발간된 정기간행물과 학술논문집에서 전라북도 지역과 관련된 주제를 다룬 논저들을 뽑아 분야별로 수록하였으며, 1996년 이후에 발표된 것이라도 편집과정에서 찾아진 것은 가능한 한 모두 수록하였다.

(2) 전북 출신의 인물이나 그 작품에 대한 연구논저의 경우, 해당분야의 전문가의 자문을 거쳐 선별 수록하였으나, 그 인물의 생몰연대와는 관계없이 위의 해당기간에 발표된 것이라면 모두 수록하였다.

(3) 본 목록집의 성격상 학술적인 논저를 대상으로 하였기 때문에 일반 대중잡지나 순 문예지 등의 글은 수록 대상에서 제외하였다.

2. 조사방법

(1) 일차적으로 기왕에 간행된 각 분야의 도서목록집을 참고로 하여 조사하였다. 여기에는 국회도서관의 『정기간행물 기사색인』과 『한국 박사 및 석사학위논문 총목록』, 국립중앙도서관의 『학술논저총합색인』을 비롯하여 교보문고의 『(14개 학술분야의) 관계문헌목록』, 국회도서관의 『수서목록』, 한국사연구회의 『한국사연구논저총목록』, 김동수 편 『한국사논저 분류총목』 등이 포함된다.

(2) 천리안과 하이텔 등 국내의 통신망을 통하여 국회도서관과 국립중앙도서관, 학술진흥재단 등의 문헌정보를 검색하는 한편, 국립중앙도서관에서 펴낸 CD-ROM판 『한국문헌목록정보』 등을 검색하였다.

(3) 각 대학의 관련 연구자들 및 각종 연구소와 학술단체, 각급 관공서 등을 직접 방문하거나 서면을 통하여 조사 수집하였다.

3. 분류와 배열

(1) 본 목록집은 국회도서관에서 매년 간행되는 『정기간행물 기사색인』 책자의 분류에 의거하여, 모두 13개의 분야로 나누고 각 분야마다 다시 주제별로 세분하였는데 그 내용은 목차에서 보는 바와 같다.

(2) 전라북도라는 특정한 지역을 주제로 다룬 논저들을 수록대상으로 하는 만큼, 본 목록집에서는 위의 국회도서관의 분류 외에 별도의 새로운 항목을 만든 것도 있다. 예컨대 역사·지리 분야 내에 향토사라는 분야를 신설하고 향토사 밑에 다시 고문서 항목을 만든 것을 들 수 있다. 이밖에 새로운 연구분야의 증대에 따라 공학·기술 분야 내에 환경공학, 산업공학, 생명공학 등의 항목을 새로이 추가하였다.

(3) 어느 한 논저가 두 개 이상의 분야에 걸쳐 있는 경우 그 중에서 중심되는 분야에 이를 수록하였으나 필요하다고 생각되는 경우에는 각 분야에 중복하여 수록하였다.

6

4. 기술방법

(1) 기술은 필자, 제목, 게재지, 통권수 또는 호수, 간행년도 순으로 하였으며, 가능한 한 발표된 표기법에 따라 국문 또는 한문 등을 그대로 표기하였다.

(2) 저자가 본명이 아닌 法名으로 발표한 경우에는 편의상 본명으로 표기하고 괄호 안에 법명을 표기하여 참고하도록 하였다.

(3) 논저의 배열은 저자의 가나다 순서로 하였으며, 같은 저자의 논저는 논저의 간행년도 순서와 논저명의 가나다순으로 다시 정리하여 배열하였다.

(4) 통권수 또는 호수의 기재에서 약물 '~'과 '-'를 구분하여 사용하였다. 예컨대 3~4는 3권과 4권 두권을 가리키며, 10‑1은 10권 1호 한권을 가리킨다. 합집의 경우에는 '7·8 합집'과 같이 표시하였다.

5. 기타

(1) 본 목록은 앞으로 계속 보완될 예정이다.

(2) 보완된 자료들은 개정판의 출간에 앞서 우선 全北大學校의 全羅文化研究所의 인터넷 홈페이지에 올려 연구자들의 편의에 부응할 예정이다.

1. 정치·행정

(1) 정치학

권중주, 韓國大學生의 政治敎育에 관한 연구 - 全北地域을 중심으로 - , 전북대학교 박사
　　학위논문, 1991.
金容郁, 朝鮮末 政治體系와 東學民衆運動, 『한국행정학보』 21 - 2, 한국행정학회, 1987.
金羽泰, 호남민의 정치사회 의식 조사 연구, 『통일문제연구』 8, 1991.
金在泳, 지방의회 및 후보자의 정치적 태도에 관한 조사 연구, 『한국정치학회보』 25, 한국
　　정치학회, 1991.
나종오·나종일, Religion and politics : A Comparative study with Emphasis on The Dong Hak
　　Rebellion and the March First Movement, 『社會科學硏究』 6, 1979.
노계현, 동학란이 국제정치에 미친 영향, 『국제법학회논총』 7 - 2, 대한국제법학회, 1962.
盧泰久, 東學革命과 새로운 政治秩序 : 造化의 世界, 『문제연구』 2, 경기대학교, 1994.
鄭大秀, 커뮤니케이션 過程에 있어서 集團敵對感의 强化에 關한 硏究 - 嶺·湖南 地域
　　葛藤을 中心으로 - , 성균관대학교 박사학위논문, 1989.

(2) 정치 일반

강대기, 지역감정에 대한 이론적 접근과 태도조사 : 영·호남 지도층인사를 중심으로, 『사
　　회조사연구』 8 - 1, 부산대학교 사회조사연구소, 1989.
강준만, 『김대중 죽이기』, 개마고원, 1995.
강준만, 『전라도 죽이기』, 개마고원, 1995.
김기대, 지역감정과 지역정치론, 『지방자치』 83, 현대사회연구소, 1995.
김선기, 人物論 - 仁村 金性洙 - , 『新聞評論』 65, 1976.
김세철, 지역감정에 대한 언론인의 의식조사연구 : 영·호남 언론인을 중심으로, 『한국언
　　론학보』 29, 한국언론학회, 1993.
김용학·김진혁, 지역감정의 관계적 분석 : 결혼 연결망을 중심으로, 『한국사회학』 24, 한
　　국사회학회, 1990.
김재필, 지방자치하에서의 지역감정해소 방안, 『지방행정연구』 24, 한국지방행정연구원,
　　1992.
金正俊, 『咸台永翁 世界一周記』, 聖文學舍, 1957.
김종철, 지역감정과 한국정치, 『말』 66, 1991.

박정순, 지역감정문제의 본질 : 실상과 상상,『사회과학연구』5, 경북대학교 사회과학연구
　　소, 1989.

朴興植, 관료들간의 주관적 거리와 출신지역적 태도의 차이,『한국행정학회보』29 - 2,
　　1993.

白南赫, 개화기의 선구자이자 3代 副統領 松岩 咸台永,『나라와 더불어 겨레와 더불어』
　　(전북신서 5), 전북애향운동본부, 1987.

백상창, 지역감정의 사회병리학적 분석,『광장』170, 세계평화교수협의회, 1987.

송기숙・이문열, 지역감정 그 뿌리와 악폐,『新東亞』337, 동아일보사, 1987.

송정일, 깊어만 가는 지역감정의 골 : 남북통일 노력에 앞서 지역분열 방지해야,『자유』
　　210, 자유사, 1991.

愼道晙, 仁村 先生과 나 : 仁村 精神의 再構成,『高大文化』13, 고려대학교, 1972.

신영우, 지역감정 유발 및 해소에 관한 연구,『慶尙大最高管理者課程論文集』4, 경상대학
　　교, 1993.

원한식, 지역감정은 어디서 생기는가,『新東亞』339, 동아일보사, 1987.

원한식, 한국정치에 있어서 영・호남 지역감정,『정책과학논총』3, 전주대학교 정책과학연
　　구소, 1987.

유석춘, 지역감정의 사회심리학,『정책논단』2, 1995.

兪鎭午, 仁村과 政治 - 仁村 精神의 再構成 - ,『高大文化』13, 고려대학교, 1972.

兪鎭午, 人間 仁村 金性洙,『新東亞』140, 동아일보사, 1976.

李相輝, 14대 大選에서 地域感情이 투표행위에 미친 영향 - 全北地域 유권자를 중심으로
　　- ,『한국정치학회보』27 - 1, 한국정치학회, 1993.

李壽仁, 지역감정의 본질과 선거,『민족지성』59, 민족지성사, 1991.

李壽仁, 新三國時代의 克服,『국회보』305, 1992.

이정식, 정치와 지역감정의 함수관계,『광장』170, 세계평화교수협의회, 1987.

이종익, 지역감정의 해소를 위한 정책과제,『사회과학논총』9, 청주대학교 사회과학연구
　　소, 1990.

李治白, 독립운동가이자 정치가 芹村 白寬洙,『전북인물지(중권)』, 전북애향운동본부,
　　1983.

이현복, 한국사회에서의 언어와 지역정서에 관하여,『광장』172, 세계평화교수협의회,
　　1987.

李熙鳳, 仁村論 - 仁村 精神의 再構成 - ,『高大文化』13, 고려대학교, 1972.

장을병, 지역감정의 해소와 지방자치제,『정치문화』3, 1989.

丁得圭, 湖南地方人의 政治意識 構造의 特質,『地域開發研究』4 - 1, 전남대학교 지역개
　　발연구소, 1972.

조경근, 영・호남 지역감정연구 : 광주 및 대구 대학생들에 대한 설문조사를 중심으로,『조
　　선』90, 1987.

조희연, 지역감정과 한국의 민주주의, 『창작과 비평』 79, 1993.
조희연, 지역감정의 '정치적 구조화' 과정에 관한 연구 : 지역주의적 투표행태에 대한 정치
　사회적 분석, 『성공회대학논총』 7, 1994.
車龍濬, 全羅北道 高等·大學生의 統一意識 調査研究, 『정책과학논총』 5, 전주대학교 정
　책과학연구소, 1989.
최영근, 지역감정의 실상과 해소방안에 관한 일고찰, 『국회보』 275, 1989.
卓鎭煥, 全州市 選擧人의 政治意識 - 1971年度 兩大選擧를 中心으로 -, 『極東論叢』 1,
　전북대학교, 1973.
한국의정평론사 편, 망국적인 지역감정해소의 방향, 『의정평론』 36, 1991.
황선욱·이장희, 韓國社會의 地域感情에 관한 研究 : 嶺·湖南 地方을 중심으로, 『牛巖
　論叢』 10, 청주대학교, 1993.

(3) 의회

남원시의회, 『議政白書』, 1994.
부안군의회, 『議政白書』, 1995.
전라북도 도의회, 『議政白書』, 1996.
진안군의회, 『議政白書』, 1978.

(4) 지방자치·지방행정

강인재·조만형, 전북지역을 위한 전주과학산업연구단지의 실효화 방안에 관한 연구, 『한
　국사회와 행정연구』 5, 관학행정학회, 1995.
고희채, 古阜面의 行政特色, 『지방행정』 7 - 10, 1958.
구성원, 地方政府의 企劃能力 提高方案에 關한 研究 : 全羅北道의 事例를 中心으로, 전
　북대학교 행정대학원 석사학위논문, 1988.
金良坤, 農漁村地域의 醫療保險 傳達體系 研究 - 群山 沃溝地域을 中心으로 -, 국민대
　학교 행정대학원 석사학위논문, 1988.
金玟鎬, 地方自治團體區域의 適正化方案에 관한 연구 : 全北 基礎自治團體區域을 중심
　으로, 전북대학교 교육대학원 석사학위논문, 1993.
金聖秀, 開發制限區域의 管理實態에 관한 研究 : 全州市를 中心으로, 원광대학교 석사학
　위논문, 1993.
金令才, 廣域行政서비스와 地方公務員의 關心度에 관한 研究 - 全州·群山·裡里圈의
　事例를 中心으로 -, 동국대학교 박사학위논둔, 1988.

金令才·金仁洙, 一線 行政公務員의 士氣에 關한 調査研究 - 群山 및 沃溝地域의 四·五級 行政職을 對象으로 -,『군산교대논문집』10, 1976.

金允均, 일선기관에서의 생산성 제고에 관한 연구(김제군의 읍면행정을 중심으로), 경희대학교 석사학위논문, 1983.

金允植, 우리나라 邑 面行政에 關한 研究 : 金提郡의 邑面을 中心으로, 경희대학교 석사학위논문, 1983.

김응환·황경수,『21세기 군산 이렇게 바꾸자』, 솔, 1995.

김재영, 우리나라 地方自治에 있어서 환경문제에 관한 사례연구 : 전라북도의 경우를 中心으로,『한국정치학회보』28, 한국정치학회, 1994.

김천봉, 전주직할시 승격 및 대도시 발전의 당위성과 방안,『전북행정학보』6, 전북행정학회, 1993.

김천봉, 행정구조개편과 민주화 및 국토균형발전,『전북행정학보』7, 전북행정학회, 1994.

金泰祚, 全州市의 空間綠化 - 都市의 空間綠化 -,『都市問題』7 - 8, 1972.

羅原均, 廢棄物管理의 效率的 方案研究 : 光州 全南·北을 중심으로, 경희대학교 행정대학원 석사학위논문, 1993.

박기영·주상현, 전주시 대중교통문제의 바람직한 개선방안 - 시내버스 노선체계를 중심으로 -,『도시및환경연구』10, 전북대학교 도시및환경연구소, 1995.

朴昌洙, 全州市民의 住居意識에 관한 研究 : 全州市 韓屋保存地區 住民의 住居意識과의 比較를 中心으로, 건국대학교 행정대학원 석사학위논문, 1984.

서홍석,『전북지방자치론』, 전주 : 동아정판사, 1990.

선병완·차재덕·김구배·양규혁,『지방세 세목의 통합방안 연구』, 전라북도, 1995.

孫暎勳, 農村定住生活圈 開發의 戰略에 관한 연구 : 全北 高敞郡을 중심으로, 전주대학교 지역개발대학원 석사학위논문, 1990.

송기도,『전북인의 지방자치 의식에 관한 조사』, 전주문화방송, 1994.

신기현·신환철·안완기,『무주군 지역발전에 관한 조사』, 무주군, 1995.

신기현·신환철·안완기,『지방자치발전에 관한 연구』, 전라북도의회, 1995.

申武燮, 全北行政의 變化와 特徵,『사회과학연구』15, 전북대학교 사회과학연구소, 1988.

申武燮·이주재, 임실 고추시위에 대한 농민과 공무원의 태도 비교,『사회과학연구』18, 전북대학교 사회과학연구소, 1991.

申武燮, 임실 고추파동과 행정의 대응,『한국행정학보』26 - 3, 한국행정학회, 1991.

申順浩, 우리나라 島嶼地域의 特性과 開發方向에 관한 연구 : 西南海 島嶼地域을 중심으로, 서울시립대학교 석사학위논문, 1992.

沈相銖·崔洛彌, 全州工團地가 全州市發展에 미친 效果分析,『전북대논문집(인문·사회과학편)』22, 1980.

楊秉彝, 都市內 歷史的 空間維持의 實態와 問題点 : 全州市 韓屋地區의 例를 中心으로,『都市問題』238, 1986.

염동창, 우리 道의 稅入增强策,『지방행정』7 - 10, 1958.

오기성, 전주지역 주민의 자치의식에 관한 연구, 전주대학교 지역개발대학원 석사학위논문, 1989.

元漢植, 행정신뢰의 변인 연구 : 전북인을 중심으로, 고려대학교 박사학위논문, 1990.

유금록, 군산시 지역경제의 활성화를 위한 행재정의 지원방안,『군산시 지역경제의 중장기 발전계획(1989~2001)』1, 1989.

兪大根, 商業密集性과 住居密集性에 의한 全州市 商業中心地域 空間構造分析,『전주우석대논문집(인문·사회편)』15, 1993.

李相七, 全羅北道 力點施策推進狀況,『지방행정』368, 1984.

이상휘,『전주 완주 통합 그 의미는 무엇인가』, 지역발전연구소, 1994.

이상휘,『지역발전, 지방자치, 통합에 관한 완주·전주 주민의식 조사연구』, 전주·완주 광역시 추진위원회, 1995.

李長炯, 全羅北道의 地域開發戰略의 探索에 關한 硏究, 건국대학교 행정대학원 석사학위논문, 1988.

林錫禹, 全羅北道의 보고가는 마을 造成運動,『지방행정』12 - 1, 1963.

任成美, 서해안 개발과 지방자치,『月刊市郡소식』9, 시군소식사, 1990.

任成美, 서해안 개발과 지방자치제,『月刊市郡소식』11, 시군소식사, 1990.

임승수, 금강유역 생활용수 수급체계 방안에 관한 연구, 서울대학교 석사학위논문, 1980.

장명수, 복지국가 건설과 지방행정,『건축행정』30 - 330, 1981.

장명수, 지방경제와 지방자치,『비교행정』12, 1987.

장명수, 낙후론 시비,『월간전라』1991년 1월호, 1991.

장명수, 지방자치서설,『전북의정연구』1, 전북의정연구소, 1991.

장재우 외 6인,『전주직할시 승격을 위한 기본구상』, 전주직할시 승격 추진위원회, 1994.

전라북도,『소도읍 기능화 기획』, 1977.

전라북도,『전북행정구역요람』, 1995.

全羅北道敎育委員會,『行政資料目錄』, 1981.

전주시 편,『全州 都市長期綜合開發計劃』, 1980.

전형원 외, 공공시설 설치에 따른 집단이해 갈등과 조정에 관한 연구 : 전북지역을 중심으로,『지방자치연구』6 - 1, 전북대학교 지방자치연구소, 1994.

鄭光祐, 全州市 都市開發에 對한 硏究,『都市問題』8 - 1, 1973.

정상현,『지방행정과 리더십』, 신아출판사, 1996.

朱相炫, 全北 行政情報體系의 導入과 活用에 關한 硏究, 전북대학교 석사학위논문, 1991.

車龍瀋, 福祉文化와 福祉實態 比較硏究 : 嶺·湖南地域을 중심으로, 고려대학교 박사학위논문, 1990.

최선옥, 전주시 발전과 신도시 건설계획,『전북행정학보』6, 전북행정학회, 1993.

崔龍煥, 山野地의 特殊用役 - 湖南地方에 있어서의 墓地를 中心으로 - ,『地域開發硏究』

3 - 1, 전남대학교 지역개발연구소, 1971.
최우종·오용규·양규혁,『익산시 시내버스 통합요금 평가에 관한 연구』, 전북대학교 산
　업경제연구소, 1995.
崔雲植, 전북지방의 공업용수 수습방안,『道政研究』81, 전북도청, 1981.
韓相武, 全北道政을 통해 본 政治參與,『건국대대학원논문집』7, 1978.
黃正雄, 地方自治下에서 全北地域의 經濟活性化 方案에 關한 研究, 원광대학교 행정대
　학원 석사학위논문, 1993.

(5) 행 정 학

金權執, 柳馨遠의 行政改革論 研究, 중앙대학교 박사학위논문, 1986.
金南雄, 農工團地開發政策의 發展方案에 관한 연구 : 金堤地域事例를 중심으로, 전주대
　학교 지역개발대학원 석사학위논문, 1990.
金德煥, 韓國 地方行政 組織體制의 適正化方案 연구 : 全羅北道 沃溝郡을 中心으로, 원
　광대학교 행정대학원 석사학위논문, 1992.
김사은, 지방신문이 지역사회에 끼치는 영향 : 전북지역 광역선거 보도경향을 중심으로,
　원광대학교 행정대학원 석사학위논문, 1992.
金成男, 私立大學 職員의 士氣에 대한 研究 : 全北·南 私立大學을 중심으로, 원광대학
　교 행정대학원 석사학위논문, 1991.
김승완, 전북의 공업발전에 관한 과제, 전주대학교 지역개발대학원 석사학위논문, 1993.
金榮圭, 開發制限區域의 運用實態와 效率的 活用에 관한 연구 : 全州圈을 중심으로, 전
　북대학교 행정대학원 석사학위논문, 1990.
김영정·김영근·남춘호, 국가의 정책방향과 지역발전의 구조변동 - 군산시 및 주변지역
　의 성장과정 사례연구 : 1913~1993년 - ,『사회과학연구』21, 전북대학교 사회과학연구
　소, 1995.
김영철, 中等學校 教育에 對한 學父母의 要求分析 - 全州市를 中心으로 - , 중앙대학교
　석사학위논문, 1980.
金槙貴, '줄포' 지역사회개발 지도자의 特性에 관한 研究, 전주대학교 지역개발대학원 석
　사학위논문, 1987.
김종래, 都市交通의 圓滑한 疏通에 관한 연구 : 全州市를 中心으로, 전북대학교 행정대학
　원 석사학위논문, 1990.
金喆圭, 地方公務員의 能力發展에 관한 實證的 研究 : J - 地域公務員의 職務意識을 중
　심으로, 전주대학교 지역개발대학원 석사학위논문, 1990.
김택수, 地方稅入에 있어서 稅外收入의 擴充方案에 관한 研究 : 全羅北道를 中心으로,
　전북대학교 석사학위논문, 1989.

金澤宗, 道路事業 評價를 爲한 模型 定立 : 湖南高速道路 擴張事業을 中心으로, 전남대
　　학교 석사학위논문, 1989.
김필성, 大學行政管理의 電算化 方案에 관한 연구 : 圓光大學校를 중심으로, 원광대학교
　　행정대학원 석사학위논문, 1992.
나경숙, 土地公開念 定着을 위한 市民意識 硏究 : 全州市民을 중심으로, 전주대학교 지역
　　개발대학원 석사학위논문, 1990.
文忠坤, 新設市 開發戰略에 관한 연구 : 金堤市를 중심으로, 전북대학교 행정대학원 석사
　　학위논문, 1991.
민봉한, 地方行政區域 改編方案에 관한 연구 : 全羅北道 市郡 區域을 중심으로, 전북대
　　학교 행정대학원 석사학위논문, 1989.
朴官三, 自生財源 伸張을 위한 經營收益 事業의 擴大方案 : 전라북도를 중심으로, 전북
　　대학교 행정대학원 석사학위논문, 1992.
박승복, 토지거래 규제에 대한 연구 : 전주권을 중심으로, 전주대학교 지역개발대학원 석
　　사학위논문, 1991.
박영봉, 『움직이는 경상도와 전라도』, 三富出版社, 1968.
朴永鍾, 輸入自由化 政策에 따른 貴金屬 寶石産業 育成方案에 관한 연구 : 裡里 貴金屬
　　團地를 중심으로, 전북대학교 행정대학원 석사학위논문, 1991.
박혜랑, 이익집단의 활동에 관한 연구 : 전북지역 액화석유가스 판매업 협동조합을 중심으
　　로, 전주대학교 지역개발대학원 석사학위논문, 1992.
裵相珍, 公務員 敎育訓練 改善方案에 關한 硏究 - 전라북도 地方公務員 敎育院을 中心
　　으로 - , 전북대학교 석사학위논문, 1985.
徐正杓, 지방정부의 도시개발 실태와 개발전략의 합리화 방안에 관한 연구 : 전주시를 중
　　심으로, 전북대학교 행정대학원 석사학위논문, 1993.
徐廷昊, 韓國의 職業公務員制度 確立에 관한 연구 : 全羅北道 地方公務員의 認識實態를
　　중심으로, 전주대학교 지역개발대학원 석사학위논문, 1990.
선영태, 일선 공무원의 컴퓨터 수용태도에 관한 연구 : 전북지역 공무원 중심으로, 전주대
　　학교 지역개발대학원 석사학위논문, 1991.
송기환, 거주이동요인 분석에 관한 연구 : 전주시를 중심으로, 전주대학교 지역개발대학원
　　석사학위논문, 1992.
송양권, 지방의회와 지방자치 단체장과의 관계에 관한 연구 : 전라북도 도의회의 사례를
　　중심으로, 전주대학교 지역개발대학원 석사학위논문, 1992.
심대섭, 원불교 사회복지의 이념 및 방법에 관한 연구, 중앙대학교 석사학위논문, 1981.
우재복, 井州市 生活圈 開發을 위한 行政役割에 관한 硏究, 한남대학교 지역개발대학원
　　석사학위논문, 1986.
陸大洙, 地域綜合開發計劃의 住民參與에 관한 연구 : 全北道 茂朱·鎭安·長水郡을 중
　　심으로, 한성대학교 행정대학원 석사학위논문, 1991.

李尙倍, 司書職 公務員의 士氣 振作方案에 관한 硏究 : 光州 全南 全北의 公共圖書館 司書職公務員을 중심으로, 전남대학교 행정대학원 석사학위논문, 1991.
이승준, 지역경제활성화를 위한 지방재정의 역할강화 방안 : 정주시를 중심으로, 전북대학교 행정대학원 석사학위논문, 1990.
李銀蘭, 地方公務員의 士氣에 關한 연구 : 全羅北道 裡里市 公務員을 中心으로, 원광대학교 행정대학원 석사학위논문, 1992.
李濟植, 지방화시대에 따른 지역관광지 개발의 효율화 방안에 관한 연구 : 무주지역을 중심으로, 중앙대학교 사회개발대학원 석사학위논문, 1993.
張炅洙, 地域放送의 役割과 活性化 方案에 관한 硏究 - 全北地域을 中心으로 -, 한양대학교 행정대학원 석사학위논문, 1988.
정종식·이희돈, 직무특성과 직무만족에 관한 연구 : 전주시 지방공무원을 중심으로, 『전주공전논문집』 19, 1993.
鄭炯雨, 地方自治團體 財政의 자립도에 관한 연구 : 全北道를 중심으로, 한성대학교 행정대학원 석사학위논문, 1992.

（6）국방·군사

李錫崇, 智異山地區 共匪討伐作戰의 考察, 『전주교대논문집』 17, 1981.

（7）기타

전라북도 편, 『全北大觀』, 1957.
전라북도 편, 『道政業績』, 1966.
전라북도, 『전라북도요람』, 1989.
全羅北道 公報課 편, 『全羅北道 道勢一覽 4285』, 1952.
全羅北道 公報課 편, 『全羅北道 道勢一覽 4291』, 1958.
全羅北道 公報課 편, 『全羅北道 道勢一覽 4292』, 1959.
전라북도 통계담당관실 편, 『우리 살림 우리 전북 : 통계로 본 전북』, 1981.

2. 법률

（1）법률 일반

金洞玄, 어떻게 살 것인가 :『사도법관 김홍섭』(최종고 著),『司法行政』292, 1985.

金善姬, 法의 正義 실천한 所信의 法曹人 愚堂 李愚軾,『전북인물지 7』(전북신서 11), 전북애향운동본부, 1992.

김진배,『가인 김병로』, 가인기념회, 1983.

金珍培, 韓國司法의 化神 街人 金炳魯,『전북인물지(상권)』, 전북애향운동본부, 1983.

김진배, 해방민족의 분열을 외롭게 지킨 김병로의 지조,『2000년』30, 1985.

김진배, 해방 40년 한국인물 40선 : 金炳魯,『政經文化』239, 한국정경연구소, 1985.

김학준,『街人 金炳魯評傳』, 민음사, 1987.

宋成鏞, 현대 法曹人 爲民治法의 선구자 황만주,『전북인물지 6』(전북신서 10), 전북애향운동본부, 1991.

李治白, 사형수의 아버지 金洪燮,『전북인물지(하권)』, 전북애향운동본부, 1984.

崔鍾庫,『使徒法官 金洪燮』, 육법사, 1975.

（2）기타

徐巨錫, 전남·북 지역에서의 경범죄 현황과 그 대책에 관한 연구,『환경법연구』15, 한국환경법학회, 1993.

全羅北道 敎育委員會 편,『現行全羅北道敎育自治法規集』, 1967.

전라북도 법무관 편,『全羅北道自治法規集』, 1970~1975.

全羅北道 法務擔當官室 편,『現行全羅北道例規集』, 1976.

전주시 총무국 총무과,『전주시 자치법규집』, 1970.

全州地方檢察廳 편,『全州地方檢察史』, 1993.

3. 경제

(1) 경제사

金德珍, 조선시대 지방官營紙所의 운영과 그 변천 - 전라도 지방을 중심으로 - , 『역사학연구』 12, 전남대학교 사학회, 1993.

金相廈, 『秀堂 金季洙』, 삼양사, 1985.

朴明圭, 한말 지방사회 상품유통의 구조와 그 변화 - 호남지방을 중심으로 - , 『한국 고·중세사회의 구조와 변동』(한국사회사연구회논문집 11), 문학과 지성사, 1988.

박명규, 조선 말기의 전북지방의 토지 문제 - 驛屯土를 중심으로 - , 『전라문화연구』 6, 전북향토문화연구회, 1992.

孫禎睦, 군산 및 城津의 開港 - 淸日戰爭以後 都市의 變化 - , 『都市問題』 123, 1976.

수당기념사업회 편, 『수당 김연수』, 1971.

吳泳模, 李朝時代의 全羅道 都市研究, 전북대학교 박사학위논문, 1975.

吳泳模, 李朝時代의 全羅道 都市研究(1·2), 『전북대논문집(인문사회과학)』 18~19, 1976 ~1977.

尹源鎬, 朝鮮時代 全北地域의 經濟, 『전라문화논총』 2, 전북대학교 전라문화연구소, 1988.

尹源鎬, 頤齋 黃胤錫의 경제관 및 경제관련자료, 『頤齋 黃胤錫 - 영·정 시대의 호남실학 - 』(대우학술총서), 민음사, 1994.

鄭貳根, 갑오농민전쟁의 사회경제적 배경, 동아대학교 박사학위논문, 1993.

이형진, 日帝 강점기 米豆·證券市場정책과 '朝鮮取引所', 연세대학교 석사학위논문, 1992.

趙璣濬, 3·1운동 전후의 민족기업의 일유형 - 경성방직주식회사를 중심으로 - , 『삼일운동 50주년기념논집』, 동아일보사, 1969.

崔洛弼, 日帝의 土地收奪과 全北經濟의 停滯에 關한 研究 : 群山港의 開港을 中心으로, 전남대학교 박사학위논문, 1990.

함한희, 호남지역의 경제사의 연구사적 검토 - 구한말에서 일제시대에 이르는 시기에 관한 연구를 중심으로 - , 『한국문화인류학』 25, 한국문화인류학회, 1994.

(2) 경제정책

朴殷奎, 山村社會經濟의 調査分析 : 智異山地域 山村을 中心으로(1), 『産業開發研究所論文集』 10, 전북대학교 산업개발연구소, 1980.

朴壬求, 全北經濟의 發展方向과 産業基盤 施設,『全銀調査』22, 전북은행, 1992.

朴壬求, 産業基盤施設의 擴充을 통한 全北經濟의 發展戰略(上),『全銀調査』23, 전북은행, 1993.

朴正根 外, 全北經濟의 現況과 課題,『産業開發硏究所論文集』22, 전북대학교 산업개발연구소, 1992.

宋文圭, 全北地域 經濟의 構造的 變動에 關한 硏究,『産業開發硏究所論文集』10, 전북대학교 산업개발연구소, 1980.

李成鐸, 전북지역을 중심으로 한 지역경제 구조에 관한 연구,『전북도의회개원기념논문집』, 1989.

李容晩, 全北地域經濟의 低發展과 그 原因分析,『開發과 自治』4 - 1, 한국지역개발자치학회, 1990.

임향근, 갑오혁명정신을 통한 경제개혁 방안,『노사문제연구』4, 원광대학교 노사관계연구소, 1994.

전북경제사회연구원,『한·중 경제협력과 전북지역 경제의 활성화를 위한 정책 세미나』, 전북경제사회연구원, 1992.

전북경제사회연구원,『'新經濟'계획과 전북지역 경제 활성화를 위한 연구』, 전북경제사회연구원, 1993.

鄭秀鎭 外, 西海岸 時代와 全北地域 經濟의 發展方向에 關한 硏究,『원광대논문집(인문·사회편)』25 - 1, 1991.

丁安聲, 農村開發計劃 수립을 위한 地域有形區分에 관한 연구 : 全北地域 邑面單位에 대한 多變量分析法의 應用, 전북대학교 박사학위논문, 1990.

정지영,『전북지역 산업기반시설의 실태분석과 정책 제언』, 전북경제사회연구원, 1992.

조선웅·박임구,『산업기반시설 확충을 통한 전북경제의 발전전략』, 전북경제사회연구원, 1992.

趙鮮雄·卞在權, 情報化社會下에서의 全北地域經濟 發展戰略,『産業開發硏究所論文集』22, 전북대학교 산업개발연구소, 1992.

趙鮮雄·鄭知泳, 外國人 投資誘致를 通한 全北經濟의 國際化 戰略,『産業開發硏究所論文集』24, 전북대학교 산업개발연구소, 1994.

崔洛弼, 全北地域 經濟構造의 變動推移에 關한 硏究 : 地域隔差와 經濟構造分析을 中心으로,『전북대논문집(인문·사회과학편)』26, 1984.

崔洛弼 外, 全北經濟의 停滯性 克服에 관한 硏究,『전북대논문집(인문·사회과학편)』33, 1991.

崔洛弼, 全北 地域經濟 活性化를 위한 小考 : 政策代案을 中心으로,『社會經濟硏究』1, 한국사회경제연구소, 1992.

한성천, 전북경제의 낙후요인과 공업화 방향에 대한 연구, 전북대학교 경영대학원 석사학위논문, 1994.

(3) 지역개발

康奉均, 경제 균형발전과 서해안 개발,『군산문화』5, 군산문화원, 1991.

과학기술처 편,『二個道(全羅北道와 慶尙南道)의 地方發展에 關한 比較研究』, 1970.

국토개발연구원 편,『全州圈開發 基本構想』, 1980.

군산시 편,『群山都市長期綜合開發計劃』, 1980.

권의만・김정길・이강세, 금강하구둑 건설에 따른 유역주민의 소득증대 방안 연구,『새마을연구』2, 군산대학교 새마을연구소, 1984.

金基玉, 地域經濟 活性化를 위한 地方政府의 역할 - 全北 지역경제를 중심으로 - ,『지방행정』478, 1993.

金令才・姜容基, 地域開發度에 관한 地域住民의 滿足度 研究 : 영・호남・충청지역을 중심으로,『지역개발연구』2, 군산대학교 지역개발연구소, 1990.

金容淑・朴正鎬, 古群山列島의 綜合開發에 관한 研究(1) - 落島漁民의 意識構造 改善과 所得增大方案을 中心으로 - ,『새마을운동연구논총』7 - 3, 1982.

金載一, 전북지역의 산업연관 분석,『사회개발연구』7, 원광대학교 사회개발연구소, 1984.

金鍾厚・裵点模, 中小都市의 開發戰略에 關한 考察,『군산대논문집』12, 1986.

金昌洙, 茂朱地域 觀光開發의 效率的 方案研究,『연구논집』9, 경기대학교, 1992.

金恒錫・林龍澤, 群長廣域都市圈 開發을 위한 基本戰略,『産業開發研究』13, 군산대학교 산업개발연구소, 1994.

盧永起 外, 湖南圈 개발과 企業戰略,『光州週報』904, 1988.

盧隆熙, 第1次 國土綜合開發計劃事業의 社會經濟的 效果에 관한 研究 : 裡里工團 建設事業을 中心으로,『國土計劃』40, 대한국토・도시계획학회, 1984.

大韓國土計劃學會 편,『群山市建設綜合開發計劃報告書』, 1967.

大韓重機協會 編, 중공을 겨냥한 서해안 공사현장들 : 인천～시화～서산～아산～군산～목포～광양으로 이어지는 ‘꿈의 해안선’,『重機技術情報』45, 1988.

閔俊植, 湖南地方의 綜合構造 分析과 開發戰略에 關한 研究 - 湖南地域의 構造的 停滯性의 要因分析 - ,『문교부연구보고서(사회과학계)』20, 1970.

閔俊植, 湖南地域의 構造的 停滯性의 原因分析,『지역개발연구』3 - 1, 전남대학교 지역개발연구소, 1971.

朴光淳, 湖南地方의 綜合構造分析과 開發戰略에 關한 研究 - 湖南地域經濟의 構造的 特質分析 - ,『문교부연구보고서(사회과학계)』20, 1970.

朴光淳, 湖南地域 經濟의 構造的 特質分析,『지역개발연구』3 - 1, 전남대학교 지역개발연구소, 1971.

박동석,『고창군종합개발계획』, 전주대학교 지역개발연구소・농촌경제연구원, 1990.

박동석, 용담다목적댐 건설사업의 성공적 변수,『전북의정』10월호, 전북의정연구소, 1993.

박동수 외,『고창읍성 주변지역 개발 기본구상 보고서』, 전북대학교 도시및환경연구소,

1992.

박동수 외,『지리산 시대 고소득 창출을 위한 경영화 전략 보고서』, 전주대학교 지방자치
　　연구소, 1995.

박동수 외,『대둔산 도립공원 주차장 설치 타당성 조사 분석 보고서』, 전주대학교 지방자
　　치연구소, 1996.

박상건, 서해안시대는 폐막되는가,『월간 말』199년 9월호, 1990.

박성태, 영등 2지구 택지개발사업의 타당성 검토,『산경연구』8, 원광대학교 산업경영연구
　　소, 1995.

박성태,『전주 화산지구 일단의 주택지 조성사업 타당성 조사분석』, 전라북도 공영사업단,
　　1995.

朴秀永 외,『全羅北道 綜合開發計劃 : 1982~1991』, 全羅北道, 1982.

朴永祚, 裡里市의 도시적 토지이용 연구,『熊津地理』5, 공주사범대학교, 1980.

박일구, 농공지구 입지 분석 : 전라북도의 경우,『지역연구』9 - 2, 1993.

白永勳, 서해안 개발과 공업유치 효과의 극대화,『군산문화』5, 군산문화원, 1991.

소순열, 제2차 전라북도 종합개발계획(1992~2001)에 대한 비판적 검토 - (총론) 지역구조
　　· 지역문제 · 지역개발 - ,『호남사회연구』2, 호남사회연구회, 1995.

소진운, 도시 토지이용의 연구 - 전주시를 중심으로 - , 경희대학교 석사학위논문, 1971.

孫禎睦, 地方都市開發의 意慾과 苦心 - 전주 · 군산 · 이리를 돌아보고 - ,『지방행정』14 -
　　10, 1965.

宋億圭, 全州尖端科學研究團地 造成意義와 效果,『全銀調査』6, 전북은행, 1990.

송해안 · 이용만 · 정철모 외,『김제군지역 종합개발계획』, 전주대학교 지역개발연구소,
　　1990.

송해안 · 이용만 · 정철모 외,『남원군지역 종합개발계획』, 전주대학교 지역개발연구소,
　　1991.

송해안 · 이용만 · 정철모 외,『정읍군지역 종합개발계획』, 전주대학교 지역개발연구소,
　　1991.

송해안 · 이용만 · 정철모 외,『무주군지역 종합개발계획』, 전주대학교 지역개발연구소,
　　1993.

송해안 · 이용만 · 정철모 외,『순창군지역 종합개발계획』, 전주대학교 지역개발연구소,
　　1993.

송해안 · 이용만 · 정철모 외,『임실군지역 종합개발계획』, 전주대학교 지역개발연구소,
　　1993.

송해안 · 이용만 · 정철모 외,『익산군지역 종합개발계획』, 전주대학교 지역개발연구소,
　　1994.

송해안 · 이용만 · 정철모 외,『부안군지역 종합개발계획』, 전주대학교 지역개발연구소,
　　1995.

시군소식사 편, 西海岸 開發과 國土政策,『月刊市郡소식』9, 1990.

시군소식사 편, 西海岸 開發과 國土政策,『月刊市郡소식』11, 1990.

申仁基, 地域均衡發展을 위한 西海岸開發計劃,『메니지먼트』12, 1990.

沈載洪, '成長속의 陰地'에서 脫出 : 全州圈지역 開發등 定着체계 확립,『國土와建設』11, 대한건설진흥회, 1985.

양병우, 제2차 전라북도 종합개발계획(1992~2001)에 대한 비판적 검토 - (경제) '경제개발 계획'의 평가와 보완방향 - ,『호남사회연구』2, 호남사회연구회, 1995.

劉泳勳, 地方의 時代 : 都市開發 全州를 中心으로,『都市問題』216, 1984.

柳應敎, 전주권 개발에서 전주시의 기능과 역할,『건축문화』61, 건축문화사, 1986.

柳應敎, 全州圈 開發에서 全州市의 機能과 役割,『國土와 建設』23, 대한건설진흥회, 1986.

柳應敎, 龍潭댐과 全北地域開發,『全銀調査』5, 전북은행, 1989.

이명우, 제2차 전라북도 종합개발계획(1992~2001)에 대한 비판적 검토 - (공간) 공간계획 에 대한 검토 - ,『호남사회연구』2, 호남사회연구회, 1995.

李邦煥, 地域社會 開發과 새마을운동 - 全羅北道를 中心으로 - ,『産業開發研究所論文 集』6, 전북대학교 산업개발연구소, 1976.

이성호, 군산지역 산업구조 변동의 실태와 방향,『호남사회연구』2, 호남사회연구회, 1995.

李松宰, 地域開發의 起爆劑 : 댐과 부동산, 금강하구둑,『不動産』35, 不動産社, 1988.

이순원, 서해안 시대의 새로운 공업전진 기지 : 전라북도,『信用社會』66, 신용보증기금, 1988.

李承宇, 群山地域의 經濟實態와 그 開發戰略,『産業開發研究』1, 군산대학교 산업개발연 구소, 1983.

李承宇, 全北地域 經濟의 構造的 變動에 관한 研究,『産業開發研究』6, 군산대학교 산업 개발연구소, 1987.

李洋宰, 全北發展을 위한 또 하나의 視覺,『全銀調査』8, 전북은행, 1990.

李延植, 西海岸時代와 群山,『都市問題』261, 1988.

이영동, 제2차 전라북도 종합개발계획(1992~2001)에 대한 비판적 검토 - (환경) 전북지역 의 개발과 환경문제 - ,『호남사회연구』2, 호남사회연구회, 1995.

이용만 외,『고창군지역 종합개발계획』, 전주대학교 지역개발연구소, 1988.

이용만, 농지소유와 이용실태의 사례분석 - 익산·금마 사례분석 - ,『지역개발논총』1, 전 주대학교 지역개발연구소, 1992.

이용만, 도시부근 농촌지역의 농지이용에 관한 사례연구 - 전북 순창지역 사례연구 - ,『지 역개발논총』3, 전주대학교 지역개발연구소, 1995.

이용만, 부락의 형성 및 토지이용의 변화에 대한 사례분석 - 전북 부안지역 사례연구 - , 『지역개발논총』3, 전주대학교 지역개발연구소, 1995.

이용만, 농업적 토지이용의 시·공간변화에 관한 연구 - 전북 부안지역 사례연구 - , 성신여자대학교 박사학위논문, 1996.

李長炯, 全羅北道의 開發戰略에 대한 연구, 건국대학교 행정대학원 석사학위논문, 1987.

이전규, 國土均衡發展을 爲한 地域開發戰略 硏究 : 西海岸 時代를 갖는 全北地域 開發을 中心으로, 『開發과 自治』 3 - 1, 한국지역개발자치학회, 1989.

李俊英, 全州圈 開發制限區域에 대한 硏究, 『전주공업전문대논문집』 6, 1986.

李漢彬, 서남해안 개발과 한국의 미래, 『建設』 205, 대한건설학회, 1993.

임실군·한국농촌경제연구소·전주대학교 지역개발연구소, 『임실군 종합개발계획』, 1992.

林榮煥, 裡里地域 호텔建立計劃을 爲한 妥當性에 關한 硏究, 경희대학교 경영대학원 석사학위논문, 1985.

張明洙, 『都市와 地域開發』, 昶學社, 1977.

張明洙, 都市計劃과 地域개발계획, 『都市問題』 17 - 1, 1982.

張明洙, 全北의 地域開發 促進을 위한 방향, 『전주청년회의소 세미나발표논문집』, 1984.

張明洙, 全北開發의 方向, 『全銀調査』 2, 전북은행, 1989.

張明洙, 서해안 개발의 효율적 推進방안, 『전주상공』 99, 전주상공회의소, 1992.

張明洙, 지방화시대의 落後地域 개발, 『도시정보』 14 - 7, 1995.

張仁河, 中高等學校 敎師들의 全羅北道 地域開發에 對한 認識에 關한 硏究, 전주대학교 지역개발대학원 석사학위논문, 1987.

전라북도, 『지방경제 활성화 연구 보고서』, 1988.

전라북도, 『전북 경제사회의 국제화와 지역경제 활성화를 위한 주민의식 조사』, 1994.

전북대학교 도시및환경연구소, 『全州圈地域開發 第1段階事業 評價에 關한 硏究 : 완공보고서』, 大韓民國建設部 裡里地方國土管理廳, 1990.

전북상공회의소 지역경제연구소, 『전주권 공업입지 선정 및 개발구상을 위한 조사연구』, 1996.

전북일보, 『전북 개발의 방향』, 1968.

전주청년회의소, 『2000년대를 향한 전북권 지역개발 심포지엄보고서(전주JC 창립20주년 기념)』, 1984.

全賢淑, 야산개발에 관한 지리학적 고찰 : 전북 고창군을 사례로, 『君子社會』 6, 세종대학교, 1979.

전형원·유금록·강용기, 群長廣域産業基地의 立地與件評價와 改善方案, 『전북행정학보』 4, 전북행정학회, 1991.

정균승 외 2인, 서해안 시대와 전북 지역경제의 발전 방향에 관한 연구, 『사회개발연구』 14, 원광대학교 사회개발연구소,, 1990.

鄭秀鎭·鄭甲源, 地方自治와 全北地域 經濟開發戰略에 관한 硏究 - 全州·群山·裡里市를 中心으로 - , 『원광대논문집(인문·사회편)』 27 - 1, 1993.

정철모, 농촌 주거환경 개선에 관한 연구 - 고창군 사내마을 사례 - , 『도시및환경연구』 6, 전북대학교 도시및환경연구소, 1991.

趙範鎬, 새萬金地區 綜合開發事業計劃과 그 效果,『농업진흥』64, 농업진흥공사, 1988.

조재성, 전라북도내 4개 도시의 사회기반시설 소요 시설량 추정에 관한 연구,『도시계획논문집』1, 원광대학교, 1994.

조재성, 지방 중소도시의 공간구조에 관한 연구 : 전라북도 4개 도시를 중심으로,『國土計劃』73, 대한국토·도시계획학회, 1994.

조재성, 전북지역 제조업의 지역경제 성장에 미치는 효과분석에 관한 연구,『도시계획논문집』2, 원광대학교, 1995.

조재성, 지가경사면을 이용한 주거지 분포 구조에 관한 연구 : 전주시의 사례를 중심으로,『國土計劃』76, 대한국토·도시계획학회, 1995.

趙正濟, 테트노폴리스 構相과 全州·이리·群山 연계화 戰略,『國土와 建設』23, 대한건설진흥회, 1986.

趙正濟, 테트노폴리스 構相과 全州·이리·群山 연계화 戰略,『現代住宅』122, 현대주택사, 1986.

智異山地域開發調査研究委員會 편,『智異山地域 開發에 關한 調査報告書』, 1963.

智異山地域三地開發事業 편,『智異山地域 農業經濟開發 七個年計劃』, 1963.

池用起, 工團開發이 群山地域에 미치는 效果에 關한 硏究, 중앙대학교 사회개발대학원 석사학위논문, 1994.

崔相哲, 全州圈 開發의 論理와 戰略,『건축문화』61, 건축문화사, 1986.

崔相哲, 全州圈 開發의 論理와 戰略,『國土와 建設』23, 대한건설진흥회, 1986.

崔相哲, 全州圈 開發의 論理와 戰略,『現代住宅』122, 현대주택사, 1986.

한국은행 전주지점,『전북지역 경제조사연구 자료모음집』, 1991.

한국은행 전주지점,『전북경제 발전전략과 지역금융의 활성화 방안』, 1993.

韓相昱, 새萬金地區 大單位干拓綜合開發事業,『農工技術』1 - 4, 농어촌진흥공사·농어촌연구원, 1991.

韓相昱, 새萬金 干拓綜合開發事業의 意義와 計劃內容,『韓國農工學會誌』34 - 1, 한국농공학회, 1992.

韓泳奏, 韓國 都市圈의 設定과 그 適用에 관한 硏究 : 全州圈을 事例로,『都市問題』138, 1978.

韓允琇, 地域開發計劃의 執行過程에 있어서 住民意見 反映에 관한 연구 : 새萬金 事業地區를 중심으로, 건국대학교 행정대학원 석사학위논문, 1992.

黃甲孫, 地域圈域 開發의 課題와 發展戰略에 關한 硏究 : 全州圈 開發計劃을 中心으로,『開發과 自治』3 - 1, 한국지역개발자치학회, 1989.

(4) 기업경영

姜祥煥, 우리나라 消費者 保護 實態와 改善方案에 關한 硏究 : 全州地域을 中心으로, 『전주대논문집』 21, 1993.

김병국·김창의·국승규, 전라북도내 기업·대학·언론간의 효율적인 협력 방안에 관한 연구, 『언론문화연구논문집』 7, 원광대학교, 1995.

김보금, 소비자 보호를 위한 기업내 소비자 피해보상기구의 실태에 관한 연구 : 전북지역을 중심으로, 계명대학교 여성학대학원 석사학위논문, 1993.

金成鐸 外, 全北地域의 工場새마을 QC分任組活動의 運營方法에 關한 硏究, 『원광대논문집(인문·사회편)』 13, 1979.

金泳均·朴炳基, 全北地域 生産業體의 品質管理 實態에 관한 調査分析, 『品質管理學會誌』 15-1, 품질관리학회, 1987.

김항석, 群山地域 開發戰略에 관한 硏究 - 群山地域 流通産業現況과 그 育成方案 -, 『産業開發硏究』 1, 군산대학교 산업개발연구소, 1983.

金恒錫·林龍澤, 全北地域 流通産業의 開發戰略에 관한 硏究, 『군산대논문집』 9, 1984.

楊雲燮·徐東範, 韓國의 企業福祉制度에 관한 硏究 : 전라북도 지역의 섬유업체를 중심으로, 『地域開發硏究』 2, 군산대학교 지역개발연구소, 1990.

吳賢鐸·金同訓, 全北地域企業의 資本構造 決定要因 : 代理權 費用을 중심으로, 『産業開發硏究所論文集』 21, 전북대학교 산업개발연구소, 1991.

李炳烈, 地方公企業의 經營展望에 관한 硏究, 『정책과학논총』 3, 전주대학교 정책과학연구소, 1987.

李成鐸, 『물류비 절감을 위한 전주권 제조업체의 물적유통 관리에 관한 연구』(全州商議보고서), 전주상공회의소, 1994.

全州商工會議所 地域經濟硏究所, 『全北工團의 企業經營 實態分析과 解決方案』(全州經濟硏究總書 1), 1992.

鄭鎭暎, 全州 市民의 住居意識에 관한 分析, 동국대학교 경영대학원 석사학위논문, 1984.

車政演, 韓國企業의 動態的 組織開發에 관한 硏究 : 全北地域의 企業을 中心으로, 『군산대논문집』 3, 1982.

한국은행 전주지점, 『전북지역 기업경영 분석』, 한국은행 전주지점, 1990.

한국은행 전주지점, 『1992년중 전북지역 제조업체 기업경영 분석』, 한국은행 전주지점, 1993.

黃命澤, 全北企業의 現況과 課題, 『産業開發硏究所論文集』 19, 전북대학교 산업개발연구소, 1989.

(5) 중소기업

姜祥煥, 地方中小企業 育成方案 - 全北地域을 中心으로 -, 『全銀調査』 2, 전북은행, 1989.

金振泰 外 1인, 전주권 중소기업의 수출 마케팅 전략 개발에 관한 연구, 『産業開發研究所論文集』 14, 전북대학교 산업개발연구소, 1984.

김항석, 全北地域 中小企業의 마케팅 戰略에 관한 實證的 研究, 『중소기업연구』 7, 한국중소기업학회, 1982.

박상선, 전북지역의 중소기업 실태 및 경쟁력 강화 방안, 『전주교대논문집』 31, 1995.

宋文圭, 全北地域 製造業 및 特化産業에 關한 研究 : 中小企業을 中心으로, 『産業開發研究所論文集』 9, 전북대학교 산업개발연구소, 1979.

楊雲燮, 企業內 敎育訓練制度의 實態와 改善方向에 關한 研究 : 全北地域의 中小企業을 中心으로, 『군산대논문집』 5, 1983.

楊雲燮, 群山地域 中小企業의 育成方案, 『海洋開發研究』 8, 군산대학교 해양개발연구소, 1989.

柳鵬植, 全北地域 中小企業의 情報管理實態와 效率化戰略, 『産經研究』 7, 원광대학교 산업경영연구소, 1994.

李成鐸·李永日, 韓·日 地方政府의 中小企業 支援策에 관한 比較研究 - 全北地方과 岡山縣을 中心으로 -, 『산경논총』 7, 전주대학교 산업경영연구소, 1990.

임해정·정균승·강동희, 전북 제조업의 경쟁력 강화방안 - 노동생산성의 실증 분석을 통한 모색 -, 『중소기업학연구』, 1995.

전북경제사회연구원, 『전북지역 중소기업의 실태분석과 진흥방안』, 1993.

전북대학교, 『전라북도 제조업체 현황 및 중소기업지원제도』, 1996.

전북대학교, 『전라북도 중소기업 현황 및 기술수요 조사』, 1996.

全州商工會議所 地域經濟研究所, 『全州地域 中小企業 育成의 障碍要因 分析과 그 改善方案 : 競爭力提高를 위한 隘路解消戰略을 중심으로』, 1993.

鄭甲源 外, 全北地域 經濟의 活性化 方案 - 中小企業 育成을 中心으로 -, 『産經研究』 4, 원광대학교 산업경영연구소, 1990.

鄭秀鎭, 全北地域 中小企業의 現況과 育成方向, 『全銀調査』 5, 전북은행, 1989.

車德煥, 서해안 시대의 중소기업 발전을 위한 연구, 『산업논총』 3, 인천대학교, 1992.

車在德, 전북 중소제조업의 애로 요인 분석과 미래 방향 설정에 관한 연구, 『會計論叢』 3 - 3, 1992.

車政演, 중소기업의 실태적 경영제도에 관한 연구 - 전북지역의 중소기업을 중심으로 -, 『한국공업경영논총』 7, 1984.

崔奎洪, 全北地域 中小企業의 競爭力 提高方案, 『全銀調査』 15, 전북은행, 1991.

최낙필, 전북지역 중소기업 육성방안(1) - 익로요인 분석을 위한 기업설문조사내용을 중심으로 - ,『산업경제연구소논문집』26, 전북대학교 산업경제연구소, 1995.

崔宗烈,『전북지역 중소기업의 실태분석과 육성전략』, 전북경제사회연구원, 1993.

崔宗烈, 全北 中小製造業의 技術開發實態와 體制構築 方案,『社會經濟研究』4, 한국사
  회경제연구소, 1994.

韓國마아케팅研究院 編, 中小企業 마아케팅 水準 어디까지 왔나 - 全北地域 중소기업을
  대상으로 - ,『經營과 마아케팅』261, 한국마아케팅연구원, 1990.

한국은행 전주지점,『전북지역 중소제조업체 실태조사 보고서』, 1987.

한국은행 전주지점,『중소기업 지원제도』, 1991.

黃命澤, 全州中小企業育成을 위한 마아케팅 戰略에 관한 研究,『전북대논문집(인문・사
  회과학편)』24, 1982.

黃鎬煐, 全北地域 中小企業의 特性과 産業構造調整에 관한 考察,『産業開發研究所論文
  集』24, 전북대학교 산업개발연구소, 1994.

（6） 회계

高銑豊, 우리나라 企業의 內部監査制度에 관한 研究 : 全北地域의 大企業體를 中心으로,
  『군산대논문집』7, 1984.

權義晩, 세무회계상 감가상각비의 적용과 개선방향에 관한 연구 - 전북지방 기업을 중심으
  로 - ,『군산대논문집』7, 1984.

崔圭相, 群山地域 製造業體의 財務構造 分析,『産業開發研究』1, 군산대학교 산업개발
  연구소, 1983.

崔圭相, 군산지역의 산업개발에 관한 연구 - 외호환산 회계에 관한 실태분석 - ,『産業開發
  研究』5, 군산대학교 산업개발연구소, 1986.

（7） 상업

金中植, 全北地域 流通産業 活性化方向,『원광대논문집(인문・사회편)』27 - 1, 1993.

金中植, 全北地域 流通産業 活性化方向,『全銀調査』23, 전북은행, 1993.

南元默, 湖南地方의 市場生態,『동아상론』6, 1964.

商工會議所,『全北商工名鑑』, 1963.

孫晩洙, 地方化時代를 맞이한 大型小賣機構의 合理的 運營方案 : 全州 C百貨店을 중심
  으로, 전주대학교 석사학위논문, 1990.

심상선, 全北地域 商工業部門의 發展을 위한 實態調査分析,『國土計劃』51, 대한국토・
  도시계획학회, 1988.

吳相祈, 新聞 雜誌廣告가 消費者 行動에 미치는 效果의 分析(全州地方을 中心으로), 전
　　북대학교 석사학위논문, 1982.
兪大根, 全州南部市場의 商圈現況과 再活性化 戰略,『전주우석논문집(인문 사회편)』16,
　　1994.
윤원호,『전주상의 60년사』, 전주상공회의소, 1995.
李永日, 全州地域 流通産業의 育成方案에 관한 研究,『전주대대학원논문집』1, 1989.
李永日, 小賣店鋪 類型別 店鋪定位性에 관한 實證的 연구：湖南地域의 主要都市 所在
　　小賣店鋪를 중심으로, 전주대학교 박사학위논문, 1992.
李廷植, 商圈回復을 위한 事例：全州市 地域을 中心으로,『都市問題』214, 1984.
李鉉淇, 消費者의 購買形態에 關한 실증적 연구 - 扶安地方의 醫療品을 中心으로 - , 전
　　북대학교 경영대학원 석사학위논문, 1985.
李浩善, 消費者의 購買行動에 關聯된 諸要因의 分析的 研究 - 이리地域 女高生의 旣成
　　服選好形態를 中心으로 - , 전북대학교 경영대학원 석사학위논문, 1986.
장지철,『井州商工變遷史』, 정읍문화원, 1990.
全州商工會議所,『全州圈商工現況』, 1987.
全州商工會議所 地域經濟研究所,『全州市의 商圈分析과 計劃商圈 造成方案』, 1993.
井州商工會議所 편,『商議四十年史』, 1988.
崔炳武, 旣成紳士服 消費者行動 分析 - 南原市를 中心으로 - , 전북대학교 석사학위논문,
　　1982.
黃命澤, A Study of How to Build up Sales Policy through the Actual Sales Analysis, Applied
　　to Silk Cocoon Sales in Jeon - Bug Province,『전북대논문집(인문・사회과학편)』15, 1973.
黃命澤, Consumer Purchasing Patterns and their Consciousness：The Case of Chonbuk
　　Province,『産業開發研究所論文集』20, 전북대학교 산업개발연구소, 1990.

（8）무역

金德洙, 韓・中經貿現況과 全北의 對江蘇省 進出方案,『産業開發研究』13, 군산대학교
　　산업개발연구소, 1994.
金德洙, 韓・中兩國修交에 따른 全北經濟의 開發政策,『貿易學會誌』23, 한국무역학회,
　　1995.
金振泰, 중국의 경제개혁과 대중국 무역확대에 관한 연구 - 군장산업기지 개발과 관련하여
　　- ,『貿易學會誌』17, 한국무역학회, 1991.
朴炳鉉, 全北地域의 製造産業 現況：動向分析과 輸出 마아케팅 戰略에 관한 研究,『군
　　산대논문집』5, 1983.
朴餠洪, 群山港의 國際貿易港으로서의 妥當性 分析에 관한 研究,『원광대논문집』15,

1981.

朴餠洪, 群山港의 活性化方案과 中共貿易,『貿易研究論文集』1, 원광대학교 무역연구소,
  1981.

朴餠洪, 韓·中共貿易과 群山港의 基盤造成 : 背後勢力圈 形成을 中心으로,『貿易研究
  論文集』4, 원광대학교 무역연구소, 1986.

변재권,『전북 경제사회의 국제화와 지역경제 활성화를 위한 주민의식조사』(정책연구 94
  - 1), 전북경제사회연구원, 1994.

尹源鎬, 韓中修交의 力學的 背景과 全北經濟의 對應,『全銀調査』22, 전북은행, 1992.

李載萬, 韓半島 西海岸과 中國 東海岸의 對岸性 據點交易形態에 관한 연구, 원광대학교
  박사학위논문, 1992.

鄭求烈, 全北貿易의 現住所와 課題,『全銀調査』11, 전북은행, 1990.

조선웅,『전북 과학산업 연구단지 조성현황과 발전방향』, 전주상공회의소, 1994.

조선웅,『전북지역 경제의 발전을 위한 과제와 정책방향』, 전라북도의회, 1994.

조선웅·정지영,『환황해권 경제협력과 전북경제의 발전전략 - 외국인 투자유치를 중심으
  로 - 』, 한국지역정책연구원(국가경영전략연구소), 1994.

1) 수출

대한무역진흥공사 전북무역관,『전북의 전략육성 유망 수출품 보고서』, 1993.

宋埰憲, 國際貿易環境의 變化와 全北地域의 輸出戰略,『全銀調査』6, 전북은행, 1990.

원도연, 수출자유지역의 국가정책적 기능에 대한 시론적 연구 - 마산·이리 수출 자유지역
  비교분석,『호남사회연구』2, 호남사회연구회, 1995.

이강헌, 전북지역의 수출활성화 방안,『한국항만경제학회지』9, 한국항만경제학회, 1993.

林海正, 수출기업의 국제경쟁력 강화방안 - 전북지방의 중소수출기업을 중심으로,『産業
  開發研究』3, 군산대학교 산업개발연구소, 1985.

전북경제사회연구원,『지역수출산업육성과 수출증대를 통한 전북경제 활성화 방안』, 1994.

정지영, 전북 수출산업의 국제화와 투자유치 정책,『산업경제연구소논문집』26, 전북대학
  교, 1995.

趙鮮雄, 全羅北道內 輸出産業의 構造分析,『전북대논문집(인문·사회과학편)』10, 1968.

趙鮮雄, 全北道內 産品의 輸出擴大에 關한 研究 - 世界 貿易構造의 變化를 中心으로,
  『産業開發研究所論文集』6, 전북대학교 산업개발연구소, 1976.

한국무역협회, 이리 귀금속단지 수출동향,『무역』189, 한국무역협회, 1982.

한국은행 전주지점,『전북지역 수출업체 실태조사』, 1995.

黃鎬萬, 群山地域 輸出産業의 輸出振興方案,『産業開發研究所論文集』1, 전북대학교 산
  업개발연구소, 1983.

（9）금융

權義晚, 群山地域 金融의 活性化에 관한 硏究,『産業開發硏究』9, 군산대학교 산업개발
　연구소, 1990.

金奉植 編,『全北銀行十五年史』, 전북은행, 1985.

박임구, 전북 산업구조의 고도화를 위한 지역금융기관의 협력방안,『산업경제연구소논문
　집』26, 전북대학교 산업경제연구소, 1995.

박임구,『전북지역의 산업구조와 지역금융의 역할』, 한국은행 전주지점, 1995.

朴河燮, 全北地域 金融의 發展方向,『全銀調査』4, 전북은행, 1989.

朴河燮, 全北地域의 金融發展에 關한 硏究,『産業開發硏究所論文集』20, 전북대학교 산
　업개발연구소, 1990.

宣炳完, 全羅北道內 銀行預金의 長期豫測에 關한 硏究 - 道內 金融機關의 適正規模 測
　定과 關聯하여,『전북대상대논문집』2, 1972.

吳賢鐸, 全北地域 企業金融의 問題點과 改善方案,『全銀調査』8, 전북은행, 1990.

윤충원, 地方銀行의 國際營業基盤과 經營戰略 - 全北銀行을 中心으로,『産業開發硏究所
　論文集』20, 전북대학교 산업개발연구소, 1990.

李承宇, 地域經濟發展과 地域金融의 役割 - 全北地域을 中心으로,『地域開發硏究』4, 군
　산대학교 지역개발연구소, 1992.

전라북도,『지방금융 활성화 연구보고서』, 1987.

전북은행 편,『全北銀行十年史』, 1979.

鄭相德, 全北金融의 不振相과 活性化方向,『全銀調査』9, 전북은행, 1990.

한국은행 전주지점,『전북지역 금융기관 총람』, 1990.

한국은행 전주지점,『전북지역 금융기관 예금·대출금의 주 체널 보유현황』, 1991.

한국은행 전주지점,『전북지역 예금은행 경영성과 분석』, 1991.

한국은행 전주지점,『전북지역 금융기관 총괄』, 1992.

한국은행 전주지점,『도내 유망 중소기업 금융이용 실태조사』, 1993.

한국은행 전주지점,『1994년도 전북지역 예금은행 영업현황』, 1995.

한국은행 전주지점,『금융기관 점포총람 - 전북지역』, 1995.

한국은행 전주지점,『전북지역 가계저축 실태조사』, 1995.

한국은행 전주지점,『전북지역 중심으로 한 시·도별 주요 경제지표 비교』, 1996.

（10）지방재정

具熙賢, 地方財政의 現況과 確保方案에 關한 硏究 : 全州市를 中心으로, 경희대학교 석
　사학위논문, 1986.

박동수 외,『고창군 재정수입 확대방안 보고서』, 전주대학교 산업경영연구소, 1993.

박동수 외,『전주시 재정수입 확대방안 보고서』, 전주대학교 산업경영연구소, 1994.

박동수 외,『김제시 재정수입 확대방안 보고서』, 전주대학교 산업경영연구소, 1995.

박임구·윤석완,『전북 개발 수요에 따른 지방재원의 효율적 조달방안』, 전북경제사회연구원, 1994.

白寅周, 地方化時代의 自主財源 擴充方案 : 全北의 經營 收益事業을 中心으로,『지방행정』439, 1990.

宣炳完 外 4인, 地方自治制 實施에 따른 全北地方 財政資源의 擴充方案에 관한 硏究 : 稅收 및 稅外收入의 開發을 통한 地方財政自立度 提高方案을 중심으로,『산업경제연구소논문집』20, 전북대학교, 1990.

宣炳完, 地方自治制 實施에 따른 全北地方 財政資源의 擴充方案에 관한 硏究 : 稅收 및 稅外收入의 開發을 통한 地方財政自立度 提高方案을 중심으로,『全銀調査』10, 전북은행, 1990.

유금록, 地域經濟의 活性化를 위한 地方財政의 役割 強化方案 : 群山市의 歲出側面을 中心으로,『지역개발연구』1, 군산대학교 지역개발연구소, 1989.

유금록, 지역경제 활성화를 위한 투자재원의 확충방안 - 군산시를 중심으로,『전북행정학보』3, 전북행정학회, 1990.

尹錫玩, 全北地方 財政構造 改善에 關한 硏究,『産業開發研究所論文集』19, 전북대학교 산업개발연구소, 1989.

尹錫玩, 全北地方 財政의 問題點과 活性化 方案,『전북대논문집(인문·사회과학편)』34, 1992.

林求原, 地方自治 實施에 따른 地域 活性化에 관한 硏究 - 全北地域 財政 中心으로,『地域社會開發研究』20 - 1, 한국지역사회개발학회, 1995.

全羅北道 편,『1992年修正 中期 地方財政計劃』, 1993.

전라북도,『중기지방재정계획(1994〜1998)』, 1994.

정갑원·정수진·정균승·강남호, 全北地域의 經濟活性化와 地方財政 擴充案에 관한 硏究,『사회개발연구』16, 원광대학교 사회개발연구소, 1992.

鄭甲源 外, 地方自治와 全北地域 財政自立을 위한 財源擴充方案에 관한 연구 - 市 郡을 中心으로,『원광대논문집(인문·사회편)』27 - 1, 1993.

崔炳斗, 지방자치단체의 재정력 확충방안 : 전라북도의 지방재정을 중심으로, 원광대학교 행정대학원 석사학위논문, 1993.

（11）조세

강남호, 전북지역의 지방세제 개편방향에 관한 조사 연구,『稅務學研究』4, 한국세무학회,

1993.
전라북도,『지방세 세목의 종합방안 연구』, 1995.

(12) 보험

盧德煥 外, 保險産業의 現況과 保險契約者들의 性向에 대한 研究 : 全北·忠南地域을 中心으로,『産業開發研究』8, 군산대학교 산업개발연구소, 1989.
두정완, 生命保險의 保障性 商品 促進戰略에 關한 研究 - 全州地域 消費者의 態度分析을 中心으로, 전북대학교 석사학위논문, 1988.

(13) 교통·운수

金春洙, 전북의 교통망 분석과 접근도,『地理學報告』창간호, 전북대학교, 1982.
이상휘,『호남고속철도에 관한 전북도민 여론조사』, 지역발전연구소, 1995.
이재형,『전주지역 발전과 호남고속철도의 역할』, 1995.
林吉榮, 익산지방의 고대 교통로에 대한 일고찰,『益山文化』창간호, 益山古蹟宣揚會, 1990.
張明洙 外, 地方都市 發達에 따른 市街地 交通整備方案에 關한 基礎的 研究 : 全州市를 中心으로,『도시및환경연구』7, 전북대학교 도시및환경연구소, 1992.
黃義辰, 全州市 交通運營 改善方案에 관한 考察, 조선대학교 석사학위논문, 1989.

1) 도로

도로교통안전협회,『전라북도 교통사고 많은 지점 기본 개선계획』, 1994.
朴殷奎,『湖南高速道路가 地域社會開發에 미친 社會經濟的 效果分析』, 전북대학교, 1976.
朴殷奎 外, 湖南高速道路가 地域經濟發展에 미친 效果分析,『産業開發研究所論文集』7~9, 전북대학교 산업개발연구소, 1977~1979.
申東鎬, 地方部 多車線道路의 交通事故要因 分析에 관한 研究 : 全州 - 南原間 國道 17號線을 事例로,『원광대논문집(자연·가정·예체능편)』29 - 2, 1995.
李成鐸, 올림픽 고속도로 개통이 호남지역 유통환경에 미치는 영향,『마케팅 연구』, 한국마아케팅학회, 1985.
李洋宰, 裡里市 貨物터미날의 最適立地選定을 위한 研究,『원광대논문집』21 - 2, 1987.
崔成龍, 湖南高速道路의 開通이 全北 3市의 物的 流通에 미친 效果分析, 전북대학교 석

사학위논문, 1982.
형성우,『호남고속도로의 사회경제적 효과분석』, 아시아재단, 1974.

2) 해운

김덕수, 국제무역항으로서의 군산항의 개발을 위한 제문제,『한국해운학회지』창간호, 한국해운학회, 1984.
金德洙, 금강하구 연안 해운의 여객운동 개발에 관한 연구,『한국해운학회지』3, 한국해운학회, 1986.
朴敬圭, 群山~阪神間 定期航路 開設의 意義와 展望,『海洋韓國』27, 한국해사문제연구소, 1975.
朴餠洪, 群山港의 國際貿易港으로서의 妥當性 分析에 관한 硏究,『원광대논문집』15, 1981.
朴餠洪, 群山港의 活性化方案과 中共貿易,『貿易硏究論文集』1, 원광대학교 무역연구소, 1981.
朴餠洪·백탁선, 韓·中共貿易 可能性과 群山港의 基盤造成 : 群山港의 臨海工業團地 造成을 中心으로,『원광대논문집(인문·사회편)』16, 1982.
朴餠洪, 韓·中共貿易과 群山港의 基盤造成 : 背後勢力圈 形成을 中心으로,『貿易硏究論文集』4, 원광대학교 무역연구소, 1986.
朴賢和, 群山港 港內 操船 補助 曳船의 適正 所要 隻數(馬力)에 關한 考察,『導船』16, 한국도선사협회, 1994.
白南眞, 국제적 港灣으로 급상승하고 있는 群山港,『導船』7, 한국도선사협회, 1990.
安守漢, 群山港의 浮遊砂의 特性과 그 防止策,『海運·港灣』56, 해운항만청, 1981.
柳明胤, 群山港 新埠頭에서의 船舶 接·離岸 安全性에 관한 시뮬레이션 檢討(上),『海運·港灣』38, 해운항만청, 1990.
柳民熙, 西海岸時代와 港灣開發 : 群山港,『海洋韓國』174, 한국해사문제연구소, 1988.
劉載允, 群山港 發展을 爲한 方案,『群山商工』1, 군산상공회의소, 1974.
李在福, 群山外港 開港의 意義,『海運·港灣』33, 해운항만청, 1979.
張明洙, 群山港은 全北發展의 젖줄,『群山商工』1, 군산상공회의소, 1974.
崔圭相, 群山外港의 物動量 誘致方案에 關한 硏究,『군산대논문집』2, 1981.
韓支淵, 群山港의 發展方向,『海運·港灣』38, 해운항만청, 1980.
해운항만청 군산항건설사무소 편,『群山外港浮遊砂調査硏究報告書』1 - 2, 1980.

3) 관광

고은규, 전북지역의 육상 관광교통 진흥방안에 관한 연구, 경기대학교 석사학위논문, 1991.

국제관광공사,『俗離‐茂朱圈 觀光綜合開發基本計劃』, 1981.

金日善, 智異山 國立公園의 利用行態 變化에 따른 開發方案 硏究, 경희대학교 경영대학
　　원 석사학위논문, 1993.

金秋子, 全北地域의 觀光交通 改善方案에 關한 硏究, 경기대학교 석사학위논문, 1988.

남원시·한국관광공사,『南原觀光團地開發基本計劃 및 基本設計』, 1985.

남원시,『남원관광종합개발계획』, 1995.

朴東洙, 全北地域의 觀光圈域 設定과 開發에 關한 硏究, 경희대학교 석사학위논문, 1987.

朴石熙, 觀光地가 수용할 地域에 대한 이미지 分析 : 무주 리조트를 중심으로,『생활연구』
　　3, 경기대학교 관광개발연구소, 1991.

朴聖文, 西南海岸地域의 觀光地 開發에 關한 硏究, 경희대학교 경영대학원 석사학위논
　　문, 1985.

裵基喆, 全州·群山圈 觀光開發 活性化 方案에 關한 硏究,『紀全女專論文集』14, 1994.

裵基喆, 全北地域 旅行業의 發展方案에 關한 硏究,『紀全女專論文集』15, 1995.

申相俊, 地自制에 따른 旅行業의 活性化를 위한 硏究 - 전북지역 중심으로,『觀光硏究論
　　集』11, 경기대학교, 1994.

오장수, 교통행정 서비스에 관한 연구 : 전주시를 중심으로, 전북대학교 경영대학원 석사
　　학위논문, 1993.

임경민, 百濟文化圈 民俗타운 건립에 관한 기본계획 연구 - 전북 완주군 威鳳山城을 중심
　　으로,『한국관광학회』1 - 14, 1990.

鄭峯元, 觀光客의 行動에 關한 硏究 : 雪嶽山圈과 智異山圈을 中心으로, 경희대학교 석
　　사학위논문, 1985.

한국은행 전주지점,『전북지역 관광산업 현황 및 발전방향』, 1996.

（14）통신

오용규·양병태·장옥배·형성우,『전북지역 산업기술정보 유통체제 구축』, 전북경제사회
　　연구원, 1994.

형성우,『전북지역 정보화 촉진에 관한 연구』, 한국통신개발연구원, 1992.

형성우,『전북지역 경제도약을 위한 산업정보화 전략연구』, 한국통신개발연구원, 1993.

（15）기타

全州商工會議所,『全州圈經濟現況 : 1990』, 1990.

4. 산업 · 농수산

（1） 산업 일반

金濟桓, 전북에 큰 발자취 남긴 牧人 白南赫,『전북인물지 6』(전북신서10), 전북애향운동
　　본부, 1991.

농림수산부 편,『농업 총조사 1990 : 전라북도』, 1992.

박동석, 농민의 자율성과 수입개방에 관한 의식연구 - 전북지역 농민을 중심으로,『지역개
　　발논총』1, 전주대학교 지역개발연구소, 1993.

朴正根 · 蘇淳烈, 全北 農業生産의 特性과 發展方向,『農業經濟研究』30, 한국농업경제
　　학회, 1989.

朴正根 · 徐東均, 輸入開放에 對應한 中長期 全北地域 農業政策方向에 關한 研究,『전
　　북대논문집(인문 · 사회과학편)』34, 1992.

朴正根, 全北 農業構造의 改善方向,『전북대농대논문집』24, 1993.

朴正根 外, 全北地域 農業活性化 方案과 食品加工産業 育成戰略,『전북대논문집(인문 ·
　　사회과학편)』36, 1993.

박정호, 群山地域의 産業開發에 관한 研究 - 品質管理面에서 拔取檢査에 관한 設計,『産
　　業開發研究』5, 군산대학교 산업개발연구소, 1986.

朴泰圭, 두 가지 형태의 農村貧困에 관한 研究 : 全北 益山郡 黃登面 定着 1마을과 益山
　　郡 春浦面 回化마을을 中心으로,『延世論叢』25, 연세대학교, 1989.

성종림 · 이성탁 · 정진수 · 김성조, 영농 후계자 육성을 위한 실증적 연구 - 전북지방의 실
　　태분석을 중심으로,『새마을운동학술논문집』6 - 2, 새마을운동 중앙본부, 1983.

성종림 · 유성오 · 김성조 · 김홍철, 성공적인 민중운동의 사례와 새마을 운동의 비교연구
　　- 원불교 민중종교운동과의 비교를 중심으로,『새마을운동학술논문집』10 - 14, 새마을
　　운동 중앙본부, 1985.

유면식, 호남지역 주세 공예 산업에 관한 분석,『農漁村開發研究』4, 전남대학교 농어촌개
　　발연구소, 1972.

柳應敎 外, 農村住居環境 改善에 관한 研究 : 高敞郡 星松面 沙乃마을을 中心으로,『도
　　시및환경연구』6, 전북대학교 도시및환경연구소, 1991.

李東鎬 · 金連中, 지역농업계획 수립방법에 관한 연구,『전북대농대논문집』26, 1995.

李治白, 産業報國의 우뚝솟은 巨峰 秀堂 金季洙,『나라와 더불어 겨레와 더불어』(전북신
　　서 5), 전북애향운동본부, 1987.

全羅北道 農村振興院 호남작물시험장,『1993年度 농업과학기술 시험연구보고서』, 1994.

전북대학교 전라문화연구소 편, 日帝治下의 全羅北道의 農業關係資料(Ⅰ),『전라문화논

충』1, 1986.

鄭均勝, 群山市 産業構造에 관한 研究,『産業開發研究』9, 군산대학교 산업개발연구소, 1990.

鄭均勝, 群長圈의 産業構造分析,『地域開發研究』5, 군산대학교 지역개발연구소, 1993.

鄭秀鎭, 裡里地域의 産業構造 改善에 관한 研究,『産經研究』5, 원광대학교 산업경영연구소, 1992.

趙尙來, 農漁村後繼者 育成政策의 改善方向 : 全北道 營農後繼者 設問調査를 中心으로,『國會報』187, 1982.

車濬熙, 農村主婦 生活時間 分析에 따른 農家 構造改善에 關한 考察 : 全北山間 農村을 對象으로,『전주교대논문집』20, 1984.

崔圭相 外 2인, 군산지역의 산업개발에 관한 연구,『産業開發研究』5, 군산대학교 산업개발연구소, 1985.

최염규, 80年代 全北地域 産業의 發展問題,『産業開發研究所論文集』10, 전북대학교 산업개발연구소, 1980.

崔雲植, 전북도내 산업도 확충방안,『道政研究』, 전북도청, 1980.

（2） 농업정책

김종혁, 금강지구 대단위 농업종합개발사업,『농어촌진흥』107, 농어촌진흥공사, 1995.

김지영·이승형, 農地所有構造와 農地賃貸借構造에 關한 調査研究 : 전북지역 6개군의 사례,『農業科學研究』6, 순천대학교, 1992.

농수산부 농업진흥공사,『금강 평택관개사업』3, 농수산부, 1971.

농수산부 농업진흥공사,『금강 평택지구 장기농업개발계획 : 1971～1980』, 1981

農村振興廳 湖南作物試驗場,『農畜産物 輸入開放에 對應한 湖南地域 農業發展方向』(輸入開放對策 47), 1991.

朴炳鉉·宋京永, 農村開發과 全羅北道 農村工業化 方案,『産業開發研究』6, 군산대학교 산업개발연구소, 1987.

蘇鎭雲, 群山市의 自然地理學的 考察,『군산교대논문집』9, 1976.

蘇鎭雲, 都市 土地利用의 研究 : 群山市를 中心으로,『군산교대논문집』11, 1977.

蘇鎭雲, 地帶別 所得現況과 所得增大方案 : 長水郡을 中心으로,『군산대논문집』2, 1981.

李東鎬 外, 農村人口移動과 農業構造變化에 관한 研究 : 전북지역 6개군의 사례,『農業政策研究』17-1, 한국농업정책학회, 1990.

李東鎬 外, 전북 농촌지역의 발전방향에 관한 연구 - 농가 경영유형 전개방향과 지역농업의 구조재편을 중심으로,『農業政策研究』21-1, 한국농업정책학회, 1994.

이성탁, 전북산 미곡의 유통개선방향,『전북 도정연구보고』, 1982.

이용만 외,『지역농업진흥을 위한 농지보전방안 - 전북지역 사례연구』, 한국농촌경제연구원, 1988.

이용만 외,『全羅北道 農外所得源 開發戰略』, 한국농촌경제연구원, 1991.

전라북도,『새전북 복지농촌건설(1983~1992)』, 1983.

전라북도,『전라북도 자료집 : 새전북 복지농촌건설』, 1983.

전라북도 식산국,『농업진흥지역 지정』, 1990.

鄭甲源, 農地移動과 經營方法에 關한 實證的 考察 - 農地改革後 裡里地方을 中心으로, 고려대학교 석사학위논문, 1966.

정읍군·농어촌진흥공사,『정읍군 농어촌지역 종합개발계획안(1993~1997)』, 1991.

鄭喆謨, 農村地域의 土地利用實態에 관한 考察 : 全北地域의 事例을 中心으로,『開發과 自治』2 - 1, 한국지역개발자치학회, 1988.

鄭喆謨, 全州圈의 土地利用實態와 展望,『開發과 自治』4 - 1, 한국지역개발자치학회, 1990.

趙佳鈺·申永澈, 水稻作의 生産力 格差에 관한 硏究 - 全北 西部平野地帶를 중심으로,『農業政策硏究』21 - 2, 한국농업정책학회, 1994.

최종민, 전북의 농업문제와 농민운동,『교육논총』10, 전북대학교, 1990.

한국농업경제연구소,『東津江干拓地 示範農村建設計劃 基本調査報告書』, 1966.

韓國農村經濟硏究院 편,『農地賃貸借慣行總覽 : 全羅北道』, 1987.

韓國農村經濟硏究院 편,『全北地域 農業事例 : 地域農業構造의 特性과 發展戰略 2』(연구보고서), 1988.

（3） 농업경제

具千書, 全北 답리작 不進에 관한 연구,『농업경제』15, 1965.

金炳茂·兪贊周, 全北地域 農民層 分解에 關한 事例硏究,『農業科學硏究』7, 순천대학교, 1993.

金載玉, 地域農業의 近代化 要因에 關한 硏究 : 全北 平野部를 中心으로,『産業開發硏究所論文集』7, 전북대학교 산업개발연구소, 1977.

羅炳勛, 全北地域 共濟需要 擴大方案에 關한 硏究 : 農協 生命共濟를 中心으로, 전북대학교 석사학위논문, 1994.

朴德烈, 全北 農業生産의 成長에 관한 硏究 : 1961~1989년, 전북대학교 석사학위논문, 1991.

서동균·강창용, 地域經濟計劃 樹立을 위한 計量的 豫測模型 : 扶安郡 地域經濟의 適用,『전북대농대논문집』21, 1990.

蘇淳烈, 植民地期 全北에서의 水稻品種의 變遷,『전북대농대논문집』23, 1992.

蘇淳烈, 植民地期 全北에서의 水稻品種의 試驗研究와 그 普及 : 植民地 農業技術의 主體性 解明을 위하여,『전라문화논총』5, 전북대학교 전라문화연구소, 1992.

蘇淳烈, 植民地時代 全北의 農業構造,『農村社會研究』3, 전북대학교 농촌사회연구소, 1992.

蘇鎭雲, 聚落構造改善마을의 所得增大方案 : 全羅北道를 中心으로,『군산대논문집』1, 1980.

오성도 · 소순열 · 이장원 · 백승우,『전북대학교 농촌사회발전연구소의 재편방향에 관한 연구』, 전북대학교 농촌사회발전연구소, 1995.

吳在鈞, 농업여건 변화에 따른 농업기계화 정책방향에 관한 연구 : 전라북도 기계화 영농단을 중심으로, 전북대학교 석사학위논문, 1992.

柳承宇, 界火島 干拓地의 營農現況과 農家定着에 관한 調査分析,『農村經濟』6 ‐ 1, 한국농촌경제연구회, 1983.

兪贊周 · 蘇淳烈, 韓國農業의 構造變化와 農民層 分解 : 2개부락 사례조사를 통하여,『전북대농대논문집』26, 1995.

윤근섭, 湖南高速道路의 開通이 營農相에 미친 影響에 관한 研究,『전북대농대논문집』7, 1976.

李京美, 地主小作關係의 實態와 그 擴大過程에 관한 調査研究 : 전북 김제군 부량면 대장부락 事例를 中心으로, 서울대학교 석사학위논문, 1990.

任京安, 干拓農地의 農業生産與件과 利用增進에 관한 연구 : 金堤郡 廣活面 事例調査를 중심으로, 고려대학교 석사학위논문, 1992.

장재우 外 7인,『전북지역 농업센타 설립계획』, 전북대학교 농과대학, 1995.

張鉉圭,『農外所得에 관한 연구』(전라북도 도정연구평가보고서), 1976.

丁安聲 · 李東鎬, 農村地域 計劃樹立을 위한 地域分類 : 全北 農村地域을 中心으로,『전북대논문집(자연과학편)』31, 1989.

최규호 · 최종민, 全北地域 農業의 構造變化와 發展方向,『農業政策研究』18 ‐ 2, 한국농업정책학회, 1991.

최규호, 全州市 農水産物 都賣市場 建設推進現況과 評價,『農水産物流通研究論叢』1, 농수산물도매시장협회, 1992.

최규호 · 정안성 · 송춘호 · 이승형 · 백승우 · 최기주,『정읍시 유통단지 기본계획 타당성 검토 및 농산물 도매시장 건설 기본계획에 관한 연구』, 한국농축수산유통연구원, 1995.

최규호,『정읍시 유통단지 기본계획 타당성 정도 및 농산물 도매시장 건설 기본계획에 관한 연구』(보고서), 정읍시, 1995.

최규호 · 김성군, 전북지역 생활물자사업 경영성과 분석 ‐ 수정후 조수익율 및 목표 이익율을 중심으로,『전북대농대논문집』37, 1996.

최종민, 세계화 지방화 시대에 대응한 전라북도 농정대책의 문제점과 새로운 방향,『전북대논문집(인문 · 사회과학편)』41, 1996.

（4）농업공학

고재군, 서해조수에 의한 콘크리트의 부식방지법에 관한 연구,『韓國農工學會誌』14 - 2, 한국농공학회, 1972.

具滋玉・金容在・李載窪, 湖南地域에서의 三要素 施肥에 따른 水稻品種群間의 收量反應 解析硏究,『農漁村開發硏究』13, 전남대학교 농어촌개발연구소, 1979.

具滋雄 外 1인, 새만금지구 간석지 토양의 염분거동 해석 및 제염효과 분석을 위한 실험적 연구,『한국농공학회지』31 - 2, 한국농공학회, 1989.

具千書,『全羅北道 畓裏作에 관한 연구』(농업진흥청 연구보고), 1965.

具熙沿, 南部地方에 分布된 층영형성곤충에 관한 연구, 전남대학교 석사학위논문, 1991.

權毛晉・李善正,『金堤平野에 있어서의 動力耕耘機 利用에 관한 연구』(농촌진흥청연구보고서 9), 1968.

權泰午, 萬頃江流域 논 土壤의 微量要素診斷과 亞鉛 및 鐵이 水稻生育에 미치는 영향, 원광대학교 박사학위논문, 1986.

權泰午・殷茂永, 萬頃江 流域 논 土壤의 微量尿素 診斷(1)(2) : 논 土壤의 微量尿素(Zn CU Mn Fe) 含量 分布,『農事試驗硏究論文集(植環・菌茸・農加篇)』29 - 1, 농촌진흥청, 1987.

金達壽・安壽奉・許煇・盧承杓, 호남지방에 있어서 水稻晩期栽培 系確立에 관한 연구(Ⅰ)・(Ⅱ)・(Ⅲ),『農事試驗硏究報告』10 - 1, 1967.

金達壽・趙正翼・金鎭湛・金奎眞, 우리나라 중남부 지방에 있어서 水稻枯葉枯病에 관한 연구(Ⅰ)・(Ⅱ),『農事試驗硏究報告』12 - 1, 1969.

金東敏・崔炫洪・鞠東田, 湖南野山 개발지구의 자원이용에 관한 연구,『농업경제연구보고』55, 국립농업경제연구소, 1973.

김용재,『남부 지방에서의 벼 재배 형태별 분열 체계 및 수량 구성 형질의 차이에 관한 연구』, 전남대학교, 1991.

김인호・최문석・서승덕, 영호남 지방의 蒸發量 分布에 관한 조사연구,『경상대논문집』11, 1972.

金在生, 지리산 野鼠의 驅除에 관한 연구(제1보) 등줄쥐의 행동 및 생태에 관하여,『진주농과대연구논문집』6, 1967.

金在生, 智異山 野鼠의 驅除에 關한 硏究, 동국대학교 석사학위논문, 1969.

金在英 外, 農村用水 必要貯水量의 年度 頻度分析에 관한 硏究 : 全北地方 5個 貯水池를 中心으로,『전북대농대논문집』15, 1984.

金丁坤, 湖南地方에서 水稻生育 및 收量의 地域間 差異에 관한 栽培學的 硏究, 전북대학교 박사학위논문, 1989.

羅正宇, 새만금해역의 潮汐流動 해석을 위한 비선형 유한요소 모형의 개발, 서울대학교 석사학위논문, 1994.

박명규・이재근・최종민, 호남지역 농업에 있어서 토지이용 방식의 변화 실태와 개선 방안에 관한 연구,『전라문화연구』4, 전북향토문화연구회, 1989.

朴正根, 全北 農業構造의 地域的 關聯性 分析,『전북대농대논문집』7, 1976.

朴昌彦, 水深平均 2次元 數學的 模型(TIFS)을 利用한 錦江河口 및 沿海의 潮汐計算, 서울대학교 석사학위논문, 1985.

成守鏞, 智異山産 참나무類 AcBr Lignin의 UV 吸光係數에 對하여, 경상대학교 교육대학원 석사학위논문, 1984.

소순열, 농지가격에 관한 연구 - 전북지역의 사례연구를 중심으로, 서울대학교 석사학위논문, 1983.

蘇在敦, 湖南地方의 畓土壤 特性과 水稻收量性에 關한 硏究, 원광대학교 박사학위논문, 1980.

蘇在敦, 湖南地方의 畓土壤 特性과 水稻收量性에 관한 연구,『원광대농대논문집』6, 1981.

孫在權 外, 干拓地 밭作物의 灌漑計劃 樹立에 關한 試驗硏究,『전북대농대논문집』25, 1994.

孫昌奎, 지리산 국립공원의 이용실태에 관한 연구,『農漁村開發硏究』7, 전남대학교 농어촌개발연구소, 1973.

신동화, 전북 식품산업의 현황과 발전 방향,『전북대학교 농과대학 개교 47주년 심포지움 Proceeding』, 1994.

愼鏞華・金泳燮, 全羅北道內의 代表的인 畓土壤의 분류 및 水稻水量에 미치는 形態的 特性에 관한 調査硏究,『農事試驗硏究報告』10 - 3, 1967.

沈相銑, 營農 適定人口의 산출을 통한 農村의 流動性人口 分析 - 全北 農村地域을 중심으로,『전북대논문집(자연과학편)』25, 1983.

梁熙天, 전북産 白米의 Alkali檢定과 食味와의 관계,『전북대논문집(자연과학편)』8, 1966.

梁熙天・권동주・金中晩, 전주 지방산 사과의 화학성분에 관한 연구(1) - 不揮發性 有機酸과 Pectin의 변화에 관하여,『전북대농대논문집』7, 1976.

嚴柄鉉・曺鎭久 外 2人, 물收支法에 의한 우리나라 河川流域(錦江)의 季節別 蒸發散量 推定에 관한 연구,『韓國農工學會誌』25, 한국농공학회, 1983.

吳浩成, 水利慣行에 대한 경제적 평가 - 鎭安・慶山・高敞・利川地方의 小溜池를 중심으로,『농업경제연구보고』79, 국립농업경제연구소, 1976.

우보명・이영호, 지리산 지역에서의 平均降水量 計算式의 比較,『서울대학교농대연습림보고』13, 1977.

윤근섭, 전북농촌에 있어서 생활수준과 관련된 諸要因의 分析,『한국사회학』4, 한국사회학회, 1968.

尹淳奇, 全北 高冷地域의 진딧물 밀도조사,『韓國植物保護學會誌』13 - 4, 한국식물보호학회, 1974.

尹淳奇·蘇仁永·崔星植, 전북지방의 씨감자 생산을 위한 적지선정 및 감자 바이러스 병에 관한 연구(Ⅰ) - 媒介昆蟲의 밀도조사,『전북대농대논문집』6, 1975.

尹淳奇·蘇仁永·崔星植, 전북지방의 씨감자 생산을 위한 적지선정 및 감자 바이러스 병에 관한 연구(Ⅱ) - 씨감자의 바이러스병 檢定,『韓國植物保護學會誌』14 - 2, 한국식물보호학회, 1975.

尹淳奇, 全北 高冷地域에서의 無病毒 씨감자 生産에 關한 研究, 전북대학교 박사학위논문, 1982.

李基春 外 1인, 도시 小流域의 유출변화 분석,『한국농공학회지』31, 한국농공학회, 1989.

李基春,『농업용 貯水池群의 최적운영』, 전북대학교, 1991.

李命器, 화선지에 대한 特性調査分析 - 全北地域에서 生産되는 銘種을 中心으로, 원광대학교 석사학위논문, 1988.

李成鐸·成種林·柳鵬植·劉成吾·崔星植, 새마을 工場의 育成方案에 관한 연구 - 전북지역 새마을 공장의 경영력 평가를 중심으로,『새마을운동연구논문집』1 - 下, 1978.

李益昌, 全北 長水地方에 野生하는 산벚나무의 個體別 變異에 關한 研究, 원광대학교 교육대학원 석사학위논문, 1990.

이주열·조정익·이선열·김종열, 호남지방의 답리작 재배에 관한 연구,『農事試驗研究報告』13, 1970.

이중용·김종호, 호남지방에서 쌀 보리 생력재배체계와 식물보호의 개선방향 - 농업기계를 중심으로,『식물보호연구』8 - 1, 전남대학교, 1994.

이창구·유한열·고재군, 호남지방의 저수지의 매몰 상황과 저수량에 관한 조사 연구,『문교부연구보고서(농학계)』9, 1959.

李昌九·劉漢烈·高在君, 호남지방의 貯水池의 매몰 狀況과 저수량에 관한 조사연구,『韓國農工學會誌』13 - 2, 한국농공학회, 1971.

李鉉珪, 금강 하류의 粗度係數에 대한 연구,『대전실업대논문집』11, 1982.

林迎春, 東津江 水理干拓工事를 끝마치고,『韓國農工學會誌』11 - 4, 한국농공학회, 1969.

林浩寅, 西南海岸 海成粘土의 工學的 특성 연구, 건국대학교 석사학위논문, 1993.

張鉉圭, 肥料問題에 關한 研究 - 全羅北道를 中心으로,『전북대농대논문집』7, 1976.

張鉉圭·崔圭皓, 農機械利用組織과 營農代行會社 育成方案에 관한 研究 - 주식회사 '전북영농'을 중심으로,『전북대농대논문집』12, 1981.

鄭甲源, 農地移動 및 經營方法에 관한 實證的 考察 - 農地改革 後 裡里地方을 중심으로,『고려대논문집』, 1965.

鄭鎭旭, 전북지방의 지대별 기상현상과 시비조건이 생륙 및 수량에 미친 영향,『원광대논문집』5, 1982.

정진철 外 2인, 만덕산의 삼림군락 구조와 식생에 관한 연구,『원광대대학원논문집』13, 1995.

鄭夏禹, 錦江河口둑 洪水豫警報시스템 開發(Ⅱ) : 시스템의 適用,『韓國農工學會誌』36

- 3, 한국농공학회, 1994.

진성계, 南部地方 단 옥수수 栽培體系 確立에 關한 研究, 원광대학교 석사학위논문, 1980.

蔡奎仁, 湖南平野地에 알맞는 靑刈飼料作物의 作付體系에 관한 研究, 전북대학교 박사학위논문, 1992.

蔡庠錫, 湖南野山에 分布하고 있는 赤黃色土에 관한 연구 - 禮山統 및 松汀統의 形態的 및 理化學的 特性에 관하여,『한국토양비료학회지』6, 한국토양비료학회, 1973.

蔡庠錫・張榮宣・李化壽・洪鍾雲, 호남 야산에 분포하고 있는 赤黃色土에 관한 연구 - 土壤肥沃度 增進에 관하여,『한국토양비료학회지』7 - 1, 한국토양비료학회, 1974.

崔元烈, 남부지방 春作馬鈴薯栽培에 있어서 B995 처리가 생육 및 수량에 미치는 영향,『農漁村開發研究』'9, 전남대학교 농어촌개발연구소, 1975.

崔定植, 전북지방에 있어서 영양 및 물 관리 개선에 의한 통일벼의 登熟 향상에 관한 연구,『전북대농대논문집』5, 1974.

崔定植, 호남米의 品質向上을 위한 조사 연구(Ⅰ)・(Ⅱ),『전북대농대논문집』7, 1976.

崔貞植, 全北地方의 主要 切花植物에 發生하는 곰팡이病에 關한 研究, 전북대학교 박사학위논문, 1995.

崔珍奎, 연화천流域의 流出解析을 위한 水文學的 基礎調査,『전북대농대논문집』20, 1989.

崔忠植, 韓國南部 稻作에 있어서 흑명나방 發生生態 및 被害解釋에 關한 研究, 전남대학교 석사학위논문, 1984.

河基庸, 水稻 白葉枯病의 湖南地域 菌系分布 및 品種 抵抗性 遺傳分析, 전남대학교 박사학위논문, 1986.

홍병섭, 錦江骨材 이용방안 연구 : 버려진 부존자원을 최대한 이용하는 방안을 중심으로,『농업진흥』35, 농업진흥공사, 1982.

(5) 농업이화학

高大植・金癸煥・魏燨, 干拓地의 農業開發을 위한 綜合研究(3),『전북대농대논문집』15 1984

김성조・양환승, 만경강 유역의 토양 및 수도체중 중금속 함량,『한국환경농학회지』5 - 1, 한국환경농학회, 1986.

김성조・류택규・이만상・양창휴・전경수・백승화, 만경강 유역의 토양과 수도체중 Pb함량의 변화에 관한 연구,『한국환경농학회지』11 - 3, 한국환경농학회, 1992.

김성조・백승화・양창휴・정동진・양완주, 장항제련소 지역 및 만경강 유역의 토양과 수도체 중 Cd 및 Zn함량에 관한 비교연구,『한국과학재단연구보고서』, 1992.

김성조·이만상·백승화·이산봉, 장항제련소 지역 및 만경강 유역의 토양과 수도체 중 Cu함량에 관한 비교연구,『한국과학재단연구보고서』, 1992.

김성조·백승화, 장항제련소 지역 및 만경강 유역의 토양과 수도체 중 중금속 함량의 변화에 관한 비교연구,『한국과학재단연구보고서』, 1992.

김성조·류택규·백승화·전경수·유정구, 장항제련소 지역 및 만경강 유역의 토양과 수도체 중 Pb함량의 변화에 관한 비교연구,『한국과학재단연구보고서』, 1992.

김성조·류택규·김운성·윤기운·백승화, 만경강 유역의 논토양과 수도체중 Cu함량의 변화,『한국환경농학회지』13 - 1, 한국환경농학회, 1994.

김성조·백승화·김운성·윤기운·문광현·강경원, 만경강 유역의 토양과 수도체중 Cd 및 Zn함량의 변화,『한국환경농학회지』13 - 2, 한국환경농학회, 1994.

김성조·백승화·문광현, 만경강 유역 논 토양 중 중금속 형태분류와 수도체의 흡수량과의 관계,『한국환경농학회지』15 - 3, 한국환경농학회, 1996.

金鏞揮·金明熙·裵聖浩·蘇在敦, 湖南米의 品質改善에 관한 연구(Ⅰ),『전북대논문집(자연과학편)』24, 1982.

金鎭淇·崔善英·崔京求, 干拓地의 農業開發을 위한 綜合研究(2),『전북대농대논문집』15, 1984

金泰興·蘇仁永·郭晙洙·金俊範, 干拓地의 農業開發을 위한 綜合研究(6),『전북대농대논문집』18, 1987.

愼濟晟·嚴基泰·愼鏞華, 湖南統에 대한 土壤微細形態學的 연구 - B층의 粘土皮膜 特性에 관하여,『한국토양비료학회지』7, 한국토양비료학회, 1974.

嚴大翼,『金堤 萬頃平野에 分布하는 畓土壤의 粘土鑛物學的 特性에 關한 研究』, 전북대학교, 1975.

嚴大翼·李碩榮·文永熙, 干拓地의 農業開發을 위한 綜合研究(5),『전북대농대논문집』18, 1987.

吳成都 外, 全北地方 왜성사과園의 主要無機養分 含量變化에 관한 研究,『전북대농대논문집』15, 1984.

柳炳烈, 錦江流域 논 土壤과 玄米의 重金屬含量에 關한 調査 研究, 전북대학교 석사학위논문, 1988.

李基春·金在英·高弘錫, 干拓地의 農業開發을 위한 綜合研究(1),『전북대농대논문집』15, 1984

李炳基·殷鍾施·韓光洙·李宗永, 干拓地의 農業開發을 위한 綜合研究(4),『전북대농대논문집』16, 1985

李相馥, 全北道內에 分布되어있는 泥炭土의 形態的 特性과 理化學的 成質에 關한 研究, 전북대학교 석사학위논문, 1984.

曺國鉉, 湖南地域의 殘積層을 母材로 한 밭 土壤 分布 및 特性에 關한 研究,『農事試驗研究論文集(土壤肥料)』31 - 3, 농촌진흥청, 1989.

（6） 농생물학

蘇仁永 外, 이리近郊 보리圃場에 棲息하는 土壤微小動物에 關한 研究,『전북대논문집(자연과학편)』 31, 1989.

李炳璇, 전북 林業試驗場 시험林內 植生別 토양서식성 응애類의 分布相, 전북대학교 석사학위논문, 1989.

丁聖淑, 自生 藥用字源植物에 分布하는 노린재類에 관한 조사연구 : 智異山 一帶를 중심으로, 전남대학교 석사학위논문, 1993.

정진철 외 3인, 미륵산 식생에 관한 연구,『원광대대학원논문집』 11, 1993.

（7） 농산물 가공

朴政珉, 全北地域 農工團地 入住業體의 經營合理化 方案에 관한 研究,『産經研究』 7, 원광대학교 산업경영연구소, 1994.

양희천 외,『전라북도 농수산물 가공산업 육성을 위한 조사연구』, 전라북도·농수산부, 1991.

吳淵甲, 全北地方 特産物 製造業에 對한 經營分析,『문교부연구보고서(사회과학계)』 25, 1968.

吳淵甲, 全北地方 特産物 製造業의 育成을 위한 經營分析 - 扇子製造業篇,『전북대논문집(자연과학편)』 11, 1969.

한국농축산물유통연구소,『전라북도 농축산물 가공산업 육성을 위한 조사연구』, 1991.

（8） 작물재배

姜順子, 전북 금산지방의 인삼,『綠友會報』 4, 이화여자대학교, 1962.

金丁坤 外, 湖南地方에서 水稻生育 및 收量의 地域間 差異에 관한 栽培學的 研究,『農事試驗研究論文集』 32 - 2, 농촌진흥청, 1990.

金丁坤 外, 湖南地方 벼 건답직파재에 關한 研究(1) : 벼 건답직파 適應品種 選定에 關한 研究,『農事試驗研究論文集』 33 - 2, 농촌진흥청, 1991.

金丁坤 外, 湖南地方 벼 건답직파재에 關한 研究(2) : 播種方法이 水稻 生育 및 收量에 미치는 형향,『農事試驗研究論文集』 33 - 3, 농촌진흥청, 1991.

金鉉, 南部地方의 畓作付體系의 年次間 收量 및 收益 變異,『農事試驗研究報告』 24, 1982.

朴正根·姜昌容, 영농체계화연구(FSR)에 의한 전북지역 벼직파재배 농가분석,『農業政策

研究』21‒2, 한국농업정책학회, 1994.

박정근·조홍기·신용규, 전북 평야 수도작 농가의 담수직파 기술개발 방향 및 경제성 분석,『전북대논문집(인문·사회과학편)』39, 1995.

宋根禹·許忠孝 外 3人, 南部地方 田作作付體系에 있어서 年次間 收量 및 收益 變異,『農事試驗研究報告』25, 1983.

申福雨 外, 湖南地域 山茱萸 栽培地 適地區分 基準 設定,『農業科學論文集』37‒1, 농촌진흥청, 1995.

梁桓承·金載哲·文永熙, 서해안 干拓畓에 있어서 多年生雜草매자기 防除에 관한 연구(第1報) 매자기의 藥劑에 의한 防除,『한국작물학회지』23, 한국작물학회, 1978.

梁桓承·金載哲·文永熙, 서해안 干拓畓에 있어서 多年生雜草매자기 防除에 관한 연구(第2報),『한국작물학회지』23, 한국작물학회, 1978.

梁桓承·金載哲·文永熙, 서해안 干拓畓에 있어서 多年生雜草매자기 防除에 관한 연구(第3報) 매자기의 藥劑에 의한 防除,『한국작물학회지』23, 한국작물학회, 1978.

嚴大翼·蘇在敦·金漢明, 新干拓地에서 水稻에 대한 亞鉛施用效果에 대한 연구,『전북대농대논문집』13, 1982.

尹淳奇, 全北高冷地域에서의 無病毒씨감자 生産에 關한 研究,『전북대논문집(자연과학편)』24, 1982.

이리農村振興廳 湖南作物試驗場 편,『湖南作物試驗研究 六十年』, 1988.

이리農村振興廳 湖南作物試驗場 편,『湖南作物試驗場育成 벼·보리遺傳資源特性集 : 1937~1988』(農振廳品種解說集 1), 1989.

이리農村振興廳 湖南作物試驗場 편,『湖南地域 主要作物 災害發生實態와 今後對策』(農振廳 심포지엄 10), 1990.

李錫淳·鄭槿基·裵東鎬·金炳道, 남부지방에서 열무·율무·옥수수·수수·수단그레스 交雜種의 飼料生産에 관한 연구,『한국작물학회지』28, 한국작물학회, 1983.

李成鐸, 전북지방 특용작물의 생산과 유통대책,『도정연구보고』, 1981.

李載吉, 湖南地域 벼 異型株 發生原因과 對策,『농촌진흥연구와 지도』161, 1994.

이주열·허훈·김달수·이선용·이영일, 호남지방의 논 다모작 체계 확립에 관한 시험,『農事試驗研究報告(作物篇)』13, 1970.

이주열·조정익·이선열·김종열, 호남지방의 달리작 골풀 재배에 관한 연구,『農事試驗研究報告(作物篇)』13, 1970.

全燦益, 米穀生産의 規模經濟性 計測 ‒ 全北 金堤地域을 中心으로,『농협조사월보』441, 농업협동조합중앙회, 1994.

崔仁綠 外, 湖南 平野 透水 不良畓 利用에 關한 研究(1) : 透水不良畓(全北) 穿孔이 所得作物 生育에 미치는 影響,『農業科學論文集』36‒1, 농촌진흥청, 1994.

咸翰姬,『지역 특산물의 상업화 과정과 국가의 정책‒전북 봉동의 생강 재배 농민의 역사적 고찰』, 전북대학교, 1994.

황종규·최선영·최경구, 전북지방에 있어서의 사탕무우 적응성 검정 시험,『전북대논문집(자연과학편)』15, 1973.

(9) 재해·병충해

金斗鎬 外, 湖南地方 땅콩 栽培地에서의 큰검정풍뎅이(Holotrichia morosa W)의 生態의 發生要因에 關한 硏究,『農事試驗硏究論文集(作物保護)』31 - 2, 농촌진흥청, 1989.

金鍾九 外, 全北地域 新開墾地에서 土壤改良劑 및 播種期가 靑刈옥수수 收量과 黑條萎縮病發病에 미치는 影響,『農事試驗硏究論文集(土壤肥料篇)』 30 - 2, 농촌진흥청, 1988.

蘇仁永·李淳·金武·李王休, 高冷地 瑞境期菜蔬(무우·배추) 및 平野地 秋作菜蔬團地에 발생한 主要病害調査(Ⅰ),『韓國植物保護學會誌』20, 한국식물보호학회, 1981.

蘇仁永 外, 湖南地方에 發生하는 무우 立枯性 根部腐敗病의 病原體 分離 및 分布調査,『전북대논문집(자연과학편)』26, 1984.

오권석, 출입경작지 형식방제 꼭 개선돼야 - 全北道의 지난해 방제실적과 올해 방제계획,『農藥과 植物保護』3 - 5, 농약공업협회, 1982.

柳東弦·黃昌淵, 全北地方 노랑쐐기나방의 生活史,『전북대농대논문집』25, 1994.

윤순기·소인영, 전북지방의 씨감자에 이병된 감자 바이러스의 분포 조사,『전북대농대논문집』2, 1971.

尹淳奇·蘇仁永·金武, 全北 鳳東 생강단지의 病害蟲調査硏究,『전북대농대논문집』10, 1979.

張英德, 남부지방에 있어서 끝동매미충 난기생봉의 종류 및 기생율에 관한 조사연구,『韓國植物保護學會誌』19, 한국식물보호학회, 1980.

崔東七 外, 全北地方의 벼에 棲息하는 총채벌레의 種 分布 및 發生 消長,『農事試驗硏究論文集』33 - 1, 농촌진흥청, 1991.

(10) 원예

김인수, 생강 토굴저장 공동출하 : 전북 순창군 풍산면 중곡리 덕산,『최신원예』326, 興農種苗弘報部, 1989.

金鎭洙 外, 전북 이리지방에 있어 主要果樹의 花芽分化期에 對한 調査,『원광대논문집(자연·가정·예체능)』13, 1979.

朴魯福 外, 全北地域 自生植物의 花卉利用性에 關한 基礎硏究(1) - 自生 草本類를 中心으로,『農業科學論文集』35 - 1, 농촌진흥청, 1993.

박인현·김진수·김규진·유성오·박병익, 전북지방에서 감귤 재배 가능성에 관한 연구, 『문교부연구보고서(농학계)』 4, 1973.

朴仁鉉, 全北地方에서 柑橘栽培 可能性에 關한 研究, 『원광대논문집』 8, 1975.

吳成都, 全北地域 果樹産業發展을 위한 技術的 課題, 『전북대농대논문집』 24, 1993.

吳成都, 全北 園藝産業의 方向과 課題에 관한 考察, 『전북대농대논문집』 26, 1995.

尹順子, 전주시 부근의 원예농업 특성에 관한 연구 : 完州郡 龍進面 下二里를 중심으로, 『地理學報告』 2, 전북대학교, 1983.

李萬相 外, 全北 長水地方에 野生하는 산벚나무의 個體別 變異에 關한 研究, 『원광대농대논문집』 13, 1990.

李炳基 外, 干拓地의 農業開發을 위한 綜合研究 : 界火干拓地의 답리작 菜蔬栽培에 關하여, 『전북대농대논문집』 16, 1985.

李宗錫·李炳基, 한국 自生蘭의 生態에 관한 研究 : 湖南地方의 野生春蘭을 中心으로, 『제주대논문집(자연과학편)』 16, 1983.

정동식, 전북 무진장 지방의 재배현황 : 단경기무우·배추를 중심으로, 『원예세계』 8, 서울종묘사, 1986.

황민영, 전주지방의 청과물 도매시장 현황 : 전주 원예협동조합을 중심으로, 『원예세계』 9, 서울종묘사, 1986.

(11) 임업

강성연, 전북지방의 분묘에 관한 연구, 『전북대논문집(인문·사회과학편)』 10, 1968.

강성연·김영호, 전북지방의 분묘에 관한 연구, 『전북대농대논문집』 1, 1970.

姜聲然·李慶來, 山村 住民의 山林 保護에 대한 意識動向 - 全北地方 山林의 人爲的 被害를 中心으로, 『전북대농대논문집』 7, 1976.

姜聲然·李廣遠, 林業投資가 農山村經營에 미치는 效果 - 주로 全北地方을 中心으로, 『전북대농대논문집』 8, 1977.

姜聲然·朴鍾旻, 全北大學校 邊山演習林의 合理的 經營을 위한 基礎研究 : 自然 및 人文環境을 中心으로, 『전북대논문집(자연과학편)』 31, 1989.

姜聲然·朴鍾旻, 全北大學校 邊山演習林의 合理的 經營을 위한 基礎研究(2) : 多目的 森林經營과 관련한 觀光 休養資源의 調査分析, 『전북대농대논문집』 21, 1990.

姜聲然 外, 邊山半島의 山林에 關한 歷史的 考察, 『전북대농대논문집』 22, 1991.

姜學模, 全北地域 優秀山林契의 現況과 契員의 意識動向, 전북대학교 석사학위논문, 1989.

高大植·金癸煥·魏燉, 干拓地의 農業開發을 위한 綜合研究(3) : 界火干拓地에 있어서 監耐性適樹의 選拔에 關하여, 『전북대농대논문집』 15, 1984.

高大植·徐丙秀·朴鍾旻, 全北大學校 邊山演習林의 合理的 經營을 위한 基礎研究 : 森林土壤의 理化學的 特性의 調査分析,『전북대농대논문집』22, 1991.

金景植, 全北地方의 私有林 現況과 그 經營實態 分析,『전주교대논문집』17, 1981.

金癸煥·高大植·朴炳益·徐丙秀, 邊山半島의 植生調査,『전북대농대논문집』16, 1985.

金癸煥·魏熩·金勇基, 邊山半島의 植生調査(2) : 가마소골 一帶의 木本植物을 中心으로 『전북대농대논문집』17, 1986.

金癸煥·金勇基·韓光洙·朴勝龍, 邊山半島의 植生調査(Ⅲ) : 회양골 一帶의 木本植物을 中心으로,『전북대농대논문집』18, 1987.

金癸煥·최만봉·박종민, 변산반도 국립공원의 목본식물자원에 대한 조사연구 - 전북대학교 변산연습림 지역을 중심으로,『한국정원학회지』18, 한국정원학회, 1995.

金丙鑄·朴成振, 지리산 지역 有産農家의 경영집단,『한국임학회지』9 - 1, 한국임학회, 1967.

金三植, 우리나라 남부지방에 분포하는 外來 樹木調査,『한국임학회지』26, 한국임학회, 1975.

金成柱, 紙層이 壯版紙 品質에 미치는 영향 - 전북지역에서 생산되는 장판지를 중심으로, 원광대학교 석사학위논문, 1988.

金榮浩·洪載植·金炯武·金明坤·朴鍾旻, 全北大學校 邊山演習林 一帶에 自生하는 高等菌類(Ⅰ),『전북대농대논문집』20, 1989.

金榮浩·洪載植·金炯武·金明坤·朴鍾旻, 全北大學校 邊山演習林 一帶에 自生하는 高等菌類(Ⅱ),『전북대농대논문집』22, 1991.

金正坤 外, 智異山 一帶 開發可能山地 資源實態 調査 研究,『農事試驗研究論文集(植環·菌茸·農加篇)』29 - 1, 농촌진흥청, 1987.

金昌浩, 지리산의 昆蟲目錄(2),『진주공과대학교 연구보고』2, 1963.

金昌浩·鄭印九·吳正壽, 영호남지방 濟薄林地의 오리나무와 아까시아나무의 적지에 관한 연구,『동국대논문집』3, 1969.

김창호·오정수·홍치유, 지리산의 산림 자원에 관한 연구,『농림』4, 동국대학교 농대연구소, 1971.

金必勝, 國立公園 利用者의 環境保全에 關한 意識調査 : 智異山 계룡산 속리산을 중심으로, 경상대학교 석사학위논문, 1992.

文昌國, 智異山産 구상나무材의 理化學的 性質,『경상대논문집』19, 1980.

文昌國, 智異山産 구상나무材(Abies Korean a nilson)의 解剖學的 組織구조와 理化學的 성질, 전남대학교 박사학위논문, 1980.

文炫植, 덕유산 구상나무 林分의 植生構造에 關한 研究, 경상대학교 석사학위논문, 1993.

朴炳益·姜聲然, 우리나라 봉건시대에 있어서 林地造成에 관한 연구 - 전북대 부속 덕진연습림 역사적 변천을 중심으로,『전북대농대논문집』6, 1975.

白承彦, 大屯山 및 月出山 森林帶에 대한 검토,『충북대논문집』25, 1983.

서병수·김세천·박종민·이창헌·이규완, 덕유산 국립공원 등산로의 환경훼손에 대한 이용영향, 『한국임학회지』 83 - 3, 한국임학회, 1994.

서병수·김세천·박종민·이창헌·이규완, 덕유산 국립공원 삼림식생구조에 관한 연구, 『韓國造景學會誌』 22 - 4, 한국조경학회, 1995.

신용하·장봉춘, 지리산 및 백운산 부근의 삼림 토양에 관한 조사 연구, 『農事試驗研究報告』 12 - 3, 1969.

원병오·우한정, 지리산의 조수류, 『임업시험장연구보고』 8, 1959.

魏燨, 邊松의 材質에 관한 研究(1), 『전북대농대논문집』 16, 1985.

魏燨·鄭寅洙, 邊松의 材質에 관한 研究(2), 『전북대논문집(자연과학편)』 28, 1986.

魏燨, 邊松의 材質에 관한 研究(3), 『전북대논문집(자연과학편)』 30, 1988.

魏燨·吳承源, 변산소나무의 機械的 性質에 관한 研究, 『農村社會研究』 3, 전북대학교 농촌사회연구소, 1992.

尹康福, 智異山 野鼠의 棲息生態에 關한 研究, 경상대학교 석사학위논문, 1985.

李康寧, 지리산 잣나무 집단의 변이에 관한 연구, 『한국축산학회지』 34, 한국축산학회, 1977.

李廣來, 全北地方 兒維管束亞屬 松類의 遺傳變異의 研究, 원광대학교 석사학위논문, 1986.

李廣遠, 林業投資가 山村의 所得과 雇傭에 미치는 效果 : 全北地方 林業投資를 中心으로, 『農村經濟』 1 - 3, 한국농촌경제연구회, 1978.

李奎完, 韓國住宅庭園의 造景植物利用 傾向에 關한 研究 - 全北地方(全州 裡里 群山)을 中心으로, 전북대학교 석사학위논문, 1987.

李東一, 智異山産 闊葉樹木 ACBr Lignin의 UV SPECTRUM에 對한 考察, 경상대학교 석사학위논문, 1985.

李尙鉉, 공유림 경영의 합리화에 관한 연구 : 전라북도를 중심으로, 전북대학교 석사학위논문, 1994.

이점숙, 우이도 예덕나무림내 임상 식생의 구조적 특성과 보호를 위한 비교 연구, 『새마을연구』 13, 군산대학교 새마을연구소, 1985.

李正煥, 智異山 國立公園의 植物現存量과 1次純生産量 推定에 관한 研究, 『농업연구소보』 25 - 1, 경상대학교 농업연구소, 1991.

이중영·장규관·장석기·정진철, 내장산 비자나무림의 구조와 동태, 『원광대논문집』 31 - 2, 1996.

이창헌·서병수·고대식, 都市環境林에 의한 重金屬 吸收에 關한 基礎研究 : 全羅北道 6個市의 몇 가지 樹種을 中心으로, 『전북대농대논문집』 25, 1994.

이창헌 외 4인, 덕유산 국립공원 등산로의 환경 훼손에 대한 이용 영향, 『한국임학회지』 83 - 3, 한국임학회, 1995.

李總揆, 韓國産 野鼠의 食性과 體重組成에 關한 研究 - 智異山 地域을 中心으로, 경희대

학교 석사학위논문, 1991.

李弼宇, 智異山産 單板樹種,『演報』19, 서울대학교, 1983.

林業研究院 편,『山林資源調査報告書 : 全羅北道 基本計劃區』(林業研究院研究資料 第 57號), 1991.

張秉和・文昌國・辛東韶, 지리산産 참나무類의 木纖維 변이에 관하여,『한국임학회지』 14, 한국임학회, 1972.

田璟秀, 全羅北道 私有林 經營實態에 關한 調査研究, 원광대학교 석사학위논문, 1985.

鄭景太, 智異山 地域 森林의 公益的 機能의 計量 및 評價, 경상대학교 석사학위논문, 1987.

정영관・이강녕, 지리산 갓대의 형질에 관한 고찰,『진주농과대연구논문집』9, 1970.

鄭寅洙, 邊山 소나무의 材質에 關한 研究, 전북대학교 석사학위논문, 1986.

정진철・장규관・최정호, 운장산 삼림식생의 수직분포,『원광대논문집』31 - 2, 1996.

趙東奎, 智異山 森林 및 水資源에 關한 開發,『智異山地域 開發에 관한 보고서』, 1963.

조동일, 航空寫眞을 利用한 소나무林 林分 材積表 調製에 관한 연구 : 全北地域을 중심 으로, 건국대학교 석사학위논문, 1992.

趙鍾洙, 智異山産 針葉樹材 AcBr Lignin의 UV Spectra에 대하여, 경상대학교 석사학위논 문, 1984.

崔鎭鎬, 國立公園의 開發에 따른 利用行態의 變化 및 利用者 豫測에 관한 연구 : 智異山 國立公園 노고단地區를 대상으로, 서울대학교 석사학위논문, 1991.

韓永昌 外, 콘톨타소나무(Pinus contorta Dougl.) 11個 産地에 對한 産地試驗 : 全北 任實地 域에서 8年生 結果,『山林廳林木育種研究報告』25, 산림청임목육종연구소, 1989.

韓永昌 外, 테다소나무 10個 産地間 生長比較 : 全北 完州地域에서의 12年生의 結果, 『山林廳林木育種研究報告』25, 산림청임목육종연구소, 1989.

韓哲洙, 木材利用加工 實態 調査 : 全州地方,『전북대농대논문집』9, 1978.

현재선・우건석, 지리산의 곤충 목록(Ⅰ),『서울대학교농대연습림보고』6, 1969.

현재선・우건석, 지리산의 곤충 목록(Ⅱ),『서울대학교농대연습림보고』7, 1970.

홍병화・문창국・신동소, 지리산産 참나무類의 목섬유장 변이에 관한 연구,『진주농과대 학교 농업연구보고』6, 1972.

洪性玉・高大植, 邊山地方의 赤松集團에 關한 研究,『전북대농대논문집』9, 1978.

황양성・김재생, 지리산 산돼지의 임목 피해에 관한 연구,『산림보호』40, 1968.

黃增, 지리산 참나무類의 葉形質變異에 관한 고찰,『경상대논문집』16, 1977.

(12) 축산업

具濟聲, 湖南 野山 開發地區 畜牛團地 經營成果에 關한 研究 - 肉牛用團地 및 酪農團地

를 中心으로,『문교부연구보고서(사회과학계)』2, 1971.

金丙鑄, 智異山地域 有畜農家의 經營診斷,『한국축산학회지』9, 한국축산학회, 1967.

金丙鎬·姜大珍·朴泰晋·姜昌中, 지리산 牧野地의 草生實態에 관한 조사,『한국축산학회지』11 - 2, 한국축산학회, 1969.

金載玉, 收地造成에 關한 經營的 課題研究 : 全北의 畜牛를 中心으로,『産業開發研究所論文集』8, 전북대학교 산업개발연구소, 1978.

宋春浩, 家畜市場의 問題點과 改善方向에 關한 硏究 - 全羅北道의 事例調査를 中心으로, 전북대학교 석사학위논문, 1987.

신원집,『수입개방에 대응한 호남지역 축산발전방향 수입개방대책』47, 호남작물시험장, 1991.

李圭式, 全北 鎭安地方 韓牛의 肝蛭感染實態에 關한 調査研究, 충남대학교 교육대학원 석사학위논문, 1977.

李東鎬, 축산경영의 실태분석 - 전북지방을 중심으로,『전북대농대논문집』3, 1972.

이성희·한정희·최인혁, 전북지방의 유우번식 장애에 대한 실태조사,『문교부연구보고서(농학계)』4, 1972.

李聖熙, 전북지방 乳牛의 繁殖障害에 對한 실태조사,『전북대농대논문집』4, 1973.

이성희, 전북춘삭의 전망,『비사벌』1, 전북대학교, 1974.

李宰求, 全北地方 韓牛의 肝蛭感染에 관한 疫學的 調査研究,『전북대농대논문집』4, 1973.

李在植, 全羅北道의 家畜市場의 構造와 機能에 對한 調査研究, 건국대학교 석사학위논문, 1979.

李周默·李相坤, 전북지방 乳牛의 繁殖障害에 대한 실태조사(3),『전북대농대논문집』7, 1976.

이주묵 外, 호남지방의 향축농가에 있어서 UR에 대처한 가축의 생산성 향상에 관한 연구,『대한수의학회지』34, 대한수의학회, 1994.

정현승·강봉태, 지리산 면양목장 조성에 관한 연구 - 면양목장 조성 및 면양사육 단지화 조성을 위한 기초조사,『문교부연구보고서(농학계)』1, 1969.

정현승·강봉태·이병오, 지리산 면양목장 조성에 관한 연구 - 지리산 산야초가 면양의 성장율·생모량 및 경제성에 미치는 영향,『문교부연구보고서(농학계』2, 1970.

정현승, 智異山 緬羊牧場 조성에 관한 연구 - 초지개량상 문제점과 실지방법 및 ha 당 생산비에 대한 고찰,『한국축산학회지』13 - 4, 한국축산학회, 1971.

정현승·문승식·염월령·강창중, 智異山 緬羊牧場 조성에 관한 연구(제6보),『한국축산학회지』16 - 1, 한국축산학회, 1974.

정현승·문승식·염월령·강창중, 智異山 緬羊牧場 조성에 관한 연구(제7보),『한국축산학회지』16 - 1, 한국축산학회, 1974.

정현승, 智異山 緬羊牧場 조성에 관한 연구,『한국축산학회지』17 - 5, 한국축산학회,

1975.

정현승, 智異山 緬羊牧場 조성에 관한 硏究 - 智異山 大單山 면양목장개발의 必要性,『한국축산학회지』19 - 1, 한국축산학회, 1977.

崔仁赫, 전북지방 乳牛의 繁殖障害에 대한 실태조사(2),『전북대농대논문집』6, 1975.

崔定植, 湖南地方의 畓裏作을 利用한 飼料 作物生産과 畜産振興에 관한 연구,『전북대농대논문집』13, 1982.

1) 수의학

고홍범, 萬頃江 流域에 있어서 肝吸蟲病의 疫學的 調査, 전북대학교 석사학위논문, 1985.

金秉洙, 전북지역 한우에서 분리한 Theileria sergenti의 항원성에 관한 연구, 전북대학교 석사학위논문, 1990.

김종연·곽택훈, 전북지방 젖소의 이상유 발생상황과 원인균에 관한 연구,『대한수의학회지』15, 대한수의학회, 1975.

김진구·김영진, 정읍지역 하리포유자도에서 분리한 대장균의 ok혈청형 및 항내제내성,『대한수의학회지』21, 대한수의학회, 1985.

金千鉉, 전북지역에 있어서의 Vibrio spp.의 분포조사, 전북대학교 석사학위논문, 1995.

白泳基·李相坤, 全羅北道內 開業獸醫師의 意識構造 : 設問에 대한 應答內容 分析,『全北獸醫師會誌』3, 전북수의사회, 1977.

徐民錫, 호남지방에서 발생한 닭의 Leucocytozoon증에 관한 연구, 전남대학교 석사학위논문, 1994.

서영동·방극문·박종태·최정옥, 전남북 서부 지방에서 생산된 우유의 불합격 현황과 문제점,『한국수의공중보건학회지』10, 한국수의공중보건학회, 1986.

양홍지 外, 전북지방 개의 장내기생충 감염실태,『대한수의사회지』28 - 6, 대한수의사회, 1992.

柳東基, 群山沿岸에 棲息하는 동죽(Mactra veneriformis Reeve)의 二次生産에 관한 연구, 순천향대학교 지역개발대학원 석사학위논문, 1991.

이방환·백상기, 전북도내에 발생한 돈 Toxoplasma증의 임상병리학적 소견,『대한수의학회지』7, 대한수의학회, 1963.

李城憙, 전북지역 한우의 Red cell fragility와 Glutathione peroxidase 활성에 관한 연구, 전북대학교 석사학위논문, 1990.

이주욱, 호남지역의 양축 농가에 있어서 UR에 대처한 가축의 생산성 향상에 관한 연구,『대한수의학회지』33, 대한수의학회, 1993.

임병무, 전북지방 면양의 신경성 질병에 관한 연구,『대한수의학회지』13, 대한수의학회, 1977.

임병무, 호남지방의 닭 leucocytozoon증에 대한 연구,『대한수의학회지』34, 대한수의학회,

1994.
趙正坤, 전북지방 유우 유방염 검색, 전북대학교 석사학위논문, 1987.
趙正坤 外, 전북지방 젖소의 유방염 검색,『축산개발연구보고』1, 전북대학교 축산개발연
    구소, 1987.
한규삼 · 오병관, 전북지방 야생동물의 장내기생충 감영률 조사,『대한수의사학회지』20 -
    5 대한수의학회, 1984.
한규삼, 전북지역에서 사육되는 우유의 유방염 감염상태조사,『대한수의사회지』22, 대한
    수의사회, 1986.
許仁, 全州近郊의 土壤에서 分離된 好角化質性眞菌의 汚染에 關한 調査, 전북대학교 석
    사학위논문, 1987.
許彰烈, 전주근교 농장의 자돈에서 면역형광항체법을 이용한 돼지 콜레라 혈청 중화항체
    가 조사, 전북대학교 석사학위논문, 1991.
許彰烈 外, 전주근교 농장의 자돈에서 면역형광항체법을 이용한 돼지 콜레라 혈청 중화항
    체가 조사,『축산개발연구보고』4, 전북대학교 축산개발연구소, 1991.

2) 양계

이기동, 계분비료공장 설치 현황 : 전북양계협동즈합,『현대양계』269, 현대양계사, 1991.

(13) 잠사업

金載玉, 全北 平野部 蠶業의 構成과 生産要因에 關한 硏究,『전북대상대논문집』2, 1972.
진재식, '80 전북 잠사업의 현황과 시책방향,『蠶絲』252, 대한잠사회, 1980.
황선봉, 생력양잠으로 기업화 모색(전북) - 71년 우리도의 잠업설계,『蠶絲』18 - 2, 대한잠
    사회, 1971.

(14) 수산업

姜悌源 · 孫撤鉉 · 李鍾和, 西海 古群山列島의 夏季 海藻相,『韓國自然保存協會調査報
    告書』18, 한국자연보존협회, 1980.
군산수협50주년사편찬위원회 편,『군산수협50년사』, 군산시수산업협동조합, 1984.
金建培 · 李根雨, 서해안 꽃새우의 동결조건에 관하여,『수산과학연보』5, 군산수산전문대
    학, 1989.
김수관 · 김재선 · 이우창 · 방기준, 서해안지역 수산업 발전을 위한 공개강좌 프로그램의

개발에 관한 연구,『군산수산전문대학연구보고』25 - 1, 군산수산전문대학, 1991.

김수관·이길래, 全羅北道의 水産敎育에 관한 史的考察 - 중등교육기관을 중심으로,『수산경영논집』24 - 2, 한국수산경영학회, 1993.

김수관, 서해지역의 波市에 관한 연구(1),『수산업사연구』1, 1994.

김영길·전세규, 이매패에 기생하는 흡충류에 관한 연구,『부산수산대학교연보』9 - 1, 1969.

김영길·조유숙, 금강하구 지역의 microplankton량과 조성 변화,『군산수전논문집』4, 1970.

김영길, 담수산 이매패의 생태학적 연구,『군산수전논문집』4, 1970.

김영길·김용호,『담수패의 인공증식과 이용효과에 관한 연구』(문교부학술연구 : 수해양계 72년도), 1972.

김영길, 고군산열도산 패류목록,『군산수전논문집』8 - 2, 1974.

김영길, 금강하구산 어패류에 기생하는 흡충류에 관한 연구,『군산수산전문대학연구보고』9 - 2, 1975.

김영길·김종배, 춘계 금강하류역의 수질 및 Diatom의 조성변화에 대하여,『군산수산전문대학연구보고』12 - 2, 1978.

김영길, 고군산열도의 우렁쉥이 Halocynthia roretzi(v.DRASCHE) 이식에 관한 생태학적 연구,『韓國水産學會誌』13 - 2, 한국수산학회, 1980.

김영길·전세규, 조개류에 기생하는 Bacciger속 흡충류에 관한 연구,『韓國水産學會誌』13 - 4, 한국수산학회, 1980.

김영길·전세규, 바지락에 기생하는 Cercaria tapidis Fujita에 대하여,『韓國水産學會誌』14 - 4, 한국수산학회, 1981.

김영길·전세규·박청길·장동석·노용길, 백합 생산을 위한 기초조사,『국립수산진흥원연보』26, 국립수산진흥원, 1981.

김영길·전세규, 백합에 기생하는 흡충류의 생활사에 관한 연구,『부산수산대학교연보』22 - 1, 1982.

김영길, 조개류에 기생하는 Bacciger속 흡충류에 관한 연구(2),『군산수산전문대학연구보고』16 - 1, 1982.

김영길·전세규, 조개류에 기생하는 흡충류에 관한 연구(3) : 바지락 Tapes Philippinarum에 기생한 Gymnophallid cercaria의 1신종 Cercaria tapes n.sp.에 대하여,『韓國水産學會誌』16 - 2, 한국수산학회, 1983.

김영길·전세규, Bacciger harengulae의 생활사에 관한 연구,『韓國水産學會誌』17 - 5, 한국수산학회, 1984.

김영길·전세규, 조개류에 기생하는 흡충류에 관한 연구(4) : 백합에서 검출되는 himasthla kusasigi YAMAGUTI.1939에 대하여,『韓國水産學會誌』17 - 1, 한국수산학회, 1984.

김영길·김을배, 치리의 형태 및 생활사에 관한 연구(1),『韓國水産學會誌』17 - 2, 한국수산학회, 1984.

김영길 · 김종연 · 전세규, 해산 복족류에 기생하는 흡충류의 연구,『韓國水産學會誌』17 - 6, 한국수산학회, 1984.

김영길 · 김종연 · 전세규, 이스라엘 잉어에 기생한 조충의 생활사에 관한 연구,『수산과학연구소 연구보고』1, 군산수산전문대학, 1985.

김영길 · 김을배, 치리의 형태 및 생활사에 관한 연구(2),『한국육수학회지』18 - 1 · 2합집, 한국육수학회, 1985.

김영길 · 정의영, 대맛조개 Solen grandis의 생식세표 형성과정 및 생식주기,『자연과학연구』1, 군산대학교 자연과학연구소, 1986.

김영길, 조개류에 기생하는 흡충류에 관한 연구(5),『한국어병학회지』1 - 1, 한국어병학회, 1988.

김영길, 내수면 가두리 망에 착생하는 총담이끼벌레의 생태와 구제에 관한 연구,『한국어병학회지』2 - 1, 한국어병학회, 1989.

김영길 · 김을배 · 김종연 · 전세규, 뱀장어 부레에 기생하는 선충 Anguuillicola crassa에 관한 연구,『한국어병학회지』2 - 1, 한국어병학회, 1989.

김영길 · 이근광, 한국산 메기의 질병에 관한 연구,『한국어병학회지』6 - 1, 한국어병학회, 1993.

김영길 · 이근광, 새우에서 분리한 비루스의 형태에 관한 연구,『유럽어병학회지』14 - 3, 유럽어병학회, 1994.

김영길 · 최민순 · 박성우 · 이근광, 뱀장어 아가미 울혈증에 관한 연구,『한국어병학회지』7 - 2, 한국어병학회, 1995.

김영길, 아가미지렁이에 기생하는 포자충류에 관한 연구,『한국어병학회지』8 - 1, 한국어병학회, 1995.

김영길 · 이근광 · 김영진, 조개류에 기생하는 흡충류에 관한 연구,『한국어병학회지』8 - 1, 한국어병학회, 1995.

김영길 · 長澤和也, 금붕어에 기생한 Clinostomum complanatum의 피낭유충에 관하여,『한국어병학회지』9 - 1, 한국어병학회, 1996.

金容董, 古群山島産 멸치의 資源生物學的 研究(1),『군산수산전문대학연구보고』16 - 3, 1982.

金容董, 古群山島産 멸치의 資源生物學的 研究(2) : 魚群의 成長度에 대하여,『군산수산전문대학연구보고』17 - 3, 1983.

金容文, 군산항의 각층별 조류에 관한 연구(1),『군산수산전문대학연구보고』14 - 3, 1980.

金容浩, 서해산 범게자원에 관한 연구(1) - 범게의 상대성장,『군산수산전문대학연구보고』15 - 1, 1981.

金容浩, 서해산 범게자원에 관한 연구(3) - 산란기와 난소중량,『군산수산전문대학연구보고』16 - 1, 1982.

金容浩, 서해산 범게자원에 관한 연구(2) - 난소중량 · 포란수 및 난경,『韓國水産學會誌』

16 - 1, 한국수산학회, 1983.

金容浩, 서해산 꽃새우의 생물학적 연구(1) - 체장조성과 상대성장, 『군산수산전문대학연구보고』 19 - 3, 1985.

金容浩, 서해산 그물무늬금게의 생물학적 연구(1), 『군산수산전문대학연구보고』 20 - 3, 1986.

김용호, 범게의 유생사육에 관한 성장연구, 『군산수산전문대학연구보고』 4, 1988.

金容浩, 서해산 참굴 채묘에 관한 연구, 『군산수산전문대학연구보고』 22 - 1, 1988.

金容浩·柳東基, 군산연안에 서식하는 동죽의 성장에 관한 연구, 『군산수산전문대학연구보고』 25 - 2, 1991.

김용호·이정렬·유동기, 서해안산 패류의 산지별 성장비교, 『군산수산전문대학연구보고』 25 - 2, 1991.

김용호, 군산연안 동죽의 먹이생물에 대한 연구, 『한국양식학회지』 8 - 2, 한국양식학회, 1995.

김정희·이건형·신윤근·김중래, 서해산 김 엽체상의 미소생물과 김의 병해와의 관계에 대한 연구(2) : 목포인근 김양식장 주변해수에서의 종속영양세균의 계절적 변화, 『연구논문집(Reprints판)』 1, 군산대학교 해양개발연구소, 1993.

김정희·이건형·이원호·김중래, 서해산 김 엽체상의 미소생물과 김의 병해와의 관계에 대한 연구(3) : 김 엽체상에 부착된 종속영양세균의 계절적 변화, 『연구논문집(Reprints판)』 1, 군산대학교 해양개발연구소, 1993.

金鍾培, 西海産 짱두어 Boleophthalumus Chinensis(OSBECK)의 一般化學的分析, 『군산수산전문대학연구보고』 13 - 2, 1979.

金鍾連·李廷烈·金榮吉·金容浩, 西海 沿岸의 養殖場 環境調査(2) - 高亭里 海域 김養殖場의 水質環境, 『군산수산전문대학연구보고』 24 - 1, 1990.

金鍾連·金容浩, 群山附近 海域의 Chlorophyll - a와 植物플랑크톤의 分布, 『수산과학연구소 연구보고』 10, 군산대학교, 1994.

金重來·金容董, 『都屯里 참김養殖場에 對한 研究(I) : 큰 참김의 移植效果와 施肥에 의한 增産效果』, 군산수산전문대학, 1978.

김중래·이종화, 西海岸 中部 海藻相 및 群落調査(1) - 保寧海域의 夏季 海藻相과 植生分析, 『自然科學研究』 2, 군산대학교, 1987.

김중래·신윤근·이건형·이원호, 서해안 김 엽체상의 미소생물과 김의 병해와의 관계에 대한 연구(1) : 부착조류와 주변 해수의 식물플랑크톤의 종 조성 및 현존량, 『연구논문집(Reprints판)』 1, 군산대학교 해양개발연구소, 1993.

金重來·尹長澤, 西海岸 난지도 底捿海藻類의 生態學的 研究, 『海洋開發研究』 5 - 1, 군산대학교 해양개발연구소, 1993.

나진찬, 전라북도의 수산업 육성방안 : '95년 중점시책 방향 및 발전전망, 『現代海洋』 298, 현대해양사, 1995.

노한철, 서해안의 비단가리비 및 피조개 종묘생산 시험,『水産界』53, 1995.

농림수산부,『어업 총조사보고 제3차, 1－2(1990) : 해면어업(충남·전북·전남)』, 1992.

朴東浩, 황해 저층 냉수의 소장, 부산수산대학교 석사학위논문, 1988.

裵樹奐 外, 韓國 西海岸의 참조기 漁業攷 : 韓國沿岸에 回游하던 참조기 무리의 生物學
  的 漁業資源學的 同定,『수산과학연구소 연구보고』10, 군산대학교, 1994.

徐萬錫, 群山港에 揚陸된 漁獲量과 魚價에 關한 統計的 考察,『수협조사월보』77, 한국
  수산업협동조합, 1979.

서만석 외, 고군산군도연안 현생퇴적물의 조직 및 지구화학적 특성에 관한 연구,『한국지
  구과학회지』16－5, 한국지구과학회, 1995.

서만석 외, 하구언 갑문폐쇄후 금강하구의 물리 퇴적학적 특성변화,『한국해양학회지』30
  －4, 한국해양학회, 1995.

申貴龍,『玉井湖(雲巖貯水池)의 生態學的 基礎硏究－水溫 및 plankton에 따른 水魚 양식
  층 및 生態에 對하여』(水産淸平養漁場硏究報告 3), 1978.

梁沆龍, 西海岸 천일鹽田의 空間構造에 관한 연구, 전북대학교 교육대학원 석사학위논문,
  1991.

오환종, 군산시 수산업 협동조합 관내 어촌계에 관한 고찰,『수산과학연구소 연구보고』
  10, 군산대학교, 1994.

柳東基·李鍾華, 群山 해안에 서식하는 동축(Mactra veneriformis Reeve)의 三次生産에 關
  한 硏究,『순천향대논문집』14－3, 1991.

유봉석·이종화, 錦江河口産 말뚝망둥어(Periophthalmus cantonensis)의 夏期 생활양식에 대
  하여,『韓國水産學會誌』12－1, 한국수산학회, 1979.

劉奉錫·金鍾連·金容煥, 錦江産 철갑상어의 비늘 特性에 관한 硏究,『군산수산전문대
  학연구보고』17－3, 1983.

유봉석·최윤, 군산연안 어류의 군집변동,『어류학회지』5－2, 1993.

이근우·최선남·김종배·정용현, 등전점전기영동에 의한 서해산 해산어의 근형단백질의
  전기영동에 관한 연구,『한국영양식량학회지』20－5, 한국영양식량학회, 1991.

이길래,『고군산 군도의 定置網어업의 현황과 도서민의 소득증대 방안』(전북도정연구 및
  평가보고서), 1978.

이길래, 고군산열도의 멸치囊長網漁業의 현황과 문제점,『군산수산전문대학연구보고』12
  －2, 1978.

이길래, 古群山列島 멸치囊長網漁業의 漁獲量에 관하여,『군산수산전문대학연구보고』13
  －1, 1979.

이길래, 고군산열도의 멸치囊長網漁業의 어업환경과 어획량에 대하여,『군산수산전문대
  학연구보고』17－1, 1983.

이길래·유봉석·조봉곤, 古群山列島 멸치囊長網漁業의 漁場環境과 漁獲量에 관하여,
  『군산수산전문대학연구보고』17－1, 1983.

이길래·김수관, 西海岸의 水産業에 관한 史的考察(1) - 한말에 있어서 古群山列島와 그 隣近地域을 中心으로,『군산수산전문대학연구보고』19 - 1, 1985.

이길래·김수관, 西海岸의 水産業에 관한 史的考察(2) - 日帝 植民地時代에 있어서 古群山列島와 그 隣近地域을 中心으로,『군산수산전문대학연구보고』20 - 2, 1986.

李元國·禹榮均·李春雨,『錦江流域의 水資源開發을 위한 地質學的 氣象學的 및 地球物理學的 研究』, 공주사범대학교, 1978.

이원우·신형일·이대재, 群山地域에서의 GPS測位精度 解析,『韓國水産學會誌』26 - 3, 한국수산학회, 1993.

李廷烈 外, 西海沿岸의 養殖場 環境調査 : 庇仁島 김 養殖場의 水質環境,『군산수산전문대학연구보고』5, 1989.

이정렬·김영길·김용호·김종연, 西海沿岸의 養殖場 環境調査(2) - 고정리 해역 김양식장의 수질환경,『군산수산전문대학연구보고』24, 1990.

이정렬·김영길, 西海沿岸의 養殖場 環境調査(3) : 부안 백합양식장 환경,『한국양식학회지』4 - 2, 한국양식학회, 1991.

李廷烈, 西海沿岸의 養殖場 環境調査(4) : 군산연안 양식장의 水質環境,『수산과학연구서 연구보고』8, 군산대학교, 1992.

이정렬 外, 西海沿岸의 養殖場 環境調査(5) : 군산연안 양식장의 水質環境,『한국양식학회지』8 - 2, 한국양식학회, 1995.

이종화, 西海岸 中部 海藻相 및 群落調査 : 馬梁里 - 古群山列島 및 於靑島의 夏季 海藻相과 群落分析,『군산수산전문대학연구보고』17 - 1, 1983.

李鍾和, 西海岸 中部 海藻相 및 群落調査(1) : 沃溝沿岸 飛應島의 冬季 海藻相과 植生分析,『군산수산전문대학연구보고』26, 1992.

李鍾和, 西海岸 中部 海藻相 및 群落調査(2) : 安眠島 南端 長谷里 沿岸의 海藻植生,『수산과학연구소 연구보고』9, 군산대학교, 1993.

李鍾和, 西海岸 김 養殖場에 關한 研究 : 沃溝沿岸 養殖김의 生育과 生産量 分析,『수산과학연구소 연구보고』10, 군산대학교, 1994.

정의영·김영길, 서해산 대맛조개 - Soeln grandis Dunker의 성성숙에 관한 연구,『황해연구』2, 인하대학교, 1989.

정홍기, 서해구의 복어류의 생물학적 연구,『군산수산전문대학 연구보고』15 - 3, 1981.

정홍기, 서해 오징어 채낚기어업의 어획량과 해황변동에 관하여,『군산수산전문대학 연구보고』19 - 3, 1985.

조수근 外, 군산연안 양식 바지락(Tapes Philippinarum)의 형태 성장에 관한 연구,『海洋開發研究』7 - 1, 군산대학교 해양개발연구소, 1995.

최선남, 전북지방 이유실태조사(Ⅰ),『군산수산전문대학연구보고』16 - 1, 1982.

秋孝尙, 1982年 夏季 西海岸 朝夕前線의 構造, 부산수산대학교 석사학위논문, 1984.

(15) 공업

姜敬子, 湖南地方 工業의 構造的 特性에 관한 硏究, 성신여자대학교 교육대학원 석사학위논문, 1988.

高良坤·安津, 全北地方 工業의 實態分析,『産業開發硏究所論文集』15, 전북대학교 산업개발연구소, 1985.

金觀白, 淳昌 刺繡團地를 中心으로 한 實態調査,『인천교대논문집』3, 1968.

朴政珉 外, 全北地域 石材加工産業의 育成方案에 관한 硏究(1) : 裡里·益山地域을 中心으로,『産經硏究』6, 원광대학교 산업경영연구소, 1993.

朴政珉 外, 全北地域 石材加工産業의 育成方案에 관한 硏究 - 裡里·益山地域을 中心으로,『원광대논문집(인문·사회편)』27 - 1, 1993.

백용혁, 호남지방과 내화물 공업,『전남공대』, 1972.

송용종, 전라북도 섬유류산업의 구조에 관한 연구 - 양말 산업을 중심으로,『산경연구』8, 원광대학교 산업경영연구소, 1995.

송해안, 全北地域 工業開發의 雇用 波及效果 分析,『지역개발연구』1, 전주대학교 지역개발연구소, 1993.

신동화, 전라북도 식품산업의 현황과 농민소득 향상을 위한 가공분야,『전북대농대논문집』26, 1995.

安鍾九, 群山地域에 對한 工業의 地理的 考察, 경희대학교 석사학위논문, 1981.

吳元鐸, 裡里 貴金屬 寶石團地 技術改善에 관한 硏究,『원광대논문집』23 - 2, 1989.

吳隆京,『裡里 貴金屬 寶石輸出團地의 加工技術의 改善 및 製品디자인 開發에 對한 硏究』(산학협동재단 연구보고서), 원광대학교 문리과대학 공예학과, 1979.

吳隆京, 裡里 貴金屬 寶石輸出團地의 加工技術의 改善 및 製品디자인 開發에 관한 硏究,『원광대논문집』15, 1982.

柳鵬植 外 3인, 裡里 寶石都市 育成에 관한 硏究,『산경연구』4, 원광대학교 산업경영연구소, 1990.

윤여옥, 국제경쟁력 제고를 위한 이리 귀금속단지 Commercial Jewelry Design의 발전방향에 관한 연구,『원광대논문집(자연과학편)』25 - 2, 1991.

이문호, 전주의 테크노폴리스와 군산의 텔리포트,『全銀調査』13, 전북은행, 1991.

李成鐸, 湖南工業化에 비쳐진 明暗 - 全北地方의 製造業을 中心으로,『鄕土』5, 1971.

李承宇·朴炳鉉, 群山地域의 臨海工團 育成方案 : 3市工團 벨트圈 形成과 群山 臨海工團을 中心으로,『군산대논문집』1, 1980.

李始貞, 우리나라 韓紙工業의 역사지리적 고찰 : 전주지방을 중심으로,『君子社會』4, 수도여자사범대학교, 1977.

이안수, 이리 귀금속 보석가공단지의 이상과 현실 그리고 번뇌,『귀금속과 보석』9, 1986.

鄭秀鎭, 全北地域 工業用地 需要展望과 留置業種 選定의 前提條件,『産經硏究』6, 원광

　　대학교 산업경영연구소, 1993.
한국은행 전주지점,『전북지역 섬유산업 실태조사보고서』, 1989.
한국은행 전주지점,『도내 주요공단 입주업체 실태조사』, 1993.
한국은행 전주지점,『이리 귀금속단지 입주업체 실태조사 결과』, 1993.
韓鴻烈, 全州地域 傳統手工業의 地域的 展開過程에 관한 硏究,『社會科學硏究』4, 西原
　　大學校, 1991.

(16) 해양개발

박세영, 2천년대를 향한 개발 사업 : 전북,『現代海洋』306, 현대해양사, 1995.

(17) 기타

農林水産部・農漁村振興公社,『(山察 萬成地區) 水脈圖調査報告書』, 1990.
農林水産部・農漁村振興公社,『(客舍地區) 水脈圖調査報告書』, 1991.
農林水産部・農漁村振興公社,『(院洞 新中地區) 水脈圖調査報告書』, 1992.
農林水産部・農漁村振興公社,『(錦江 長水地區) 水脈圖調査報告書』, 1993.
農林水産部・農漁村振興公社,『(全北分散地區) 水脈圖調査報告書』, 1994.
農林水産部・農漁村振興公社,『(萬石地區) 水脈圖調査報告書』, 1994.
農林水産部・農業振興公社,『(富松地區) 水脈圖調査報告書』, 1987.
農林水産部・農業振興公社,『(石旺地區) 水脈圖調査報告書』, 1987.
農林水産部・農業振興公社,『(月星地區) 水脈圖調査報告書』, 1988.
農水産部・農漁村振興公社,『(高敞 仁成地區) 水脈圖調査報告書』, 1991.
農水産部・農漁村振興公社,『(金堤 龍岩 交敎地區) 水脈圖調査報告書』, 1991.
農水産部・農漁村振興公社,『(南原 高山地區) 水脈圖調査報告書』, 1991.
農水産部・農漁村振興公社,『(南原 書梅 松上地區) 水脈圖調査報告書』, 1991.
農水産部・農漁村振興公社,『(分散地區) 水脈圖調査報告書』, 1991.
農水産部・農漁村振興公社,『(淳昌 淸溪地區) 水脈圖調査報告書』, 1991.
農水産部・農漁村振興公社,『(沃溝 山谷地區) 水脈圖調査報告書』, 1991.
農水産部・農漁村振興公社,『(完州 參禮 伊門 栗谷地區) 水脈圖調査報告書』, 1991.
農水産部・農漁村振興公社,『(益山 塔理地區) 水脈圖調査報告書』, 1991.
農水産部・農漁村振興公社,『(任實 용밭들地區) 水脈圖調査報告書』, 1991.
農水産部・農漁村振興公社,『(全州 客寺地區) 水脈圖調査報告書』, 1991.
農水産部・農漁村振興公社,『(井邑 新龍 後地地區) 水脈圖調査報告書』, 1991.

農水産部·農漁村振興公社,『(鎭安 龜新地區) 水脈圖調査報告書』, 1991.
農水産部·農業振興公社,『(九億 下二地區) 水脈圖調査報告書』, 1982.
農水産部·農業振興公社,『(가락 花峰地區) 水脈圖調査報告書』, 1983.
農水産部·農業振興公社,『(각씨바위 隱石 月岩橋地區) 水脈圖調査報告書』, 1983.
農水産部·農業振興公社,『(高敞地區) 水脈圖調査報告書』, 1983.
農水産部·農業振興公社,『(君坪地區) 水脈圖調査報告書』, 1983.
農水産部·農業振興公社,『(金谷地區) 水脈圖調査報告書』, 1983.
農水産部·農業振興公社,『(낙동地區) 水脈圖調査報告書』, 1983.
農水産部·農業振興公社,『(南原 낙동地區) 水脈圖調査報告書』, 1983.
農水産部·農業振興公社,『(南原 露峯地區) 水脈圖調査報告書』, 1983.
農水産部·農業振興公社,『(南原 梅內골地區) 水脈圖調査報告書』, 1983.
農水産部·農業振興公社,『(南原 上東地區) 水脈圖調査報告書』, 1983.
農水産部·農業振興公社,『(南原 水鴻地區) 水脈圖調査報告書』, 1983.
農水産部·農業振興公社,『(南原 雲橋 上洞地區) 水脈圖調査報告書』, 1983.
農水産部·農業振興公社,『(南原 下島地區) 水脈圖調査報告書』, 1983.
農水産部·農業振興公社,『(內藏地區) 水脈圖調査報告書』, 1983.
農水産部·農業振興公社,『(露峯地區) 水脈圖調査報告書』, 1983.
農水産部·農業振興公社,『(大村 大井地區) 水脈圖調査報告書』, 1983.
農水産部·農業振興公社,『(望月地區) 水脈圖調査報告書』, 1983.
農水産部·農業振興公社,『(梅內골地區) 水脈圖調査報告書』, 1983.
農水産部·農業振興公社,『(上東地區) 水脈圖調査報告書』, 1983.
農水産部·農業振興公社,『(上松地區) 水脈圖調査報告書』, 1983.
農水産部·農業振興公社,『(上雲地區) 水脈圖調査報告書』, 1983.
農水産部·農業振興公社,『(仙洞 龍伏地區) 水脈圖調査報告書』, 1983.
農水産部·農業振興公社,『(星溪 桂月地區) 水脈圖調査報告書』, 1983.
農水産部·農業振興公社,『(所陽橋 계상地區) 水脈圖調査報告書』, 1983.
農水産部·農業振興公社,『(水鴻地區) 水脈圖調査報告書』, 1983.
農水産部·農業振興公社,『(心元地區) 水脈圖調査報告書』, 1983.
農水産部·農業振興公社,『(陽芝橋地區) 水脈圖調査報告書』, 1983.
農水産部·農業振興公社,『(역기地區) 水脈圖調査報告書』, 1983.
農水産部·農業振興公社,『(五龍地區) 水脈圖調査報告書』, 1983.
農水産部·農業振興公社,『(外伊地區) 水脈圖調査報告書』, 1983.
農水産部·農業振興公社,『(雲橋 上洞地區) 水脈圖調査報告書』, 1983.
農水産部·農業振興公社,『(柳亭地區) 水脈圖調査報告書』, 1983.
農水産部·農業振興公社,『(栗村地區) 水脈圖調査報告書』, 1983.
農水産部·農業振興公社,『(益山Ⅰ, Ⅱ地區) 水脈圖調査報告書』, 1983.

農水産部・農業振興公社,『(臨皮地區) 水脈圖調査報告書』, 1983.
農水産部・農業振興公社,『(長信地區) 水脈圖調査報告書』, 1983.
農水産部・農業振興公社,『(長田地區) 水脈圖調査報告書』, 1983.
農水産部・農業振興公社,『(長湖地區) 水脈圖調査報告書』, 1983.
農水産部・農業振興公社,『(鍾德地區) 水脈圖調査報告書』, 1983.
農水産部・農業振興公社,『(八峰地區) 水脈圖調査報告書』, 1983.
農水産部・農業振興公社,『(下島地區) 水脈圖調査報告書』, 1983.
農水産部・農業振興公社,『(海月地區) 水脈圖調査報告書』, 1983.
農水産部・農業振興公社,『(花開地區) 水脈圖調査報告書』, 1983.
農水産部・農業振興公社,『(金谷 安谷地區) 水脈圖調査報告書』, 1984.
農水産部・農業振興公社,『(今上地區) 水脈圖調査報告書』, 1984.
農水産部・農業振興公社,『(南原 槐陽地區) 水脈圖調査報告書』, 1984.
農水産部・農業振興公社,『(南原 箕聖地區) 水脈圖調査報告書』, 1984.
農水産部・農業振興公社,『(南原 大山地區) 水脈圖調査報告書』, 1984.
農水産部・農業振興公社,『(南原 晚島地區) 水脈圖調査報告書』, 1984.
農水産部・農業振興公社,『(南原 釜節地區) 水脈圖調査報告書』, 1984.
農水産部・農業振興公社,『(南原 書谷地區) 水脈圖調査報告書』, 1984.
農水産部・農業振興公社,『(道溪地區) 水脈圖調査報告書』, 1984.
農水産部・農業振興公社,『(道山地區) 水脈圖調査報告書』, 1984.
農水産部・農業振興公社,『(銅田地區) 水脈圖調査報告書』, 1984.
農水産部・農業振興公社,『(屯田地區) 水脈圖調査報告書』, 1984.
農水産部・農業振興公社,『(晚島地區) 水脈圖調査報告書』, 1984.
農水産部・農業振興公社,『(盤岩地區) 水脈圖調査報告書』, 1984.
農水産部・農業振興公社,『(鳳山地區) 水脈圖調査報告書』, 1984.
農水産部・農業振興公社,『(新南地區) 水脈圖調査報告書』, 1984.
農水産部・農業振興公社,『(心星 玉山地區) 水脈圖調査報告書』, 1984.
農水産部・農業振興公社,『(玉溪地區) 水脈圖調査報告書』, 1984.
農水産部・農業振興公社,『(完州 今上地區) 水脈圖調査報告書』, 1984.
農水産部・農業振興公社,『(油峙地區) 水脈圖調査報告書』, 1984.
農水産部・農業振興公社,『(益山 平章地區) 水脈圖調査報告書』, 1984.
農水産部・農業振興公社,『(任實 宿虎地區) 水脈圖調査報告書』, 1984.
農水産部・農業振興公社,『(任實 漁隱地區) 水脈圖調査報告書』, 1984.
農水産部・農業振興公社,『(井邑 桂龍地區) 水脈圖調査報告書』, 1984.
農水産部・農業振興公社,『(井邑 高川 五峰地區) 水脈圖調査報告書』, 1984.
農水産部・農業振興公社,『(通川地區) 水脈圖調査報告書』, 1984.
農水産部・農業振興公社,『('84全北 分散地區) 水脈圖調査報告書』, 1985.

農水産部·農業振興公社,『(開岩地區) 水脈圖調査報告書』, 1985.
農水産部·農業振興公社,『(갱변地區) 水脈圖調査報告書』, 1985.
農水産部·農業振興公社,『(高敞 下田地區) 水脈圖調査報告書』, 1985.
農水産部·農業振興公社,『(高川(2)地區) 水脈圖調査報告書』, 1985.
農水産部·農業振興公社,『(南原 갱변地區) 水脈圖調査報告書』, 1985.
農水産部·農業振興公社,『(南原 細田地區) 水脈圖調査報告書』, 1985.
農水産部·農業振興公社,『(南原 松峙地區) 水脈圖調査報告書』, 1985.
農水産部·農業振興公社,『(南原 仁化地區) 水脈圖調査報告書』, 1985.
農水産部·農業振興公社,『(內光地區) 水脈圖調査報告書』, 1985.
農水産部·農業振興公社,『(淳昌 金果地區) 水脈圖調査報告書』, 1985.
農水産部·農業振興公社,『(沃溝 高峰地區) 水脈圖調査報告書』, 1985.
農水産部·農業振興公社,『(雨日地區) 水脈圖調査報告書』, 1985.
農水産部·農業振興公社,『(益山 연정地區) 水脈圖調査報告書』, 1985.
農水産部·農業振興公社,『(益山 外沙地區) 水脈圖調査報告書』, 1985.
農水産部·農業振興公社,『(鎭安 가미소地區) 水脈圖調査報告書』, 1985.
農水産部·農業振興公社,『(金堤 內光II地區) 水脈圖調査報告書』, 1986.
農水産部·農業振興公社,『('86全北 分散地區) 水脈圖調査報告書』, 1986.
農水産部·農業振興公社,『(高敞 堂山地區) 水脈圖調査報告書』, 1986.
農水産部·農業振興公社,『(高敞 木牛地區) 水脈圖調査報告書』, 1986.
農水産部·農業振興公社,『(高敞 松峴地區) 水脈圖調査報告書』, 1986.
農水産部·農業振興公社,『(高敞 龍橋地區) 水脈圖調査報告書』, 1986.
農水産部·農業振興公社,『(高敞 龍垈地區) 水脈圖調査報告書』, 1986.
農水産部·農業振興公社,『(金堤 大栗地區) 水脈圖調査報告書』, 1986.
農水産部·農業振興公社,『(金堤 從德地區) 水脈圖調査報告書』, 1986.
農水産部·農業振興公社,『(南原 桂壽地區) 水脈圖調査報告書』, 1986.
農水産部·農業振興公社,『(扶安 牛東地區) 水脈圖調査報告書』, 1986.
農水産部·農業振興公社,『(淳昌 防築地區) 水脈圖調査報告書』, 1986.
農水産部·農業振興公社,『(藥岩地區) 水脈圖調査報告書』, 1986.
農水産部·農業振興公社,『(沃溝 馬龍地區) 水脈圖調査報告書』, 1986.
農水産部·農業振興公社,『(完州 伊城地區) 水脈圖調査報告書』, 1986.
農水産部·農業振興公社,『(益山 龜坪地區) 水脈圖調査報告書』, 1986.
農水産部·農業振興公社,『(益山 노동地區) 水脈圖調査報告書』, 1986.
農水産部·農業振興公社,『(益山 진기地區) 水脈圖調査報告書』, 1986.
農水産部·農業振興公社,『(任實 大谷地區) 水脈圖調査報告書』, 1986.
農水産部·農業振興公社,『(任實 新德地區) 水脈圖調査報告書』, 1986.
農水産部·農業振興公社,『(全北 分散地區) 水脈圖調査報告書』, 1986.

農水産部・農業振興公社,『(全北 追加調査地區) 水脈圖調査報告書』, 1986.
農水産部・農業振興公社,『(井邑 寶林地區) 水脈圖調査報告書』, 1986.
農水産部・農業振興公社,『(井邑 安堂 芝仙地區) 水脈圖調査報告書』, 1986.
農水産部・農業振興公社,『(井邑 眞興地區) 水脈圖調査報告書』, 1986.
農水産部・農業振興公社,『(高敞 南山 外 2地區) 水脈圖調査報告書』, 1987.
農水産部・農業振興公社,『(高敞 星山地區) 水脈圖調査報告書』, 1987.
農水産部・農業振興公社,『(南原 柳岩地區) 水脈圖調査報告書』, 1987.
農水産部・農業振興公社,『(扶安 甘橋地區) 水脈圖調査報告書』, 1987.
農水産部・農業振興公社,『(完州 九岩地區) 水脈圖調査報告書』, 1987.
農水産部・農業振興公社,『(完州 內月地區) 水脈圖調査報告書』, 1987.
農水産部・農業振興公社,『(完州 上林地區) 水脈圖調査報告書』, 1987.
農水産部・農業振興公社,『(完州 시천地區) 水脈圖調査報告書』, 1987.
農水産部・農業振興公社,『(完州 鶴田地區) 水脈圖調査報告書』, 1987.
農水産部・農業振興公社,『(裡里 富松地區) 水脈圖調査報告書』, 1987.
農水産部・農業振興公社,『(裡里 石旺地區) 水脈圖調査報告書』, 1987.
農水産部・農業振興公社,『(益山 鉢山地區) 水脈圖調査報告書』, 1987.
農水産部・農業振興公社,『(益山 城南地區) 水脈圖調査報告書』, 1987.
農水産部・農業振興公社,『(益山 信洞地區) 水脈圖調査報告書』, 1987.
農水産部・農業振興公社,『(子抱地區) 水脈圖調査報告書 : 高敞』, 1987.
農水産部・農業振興公社,『(井邑 栢山地區) 水脈圖調査報告書』, 1987.
農水産部・農業振興公社,『(井邑 六里・陽槐地區) 水脈圖調査報告書』, 1987.
農水産部・農業振興公社,『(井邑 塔城地區) 水脈圖調査報告書』, 1987.
農水産部・農業振興公社,『(高敞 월평 등 9개지구) 水脈圖調査報告書』, 1988.
農水産部・農業振興公社,『(高敞 海龍地區) 水脈圖調査報告書』, 1988.
農水産部・農業振興公社,『(金堤 蕁洞, 上東地區) 水脈圖調査報告書』, 1988.
農水産部・農業振興公社,『(南原 내황地區) 水脈圖調査報告書』, 1988.
農水産部・農業振興公社,『(茂州 신대地區) 水脈圖調査報告書』, 1988.
農水産部・農業振興公社,『(扶安 三巨, 道淸地區) 水脈圖調査報告書』, 1988.
農水産部・農業振興公社,『(分散地區) 水脈圖調査報告書』, 1988.
農水産部・農業振興公社,『(完州 新橋地區) 水脈圖調査報告書』, 1988.
農水産部・農業振興公社,『(完州 亢佳地區) 水脈圖調査報告書』, 1988.
農水産部・農業振興公社,『(裡里 月星地區) 水脈圖調査報告書』, 1988.
農水産部・農業振興公社,『(高敞 大榜 등 6개地區) 水脈圖調査報告書』, 1989.
農水産部・農業振興公社,『(高敞 백토 등 6개地區) 水脈圖調査報告書』, 1989.
農水産部・農業振興公社,『(高敞 三仁 등 6개地區) 水脈圖調査報告書』, 1989.
農水産部・農業振興公社,『(金堤 大松 孔德 순동地區) 水脈圖調査報告書』, 1989.

農水産部·農業振興公社, 『(南原 龍山(Ⅰ) 등 6개地區) 水脈圖調査報告書』, 1989.
農水産部·農業振興公社, 『(南原 龍山 등 6개地區) 水脈圖調査報告書』, 1989.
農水産部·農業振興公社, 『(扶安 鎭西地區) 水脈圖調査報告書』, 1989.
農水産部·農業振興公社, 『(分散地區) 水脈圖調査報告書』, 1989.
農水産部·農業振興公社, 『(完州 陽也 등9개地區) 水脈圖調査報告書』, 1989.
農水産部·農業振興公社, 『(益山 石泉 등 5개地區) 水脈圖調査報告書』, 1989.
農水産部·農業振興公社, 『(長水 송게地區) 水脈圖調査報告書』, 1989.
農水産部·農業振興公社, 『(井邑 上萬地區) 水脈圖調査報告書』, 1989.
農水産部·農業振興公社, 『(高敞 大壯 成南 米山 淡巖地區) 水脈圖調査報告書』, 1990.
農水産部·農業振興公社, 『(金堤 立石地區) 水脈圖調査報告書』, 1990.
農水産部·農業振興公社, 『(南原 松基地區) 水脈圖調査報告書』, 1990.
農水産部·農業振興公社, 『(扶安 龍西地區) 水脈圖調査報告書』, 1990.
農水産部·農業振興公社, 『(分散地區) 水脈圖調査報告書』, 1990.
農水産部·農業振興公社, 『(淳昌 大佳地區) 水脈圖調査報告書』, 1990.
農水産部·農業振興公社, 『(沃溝 瓦村 만동地區) 水脈圖調査報告書』, 1990.
農水産部·農業振興公社, 『(完州 盤橋 元盤橋地區) 水脈圖調査報告書』, 1990.
農水産部·農業振興公社, 『(益山 上陽 鶴坪 隱下地區) 水脈圖調査報告書』, 1990.
農水産部·農業振興公社, 『(任實 智長 斗滿 里仁地區) 水脈圖調査報告書』, 1990.
農水産部·農業振興公社, 『(長水 염바다 下理 東皐地區) 水脈圖調査報告書』, 1990.
農水産部·農業振興公社, 『(全州 山察 萬成地區) 水脈圖調査報告書』, 1990.
農水産部·農業振興公社, 『(井邑 普化 萬化地區) 水脈圖調査報告書』, 1990.
農水産部·農業振興公社, 『(鎭安 龜龍 佐浦地區) 水脈圖調査報告書』, 1990.
農水産部·農業振興公社, 『(高敞 德山 虎洞 內洞地區) 水脈圖調査報告書』, 1992.
農水産部·農業振興公社, 『(金堤 水綠地區) 水脈圖調査報告書』, 1992.
農水産部·農業振興公社, 『(金堤 鶴岩地區) 水脈圖調査報告書』, 1992.
農水産部·農業振興公社, 『(南原 道山 書齊 笠岩地區) 水脈圖調査報告書』, 1992.
農水産部·農業振興公社, 『(扶安 回枾 古砂地區) 水脈圖調査報告書』, 1992.
農水産部·農業振興公社, 『(分散地區) 水脈圖調査報告書』, 1992.
農水産部·農業振興公社, 『(淳昌 瑞馬地區) 水脈圖調査報告書』, 1992.
農水産部·農業振興公社, 『(完州 佳川 海月 參禮Ⅱ地區) 水脈圖調査報告書』, 1992.
農水産部·農業振興公社, 『(長水 북당골2地區) 水脈圖調査報告書』, 1992.
農水産部·農業振興公社, 『(全州 院洞 新中地區) 水脈圖調査報告書』, ·1992.
農水産部·農業振興公社, 『(井邑 下鶴 芳橋地區) 水脈圖調査報告書』, 1992.
農水産部·農業振興公社, 『(井州 新井 洞谷地區) 水脈圖調査報告書』, 1992.
農水産部·農業振興公社, 『(高敞 月城 新月地區) 水脈圖調査報告書』, 1993.
農水産部·農業振興公社, 『(金堤 禮村 山直 侑祖地區) 水脈圖調査報告書』, 1993.

農水産部·農業振興公社,『(南原 月坪 花水地區) 水脈圖調査報告書』, 1993.

農水産部·農業振興公社,『(茂朱 三加地區) 水脈圖調査報告書』, 1993.

農水産部·農業振興公社,『(扶安 벌금 新川 鍾山地區) 水脈圖調査報告書』, 1993.

農水産部·農業振興公社,『(淳昌 七笠地區) 水脈圖調査報告書』, 1993.

農水産部·農業振興公社,『(沃溝 尺洞地區) 水脈圖調査報告書』, 1993.

農水産部·農業振興公社,『(完州 孔德 定農地區) 水脈圖調査報告書』, 1993.

農水産部·農業振興公社,『(益山 上馬 箕陽地區) 水脈圖調査報告書』, 1993.

農水産部·農業振興公社,『(任實 斗福 望月地區) 水脈圖調査報告書』, 1993.

農水産部·農業振興公社,『(長水 三峰 文成地區) 水脈圖調査報告書』, 1993.

農水産部·農業振興公社,『(井邑 外野 新川地區) 水脈圖調査報告書』, 1993.

農水産部·農業振興公社,『(鎭安 延章 西板 下郷地區) 水脈圖調査報告書』, 1993.

農水産部·農業振興公社,『(平村 安心 勿憂 新興 大里 錦月地區) 水脈圖調査報告書』,
　　1993.

農水産部·農業振興公社,『(高敞 石橋 碑石地區) 水脈圖調査報告書』, 1994.

農水産部·農業振興公社,『(金堤 영동地區) 水脈圖調査報告書』, 1994.

農水産部·農業振興公社,『(南原 奉大 沙栗 考坪地區) 水脈圖調査報告書』, 1994.

農水産部·農業振興公社,『(扶安 富谷 洞山地區) 水脈圖調査報告書』, 1994.

農水産部·農業振興公社,『(淳昌 福實 新村地區) 水脈圖調査報告書』, 1994.

農水産部·農業振興公社,『(完州 德洞 어젼 下新壙地區) 水脈圖調査報告書』, 1994.

農水産部·農業振興公社,『(裡里 萬石地區) 水脈圖調査報告書』, 1994.

農水産部·農業振興公社,『(益山 瞿北 이거地區) 水脈圖調査報告書』, 1994.

農水産部·農業振興公社,『(任實 피암地區) 水脈圖調査報告書』, 1994.

農水産部·農業振興公社,『(長水 華山地區) 水脈圖調査報告書』, 1994.

農水産部·農業振興公社,『(井邑 梅竹 九將 新籠Ⅱ地區) 水脈圖調査報告書』, 1994.

農水産部·農業振興公社,『(鎭安 탄곡 금마地區) 水脈圖調査報告書』, 1994.

농업진흥청 농업기술연구소 편,『精密土壤解說圖 14(1:25,000):이리시 및 익산군』,
　　1971.

농업진흥청 농업기술연구소 편,『精密土壤解說圖 23(1:25,000):전주시 및 완주군』,
　　1971.

농촌진흥청 농업기술연구소 편,『精密土壤解說圖 27(1:25,000):군산시 및 옥구군』,
　　1976.

농업진흥청 농업기술연구소 편,『精密土壤解說圖 32(1:25,000):정읍군』, 1976.

농촌진흥청 농업기술연구소 편,『精密土壤解說圖 45(1:25,000):무주군』, 1977.

농촌진흥청 농업기술연구소 편,『精密土壤解說圖 48(1:25,000):순창군』, 1977.

농촌진흥청 농업기술연구소 편,『精密土壤解說圖 49(1:25,000):남원군』, 1977.

농촌진흥청 농업기술연구소 편,『精密土壤解說圖 30(1:25,000):南原市 南原郡』, 1991.

농촌진흥청 농업기술연구소 편,『精密土壤解說圖 52(1 : 25,000) : 淳昌郡』, 1994.
李正漢,『智異山地區開發調査報告書』, 1964.
한국에너지 기술연구소,『군산시 지역 에너지 계획수립연구』, 한국에너지 기술연구소.

5. 사회 · 노동

(1) 사회정책

김연옥 · 신환철 · 신기현 · 최원규, 『용담다목적댐 건설사업의 이주정책에 관한 연구』, 전북대학교 지방자치연구소, 1995.

김영기 · 이주재, 전북지역 농촌주민의 의료기회와 의료보장에 관한 일연구, 『사회과학연구』16, 전북대학교 사회과학연구소, 1989.

김영기 · 변재권 · 송정기, 『국제화시대의 지역대응에 대한 전라북도 주민의식조사』, 전북경제사회연구원, 1994.

김정길 외, 고군산군도의 종합개발에 관한 연구 - 농업자원개발과 복지생활환경의 개선을 중심으로, 『새마을운동연구논총』8 - 3, 1983.

白友錫, 老人의 餘暇活動 實態와 自矜心에 관한 연구 : 全羅北道 老人을 중심으로, 고려대학교 교육대학원 석사학위논문, 1993.

백종만, 『전북의 가족변화와 사회복지의 대응 - 가족문제와 사회복지사의 역할』9 - 32, 전라북도 사회복지사협회, 1994.

徐銀淑, 全北地方 福祉施設 兒童의 營養攝取 實態와 成長發育에 關한 調査研究, 원광대학교 석사학위논문, 1983.

송정기 · 윤근섭, 물분쟁의 해소를 위한 기술적 · 제도적 측면과 사회적 장애 - 용담댐의 사례, 『전북대논문집(자연과학편)』42, 1996.

신동로 · 최원규 · 강인재, 『97 동계 유니버시아드대회 자원봉사자의 효율적 활용방안』, 전북경제사회연구원, 1995.

신철순 · 신동로 · 강인재 · 최원규, 전북 지역개발을 위한 대학생 자원봉사 활동의 모형 개발 연구, 『학생생활연구』23, 전북대학교 학생생활연구소, 1996.

심대섭, 全北 愛鄕運動이 地域福祉에 미치는 影響, 『원불교사상』10 · 11합집, 원광대학교 원불교사상연구소, 1987.

全貞姬, 老人問題와 老人敎室 運營實態 調査研究 : 全北地域을 中心으로, 『전주교대논문집』17, 1981.

정읍군 편, 『井邑地方定住生活圈計劃』, 1982.

최원규, 제2차 전라북도 종합개발계획(1992~2001)에 대한 비판적 검토 - (복지) '고루혜택받는 복지사회건설', 『호남사회연구』2, 호남사회연구회, 1995.

（2） 사회문제

姜姬淑, 南原木器製造業의 地理學的 研究, 이화여자대학교 석사학위논문, 1986.

高鍊奎 外, 地方化 時代에 따른 嶺·湖南 均衡發展과 地域感情 解消策에 관한 研究, 『광주교육대논문집』 32, 1991.

鞠仙姬, 19世紀末 韓國 社會變動에 關한 一考察 : 東學農民運動을 中心으로, 전북대학교 석사학위논문, 1988.

金令才·金仁洙, 群沃地域 住民의 反共意識에 관한 調査研究, 『군산교대논문집』 11, 1978.

김영정, 전북 도시지역의 불균등 성장 연구 : 1965~1985년 전체 한국 도시지역과의 비교 연구, 『한국사회학』 25, 한국사회학회, 1991.

김영정, 호남지역 재구조화 과정의 현재 : 군산지역 사례, 『지역불균형연구』, 한울, 1994.

金容淑, 전북지역 중년기 여성들의 신체 만족도와 유행 지향성에 관한 연구, 『대한가정학회지』 83, 대한가정학회, 1990.

김진혁, 호남인의 영남인에 대한 지역감정 연구, 연세대학교 석사학위논문, 1990.

김태진 外, 호남지역의 반미감정 : 대학인을 중심으로, 『미국학연구』 14, 전남대학교 미국문화연구소, 1990.

南相駿, 김제지방의 난민개척촌에 관한 연구, 서울대학교 석사학위논문, 1982.

南相駿, 전북 김제지방의 북한난민 개척촌에 관한 연구, 『地理學과 地理敎育』 13, 서울대학교, 1983.

朴鍾珠 외, 靑少年의 道德性 公益性 實態分析 연구 - 전북지방을 중심으로, 『한국청소년연구』 9, 한국청소년연구원, 1992.

배소영, 지역편향적 개발정책과 지역의 저발전 구조 : 전북 군산시 사례연구, 전북대학교 석사학위논문, 1994.

徐龍錫, 韓國 都市住民의 政治文化 및 政治參與에 關한 經驗的 研究 : 全州市 住民을 中心으로, 전북대학교 석사학위논문, 1989.

申容澈, 全北地域의 階級構成에 관한 일 研究, 전북대학교 석사학위논문, 1991.

吳知恩, 天主敎 敎友村 共同體에서의 女性의 地位에 관한 연구 : 全羅北道 完州郡 飛鳳面 천호동의 事例, 서울대학교 석사학위논문, 1990.

윤근섭, 全羅北道 旱害地區 實態調査報告, 『農業經濟研究』 10, 한국농업경제학회, 1968.

윤근섭, 全北 農村에 있어서 生活水準과 關聯된 諸要因의 分析, 『한국사회학』 4, 한국사회학회, 1969.

윤근섭 外, 全北地域住民의 意識構造 및 地域社會發展에 關한 研究, 『사회과학연구』 14, 전북대학교 사회과학연구소, 1987.

윤근섭, 益山郡의 聚落에 관한 實態調査分析, 『전라문화연구』 1, 전북향토문화연구회, 1979.

윤근섭·최낙필, 괴소지역의 구조와 사회적 결속에 관한 연구 : 전북지역을 중심으로,『한국사회학』28-4, 한국사회학회, 1994.

李金泳, 全羅北道民의 性比에 關한 研究,『전북대논문집(인문·사회과학편)』10, 1968.

李炳烈, 全北地域 情報化社會의 現況分析에 관한 研究,『전주우석대논문집(인문·사회편)』14, 1992.

이성호, 군산지역 산업구조 변동의 실태와 방향,『호남사회연구』2, 호남사회연구회, 1995.

李承宇, 地域社會의 社會調査를 통한 問題要因의 分析과 對策의 考察 - 群山市 東·西興南洞을 中心으로,『군산교대논문집』8, 1975.

李榮鎭, 全州를 움직이는 실력자 555명,『月刊京鄕』263, 1987.

林采完, 호남인의 정치 사회 의식에 관한 조사연구,『민주문화논총』28, 민주문화아카데미, 1993.

전주문화방송·全北大學校 社會科學研究所,『全北人의 意識構造 : 價値觀 및 地域社會開發에 관한 調査研究』, 전주문화방송, 1987.

전주문화방송 편,『전북인의 의식조사(전주문화방송 창사 27주년 기념)』, 1992.

鄭大秀, 地域共同體 이미지와 外集團評價에 대한 多數支持의 知覺에 관한 研究 : 嶺湖南 地域葛藤과 관련하여,『경남대논문집(인문·사회과학)』15, 1988.

曺鏡旭, 大學生의 政治社會化 過程에 있어서 社會化 媒體의 영향에 관한 연구 : 全北地域 大學生을 중심으로, 전북대학교 석사학위논문, 1990.

趙福衡, 韓國都市地域 住民의 近隣關係에 關한 一研究 - 全州市 貧民地域과 中産層地域의 比較, 전북대학교 석사학위논문, 1988.

黃甲孫, 全州市民의 土地意識에 關한 研究,『開發과 自治』4-1, 한국지역개발자치학회, 1990.

(3) 인구문제

奇老錫, 도서지역 可姙女性의 家族計劃 實態에 關한 調査研究,『전북대의대논문집』3, 1979.

윤근섭, 農村人口의 移出과 適應에 관한 研究 - 全北 農村의 事例를 中心으로, 전남대학교 박사학위논문, 1987.

윤근섭 外, 韓國社會의 人口移動과 地域發展에 관한 研究 - 全北地域을 중심으로,『사회과학연구』17, 전북대학교 사회과학연구소, 1990.

전라북도,『섬진강에서 계화도까지(섬진강 수몰민 이주대책사)』, 1990.

조재성, 지방도시에 있어서 인구밀도 구조의 공간적 변화에 관한 연구 : 이리시의 사례를 중심으로,『원광대논문집(자연·가정·예체능계)』24-2, 1990.

통계청 편,『인구주택 총조사보고서 제2권 시·도편 : 15-11 전라북도』, 1992.

（4） 주택

金永默, 임대주택의 기업화 방안에 관한 연구 : 이리시를 중심으로, 건국대학교 행정대학원 석사학위논문, 1994.

金永培, 模範農村 住宅改良의 實例 : 全北 完州郡 堤村 마을,『지방행정』293, 1978.

朴康錫, 도시빈민의 '주택의 질'에 관한 일고찰 : 서완산동 주민의 사례를 중심으로, 전북대학교 석사학위논문, 1992.

朴昌洙, 全州市民의 住宅選好에 관한 調査 - 住宅樣式·住宅規模를 中心으로,『산경논총』2, 전주대학교 산업경영연구소, 1985.

安敬溫, 全北 完州郡의 民家特性과 住生活에 對한 硏究, 전북대학교 석사학위논문, 1988.

윤정숙·이은경, 한국 도시주택에 있어서 주생활 양식에 관한 조사연구 : 서울·전주·울산지역을 중심으로,『대한가정학회지』82, 대한가정학회, 1990.

이종혜, 아파아트 購買者가 認知하는 危險類型에 관한 硏究 : 全州地域을 中心으로,『대한가정학회지』60, 대한가정학회, 1985.

이화실·박선희, 아파트 居住者의 家具와 住居用品의 所有 및 空間使用 : 전주시를 중심으로,『한국주거학회지』5 - 2, 한국주거학회, 1994.

河永秀, 不動産 中繼業者의 職務意識에 관한 연구 : 全州市 不動産 中繼業者를 중심으로, 전주대학교 지역개발대학원 석사학위논문, 1990.

韓世鐘, 民間 賃貸 政策의 評價 연구 : 전주시 사례 중심으로, 건국대학교 행정대학원 석사학위논문, 1993.

（5） 가정·가사

강혜정·김용숙, 전라북도 고등학교 가정·가사 과목의 서양의복 구성 교육실태,『한국가정과교육학회지』4 - 1, 한국가정과교육학회, 1992.

金寶鈴, 女大生의 衣服 購買行動에 관한 연구 : 全羅北道 女大生을 中心으로, 원광대학교 교육대학원 석사학위논문, 1992.

金侖信, 남녀 중학생들의 전통음식에 대한 의식과 기호도 조사연구 : 서울과 전주를 중심으로, 고려대학교 교육대학원 석사학위논문, 1994.

김윤신·한용봉, 男女 中學生들의 傳統飮食에 대한 意識과 嗜好度 調査硏究 : 서울과 전주를 중심으로,『한국가정과교육학회지』6 - 2, 한국가정과교육학회, 1994.

金仁淑, 全羅北道 地域의 就學前 兒童의 營養實態 調査, 원광대학교 석사학위논문, 1978.

金仁淑, 全北地域의 아침食事에 關한 硏究調査,『원광대논문집(자연·가정·예체능편)』20, 1986.

김정훈, 전북 익산시 어머니와 청소년 자녀의 돈 사용 태도 유형,『원광대논문집』30 - 2,

1995.

김정훈·동환숙, 전주 이리 주부 소비자들의 불평행동 유형과 소비자 태도 유형,『원광대논문집(자연·가정·예체능편)』29‐2, 1995.

박동왕, 백화점 이용에 관한 소비자 행동조사 : 전주시 거주 주부를 중심으로, 전북대학교 경영대학원 석사학위논문, 1992.

박은심, 주부의 식품오염 인지와 관리 행동에 관한 연구 : 전북지역을 중심으로, 전북대학교 교육대학원 석사학위논문, 1992.

박은주, 衣服選擇基準에 關한 要因構造 分析 : 全州시내 主婦를 中心으로,『대한가정학회지』56, 대한가정학회, 1984.

辛有順, 全北地域 主婦의 家庭管理 知識과 管理行動에 關한 研究, 전북대학교 석사학위논문, 1986.

梁璟鉉, 都市 老人의 營養攝取 實態調査 : 全州市를 中心으로, 원광대학교 교육대학원 석사학위논문, 1992.

吳美純, 主婦의 消費者 行動에 관한 연구 : 전북 도시 주부의 식생활 행동을 중심으로, 원광대학교 석사학위논문, 1990.

柳玉順, 아파트에 對한 意識構造와 時間管理에 關한 研究 : 全州市內 아파트에 居住하는 主婦들을 대상으로,『군산대논문집』1, 1980.

이경자, 전북지역 주부들의 식생활관리 실태에 관한 조사연구,『한국식문화학회지』6‐4, 한국식문화학회, 1991.

李善熙, 主婦들의 衣服構成意識에 關한 研究 : 全北을 中心으로,『원광대논문집(자연·가정·예체능편)』16, 1982.

張在哲·崔東晟, 全州 콩나물 비빔밥에 關한 調査 : 由來와 歷史를 中心으로,『紀全女專論文集』2, 1981.

田明淑, 女大生의 衣服行動要因과 性格特性과의 相關關係 연구 : 全北地域을 중심으로, 원광대학교 석사학위논문, 1990.

전정희, 우리나라 傳統 婚禮服에 關한 研究 : 全北地方의 圓衫을 中心으로,『전주교대논문집』30, 1994.

田希順, 衣生活 System의 理論的 背景에 의한 實證的 研究(1)‐群山 沃溝地域 主婦들의 Fashion 意識構造,『군산대논문집』6, 1983.

田希順, 衣生活 System의 理論的 背景에 의한 實證的 研究(2)‐群沃地域 主婦들의 Fashion 意識構造,『군산대논문집』8, 1984.

池金洙, 主婦의 家庭管理 行動에 關한 調査研究 : 全州地域을 中心으로,『전북대논문집(자연과학편)』24, 1982.

池金洙 外, 旺浦마을의 住居現況 및 家庭管理 意識構造에 대한 調査研究,『새마을연구』9, 전북대학교 새마을연구소, 1987.

車用殷, 老人에 對한 大學生의 態度研究 : 全北地方을 中心으로,『전주대논문집』9,

1980.

車濬熙, 寢具壓이 睡眠時에 人體衛生에 미치는 影響의 實驗的 調査硏究 : 全州地域 中流家庭의 寢具壓과 體重比·身長比를 中心으로,『전주교대논문집』13, 1977.

車濬熙, 寢具壓이 수면시에 人體衛生에 미치는 影響의 實驗的 調査硏究 : 全州地區 中流家庭과 農對地區 中流家庭의 寢具壓과 體重比 身長比의 比較硏究,『전주교대논문집』15, 1979.

車濬熙, 都市와 農村 家庭主婦의 勞自覺症狀에 對한 調査硏究 : 全北地方을 對象으로,『전주교대논문집』17, 1981.

채옥희 外, 전북지역 농·어·산촌 주부의 가정생활 요구도에 따른 가정생활 복지지표 설정에 관한 연구,『대한가정학회지』90, 대한가정학회, 1992.

최선남, 群山市內 國民學校 兒童 도시락 영양과 體位 發達에 關한 硏究, 원광대학교 석사학위논문, 1979.

최은영, 전주시 주부의 가사 노동시간에 관한 연구, 이화여자대학교 교육대학원 석사학위논문, 1985.

韓相淳·姜美玉, 主婦의 라이프스타일 分析과 購買行爲에 關한 硏究 : 群山市 居住 主婦를 중심으로,『생활문화연구소 연구보고』12, 건국대학교, 1989.

韓仁玉, 全北地域 學齡期 兒童의 食習慣 및 營養實態 調査 硏究, 전북대학교 석사학위논문, 1989.

許美英, 전라도 반닫이에 대한 고찰, 전북대학교 교육대학원 석사학위논문, 1993.

黃鎬觀, 全北道의 農漁村 및 山間地域의 食生活改善에 關한 硏究,『새마을연구』9, 전북대학교 새마을연구소, 1987.

(6) 민속·풍습

具福子, 全北地方의 民俗놀이에 關한 一硏究,『전주교대논문집』8, 1973.

국립민속박물관,『위도의 민속』(Ⅰ)·(Ⅱ)·(Ⅲ), 1984·1985·1987.

국립민속박물관,『전북지방 장승·솟대신앙』(국립민속박물관학술총서 14), 1994.

군산문화원,『群山文化』4, 1990.

군산문화원,『군산풍물지』, 1993.

김광언 글·주명덕 사진,『井邑 김씨집』, 悅話堂, 1975.

김광언·최병식, 옥구 채원병씨 집,『전북사학』1, 전북대학교, 1977.

김광언, 임실지역의 가옥,『비사벌』5, 전북대학교, 1978.

김광언, 전북지방의 가옥,『한국문화인류학』9, 한국문화인류학회, 1978.

김광언, 전북지방의 가옥 : 장수지역,『전북사학』2, 전북대학교, 1978.

김광언,『정읍 김씨의 집 : 한국의 민가(2)』, 열화당, 1980.

김광언, 우리나라 집에 관한 민속,『建築士』153~154, 대한건축사협회, 1981~1982.

김병균, 변산반도 지역의 속담 고찰,『향토문화연구』4, 원광대학교 향토문화연구소, 1987.

金聖培, 裡里 ‘鄕制 줄風流’에 關한 硏究 : 玄琴旋律에 基하여, 건국대학교 교육대학원 석사학위논문, 1991.

김옥희, 호남 농악 판굿의 진풀이에 관한 연구, 이화여자대학교 교육대학원 석사학위논문, 1985.

김원기, 전주시 부채,『新東亞』11, 동아일보사, 1965.

김익두, 전북의 농악,『문화예술』106, 한국문화예술진흥원, 1986.

김익두·전정구·노복순,『전북 노동요』, 전북대학교 박물관, 1990.

김익두·노복순·임명진·전정구·최상화,『호남좌도풍물굿』(전북대박물관총서 16호), 전주 : 대성사, 1994.

김익두, 풍물굿의 공연원리와 연행적 성격 - 호남지방의 풍물굿을 중심으로,『한국민속학』27, 민속학회, 1995.

김익두, 전북 민요의 전반적 성격과 지역적 특성,『국어국문학』116, 국어국문학회, 1996.

金一賢, 한국의 민속 : 장승 - 전북 남원군 산내면 實相寺 돌장승,『山』165, 1983.

金靜蘭, 農樂 상사소리의 음악적 특징 : 판소리 춘향가 중 농부가와의 비교를 통하여, 한양대학교 석사학위논문, 1984.

金堤文化院 편,『내 고장의 傳統民俗』(향토문화자료 5), 1991.

金鍾太, 南原 大福庵과 佳仁寺址의 石佛,『考古美術』9 - 8, 고고미술동인회, 1968.

金志英, 필봉농악의 내용과 형태에 관한 연구, 이화여자대학교 석사학위논문, 1987.

김진명, 호남의 의례생활에 대한 일고,『한국문화인류학』25, 한국문화인류학회, 1993.

金泰坤, 巫의 단골制 연구 : 湖南地域 巫俗 연구,『馬韓百濟文化』1, 원광대학교 마한백제문화연구소, 1975.

金泰坤, 호남지역의 巫俗 : 標本地域의 巫俗事例를 중심으로,『語文論文集』20, 고려대학교, 1977.

金泰坤, 蘇塗의 宗敎民俗學的 照明 : 호남지역 巫의 ‘단골制’와 ‘堂山’信仰과 관련하여,『馬韓百濟文化』12, 원광대학교 마한백제문화연구소, 1990.

金鉉淑, 湖南 左道農樂에 關한 硏究 : 任實과 鎭安의 판굿을 中心으로, 서울대학교 석사학위논문, 1988.

金炯珠, 扶安邑城안 堂山考,『향토문화연구』1, 원광대학교 향토문화연구소, 1978.

金炯珠, 扶安地方의 土俗神,『전라문화연구』1, 전북향토문화연구회, 1979.

金炯珠, 扶安郡 大筏里의 雙鳥堂山의 考察,『전라문화연구』2, 전북향토문화연구회, 1988.

金炯珠, 장수지역의 당산제의 특성 - 累石形 造塔祭를 중심으로,『전라문화연구』3, 전북향토문화연구회, 1988.

金炯珠, 扶安城邑안 솟대당산의 多重構造性과 祭儀 놀이,『비교민속학』6, 비교민속학회,

1990.

남원문화원,『南原의 민속놀이 龍馬놀이』, 1987.

남원문화원,『남원의 민속자료 - 민속신앙을 중심으로』, 1989.

남원문화원,『남원의 전통예술의 맥』, 1992.

南海鯨, 전북 지방의 민가의 유형화에 관하여,『전라문화연구』4, 전북향토문화연구회, 1990.

무주군,『내 고장 전설집』, 무주군, 1992.

문화재관리국,『전국민속종합조사보고서 : 전북편』, 1971.

문화재관리국,『팔봉농악』(조사보고서 3), 1980.

문화재관리국,『韓國民俗綜合調査報告書』, 1989.

文化財管理局 文化財研究所,『口碑傳承資料 : 全羅北道』536, 서울문화재관리국 문화재연구소, 1987.

朴順浩, 전북지방의 草墳에 대하여,『한국민속학』10, 민속학회, 1977.

朴順浩, 群山地方의 民俗,『향토문화연구』1, 원광대학교 향토문화연구소, 1978.

朴順浩, 全北地方의 民俗,『원광문화』18, 원광대학교, 1981.

朴順浩, 전북의 줄다리기,『한국민속학』17, 민속학회, 1984.

朴順浩, 全北의 솟대考,『한국민속학』18, 민속학회, 1985.

朴順浩, 전북의 旗놀이,『한국민속학』19, 민속학회, 1986.

朴順浩·권경순, 지방 특산식품의 연구 - 순창 고추장을 중심으로,『한국민속학』19, 민속학회, 1986.

朴順浩, 전북의 민간신앙사,『鄕土史研究』3, 한국향토사연구전국협의회, 1991.

朴順浩, 全北 民謠研究,『원광대논문집』30 - 1, 1995.

박용석, 전북 오공리 공동마을의 民家 형식적 특성, 충북대학교 석사학위논문, 1988.

朴幸默, 家神信仰의 形成과 變化過程 연구 : 全北地方의 家神信仰을 중심으로, 경희대학교 교육대학원 석사학위논문, 1992.

朴炫國, 井邑地域의 堂山祭와 說話의 相關性에 대한 研究, 충남대학교 석사학위논문, 1987.

朴炫國, 堂山神 모티프 說話와 當身祭의 考察 : 益山 地域을 中心으로,『한국민속학』22, 민속학회, 1989.

朴昊遠, 솟대信仰에 關한 研究, 정신문화연구원 한국학대학원 석사학위논문, 1987.

朴煥璆, 蝟島의 民俗誌 - 部落祭와 歲時風俗,『향토문화연구』4, 원광대학교 향토문화연구소, 1987.

徐惠卿, 全北地域의 禁忌食品에 關한 研究 : 妊娠期를 中心으로,『紀全女專論文集』2, 1981.

설성경, 서해안 漁業民俗에 나타난 林將軍神,『畿甸文化研究』16, 인천교육대학교, 1987.

宋順康, 巫歌와 巫俗과의 關係考 : 群山地方을 中心으로 한 巫俗과 聯關하여,『鄕土文化

研究』4, 원광대학교 향토문화연구소, 1987.

송영상, 『完山民風』, 전주문화원, 1989.

송화섭, 井邑 元白岩 堂祭에 대한 考察, 『한국민속학』 19, 민속학회, 1986.

송화섭, 전북지방의 성혈에 대한 고찰, 『전라문화연구』 5, 전북향토문화연구회, 1991.

송화섭, 익산 기세배놀이考, 『한배달』 16, 1992.

송화섭, 고창지역의 마을굿에 대하여, 『고창의 정월대보름맞이』, 한국역사민속학회, 1993.

송화섭, 고부봉기와 당산제, 『갑오농민혁명과 민속』, 한국역사민속학회, 1994.

송화섭, 성황당대신 사적 현판에 나타난 순창의 성황제, 『순창 성황대신 사적기 연구』, 한국종교사연구회, 1996.

新亞日報社, 『전주 풍남제』, 1975.

신영훈, 『전북의 살림집』(전국민속종합보고서), 1970.

申瓚均, 전주 大私習 놀이, 『讀書生活』 9, 1976.

安惠英, 湖南 右道農樂의 構成形式에 關한 研究 : 장고춤 個人놀이를 中心으로, 숙명여자대학교 석사학위논문, 1987.

安華燮, 조선후기 마을미륵의 형성배경과 그 성격 - 호남지방 마을미륵의 실태조사를 중심으로, 『한국사상사학』 6, 한국사상사학회, 1994.

吳世蘭, 정읍농악과 청주농악의 소고춤 비교연구, 청주대학교 석사학위논문, 1986.

오승희, 호남 우도농악에 관한 고찰 : 법고춤을 중심으로, 이화여자대학교 석사학위논문, 1984.

원광대학교 민속학연구회, 『수몰지구민속자료조사보고서 : 고창아산』, 1981.

원광대학교 민속학연구회, 『민속자료조사보고서 : 부안하서』, 1987.

원광대학교 민속학연구회, 『동계민속자료보고서 : 고창성내』, 1989.

元敏國, 湖南 左·右道의 民俗놀이에 關한 研究 : 任實과 裡里農樂의 판굿을 中心으로, 수원대학교 교육대학원 석사학위논문, 1993.

俞敬玉, 裡里農樂의 研究 : 채상모춤 個人놀이를 中心으로, 숙명여자대학교 교육대학원 석사학위논문, 1987.

유윤종, 익산 旗歲拜 놀이, 『益山文化』 창간호, 益山古蹟宣揚會, 1990.

柳在泳, 내 고장의 民俗놀이 - 高敞 天龍祭 堂山祭 줄다리기, 『문화재(全北篇)』 36, 문화재관리국, 1974.

柳在泳, 李相國集을 통해 본 全北의 山川의 生活風習, 『원광문화』 12, 원광대학교, 1975.

柳在泳, 全羅山川風物, 『향토문화연구』 1, 원광대학교 향토문화연구소, 1978.

尹汝松, 住岩댐 水沒地區의 민속조사, 『호남대논문집』 6 - 2, 1986.

윤이서, 全北地方의 民間藥에 관한 研究, 『원광문화』 8, 원광대학교, 1972.

李康五, 『韓國民俗綜合調査報告書 : 全北편 '全北의 新興宗敎'』, 문화재관리국, 1971.

李康五, 『湖南의 農俗』, 전북대학교 박물관, 1978.

李康五, 전북지방의 민속 - 農神崇拜의 일면에서 본 農俗, 『향토사연구회보』 2, 한국향토사연구협의회, 1988.

李康五, 호남지방의 墓地 풍수 - 전주시·완주군·익산군·부안군·영광군·무안군·남해군 內의 有名墓의 현지조사,『전라문화연구』4, 전북향토문화연구회, 1990.

李圭昌, 全北地方 醫俗調査 研究,『군산대논문집』5, 1983.

李圭昌, 韓國醫俗 調査研究 : 全北地方을 對象으로,『군산대논문집』7, 1984.

李圭昌, 全北地方의 民俗 醫療 調査研究,『전라문화연구』2, 전북향토문화연구회, 1988.

李圭昌, 전북지방의 産俗연구 - 전북 서해안지역의 老姑들의 증언을 근거로,『전라문화연구』3, 전북향토문화연구회, 1988.

李圭昌, 전북 沃溝지방의 삼신굿 조사연구,『전라문화연구』4, 전북향토문화연구회, 1990.

李圭昌, 沃溝地方의 七星굿 調査研究,『전라문화연구』5, 전북향토문화연구회, 1991.

李圭昌, 蝟島의 說話와 民俗 調査報告,『전라문화연구』6, 전북향토문화연구회, 1992.

李起華, 高敞邑城의 踏城民俗 調査研究,『전북문화』1, 1994.

李東永, 부안줄포 朴少女 巫俗調査,『문화재』18, 문화재관리국, 1985.

이리문화원,『내 고장 전통민속』, 1987.

이리문화원,『내 고장 문화와 예술』, 1991.

이명실, 진도 씻김굿의 巫舞에 관한 연구, 이화여자대학교 석사학위논문, 1984.

이보형, 湖南地方 土俗藝術調査 판소리 고법,『문화재』12, 문화재관리국, 1979.

李相勳, 남원지역의 造山信仰,『전라문화연구』7, 전북향토문화연구회, 1994.

李世賢, 西海島嶼地域의 民俗調査研究 - 全北 西海島嶼地域을 中心으로,『군산교대논문집』61, 1973.

이세현, 部落祭의 實態와 그 信仰性에 대한 一考 - 西海 島嶼地域을 中心으로,『황룡문화』창간호, 군산대학교, 1983.

이세현, 西海島嶼地域의 民俗調査研究,『황룡문화』3, 군산대학교, 1984.

이세현 외 3인,『전북 전통민속(상·하) : 옥구군편』, 전라북도, 1989.

李樹鳳, 百濟文化圈域의 喪禮風俗과 風俗說話 研究 : 湖西·湖南지방을 중심으로, 계명대학교 석사학위논문, 1981.

李殷昌, 錦江流域의 部落祭 研究 - 部落祭의 形態와 그 性格을 中心으로,『藏菴池憲英先生華甲記念論叢』, 1971.

李宗碩, 茂朱 개다리소반 : 民藝品을 찾아서,『문화재』1, 문화재관리국, 1971.

李鐘哲, 湖南地域 장승의 現地研究抄,『한국민속학』18, 민속학회, 1985.

李鐘哲·金三基, 井邑 元百岩 堂山祭 考察,『고문화』33, 한국대학박물관협회, 1988.

李鐘哲, 전북의 堂山立石과 男根石信仰考,『문화재』22, 문화재관리국, 1989.

李炯珠, 부안지방의 石竿 堂山,『비교민속학』2, 비교민속학회, 1986.

李惠貞, 裡里 鄕制 줄風流와 國立國樂院 줄風流의 比較研究, 원광대학교 교육대학원 석사학위논문, 1993.

任東權, 전라도의 민속,『지방행정』299, 1978.

任晳宰, 한국의 무속 - 전북 무속의 특징을 중심으로,『전라문화연구』3, 전북향토문화연구
　　회, 1988.
林秀璟, 湖南僧舞와 京畿僧舞에 대한 比較研究, 이화여자대학교 석사학위논문, 1989.
장응칠, 익산의 상여소리,『益山文化』2, 益山古蹟宣揚會, 1992.
全羅北道 편,『全北傳統民俗(상권) : 禮・其他편』, 1990.
全羅北道 편,『全北傳統民俗(하권) : 樂・舞편』, 1990.
전라북도,『농촌 속담집』, 1994.
전북대학교 박물관,『전북의 민속』, 1976.
전북대학교 박물관 편,『全北勞動謠』(전북대학교박물관총서 3), 1990.
전북대학교 박물관 편,『井邑地域 民俗藝能』(전북대학교박물관총서 11), 1992.
전북대학교 전라문화연구소,『호남우도 풍물굿』, 1994.
全榮來, 完山과 比斯伐論 - 호남지역 무속연구,『馬韓百濟文化』1, 원광대학교 마한백제
　　문화연구소, 1975.
전주문화원,『전주 풍물기』(전주향토민속총서 5), 1988.
전주청년회의소,『전주의 맛과 멋』, 1980.
정강우, 군산 용왕굿,『군산문화』5, 1991.
정병호, 가려져 있는 향토 예능의 맥 : 김제농악과 백남윤의 농악기록보,『문화예술』100,
　　한국문화예술진흥원, 1985.
鄭愛蓮, 湖南 巫舞에 對한 考察 : 珍島 씻김굿을 中心으로, 경희대학교 석사학위논문,
　　1982.
정읍문화원,『정읍의 전설』, 1991.
정읍문화원,『정읍지방의 민속』, 1992.
鄭回甲,『전북 농악채보집』, 서울대학교 출판부, 1966.
曺成基, 韓國南部地方의 民家에 관한 연구, 영남대학교 박사학위논문, 1985.
趙銀姬, 湖南 巫俗과 東海岸 巫俗의 研究 - 珍島 씻김굿과 東海岸 별신굿을 中心으로,
　　조선대학교 석사학위논문, 1989.
曺在燮, 近代 益山地方 藝人 : 特히 徐湖山 집 三代를 中心으로,『전라문화연구』2, 전북
　　향토문화연구회, 1988.
曺在洙, 國樂院 줄風流와 裡里鄕制 줄風流 上靈山의 比較研究 : 大笒 旋律을 中心으로,
　　영남대학교 교육대학원 석사학위논문, 1994.
주강현, 西海岸 조기잡이와 漁業生産風習 - 漁業生産力과 임경업 神格化 문제를 중심으
　　로,『역사민속학』1, 한국역사민속학회, 1991.
朱榮子, 韓國 杖鼓음악에 나타난 리듬과 모브먼트 연구 : 호남 좌도농악의 장구놀이를 중
　　심으로,『한국문화연구원논총』38, 이화여자대학교 한국문화연구원, 1981.
朱榮子, 한국 민속악 리듬 구조 : 호남 좌도농악의 杖鼓놀이를 중심으로,『이화여대논총
　　(예능계)』51, 1986.

崔根茂, 전승자료에 관한 일 연구(1) : 전라북도내의 心意傳承中 兆占禁呪의 분포를 중심으로, 『전주교대논문집』 5, 1970.

崔根茂, Jinks의 類型的 研究 – 全羅北道內의 心意傳承中 兆占禁呪를 中心으로, 『전주교대논문집』 7, 1972.

崔根茂, 전북지방의 Jinks의 類型的 연구 : 兆占禁呪를 중심으로, 『전라문화연구』 1, 전북향토문화연구회, 1979.

崔來沃, 『全北民譚』(語文叢書 18), 螢雪出版社, 1979.

崔泰烈, 全北 左·右道 農樂舞에 關한 研究 : 任實 裡里地方 農樂의 판굿을 中心으로, 중앙대학교 교육대학원 석사학위논문, 1984.

崔泰烈, 이리농악을 通한 農樂舞의 指導資料 開發에 關한 研究, 『스포츠科學研究所論文集』 4, 전북대학교 스포츠과학연구소, 1987.

河孝吉, 西海岸地方 豊漁祭의 形態와 特徵 : 특히 蝟島地方을 中心으로, 『중앙민속학』 3, 중앙대학교 한국민속학연구소, 1991.

한국향토사연구전국협의회 편, 『韓國의 農樂 : 湖南篇』(향토사연구총서 5), 한국향토사연구전국협의회, 1994.

洪舜禮, 湖南地方 産俗의 類型과 意味 研究, 중앙대학교 석사학위논문, 1992.

洪顯植, 전주의 민속놀이, 『新東亞』 128, 동아일보사, 1975.

黃縷詩·최길성, 『전라도 씻김굿 : 죽은 자의 부정한 넋을 씻기는 굿』(한국의 굿 6), 열화당, 1985.

황미연, 전주 대사습놀이의 諸問題에 대한 研究, 『낭만음악』 28, 1995.

(7) 노동

金潤煥, 港灣荷役産業 勞使關係의 基本性格 : 釜山·仁川·群山을 中心으로, 『勞動問題研究』 7, 1982.

金鍾根, 離農現象과 農村人力 開發에 관한 研究 : 全北地域의 離村向都現象을 중심으로, 『새마을논총』 2, 전주교육대학, 1986.

남춘호, 노동조합과 임금 – 호남지역 제조업의 경우, 『지방자치연구』 2, 전북대학교 지방자치연구소, 1992.

朴永雨, 전북지역 섬유업 노동자의 노동조건 및 노동통제에 관한 일고찰 : Y기업의 경우를 중심으로, 전북대학교 석사학위논문, 1991.

元度淵, 전북지역 제조업 노동자의 노동력 재생산구조에 관한 연구, 전북대학교 석사학위논문, 1992.

柳盛烈, 전북지역 제조업의 하청구조에 관한 연구 : 섬유산업을 중심으로, 전북대학교 석사학위논문, 1991.

全炯元, 우리나라 都市 勤勞者들의 政治的 信賴 및 效能感에 관한 研究 : 全州地方 工團
    과 群山市 地域을 中心으로,『군산대논문집』11, 1985.
정병익, 群山港灣 勞務者에 대한 研究,『경영연구』5, 원광대학교 경영학회, 1980.

6. 교육

（1）교육학

1）교육사

群山水産專門大學三十年史編纂委員會 편,『開校三十年史 : 1962~1992』, 1993.
기전80년사편찬위원회,『기전80년사』, 전주기전여자중고등학교, 1982.
金璟植, 全北鄕土敎育史試論,『한국교육사학』5, 1983.
金璟植, 全北鄕土敎育史의 試論的 認識,『敎育論叢』4, 전주교육대학, 1989.
稻葉繼雄, 金性洙 - 韓國における民族系私學の指導者,『仁村 金性洙의 애족사상과 그 실
　　천』, 동아일보사, 1982.
辛錫信 편,『全北敎育史』, 全羅北道敎育史刊行會, 1964.
辛錫信,『全北敎育史』, 전북교육위원회, 1982.
원광대학교교사편찬위원회 편,『圓光大學校四十年史 : 1946~86』, 원광대학교, 1987.
이순례,『한일신학대학 70년사』, 전주한일신학대학, 1994.
李承喆, 開化期의 全北의 近代學校,『전라문화연구』2, 전북향토문화연구회, 1988.
張德三 外 4인, 서원교육의 실제와 사회적 역할에 관한 연구,『교육연구』8, 원광대학교,
　　1989.
全羅北道敎育硏究院 편,『全北敎育史』, 全羅北道敎育廳, 1992.
全北大學校25年史編纂委員會 편,『全北大學校25年史』, 전북대학교, 1978.
全州敎育大學六十年史編纂委員會,『全州敎育大學六十年史』, 전주교육대학, 1985.
全州大學校二十五年史編纂委員會,『全州大學校二十五年史 : 1964~1989』, 전주대학교
　　출판부, 1989.
전주여자고등학교동창회,『全州女高六十年史 : 1926~1986』, 1986.
전주우석대학10년사편찬위원회,『全州又石大學十年史 : 1979~1989』, 전주우석대학교 기
　　획실, 1989.
崔永禧, 일정하의 민족교육 - 仁村 김성수의 민족교육을 중심으로,『인촌 김성수의 애족사
　　상과 그 실천』, 동아일보사, 1982.

2）교육심리

高正完, 國民學校 轉入生의 學業實態 調査 : 90學年度 全州 德一國民學校를 中心으로,
　　전주우석대학교 교육대학원 석사학위논문, 1991.
김기열, 1976학년도 군산교육대학생의 심리검사 결과의 분석,『학생지도연구』5, 군산교육

대학, 1977.

金逢秋, 國民學校 學生의 居住地選好 Mental‐Map에 관한 연구 : 全羅北道 지방을 중심
   으로, 전주우석대학교 교육대학원 석사학위논문, 1990.

李基洙, 高等學校 學生의 價値觀에 관한 연구 : 全州地域을 中心으로, 전주우석대학교
   교육대학원 석사학위논문, 1993.

이차숙, 자아개념과 인성특질과의 관계 연구 : 전라북도 고등학생을 중심으로, 조선대학교
   교육대학원 석사학위논문, 1989.

林燕, 自我正體感의 水準에 따른 嶺·湖南大學生들의 固定觀念의 비교연구, 전남대학교
   교육대학원 석사학위논문, 1990.

조명규, 他地域民에 對한 湖南靑少年들의 認識差異, 전남대학교 교육대학원 석사학위논
   문, 1989.

한순택, 사회적 가치관 조사 ‐ 이리지역 주민을 중심으로,『연구월보』72, 전북교육연구소,
   1970.

(2) 교육행정 · 재정

강승규, 高等教育改革 推進過程上의 促進·障碍要因 分析 : 全北地域 教授·學生의 意
   見을 中心으로,『전주우석대논문집(인문·사회편)』7, 1985.

강승규, 제2차 전라북도 종합개발계획(1992~2001)에 대한 비판적 검토‐(교육) 교육부문
   에 대한 비판적 검토,『호남사회연구』2, 호남사회연구회, 1995.

郭泳宇, 全州圈 大學間 協力體制 開發을 위한 提案,『사회과학연구』4, 전북대학교 사회
   과학연구소, 1985.

教育評論社 編, 全北教育의 實績과 特色,『教育評論』249, 교육평론사, 1979.

朴哲秀, 教師의 意思決定 參與度와 士氣와의 관계 연구 : 全北지역 中等教師를 중심으
   로, 전북대학교 교육대학원 석사학위논문, 1991.

徐問植, 現職 研修의 방향과 운영 현황 : 전북 교원연수원,『文教行政』94, 문교부, 1989.

宣閏玉, 一般界 高等學校 職業過程 運營의 改善에 관한 연구 : 全羅北道를 중심으로, 원
   광대학교 교육대학원 석사학위논문, 1991.

梁鉉鴻, 夜間高等學校의 運營實態에 관한 調査研究 ‐ 全羅北道內 夜間高等學校를 中心
   으로,『國研』2, 1982.

柳章秀, 학교조직 건강과 교사 직무만족의 관계 연구 : 전북지역 중등교사를 중심으로, 전
   북대학교 교육대학원 석사학위논문, 1994.

李大圭, 現行 教育自治制의 認識水準 分析 : 全羅北道를 中心으로, 원광대학교 교육대학
   원 석사학위논문, 1993.

李革, 獎學指導에 대한 教師의 意識反應에 관한 연구 : 全北道內 中學校를 중심으로, 원

광대학교 교육대학원 석사학위논문, 1991.

任成鎬, 校內獎學協議 運營에 關한 硏究 : 全羅北道 國民學校를 中心으로, 원광대학교 교육대학원 석사학위논문, 1993.

전라북도교육위원회 편,『敎育行政白書 - 全北敎育의 座標 : 1981~1985』, 전라북도 교육위원회, 1985.

全羅北道敎育廳 企劃監査擔當官室 편,『全北敎育行政白書 - 삶의 보람을 누리는 敎育 : 1988~1992』, 全羅北道敎育廳, 1992.

趙時嫌, 商業高等學校 財務實態分析에 관한 연구 : 全北 15個 商業高等學校를 중심으로, 원광대학교 교육대학원 석사학위논문, 1991.

崔光午, 학원교육의 문제점과 개선방안 : J지역 중심으로, 전북대학교 교육대학원 석사학위논문, 1994.

최문칠, 全北地域 中·高等學生들이 바라는 敎師의 行動特性에 關한 硏究, 전북대학교 교육대학원 석사학위논문, 1987.

崔鶴柱, 全羅北道 敎育財政 配分方法 改善에 關한 硏究, 전북대학교 교육대학원 석사학위논문, 1993.

黃大澤, 교사의 직무스트레스와 사기와의 관계연구 : 전북지역 초등교사를 중심으로, 전북대학교 교육대학원 석사학위논문, 1994.

（3）교직원

김기근, 교사들의 인간관계 조사연구 : 전북지방 초등교원을 중심으로,『연구월보』157, 전북교육연구소, 1979.

김기영, 초등교사들의 전북지역에 대한 인식에 관한 연구, 전주대학교 지역개발대학원 석사학위논문, 1993.

김형규, 敎師의 Family Sport에 關한 小考 : 全北地方의 敎師를 中心으로,『研究月報』187, 1984.

金炯鎬, 敎員과 그 價値觀 硏究 : 全北道內의 國民學校를 中心으로,『전주교대논문집』22, 1986.

閔丙璨, 敎員의 政治的 價値觀에 關한 硏究 : 全北地區 初等敎員을 中心으로,『전주교대논문집』15, 1979.

閔丙璨, 敎員의 經濟的 價値觀에 關한 硏究 : 全北地區 初等敎員을 中心으로,『전주교대논문집』16, 1980.

閔丙璨, 敎員의 家庭的 價値觀에 關한 硏究 : 全北地區 初等敎員을 中心으로,『전주교대논문집』17, 1981.

蘇淳文, 全北地域 中等敎師의 集團類型別 價値觀의 比較硏究 : F.R.Kluckhohn의 價値模

型을 中心으로, 전북대학교 교육대학원 석사학위논문, 1984.

李胤錄, 全北地域 初等敎師의 職務滿足에 關한 一研究, 전북대학교 교육대학원 석사학
  위논문, 1991.

鄭孝源, 全北地域 中等敎師의 資質에 關한 調査 研究, 전북대학교 교육대학원 석사학위
  논문, 1985.

（4）학교관리

군산대학,『群山大學 綜合發展計劃 : 국립군산대학 마룡캠퍼스 마스터프랜보고서』, 군산
  대학, 1981.

權純明, 島嶼僻地學校의 敎育改善을 위한 調査연구 - 全羅北道內 島嶼僻地 國民學校를
  中心으로,『군산교대논문집』8, 1975.

金鎔熙, 養護室 運營의 現況 調査研究 : 全羅北道內 國民學校 中心으로,『전주교대논문
  집』20, 1984.

申相燮, 全州市 國民學校內 놀이시설 위험인자에 관한 基礎 研究,『전주우석대논문집(자
  연과학편)』15, 1993.

申集浩, 全北道內 研究學校를 돌아보고,『敎育評論』56, 교육평론사, 1963.

申鐵淳·吉基烈, 島嶼敎育計劃을 爲한 調査研究 - 沃溝郡 島嶼地域을 中心으로,『군산
  교대논문집』2, 1968.

梁炳彩, 給食學校 兒童과 非給食學校 兒童의 體格成長 發達에 관한 研究 : 全州市內 國
  民學校를 中心으로,『연구월보』197, 전북교육연구소, 1985.

梁鉉鴻, 夜間高等學校의 運營實態에 關한 調査研究 - 全羅北道內 夜間高等學校를 中心
  으로, 고려대학교 교육대학원 석사학위논문, 1981.

嚴丁晙, 全北地域 國民學校長의 指導特性과 敎師의 職務滿足에 關한 研究, 전북대학교
  교육대학원 석사학위논문, 1993.

張東源, 全北地域 學校 組織特性에 關한 研究, 전북대학교 교육대학원 석사학위논문,
  1990.

조찬수, 學校管理 體制類型에 關한 연구 - 全北地域 初·中高等學校를 中心으로, 전북대
  학교 교육대학원 석사학위논문, 1987.

崔眞鳳, 全北地域 中等學校의 體制類型 診斷에 關한 一研究, 전북대학교 교육대학원 석
  사학위논문, 1984.

(5) 교육과정·교육방법

具福子, 國民學校 舞踊敎育에 關한 評價硏究 - 特히 全北地方의 國民學校를 中心으로, 『전주교대논문집』 12, 1976.

具福子, 國民學校 體育敎育課程의 問題点과 그 改善方案 : 全羅北道 國民學校의 舞踊 敎育을 中心으로, 『전주교대논문집』 15, 1979.

金錡坤, 河西 金麟厚의 敎育方法에 관한 硏究, 『전주교대초등교육연구』 3, 1993.

金德吉, 初經前後의 體格 및 體力發達에 관한 調査硏究 : 全北地域 女高生을 중심으로, 원광대학교 석사학위논문, 1992.

金東圭, 湖南地域 體育高等學校 學生들의 體力現況에 對한 고찰, 원광대학교 석사학위 논문, 1985.

金東鶴, 國民學校 體育施設 및 運營에 關한 調査硏究 - 全羅北道內 國民學校를 中心으로, 『전주교대논문집』 12, 1976.

金範浣, 全北地域 靑少年의 體力에 關한 硏究 : 地域 體力章制度 實施, 조선대학교 석사학위논문, 1982.

金牲勝, 學校 體育敎育에 있어서 跆拳道 指導의 實態調査 硏究 : 全羅北道內 中高等學校를 中心으로, 경희대학교 석사학위논문, 1973.

金鍾善, 전북 英語學習 評價方法으로서의 Close Test의 活用方案, 조선대학교 석사학위논문, 1985.

南漢奎, 고등학교의 고려가요 교육에 관한 고찰 : '정읍사' '청산별곡' '한림별곡'을 중심으로, 충남대학교 교육대학원 석사학위논문, 1993.

朴炳鉉 外, 農高生의 育成實態와 方向 : 全北地域을 中心으로, 『새마을연구』 4, 군산대학교 새마을연구소, 1986.

朴奉哲·李明敎, 學校 體育行事敎育에 關한 實態調査 - 全羅北道內 初中高等學校를 中心으로, 『교육연구』 19, 전북교연, 1967.

박영주, 효율적 학급경영의 방안 - 전주교육대학 부속국민학교 5학년을 중심으로, 『전주교대논문집』 5, 1970.

薛甲石, 高等學校 運動選手들의 疲勞에 關한 調査硏究 : 全州 群山 裡里地域을 中心으로, 경희대학교 석사학위논문, 1985.

蘇權鎬, 國民學校 道德科 敎育課程 運營의 實態分析 : 全羅北道 一圓을 中心으로, 『전주교대논문집』 15, 1979.

蘇美玉, 무용전공 학생들의 상해발생과 치료실태에 관한 연구 : 전북 서울시내 무용전공 대학생을 중심으로, 원광대학교 교육대학원 석사학위논문, 1993.

신순호, 전북지역 여학생(9~14세)들의 체격과 체력의 관련에 관한 연구, 원광대학교 교육대학원 석사학위논문, 1993.

嚴定沃·徐正一, 全羅北道 中學生의 英語學力差 및 英語敎師 構成上의 諸問題, 『원광

대논문집』10, 1976.

王基喆, 판소리 發聲法에 관한 연구 : 聲樂專攻 學生을 中心으로, 한양대학교 교육대학원
　　석사학위논문, 1992.

元鍾瑞, 中學生 體力基準治 設定에 關한 研究 : 全北 일원의 男女學生을 中心으로, 경희
　　대학교 석사학위논문, 1985.

柳溢基, 商業高等學校 學生의 學校의 敎育에 관한 연구 : 全州市內 女子 商業高等學校
　　를 對象으로, 원광대학교 교육대학원 석사학위논문, 1991.

尹錫昌, 全北 農村地域 靑少年의 體格發達과 營養狀態에 關한 研究, 원광대학교 석사학
　　위논문, 1986.

尹澤, 都市와 農村 學校의 體育施設 用具에 關한 比較研究 : 全羅北道 男女中學校를 중
　　심으로, 전주우석대학교 교육대학원 석사학위논문, 1992.

李康寧, 學校施賞의 實態 및 그 影響에 關한 研究 - 全羅北道內 國民學校를 中心으로,
　　『교육연구』1 - 3, 한국교육생산성연구소, 1968.

李光正, 全北 國民學校 特殊學級의 運營實態와 改善方案, 전주우석대학교 교육대학원
　　석사학위논문, 1993.

李光喜, 高校生의 健康習慣에 관한 調査研究 : 全羅北道內 男子 高等學生을 중심으로,
　　원광대학교 석사학위논문, 1990.

李圭昌, 國語科敎育에 있어서 國語醇化를 위한 方言의 敎育的 정리방안과 全羅北道地
　　方의 方言 分布實態에 關한 調査研究 - 全羅北道 農山村의 男女 靑少年層을 中心으
　　로,『군산교대논문집』8, 1975.

李晟魯, 靑少年 身體의 形態的 特徵과 基礎運動 能力과의 相關關係에 關한 考察 - 전북
　　도시지역 16세 학생을 대상으로, 원광대학교 석사학위논문, 1986.

李龍海, 體育科 研修敎育 改善을 위한 현안문제의 實態分析에 關한 調査研究 - 群山敎
　　育大學附設 初等敎員 研修員生의 指導力量을 中心으로,『군산교대논문집』9, 1976.

이재길, 지역차에 따른 고등학교 학생들의 운동 흥미에 관한 연구 - 서울 군산 적분 각면등
　　에 소재하고 있는 남녀 고교생을 중심으로,『군산수산전문대학연구보고』16 - 2, 1982.

張玉同, 學校環境과 學業成績과의 관계 : 全州市內 高等學校를 중심으로, 원광대학교 교
　　육대학원 석사학위논문, 1990.

張寅石, 運動選手의 競技特性 不安에 關한 研究 : 全羅北道內 高等學校 運動選手를 中
　　心으로, 경희대학교 석사학위논문, 1985.

張浩賑, 中高生의 體格·體力과 營養指數와의 相關性에 관한 比較研究 : 全北 農村地域
　　을 중심으로, 원광대학교 교육대학원 석사학위논문, 1991.

鄭貴祐, 初經年齡에 따른 身體成長發達에 關한 調査研究 : 全羅北道 女高生을 中心으
　　로, 경희대학교 석사학위논문, 1985.

鄭英錫, 女高生들의 餘暇實態와 活性化 方案에 대하여 : 全羅北道內 4個地域 (全州市
　　井州市 高敞邑 茂長面)을 中心으로, 원광대학교 교육대학원 석사학위논문, 1989.

鄭泰煥, 女子 運動種目別 人性에 關한 調査 硏究 : 全羅北道內 女高 代表級 選手들을 中心으로, 경희대학교 석사학위논문, 1983.

曺龍福, 高校生의 音樂嗜好에 관한 調査 연구 : 서울·경기·전북의 2학년 학생을 중심으로, 경희대학교 교육대학원 석사학위논문, 1992.

池鍾仁, 국민학교 학생의 Sports 활동에 관한 관심도 조사 : 전라북도 도시 농촌 국민학교 학생을 중심으로, 전주우석대학교 교육대학원 석사학위논문, 1993.

蔡南植, 自然科 敎育課程 運營의 基礎實態調査 - 全羅北道地域, 『科學敎育硏究所論文集』 3, 전주교육대학 과학교육연구소, 1977.

최은순, 여자 대학생들의 체격과 생리현상에 관한 연구 - 전북지역을 대상으로, 『紀全女專論文集』 15, 1995.

崔昌俊, 指定種目 育成과 學校體育 施設·用具에 關한 調査 硏究 : 全羅北道 男女 中高等學校를 中心으로, 경희대학교 석사학위논문, 1978.

崔炫承, 상업고등학교 출신의 취업성적도에 관한 실증적 연구 : 전라북도를 중심으로, 원광대학교 교육대학원 석사학위논문, 1994.

韓珏洙, 國民學校 特別活動 運營의 實態 및 改善에 관한 硏究 - 전북을 중심으로, 『전국교육대학통합교과 및 특별활동교육연구회 논문집』 3 - 5, 1987.

형남진, 시력과 체격 체력과의 상관관계에 대한 고찰 : 전북지방 고교생을 중심으로, 원광대학교 석사학위논문, 1985.

(6) 대학교육

고병채, 군산대학생의 의식구조에 관한 연구, 『학생생활연구』 1, 군산대학교 학생생활연구소, 1982.

고용권, 群山大學 新入生 實態調査硏究, 『학생생활연구』 10, 군산대학교 학생생활연구소, 1991.

고준기, 在學生들의 就業準備實態와 그 對策, 『학생생활연구』 12, 군산대학교 학생생활연구소, 1993.

郭泳宇, 全州敎育大學生의 知能 適性 性格의 集團特性 診斷에 關한 硏究 - 1970학년도 ~1975학년도의 心理檢査 結果報告, 『學生指導硏究』 1, 전주교육대학, 1975.

金東鶴, 全州敎育大學生들의 餘暇活動에 關한 調査硏究, 『전주교대논문집』 16, 1980.

金成龍·蔡政龍, 大學生들의 餘暇活動에 관한 意識 및 實態調査硏究 : 全北地域의 大學生, 『군산대논문집』 4, 1982.

金順基, 全北大學 電算시스템의 效率的 利用方案, 『大學敎育』 45, 대학교육협의회, 1990.

김영철, 대학생의 사회의식 발달에 관한 연구 : 이리 여중생을 중심으로, 『연구월보』 3 - 6, 전라북도 교육연구원, 1966.

金炯鎬, 全州敎育大學 新入生의 心理診斷 硏究,『전주교대논문집』17, 1981.

金炯鎬, 全州敎育大學 新入生 集團의 特性에 關한 調査硏究,『전주교대논문집』 18, 1982.

박동석, 全北地域 大學生 價値觀 硏究,『정책과학논총』 4, 전주대학교 정책과학연구소, 1988.

朴英柱·柳光燦, 全州敎大 新入生의 實態調査 및 心理檢査 結課 分析,『學生生活硏究』 8, 전주교육대학, 1989.

朴鎭玹, 大學生活 適應度에 關한 硏究: 1976年度 全州敎育大學生을 中心으로,『전주교 대논문집』13, 1977.

朴鎭玹·申東魯, 全北大學校 學生生活實態 分析硏究: 大學敎育改革事業 施行以後를 中心으로,『학생생활연구』10, 전북대학교 학생생활연구소, 1982.

宋文錫, 地域間 大學生의 스포츠活動과 健康觀에 관한 연구: 서울과 전북지역을 중심으 로, 조선대학교 교육대학원 석사학위논문, 1992.

宋在鴻·朴敬玉·金根坤, 1981~1985학년도 全北大學校 新入生 理解資料 分析比較硏 究,『학생생활연구』14, 전북대학교 학생생활연구소, 1986.

吳成都 外, 農業敎育을 위한 全北大學校 農科大學 實習農場 模型開發에 관한 硏究,『전 북대농대논문집』20, 1989.

柳光燦·金錡坤, 86學年度 新入生의 生活環境 및 心理檢査 結果分析,『학교지도연구』 6, 전주교육대학, 1987.

이종호·김구배·이화국·신동로·송상섭 외 5명,『1994년도 대학종합평가 인정을 위한 자체평가 연구보고서』, 대한교육협의회, 1994.

이혜선, 전주대학교 학생생활환경 실태 및 의식구조에 관한 조사,『학생생활연구』1, 전주 대학교, 1993.

이환구·高龍權, 1985학년도 群山大 新入生들의 意識構造에 관한 調査硏究,『학생생활 연구』4, 군산대학교 학생생활연구소, 1985.

임창원·김영엽·조준수, 群山大 在學生의 意識實態 調査,『학생생활연구』8, 군산대학 교 학생생활연구소, 1989.

임창원·김영엽·조준수, 群山大生의 進路意識에 관한 調査硏究,『학생생활연구』9, 군 산대학교 학생생활연구소, 1990.

張大雲, 全北大學校 入學銓衡結果의 分析比較硏究,『학생생활연구』7, 전북대학교 학생 생활연구소, 1978.

鄭興基, 韓日水産系 學校 實習船의 構造와 運航管理: 群山大學校 實習船을 中心으로, 『漁業技術』28-4, 1992.

韓珏洙, 전주교육대학 신입생의 현황과 그 분석 - 1965학년도 신입생을 중심으로,『전주교 대논문집』2, 1967.

韓珏洙·金錡坤, 全州敎育大學 新入生의 現況分析 - 1974學年度 新入生을 中心으로,

『學生指導研究』 1, 전주교육대학, 1975.
홍광식, 전주교대생의 스트레스에 관한 연구, 『初等敎育硏究』 5, 전주교육대학, 1994.

(7) 가정교육

김기원, 性格特性과 學業成績과의 관계 연구 : 군산 J여고생을 중심으로, 원광대학교 교육
  대학원 석사학위논문, 1991.
金美花, 高3 女高生의 食生活 行動이 學校成績에 미치는 影響 : 전북 Y여고 中心으로,
  원광대학교 교육대학원 석사학위논문, 1989.
金寶蓮, 全羅北道內 中·高等學校의 家政科 衣生活 實習敎育에 關한 實態 調査 硏究,
  전북대학교 교육대학원 석사학위논문, 1985.
金一鎬, 高等學生의 消費者 行動에 관한 연구 : 전주시를 중심으로, 전북대학교 교육대학
  원 석사학위논문, 1993.
南容玉, 裡里市內 中學生의 攝食實態 및 齒牙 우식經驗度에 關한 調査硏究, 원광대학교
  교육대학원 석사학위논문, 1990.
朴永福, 全北地域 中三學年의 攝食實態와 健康狀態에 關한 調査硏究, 원광대학교 교육
  대학원 석사학위논문, 1990.
安寶善, 全北 任實郡 幼兒의 營養實態調査 硏究, 전북대학교 교육대학원 석사학위논문,
  1989.
李美淑, 性敎育에 대한 全北地域 中等敎師의 態度 및 實態調査 硏究, 전북대학교 교육
  대학원 석사학위논문, 1990.
崔性喜, 全羅北道 中學校 家庭과 食生活 敎育의 現況과 問題點, 전북대학교 석사학위논
  문, 1980.

(8) 사회교육

沈雄澤, 한국 농촌의 이농현상에 따른 교육환경의 변화에 관한 연구 : 전라북도 농촌지역
  을 중심으로, 원광대학교 교육대학원 석사학위논문, 1991.
林泰吉, 嶺·湖南 高校生들의 地域間 意識 차이에 관한 연구, 한국교원대학교 석사학위
  논문, 1993.
전라북도교육연구원, 『향토사회자료집』, 전라북도교육위원회, 1972.
전라북도교육위원회 편, 『(전북이 낳은) 삶의 보람을 가꾼 사람들』, 1990.
鄭載永, 現行 高等學校 哲學敎育에 있어서의 問題點과 그 改善方案 : 全北地域을 중심
  으로, 전북대학교 교육대학원 석사학위논문, 1992.

蔡奎完, 産學協同敎育의 效果的인 實現方案에 關한 硏究 : 全北地方의 産業體 및 實業
　　界 高校를 中心으로, 경희대학교 석사학위논문, 1977.
최춘영, 전북도내 전문대학생의 통일안보의식에 관한 조사연구, 『군산수산전문대학연구보
　　고』 18 - 2, 1984.
韓珏洙, 學生들의 價値意識 實態調査 : 全羅北道 初·中等學校를 中心으로, 『전주교대
　　논문집』 17, 1981.

(9) 유아교육

김현경, 전북 도내 유아교육 교사의 전문성에 관한 연구, 『紀全女專論文集』 5, 1985.
노경혜, 전북 도내 유아교육 기관의 유구 실태에 관한 연구 : 국교병설 유치원을 중심으로,
　　『紀全女專論文集』 7, 1987.
朴承淳, 幼兒敎育의 現況과 問題點 - 全北道內 일부지역을 中心으로, 『군산실업전문대논
　　문집』 8, 1985.
朴花允, 全北 幼稚園敎育에 關한 調査硏究, 『紀全女專論文集』 1, 1979.
오협봉, 유치원 교사의 직무만족에 관한 연구 : 전라북도를 중심으로, 원광대학교 교육대
　　학원 석사학위논문, 1994.
李康寧, 全北의 幼稚園敎育, 『硏究月報』 173, 1981.
이경미, 유아기 자녀를 둔 어머니의 탁아시설에 대한 요구 조사 : 전주시를 중심으로, 이화
　　여자대학교 교육대학원 석사학위논문, 1993.
李賢淑, 全北地域 幼雅園 어린이의 體格 및 營養指數에 關한 硏究 : 都市·農村地域을
　　中心으로, 원광대학교 교육대학원 석사학위논문, 1990.
이혜영, 유아교육기관 원장의 지도성 지각에 관한 연구 : 전북지역을 중심으로, 이화여자
　　대학교 교육대학원 석사학위논문, 1992.
全鐵雄, 幼兒期의 體格과 運動能力 發達에 관한 相關的 연구 : 전주시 사립 유치원 원아
　　를 대상으로, 원광대학교 교육대학원 석사학위논문, 1992.
全賢淑, 병설유치원의 기본생활습관 지도실태 분석 : 전북지역을 중심으로, 원광대학교 교
　　육대학원 석사학위논문, 1993.

(10) 교육사상

姜宗孝, 柳馨遠의 敎育思想에 關한 一硏究 : 實業敎育思想을 中心으로, 경상대학교 교육
　　대학원 석사학위논문, 1986.
稻葉繼雄, 金性洙 - 韓國における民族系私學の指導者, 『仁村 金性洙의 애족사상과 그 실

천』, 동아일보사, 1982.

朴鎭一, 磻溪 柳馨遠의 學校敎育論에 關한 硏究, 충남대학교 석사학위논문, 1981.

徐福洞, 磻溪 柳馨遠의 敎育思想 硏究 : ‘磻溪隨錄’中 敎選之制를 中心으로, 성균관대학교 석사학위논문, 1990.

蘇基燮, 仁村 金性洙의 民族敎育思想에 관한 고찰, 건국대학교 교육대학원 석사학위논문, 1991.

楊謹洙, 磻溪 柳馨遠의 敎育改革思想, 단국대학교 교육대학원 석사학위논문, 1982.

劉勝弘, 磻溪 柳馨遠의 敎育制度 改革案에 대하여, 인하대학교 교육대학원 석사학위논문, 1986.

柳完浩, 柳馨遠의 敎育觀에 관한 硏究, 단국대학교 교육대학원 석사학위논문, 1992.

李完宰, 海鶴 李沂의 교육사상, 『사학논지』 1, 한양대학교 사학과, 1973.

李治白, 민족교육 언론 산업의 선구자 仁村 金性洙, 『전북인물지(상권)』, 전북애향운동본부, 1983.

전영배, 해학 이기의 교육사상연구, 『국제대학논문집』 6, 1978.

崔圭尙, 磻溪 柳馨遠의 敎育論硏究, 고려대학교 교육대학원 석사학위논문, 1970.

崔圭尙, 磻溪 柳馨遠의 敎育論, 『교단』 60, 1971.

崔永禧, 일정하의 민족교육 - 仁村 김성수의 민족교육을 중심으로, 『인촌 김성수의 애족사상과 그 실천』, 동아일보사, 1982.

洪一植, 仁村과 敎育 - 仁村 精神의 再構成, 『高大文化』 13, 고려대학교, 1972.

黃敬老, 磻溪 柳馨遠의 學制改編論에 關한 硏究, 강원대학교 석사학위논문, 1990.

(11) 교육 일반

나동진 외 9명, 『전북 전주 이렇게 바꾸자 : 교육분야』, 천우사, 1994.

邊在仁, 영·호남 지역간의 교육불평등에 관한 연구, 창원대학교 석사학위논문, 1993.

신현상, 地域事情과 平準化政策 : 군산지역, 『敎育振興』 16, 중앙교육진흥연구소, 1991.

吳炳文, 湖南地方에 있어서 敎育의 構造的 考察 - 島嶼僻地敎育을 中心으로, 『문교부연구보고서(인문과학계)』, 1971.

吳炳文, 湖南地域 敎育의 發展 戰略 - 島嶼僻地 敎育構造를 中心으로, 『龍鳳』 3, 전남대학교 총학생회, 1972.

林秉燦, 民族敎育의 先驅者 芝山 金英武, 『나라와 더불어 겨레와 더불어』(전북신서 5), 전북애향운동본부, 1987.

張盛旭, 湖南의 雙峰 全州高와 光州高, 『月刊京鄕』 264, 1987.

전라북도 교육위원회, 『발전하는 전북교육 : 1971』, 1971.

전라북도 교육위원회, 『全北敎育 : 어제와 오늘』, 1976.

鄭東盆, 湖南의 精銳들 全州高 學脈,『政治文化』222, 1983.
정영애·변재인, 영·호남 지역간의 교육불평등에 관한 연구,『생활연구』6, 창원대학교,
    1993.
洪石影, 實踐的 교육가 白南奎선생,『전북인물지7』(전북신서11), 전북애향운동본부, 1992.

7. 문화·예술

（1）학술

文化財管理局,『韓國典籍綜合調査目錄 第4輯：全羅北道』, 1990.

全羅北道 行政資料室,『行政資料室 資料目錄』, 1976.

全北大學校 圖書館 편,『定期刊行物 綜合目錄(1)：1952～1980』, 1981.

全北大學校 圖書館 편,『全北大學校敎授論文·著書索引目錄：1952～1981』, 1982.

全北大學校 圖書館 편,『全北大學校所藏 連續刊行物綜合目錄：1985.12 現在』, 1986.

（2）문화

金東吉, 전라도 전라도사람들 : 새야 새야 파란새야,『藝鄕』1, 광주일보사, 1984.

金永喆 外 6인, 호남문화의 특질,『인문논총』2, 전주우석대학교, 1989.

김정호,『호남문화입문』, 김향문화재단, 1990.

나종우,『전라도, 왜 문제인가』, 원광대학교 출판국, 1996.

大田大學校 地域社會開發硏究所 편,『錦江流域의 傳統文化(1)』(地域社會開發硏究叢書 1), 1991.

大田大學校 地域社會開發硏究所 편,『錦江流域의 傳統文化(2)』(地域社會開發硏究叢書 2), 1992.

朴東洙, 禪雲寺 白坡碑로 본 白坡와 秋史,『향토문화연구』6, 원광대학교 향토문화연구소, 1990.

李桂成, 地域情報化의 效率的 推進戰略에 關한 硏究 - 全北地域 現況을 中心으로,『開發과 自治』4 - 1, 한국지역개발자치학회, 1990.

李圭泰, 전라도 전라도사람들 : 藝鄕論,『藝鄕』1, 광주일보사, 1984.

李離和, 전라도 전라도사람들 : 칼과 거문고의 두 極端,『藝鄕』1, 광주일보사, 1984.

이정덕, 전북서해도서의 문화변화,『전북의 자연연구』6, 한국자연보존협회 전북지부, 1995.

張京沃, 全州정신의 뿌리를 지킨다,『政經文化』254, 한국정경연구소, 1986.

장명수,『지방문화 관광 활성화 방안』(문화예술진흥원 특강교재), 1988.

丁益燮, 호남의 女流風流考,『원불교학연구』15, 원광대학교, 1985.

정춘인,『湖南의 傳統예술에 관한 文獻書誌學的 연구』, 1992.

韓國文化藝術團體總聯合會 全羅北道支會 편,『全北藝術史』, 1989.

홍순탁, 호남문화의 구조적 특질,『地域開發研究』3 - 1, 전남대학교 지역개발연구소, 1971.

1) 문화재

姜奉辰, 南原 廣寒樓 實測報告,『建築』40, 대한건축학회, 1971.
姜奉辰, 전주 풍남문 實測報告,『建築』47, 대한건축학회, 1972.
남원문화원,『南原의 문화재』, 1984.
남원문화원,『南原의 문화재와 名勝』, 1985.
무주군,『무주지방 문화재 지표조사보고서』, 1988.
무주군교육청,『무주의 문화재』(무주의 얼 교육자료집2), 1984.
문교부,『지정문화재목록』, 문교부, 1960.
문화재관리국, 금산사 미륵전,『문화재』창간호, 1965.
문화재관리국,『문화재대관 - 국보편』, 1967.
문화재관리국,『문화재대관 - 보물편』(상 · 하), 1968 · 1971.
문화재관리국,『전국유적목록』, 대한공론사, 1971.
문화재관리국,『문화재대관 - 사적편』(상 · 하), 1975 · 1976.
문화재관리국,『지방지정문화재목록(시, 도별)』, 1975 · 1978 · 1980.
문화재관리국,『지정문화재 이외의 문화재목록』, 1978.
문화재관리국,『完州花巖寺極樂殿實測調査報告書』, 1985.
문화재관리국,『문화유적총람』, 1986.
문화재관리국,『문화유적기행(2) : 부여 · 공주 · 익산편』, 1987.
문화재관리국,『백제고도 문화권 문화유적 정비계획』, 1987.
문화재관리국,『文化財修理報告書(下) : 전북 · 경남 · 제주』, 1992.
문화재관리국 문화재연구소,『全羅北道 國樂 實態調査 : 無形文化財 綜合調査 報告書』, 1982.
문화재관리국 문화재연구소,『韓國의 古建築(8) : 傳燈寺 大雄殿 · 藥師殿 · 彌勒寺 祖師堂』, 1986.
문화재관리국 문화재연구소,『韓國의 古建築 9 : 來蘇寺 대웅보전 · 禪雲寺 대웅보전』, 1987.
문화재관리국 문화재연구소,『文化財案內文案集 第6輯 : 全羅北道篇』, 1988.
문화재관리국 문화재연구소,『彌勒寺』, 1989.
裵秉宣, 金山寺 金剛門에 대한 小考,『문화재』24, 문화재관리국, 1991.
새한建築文化研究所,『完州花巖寺實測報告書』, 文化公報部 文化財管理局, 1985.
宋祥圭, 金馬地域의 文化財들,『문화재』9, 문화재관리국, 1975.
원광대학교,『부안댐 수몰지구 문화재』, 부안군, 1993.

원광대학교 마한백제문화연구소,『백제 고도 익산지역 문화재 현황조사보고서』, 1978.
李康五, 문화재로 지정된 전라북도내의 文籍,『전라문화연구』4, 전북향토문화연구회, 1990.
익산군,『익산고적(유인물)』, 1953.
林永培, 彌勒寺址 西塔의 造形計劃에 대한 고찰,『대한건축학회지』21 - 75, 대한건축학회, 1977.
張慶浩, 完州 花巖寺 極樂殿 조사보고서,『문화재』12, 문화재관리국, 1979.
張憲德, 益山 王宮里遺蹟의 金堂復元 計劃에 關한 硏究, 홍익대학교 환경대학원 석사학위논문, 1994.
全羅北道,『문화재지』, 1990.
전라북도 文化財課 편,『文化財大觀』, 全羅北道, 1979.
전북대학교 박물관,『전북지방 문화재 조사보고』, 1979.
전주시립박물관,『완주지방문화재 지표조사보고서』, 1989.
정읍문화원,『94년도 정읍문화재총관』, 1993.
崔泰龍, 百濟文化圈開發,『문화재』22, 문화재관리국, 1989.
韓國美術史學會 編, 지리산 실상사 史蹟,『考古美術』108, 1970.

2) 문화행정

김은정, 제2차 전라북도 종합개발계획(1992~2001)에 대한 비판적 검토 - (문화) 전북, 과연 문화정책이 있는가?,『호남사회연구』2, 호남사회연구회, 1995.
裵洙延, 韓國의 地方 文化行政에 관한 연구 : 全羅北道의 演劇活動 支援을 중심으로, 원광대학교 교육대학원 석사학위논문, 1990.
張明洙, 全州의 傳統文化遺産과 都市開發의 調和方向,『都市問題』301, 1993.

(3) 도서관

姜惠英, 朝鮮朝 全州地方의 木版印刷文化考,『國會圖書館報』20 - 6, 1983.
權熙昇, 湖南坊刻本에 관한 연구, 성균관대학교 석사학위논문, 1982.
김무질, 1972학년도 군산교육대학생의 독서실태에 관한 조사연구,『학생지도연구』2, 군산교육대학, 1973.
金俊榮·柳在泳, 全北道民의 著書槪觀,『전라문화논총』3, 전북대학교 전라문화연구소, 1989.
金抱玉, 전북지역 공공도서관의 발전책에 관한 연구,『도서관학논집』15, 한국도서관정보학회, 1988.

金抱玉, 全北地域 圖書館 司書職의 職務 滿足度에 關한 硏究 - 공공 및 대학 도서관을 중심으로,『인문논총』18, 전북대학교 인문과학연구소, 1988.

문화재관리국,『한국전적종합조사목록(4) : 전라북도』, 1990.

白麟, 全州四史와 同藏書의 疏開經緯에 대하여,『한국비브리오』1, 1972.

柳基石, 湖南地域 典籍文化에 關한 硏究, 청주대학교 석사학위논문, 1990.

李康五, 이재난고 해제,『전라문화논총』5, 전북대학교 전라문화연구소, 1992.

李範舜, 학교 도서관 운영,『연구월보』5 - 8, 전북교육연구소, 1968.

李玉金, 朝鮮朝 湖南 寺刹版에 關한 書注的 硏究, 상명여자대학교 석사학위논문, 1988.

李昌烈, 전라북도 學校 圖書館論考,『도협월보』5 - 1, 한국도서관협회, 1964.

全北大學校圖書館,『古漢籍解題 第1輯 : 史部・集部』, 1990.

전주시립도서관, 전주시립도서관의 전망과 현황,『도서관』137, 국립중앙도서관, 1969.

田俊燮, 전라북도의 학교도서관 - 各 시도별 학교도서관 운영실태의 문제점,『도협월보』 15 - 8, 한국도서관협회, 1974.

하태종, 전북대 재학생의 독서실태,『문헌정보』1, 전북대학교, 1985.

한국도서관협회 편, 道別 圖書館 現況과 문제(경기・충남・강원・전북・경남・부산・제주) : 학교도서관을 중심으로,『도협월보』5 - 1, 한국도서관협회, 1964.

韓年鍾, 全羅北道 학교도서관 현황보고,『도협월보』6 - 5, 한국도서관협회, 1965.

韓昌根, 讀書環境이 未備한 僻地학교 도서관의 운영방안,『연구월보』11～13, 전북교육연구소, 1965.

（4）매스컴

권혁남,『1994 전북도민 방송이용행태 연구』, 전주 MBC, 1994.

金慶燮, 全羅北道의 選擧와 新聞,『新聞評論』22, 1967.

백명기・권혁남,『전북의 언론과 수용자』, 신아출판사, 1994.

張龍鶴, 仁村과 言論 - 仁村 精神의 再構成,『高大文化』13, 고려대학교, 1972.

崔埈, 일정하의 민족언론 - 동아일보와 仁村,『인촌 김성수의 애족사상과 그 실천』, 동아일보사, 1982.

（5）예술・미술

국립광주박물관,『호남의 전통회화』, 1984.

김남수, 일제속의 반일의식 - 백윤문・이영일의 작품을 중심으로,『美術世界』81, 미술세계사, 1991.

金紋淑, Visual Communication으로서의 Sign System에 관한 연구 : 全州 南部市場을 중심
　으로, 전북대학교 석사학위논문, 1990.
金松根, 實學思想이 湖南畵壇에 미친 影響, 조선대학교 석사학위논문, 1993.
김인환 外, 호남 한국화 300년, 『藝鄕』 3, 광주일보사, 1984.
朴泰植, 湖南地方의 傳統會畵 硏究 : 南宗文人畵를 中心으로, 홍익대학교 교육대학원 석
　사학위논문, 1986.
潘在容, 毅齋 許百鍊이 湖南畵壇에 미친 영향, 동아대학교 교육대학원 석사학위논문,
　1979.
楊圭峻, 鄕土美術의 형성과 발전에 관한 고찰 - 전북지방을 중심으로, 중앙대학교 석사학
　위논문, 1987.
元東石, 湖南畵壇 100년의 命脈, 『季刊美術』 35, 중앙일보사, 1985.
尹福姬, 湖南地方의 南宗畵에 對한 硏究 : 毅齋 · 木齋 · 東岡 · 南農을 中心으로, 조선대
　학교 석사학위논문, 1992.
이건용, 전북미술대전 논쟁 시비, 『공간』 195, 공간사, 1983.
李光永, 서양화단의 알려지지 않은 큰 맥 : 진헌, 『나라와 더불어 겨레와 더불어』(전북신서
　5), 전북애향운동본부, 1987.
李昌奎, 全羅北道 西海岸을 素材로 한 風景畵 硏究, 『원광대논문집』 19, 1985.
황소연 外, 전북 미술의 활성화를 위한 지역미술인 좌담, 『美術世界』 26, 미술세계사,
　1986.

(6) 회화 · 서예

金炳基, ‘東鶴寺’ 懸板의 書者 - 蒼巖 李三晩에 대하여, 『웅진문화』 7, 1994.
김창고, 근대 서화가 우운 서정민 연구, 『益山文化』 4, 益山古蹟宣揚會, 1994.
趙淑鐘, 金堤의 書道人脈, 『전라문화논총』 3, 전북대학교 전라문화연구소, 1989.
崔勝範, 호남 제일의 名筆 蒼巖 李三晩, 『전북인물지(중권)』, 전북애향운동본부, 1983.

(7) 조각 · 공예

金盛泰, 전북지방의 산업개발을 위한 陶磁器用 粘土資源調査 및 製作實驗硏究, 『군산대
　논문집』 1, 1980.
金鉉瑢 · 홍승표, 전라북도 民藝品의 디자인 개발에 관한 연구, 『전주교대논문집』 9, 1974.
朴鍾一, 全北地域 甕器工房의 現況과 分析, 원광대학교 석사학위논문, 1993.
朴柱廈, 湖南地方 돌장승의 形狀에 관한 硏究, 전남대학교 석사학위논문, 1990.

오원탁, 이리 귀금속 보석단지 정밀주조 기법개선에 관한 연구 - 불량발생 원인분석 및 예
　방대책을 중심으로,『원광대논문집(자연과학편)』23 - 2, 1989.
李啓弘, 가난한 고독은 예술의 스승 - 나전칠기 공예의 匠人 金素熙옹,『예술계』11, 한국
　예술문화단체총연합회, 1986.
이화여자대학교 박물관 편,『扶安 柳川里窯 高麗陶瓷』, 이화여자대학교 출판부, 1983.
咸侑垌, 전라도 옹기장식에 관한 연구, 단국대학교 석사학위논문, 1994.

（8）건축

건축문화사 편집부, 전주객사,『건축문화』1986.6, 월간건축문화사.
건축문화사 편집부, 전주향교,『건축문화』1986.6, 월간건축문화사.
김봉렬, 한국전통건축의 체험 6 : 전라북도,『空間』, 1984.10, 空間社.
김용만, 南原 廣寒樓의 烏鵲橋 復元에 관하여,『한국정치학회』1 - 1, 1982.
金銀重・朱南哲, 湖南地方 書堂 精舍類 建築에 관한 硏究,『大韓建築學會論文集』35,
　1991.
金正基, 백제가람의 특성 - 익산 미륵사지 유구를 중심으로,『마한・백제문화』7, 원광대학
　교 마한백제문화연구소, 1984.
金泰永・李光魯, 韓國開港場의 外人館硏究(3) : 木浦 및 群山港,『大韓建築學會論文集』
　19, 1988.
류춘수, 전주박물관,『건축가』, 한국건축가협회, 1986.
문영빈, 禪雲寺,『건축문화』1986.9, 월간건축문화사.
문화재관리국 문화재연구소,『韓國의 古建築 8 : 傳燈寺 大雄殿・藥師殿・彌勒寺 祖師
　堂』, 1986.
문화재관리국 문화재연구소,『韓國의 古建築 9 : 來蘇寺 대웅보전・禪雲寺 대웅보전』,
　1987.
朴吉龍, 살아나야 할 과거 : 선운사와 내소사,『건축과 환경』1987.5, 월간 건축과 환경.
朴吉龍, 합목적성으로서의 건축(고창읍성),『건축과 환경』1987.5, 월간 건축과 환경.
朴容奭, 全北 五公里 公洞마을의 民家 形式的 特性, 충북대학교 석사학위논문, 1988.
박한규, 인문적 인자에 의한 금산사의 건축해석에 관한 연구,『건축학론』, 1987.10.
배귀용, 사진측량을 이용한 미륵사지 석탑복원 가능성에 관한 연구, 연세대학교산업대학
　원 석사학위논문, 1987.
沈正輔, 고려말・조선초의 하삼도 읍성 축조기사 검토,『석당논총』20, 동아대학교 석당전
　통문화연구원, 1994.
柳應敎, 柳曾敎氏家(雲鳥樓)의 建築的 特性에 관하여,『전라문화연구』3, 전북향토문화연
　구회, 1988.

尹道根·張慶浩, 미륵사지와 황룡사지의 가람계획 비교연구, 『대한건축학회학술논문집』, 1988.

尹長燮, 한국남서지방의 고건축조사, 『연구업적개요』, 서울대학교 공과대학, 1966.

尹長燮·주남철, 고창 참선당에 관하여, 『建築』 33 - 38, 대한건축학회, 1977.

이상식, 전북지역의 누정보고, 『호남문화연구』 23, 전남대학교, 1995.

林永培, 한일 塔婆建築의 조형설계에 관한 연구 : 미륵사지 西塔과 法隆寺 오층석탑을 중심으로, 『大韓建築學會誌』 26 - 104, 1982.

林永培 외 1인, 백제 양식계 석탑의 조형 특성에 관한 연구, 『대한건축학회논문집』 23, 1989.

張起仁, 김제 금산사 미륵전, 『建築士』 184, 대한건축사협회, 1984.

張順鏞, 全州 風南門, 『건축문화』 1985.2, 월간건축문화사.

朱命綠, 彌勒寺址 西塔 實測記, 『建築士』 1990.10, 대한건축사협회.

車勇杰, 세종조 하삼도 연해읍성 축조에 대하여, 『사학연구』 27, 1977.

洪大炯, 全州 鄕校의 外部空間에 관한 考察, 『建築』 81, 대한건축학회, 1978.

洪大炯, 全州 鄕校의 外部空間에 관한 硏究, 『윤장섭회갑기념논총』, 1985.

洪大炯, 開巖寺 大雄寶殿의 建築技法에 대한 實測 調査硏究, 『수도권개발연구소논총』 16, 서울시립대학교, 1990.

洪大炯, 朝鮮中期 寺刹建築 樣式에 대한 연구 - 開巖寺 大雄寶殿 공포를 중심으로, 『대한건축학회논문집』 33, 대한건축학회, 1991.

1) 조경학

高大植 外, 韓國 住宅庭園의 造景植物 利用傾向에 關한 硏究 : 全羅北道 全州·裡里·群山市를 中心으로, 『전북대농대논문집』 18, 1987.

高松植·文相一, 군산시 기능지역의 경관변화 연구, 『地理學報告』 4, 전북대학교, 1985.

郭魯燁, 南原 民俗觀光地 開發計劃, 서울대학교 환경대학원 석사학위논문, 1986.

郭柱煥, 裡里市 公園開發에 관한 硏究, 『원광대논문집』 16, 1982.

김경인, 전주 기린원 환경설계, 서울대학교 환경대학원 석사학위논문, 1992.

金癸煥·黃暎喜, 乾止山 一帶의 植生調査 : 木本植物을 中心으로, 『전북대농대논문집』 18, 1987.

김광래·진희성·김세천, 智異山 國立公園의 利用者 行態分析과 管理實態에 대한 滿足度 調査에 關한 硏究, 『韓國造景學會誌』 16 - 2, 한국조경학회, 1988.

김명록, 學校造景의 새로운 模型開發을 爲한 一硏究 : 全州敎育大學 造景을 中心으로, 『전주교대논문집』 20, 1984.

金世泉·박종민, 암석황폐지의 녹화 및 경관복구를 위한 조경사방공학적 연구 - 전북지방 채석장을 중심으로, 『전북대논문집(자연과학편)』 30, 1988.

金世泉, 智異山 國立公園의 景觀管理에 關한 基礎研究 : 景觀資源을 中心으로,『전북대
농대논문집』19, 1988.

金世泉, 智異山 國立公園의 景觀管理에 關한 基礎研究(2) : 자연환경과 인문환경을 중심
으로,『전북대농대논문집』19, 1988.

金世泉·서병수·박종민·이창헌·이규완, 公園道路 비탈면의 類型別 安定綠化工法에
關한 研究,『전북대농대논문집』21, 1990.

金世泉, 국립공원의 시각자원관리를 위한 경관분석에 관한 연구, 경희대학교 박사학위논
문, 1990.

金世泉, 智異山 國立公園 景觀의 視覺的 選好度에 關한 研究,『전북대농대논문집』21,
1990.

金世泉, 智異山 國立公園 景觀의 정량적 분석과 평가에 관한 연구,『전북대논문집(자연과
학편)』32, 1990.

金世泉, 智異山 國立公園의 景觀價値 및 管理實態分析에 關한 研究,『전북대농대논문
집』21, 1990.

金世泉, 智異山 國立公園의 空間 Image 調査에 關한 研究,『전북대농대논문집』21, 1990.

金世泉, 국립공원 Sequence 경관의 기호학과 계량심리학적 분석에 관한 연구,『韓國造景
學會誌』19 - 3, 한국조경학회, 1991.

金世泉, 국립공원 자연경관의 계량적 분석을 통한 경관관리 개선방안에 관한 연구,『한국
임학회지』80 - 1, 한국임학회, 1991.

金世泉·이행렬·노복윤·오동현, 역사경관 보존관리에 관한 연구,『농촌사회연구지』2,
1991.

金世泉 外, 森林利用性 提高를 위한 自然休養林 造成에 관한 研究(Ⅰ) : 성수 自然休養
林의 環境 調査分析,『農村社會研究』3, 전북대학교 농촌사회연구소, 1992.

金世泉 外, 森林利用性 提高를 위한 自然休養林 造成에 관한 研究(Ⅱ) : 성수 自然休養
林의 計劃 및 管理方案,『農村社會研究』3, 전북대학교 농촌사회연구소, 1992.

金世泉·허준, 전주시 도시공원의 관리실태와 이용만족도 평가에 관한 연구,『韓國造景學
會誌』20 - 2, 한국조경학회, 1992.

金世泉, 덕유산 국립공원 경관에 대한 계량적 분석,『응용생태연구』7 - 2, 1994.

金世泉 外, 모악산 도립공원 이용실태 분석에 관한 연구,『韓國造景學會誌』59, 1995.

金世泉·오동현·박봉주, 마이산도립공원의 관광휴양개발 및 환경보전관리를 위한 기초
연구,『전북대농대논문집』37, 1996.

金容宅, 선유도 海上休養地 開發計劃, 서울대학교 환경대학원 석사학위논문, 1988.

金源錫 外, 內藏山 國立公園 開發計劃,『공간』7 - 1, 공간사, 1972.

김종원, 裡里 컨벤션파크 기본계획, 서울대학교 환경대학원 석사학위논문, 1991.

김종인, 智異山 國立公園,『國立公園』57, 한국국립공원협회, 1993.

金漢培·朴贊龍, 朝鮮王朝時代의 都邑景觀體系研究(2) : 全州府 晉州牧 公州牧을 中心

으로,『韓國造景學會誌』15 - 2, 한국조경학회, 1987.

김한배·이규목, 개항기 이후 한국 도시경관의 변천에 관한 연구 : 全州市와 大邱市를 중심으로,『農業科學研究論文集』7, 대구대학교 농업과학연구소, 1993.

金炫·金龍基, 瀟灑園 木版本과 金麟厚의 瀟灑園四十八詠 詩文分析을 통한 別墅 瀟灑園의 景觀特性에 관한 研究,『韓國造景學會誌』51, 한국조경학회, 1993.

朴炳喆, 우리나라 高速道路 造景植栽의 問題點과 改善方案에 관한 연구 : 湖南高速道路 區間의 評價를 중심으로, 청주대학교 산업경영대학원 석사학위논문, 1990.

박재철, 전북 정읍지역 도로 주변림에 관한 연구 - 김제 원평에서 정읍 감곡 사이의 지방도 주변을 사례로,『韓國造景學會誌』53, 1994.

박재철·노재현, 정읍지역 도로 주변림의 식생구조에 관한 연구 - 김제 원평에서 정읍 감곡 사이의 지방도 주변림을 사례로,『전주우석대논문집(자연과학편)』16, 1994.

徐丙秀, 智異山 國立公園 道路 비탈면의 景觀復舊를 위한 基礎研究,『國立公園』44 - 45, 한국국립공원협회, 1989.

徐丙秀·김세천·이창헌·박종민·이규완, 智異山 國立公園 도로 비탈면에 대한 조사연구,『韓國造景學會誌』18, 한국조경학회, 1990.

徐丙秀·김세천·이규완·박종민·이창헌, 智異山 國立公園 도로비탈면의 식생과 경관 분석에 관한 연구(1) - 식생조사 분석,『韓國造景學會誌』19 - 2, 한국조경학회, 1991.

徐丙秀·김세천·이규완·박종민·이창헌, 智異山 國立公園 도로비탈면의 식생과 경관 분석에 관한 연구(2) - 경관분석,『한국임학회지』80 - 3, 한국임학회, 1991.

徐丙秀 外, 德裕山 國立公園에 對한 基礎研究 : 自然 및 人文環境을 中心으로,『전북대 농대논문집』23, 1992.

徐丙秀·김세천·이창헌·박종민·이규완, 德裕山 國立公園의 기초조사에 관한 연구,『전북대농대논문집』23, 1992.

徐丙秀·김세천·이규완·박종민·이창헌, 德裕山 國立公園 삼림 식생구조에 관한 연구,『韓國造景學會誌』22 - 4, 한국조경학회, 1994.

서은희, 裡里 보석 엑스포 환경 설계, 서울대학교 환경대학원 석사학위논문, 1994.

신상섭 외 1인, 전통주택의 공간구성과 정원에 관한 기초연구 - 전북지방을 중심으로,『한국정원학회지』9 - 1, 한국정원학회, 1991.

신상섭·이명우, 단위공장의 옥외환경 개선에 관한 연구 : 기아특수강 군산공장 조경 설계를 사례로,『도시및환경연구』7, 전북대학교, 1992.

신상섭 외 3인, 전주시 역사경관의 보존관리를 위한 기초연구,『한국정원학회지』10 - 2, 한국정원학회, 1992.

신상섭, 초등학교 놀이시설의 위험성에 관한 연구 - 전주시를 중심으로,『韓國造景學會誌』24 - 1, 한국조경학회, 1996.

楊秉舜, 全州의 都市文化 환경조성과 都市美 구현의 課題,『國土와 建設』23, 대한건설진흥회, 1986.

양수정, 전주 카톨릭 문화유적 환경계획 : 도시형태의 인지과정과 관련하여, 서울대학교 석사학위논문, 1994.

오구균, 지리산 국립공원 야영장 및 관광도로의 개선방안,『國立公園』34, 한국국립공원협회, 1986.

오구균,『내장산 국립공원 내장사지구 자연보전관리대책에 관한 연구』, 문화교육부, 1987.

오구균, 내장산 국립공원의 식물군집 및 이용행태에 관한 연구(1),『한국임학회지』77 - 2, 한국임학회, 1988.

오구균, 내장산 국립공원의 식물군집 및 이용행태에 관한 연구(2),『한국임학회지』77 - 4, 한국임학회, 1988.

오구균, 지리산 국립공원의 이용행태 및 인식에 관한 연구,『응용생태연구』5 - 1, 1991.

오구균, 지리산 국립공원의 주연부 식생구조,『응용생태연구』5 - 1, 1991.

오구균 · 김준선, 지리산 국립공원의 관리개선 방안,『國立公園』56, 1992.

오구균 · 김세천 · 이경제, 덕유산 국립공원의 현황과 관리개선 방안,『응용생태연구』7 - 2, 1994.

李景宰 · 吳求均, 智異山 國立公園 老姑壇地區 자연파괴 확산 및 관리실태,『國立公園』44 · 45합집, 1989.

李明雨 · 李奎完, 植物生態分析의 造景學的 活用에 關한 研究 - 多佳公園을 사례로,『전북대농대논문집』19, 1988.

李明雨 外, 공공 옥외공간의 계획 및 설계를 위한 환경조사 및 분석에 대한 기초연구 : 전주시 덕진공원을 사례로,『전북대농대논문집』20, 1989.

李明雨 外, 全州市 多佳公園 計劃 및 設計에 關한 研究,『전북대농대논문집』20, 1989.

李明雨 · 신상섭, 대학 캠퍼스 마스터플랜과 관련된 조경설계의 실제 - 전북대학교 의과대학을 중심으로,『도시및환경연구』10, 전북대학교 도시및환경연구소, 1995.

이명우,『전북대학교 의과대학 Medical complex 조성계획』, 전북대학교 조경학과 환경설계연구실, 1995.

이석손, 변산반도 도립공원 기본계획, 서울대학교 환경대학원 석사학위논문, 1984.

李鍾珉, 湖南歌壇의 樓亭 景觀 特性에 관한 研究, 서울시립대학교 석사학위논문, 1993.

이창헌 외 4인, 지리산 국립공원 도로비탈면의 경관복구를 위한 기초연구,『國立公園』43, 한국국립공원협회, 1990.

이창헌 외 4인, 덕유산 국립공원에 대한 기초연구 - 자연 및 인문환경을 중심으로,『전북대농대논문집』23, 1992.

이창헌 외 6인,『성수 자연휴양림 조성계획』, 산림청 · 임실군, 1992.

이창헌 · 김세천, 都市休養機能으로서 街路樹의 設計 · 施工 後의 평가에 관한 연구 : 전주 · 이리 · 군산시를 중심으로,『전북대논문집(자연과학편)』39, 1995.

이창헌 외 3인, 모악산도립공원 이용개발 및 보전관리 개선을 위한 기초연구,『전북대논문집』40, 1995.

이창헌 외 1인, 자연휴양림의 시설설계 분석 - 전북지역을 중심으로, 『한국임학회지』 85 - 2, 한국임학회, 1996.

임대현, 전주천 환경계획, 서울대학교 환경대학원 석사학위논문, 1993.

張明洙·宋浚泰, 古都 全州의 歷史景觀 再構成에 關한 硏究, 『도시및환경연구』 5, 전북대학교, 1990.

장희경, 裡里 빅뱅기념공원설계, 서울대학교 환경대학원 석사학위논문, 1991.

정재훈, 傳統 伽藍造景에 관한 연구 : 益山 彌勒寺址를 중심으로, 한양대학교 환경대학원 석사학위논문, 1991.

蔡石淳, 이리시 공원개발 방안에 관한 硏究, 『都市問題』 158, 1979.

崔萬峰, 전북대학교 德津 캠퍼스의 綠地空間計劃에 關한 기초적 연구, 『전북대논문집(자연과학편)』 25, 1983.

崔萬峰 外 2인, 전북대학교 綜合캠퍼스의 造景計劃에 關한 硏究, 『전북대학교 농업개발연구소논문집』 16, 1985.

최만봉·김재식·김세천·이규완, 아파트단지 조경의 관리개선 방안에 관한 연구(1) - 전주시 6개단지를 중심으로 한 조경실태조사, 『전북대농대논문집』 17, 1986.

최만봉·김세천, 아파트단지 조경의 관리개선 방안에 관한 연구(2) - 전주시 6개단지의 주거민에 대한 의식조사, 『전북대논문집(자연과학편)』 28, 1986.

崔萬峰·金世泉, 全北地方의 造景樹木 生産에 관한 調査硏究, 『전북대논문집(자연과학편)』 28, 1986.

최만봉·이규완, 고창읍성의 경관구성에 대한 조경학적 연구, 『도시및환경연구』 3, 전북대학교 도시및환경연구소, 1988.

최만봉·김세천·이규완, 대아 자연휴양림 조성계획에 관한 연구(1), 『도시및환경연구』 4, 전북대학교 도시및환경연구소, 1989.

최만봉·김세천·이규완, 대아 자연휴양림 조성계획에 관한 연구(2), 『도시및환경연구』 4, 전북대학교 도시및환경연구소, 1989.

최만봉·김세천·이규완, 삼림생태 및 관리를 고려한 휴양림 조성에 관한 연구(1) - 대아 자연 휴양림 현황조사 및 분석, 『도시및환경연구』 4, 전북대학교 도시및환경연구소, 1989.

최만봉·김세천·이규완, 삼림생태 및 관리를 고려한 휴양림 조성에 관한 연구(2) - 대아 자연 휴양림 설계 및 관리방안, 『도시및환경연구』 4, 전북대학교 도시및환경연구소, 1989.

최만봉·이규완, 全州市 韓屋地區(四種美觀地區)의 機能性 및 景觀性 改善에 關한 硏究, 『전북대논문집(자연과학편)』 31, 1989.

최만봉 外, 전주시 산성자연공원의 식생구조 및 관리대책, 『韓國造景學會誌』 37, 한국조경학회, 1990.

崔萬峰·李奎完, 天然記念物 指定樹의 現況과 管理實態 및 그 對策에 關한 硏究 - 全北

地方의 天然記念物을 中心으로,『도시및환경연구』7, 전북대학교 도시및환경연구소, 1992.

최만봉・김세천, 전주시 한옥보존지구의 경관관리를 위한 계량 심리학적 분석에 관한 연구,『한국정원학회지』14, 한국정원학회, 1993.

최만봉,『김제시 검산공원 레포츠 시설공사 설계』, 김제시・전북대학교 도시및환경연구소, 1994.

최만봉・오동훈, 全北地域 鄕土樹種의 造景的 利用擴大를 爲한 基礎的 研究(1)：향토수종의 가치 평가 및 재배 경향,『전북대농대논문집』25, 1994.

최만봉・오동훈, 全北地域 鄕土樹種의 造景的 利用擴大를 爲한 基礎的 研究(2)：造景對象地別 造景樹木 利用傾向 分析,『전북대농대논문집』25, 1994.

한국불교연구원 편,『金山寺』, 일지사, 1977.

韓承勳, 金馬 觀光團地 開發計劃, 서울대학교 환경대학원 석사학위논문, 1989.

許瀋, 全州市 歷史景觀의 視覺的 이미지 分析에 關한 研究,『전주우석대논문집(자연과학)』14, 1992.

(9) 사진

湖南寫眞名鑑社 편,『湖南寫眞名鑑』, 1968.

(10) 무용・음악

姜漢永 교역,『韓國 판소리 全集』, 端文堂, 1979.

康惠順, 慶尙道와 全羅道 地方의 民謠比較 研究：通俗民謠를 中心으로, 계명대학교 석사학위논문, 1985.

高銀鎭, 舞踊 걷기動作의 映像分析：발레・춘앵전・봉산탈춤・이리農樂을 중심으로, 동덕여자대학교 석사학위논문, 1991.

곽병찬, 하늘이 거둬간 하늘의 소리 만정 김소희,『한겨레21』57, 1995.

김기수 편,『흥부가』, 한국고전음악출판사, 1969.

김기수 편보,『한국음악 - 적벽가』, 국립국악원, 1972.

金吉源, G. Verdi의 'La Traviat'와 현제명의 '춘향전'에 대한 비교연구, 계명대학교 석사학위논문, 1987.

김동현, 판소리의 三拍子, 서울대학교 석사학위논문, 1988.

김명곤, 소리꾼의 어제와 오늘,『음악동아』8, 동아일보사, 1984.

金賢貞, 全北地域 佛敎儀式舞踊 現場 研究：靈山齋에서 行한 舞踊을 中心으로, 중앙대

학교 석사학위논문, 1995.

문순태, 임방울, 庶民의 恨 풀어준 목소리 : 판소리에 몸바친 헌신적인 그의 一生,『월간중앙』 93, 1975.

文化財管理局 文化財硏究所 편,『全羅北道 國樂實態調査 : 無形文化財 綜合調査 報告書』, 1982.

박승률, 송만갑의 판소리 음악어법, 중앙대학교 석사학위논문, 1992.

박황, 감찰 송만갑 국창,『예술세계』 17, 1992.

백대웅, 판소리에 있어서 우조·평조·계면조,『한국음악연구』 8, 1981.

백대웅, 판소리 선율의 시대적 변천,『백영정병욱선생환갑기념논총』, 1982.

백대웅, 판소리의 음악성,『음악동아』, 동아일보사, 1984.

成賢慶, 기대 모으는 판소리 유파 발표회 : 국악 부분,『예술계』 32, 한국예술문화단체총연합회, 1988.

孫炅湳, 판소리 붙임새에 따른 伽倻琴 散調의 리듬분석 : 金竹坡 伽倻琴散調를 중심으로, 이화여자대학교 석사학위논문, 1988.

宋惠眞, 심정순 唱 심청가의 장단구성 특징,『정신문화연구』 34, 한국정신문화연구원, 1988.

申在孝, 申在孝 판소리全集,『인문과학자료총서』 5, 연세대학교 출판부, 1969.

梁珍模, 판소리의 장단학습을 위한 리듬지도의 연구,『인천교대논문집』 16, 1982.

梁珍模, 판소리 장단학습과 붙임새에 의한 리듬짓기,『인천교대논문집(교육편)』 20, 1986.

梁珍模, 傳統音樂의 傳承과 새마을運動의 連帶性 : 판소리 및 散調의 音樂言語를 중심으로,『새마을연구』 4, 인천교육대학교, 1988.

劉起龍, 판소리에 들린 애환 : 法統의 전승과 名唱의 주변,『新東亞』 95, 동아일보사, 1972.

劉起龍, 판소리의 歌風,『月刊文化財』 5, 1972.

劉起龍, 판소리 八名唱과 傳承者들,『新東亞』 122, 동아일보사, 1974.

劉起龍, 판소리 用語解說,『공간』 100, 공간사, 1975.

유네스코한국위원회 편, 판소리,『새물결』 63, 1974.

劉信, 판소리 예찬,『레코드音樂』 2 - 3, 1978.

劉信, 토끼 용궁에서 돌아오다(1) : 수궁가 劉聖俊판,『월간음악』 187, 1986.

劉信, 판소리 적벽가 완창 安淑善(4) - 송만갑·판 박봉술·바디(唱制) - 傳授,『월간음악』 193, 1987.

劉信, 적벽가 완창 安淑善(5),『월간음악』 194, 1987.

李啓弘, 외길인생 외롭지 않다 - 南道唱의 대가 姜道根,『예술계』 21, 한국예술문화단체총연합회, 1987.

李輔亨, 판소리 鼓法 : 湖南地方 土俗藝術調査,『문화재』 10, 문화재관리국, 1976.

李輔亨, 민중예술 판소리,『뿌리깊은 나무』, 1977.

李輔亨, 湖南地方土俗藝術調査 판소리 고법,『문화재』11, 문화재관리국, 1977.

李輔亨, 판소리 붙임새에 나타난 리듬론,『음악세계』53, 국민음악연구회, 1978.

李輔亨, 민속음악에 나타난 美意識 - 판소리와 散調를 중심으로,『음악세계』1981년 1월 호.

李輔亨, 申在孝 판소리 음악론,『문예사상』147, 1985.

李輔亨, 판소리의 이해,『한국청소년』8, 1985.

李輔亨, 판소리의 歌王 宋興錄,『예술계』20, 한국예술문화단체총연합회, 1987.

李輔亨, 판소리 이론의 선구자 金世宗,『예술계』24, 한국예술문화단체총연합회, 1987.

이상룡, 미운 오리새끼의 한 맺힌 그 소리 : 판소리 명창 송순섭,『음악동아』16, 동아일보 사, 1985.

李重訓, 경상도 지방을 중심으로 발달한 동편제 판소리와 宋門一家인 국창 宋萬甲,『韓國 音盤學』4, 1994.

李鎬相, 全州地方 西洋音樂 變遷史, 전주대학교 석사학위논문, 1989.

임난숙, 김동진의 신창악 연구, 경희대학교 석사학위논문, 1983.

林秀璟, 湖南僧舞와 京畿僧舞에 대한 比較研究, 이화여자대학교 석사학위논문, 1989.

정진균, 오페라의 대본과 판소리의 사설에 대한 비교연구 : 현제명의 오페라 '춘향전'과 판 소리 '춘향가'를 중심으로, 계명대학교 석사학위논문, 1993.

趙東一, 판소리 어머니는 전라도 서사무가,『음악동아』8, 동아일보사, 1984.

趙東一, 판소리의 생성과 역사,『음악동아』, 동아일보사, 1984.

朱吉淳, 호남의 여류명창들,『朝大學報』9, 조선대학교, 1976.

車龍濬 外 3인, 全北地域의 國樂傳統 暢達을 위한 基礎資料調査 및 그 對策에 관한 研 究,『政策科學論叢』5, 전주교육대학, 1989.

천양희, 뒤늦게 소리판에 뛰어든 김소희의 딸 박윤초,『음악동아』22, 동아일보사, 1986.

崔一男, 사무친 恨을 소리로 달랜다 : 國唱 金素姬,『新東亞』216, 동아일보사, 1982.

崔鐘敏, 지리산을 중심한 영・호남 지방의 민속음악 연구,『정신문화연구』1984년 여름호, 한국정신문화연구원, 1984.

최혜림, 판소리에 관한 연구 - 음악적 특성을 중심으로, 연세대학교 석사학위논문, 1984.

한만영, 판소리의 우조,『한국음악연구』2, 1972.

황미연, 春香歌 旋律의 史的 考察, 한양대학교 석사학위논문, 1992.

황의종, 정읍에 나타난 대금의 장식음에 대한 연구, 서울대학교 석사학위논문, 1980.

(11) 연극・영화

裵洙延, 韓國의 地方 文化行政에 관한 연구 : 全羅北道의 演劇活動 支援을 중심으로, 원 광대학교 교육대학원 석사학위논문, 1990.

鄭鎭守, 全北(全州) 地方의 演劇 - 地方演劇의 現實과 80年代의 座標,『文藝振興』61, 한국문예진흥원, 1980.

조희문, 최초의 극영화 '국경'에 대한 史的 검증 - 이영일 씨의 '월하의 맹세'설에 대한 반론,『映畵』152, 1994.

(12) 체 육

姜權表, 성인의 성격과 체력의 상관성에 관한 연구 : 전북 초·중등학교 교사를 중심으로, 명지대학교 석사학위논문, 1977.

김수근, 지역사회 체육의 현황과 사회체육 활성화 방안에 관한 연구 : 전북지역을 대상으로,『체력과학연구』13 - 1, 원광대학교 체력과학연구소, 1991.

金完植, 農村勤勞者 身體的 餘暇活動 實施群과 非實施群의 體力 比較硏究 : 全北地方 農村 새마을 指導者를 中心으로, 경희대학교 석사학위논문, 1984.

金中彦·李鉉貞, 全羅北道 道民의 健康 및 Sports 意識에 관한 調査硏究,『군산대논문집』14, 1987.

金炯俊, 지방자치제에 따른 레크리에이션의 활동실태와 활성화 방안 : 전주 이리 군산시를 중심으로, 국민대학교 석사학위논문, 1993.

文貞娥, 家庭主婦의 Sports 活動意識에 對한 연구 : 全北地域을 中心으로, 원광대학교 교육대학원 석사학위논문, 1992.

朴秉根, 職場人의 職種別 餘暇活動 實態에 관한 조사연구 : 湖南地域 大·中 都市를 중심으로, 원광대학교 석사학위논문, 1991.

朴暎淑, 韓國人의 여가活用에 對한 의식 調査硏究 - 전북지방 청장년을 대상으로, 원광대학교 석사학위논문, 1986.

成明一, 障碍人의 體育活動에 관한 實態調査 연구 : 湖南地域을 중심으로, 중앙대학교 교육대학원 석사학위논문, 1991.

成鍾林, 生活體育 活性化 方案에 關한 硏究 : 全北地域 生活體育 實態를 中心으로,『원광대논문집(자연·가정·예체능편)』25 - 2, 1991.

成鍾林, 生活體育 活性化 方案에 關한 硏究 : 職業別 健康實態와 Sports 參加要因을 中心으로,『생활체육연구』2, 원광대학교 생활체육연구소, 1991.

宋銀燮, 都市 農村地域 幼兒들의 成長發育과 運動能力에 關한 比較硏究 : 全羅北道 地域을 中心으로, 경희대학교 석사학위논문, 1985.

申吉洙·李鉉準, 全北成人의 體力 標準値에 關한 硏究,『원광대논문집』10, 1978.

李同宰, 全北地域 勤勞靑少年들의 餘暇活動에 對한 調査研究,『군산대논문집』5, 1983.

李政國, 地域住民들의 社會體育 活動에 관한 實態調査研究 : 全北地域 市를 對象으로, 원광대학교 석사학위논문, 1990.

李喜福, 職場女性의 餘暇活動 實態에 관한 연구 : 서울·전주市 職場女性을 중심으로, 경희대학교 교육대학원 석사학위논문, 1991.

任名宰, Golf 活動에 대한 實態와 意識에 관한 調査研究 : 全北地域 컨트리클럽을 중심으로, 원광대학교 교육대학원 석사학위논문, 1991.

장재석 外, Sports의 社會的 價値觀에 대한 意識調査 研究 : 全北地域 住民의 職業을 中心으로,『생활체육연구』2, 원광대학교 생활체육연구소, 1991.

鄭相勳, 中·長距離 選手의 心肺機能에 관한 연구 : 全羅北道 實業選手를 중심으로, 원광대학교 석사학위논문, 1990.

曺忠鉉, 産業體의 體育福祉 實態에 관한 연구 : 全羅北道지역을 중심으로,『원광대학교 대학원논문집(자연계)』6, 1981.

(13) 기타

전북신문사 편,『全北年鑑』, 1996.
全北愛鄕運動本部,『全北文化藝術資料集』, 1990.

8. 문학 · 어학

（1）국문학

1) 가사 · 민요

琴基昌, '風謠'와 '薯童謠'에 대하여,『한국언어문학』31, 한국언어문학회, 1993.

金榮洙, '薯童謠' 硏究 再考 - 사실의 기록과 설화적 보완의 기능을 중심으로,『국문학논집』14, 단국대학교, 1994.

김익두, 전북 민요개관,『한국민요대전』3, 문화방송, 1994.

김일환, 長水 山西 玉鏡軒 孤山別曲 硏究,『국어국문학』102, 국어국문학회, 1989.

金周熙, 南接 東學歌 河聲來 校註,『文學思想』32, 1975.

김준영, 정읍군 민란시 여항 청요,『국어국문학』29, 국어국문학회, 1965.

김진호, 井邑詞攷, 부산대학교 교육대학원 석사학위논문, 1977.

金炯珠, 鄕土民謠의 採集 : 扶安地方을 中心으로,『전북사학』1, 전북대학교, 1977.

金幸鎭, 農謠硏究 : 全北地域 논 農事謠를 중심으로, 원광대학교 교육대학원 석사학위논문, 1992.

文燮洙, 井邑詞 硏究, 전남대학교 교육대학원 석사학위논문, 1981.

朴順浩, 鳥島지방의 民謠小考 - 강강수월래를 중심으로,『고전논문집』5 - 1 · 2합집, 군산수산전문대학, 1971.

朴順浩, 전북의 口傳民謠,『향토문화연구』1, 원광대학교 향토문화연구소, 1978.

朴順浩, 全北 農謠小考,『月山任東權頌壽紀念論文集(국어국문학편)』, 1986.

朴順浩, 익산지방 민요,『향토문화연구』5, 원광대학교 향토문화연구소, 1989.

朴信和, 湖南歌詞小考 - 初期作家中心,『동대어문』1 - 5, 1971.

朴堯順, 湖南地方의 女流歌辭 硏究,『국어국문학』48, 국어국문학회, 1970.

백강흠,『井邑詩歌 三大遺寶攷』, 1989.

梁海準, 不憂軒 丁克仁의 詩文學, 동국대학교 교육대학원 석사학위논문, 1996.

엄국현, 서동요 연구,『한국문학논총』11, 부산대학교, 1990.

吳典秀, 全北 西部 平野地域의 農謠 硏究, 한국교원대학교 석사학위논문, 1995.

유재영, 이재 黃胤錫의 木州雜歌에 대한 고찰,『韓國言語文學』7, 한국언어문학회, 1970.

유재영, 金陵世德敦睦歌에 대한 고찰,『김준영선생정년기념논문집』, 1985.

유재영, 城主 善政歌에 대한 고찰,『素石李奇雨선생 화갑기념논총』, 1986.

유재영, 山九曲歌에 대하여,『한실이상보박사 화갑기념논총』, 1987.

尹錫山, 동학가사에 나타난 근대의식 연구,『한국학논집』25, 한양대학교, 1994.

尹淳湖, 井邑詞의 硏究, 원광대학교 교육대학원 석사학위논문, 1985.

이상보, 하서 김인후의 국문학을 말함,『古書硏究』11, 1995.

이상설,『井邑詞』, 월간교육사, 1978.

張師勛, 井邑詞 片考 – 특히 음악형식을 중심하여,『덕성학보』1, 덕성여자대학교, 1958.

張師勛, 井邑詞의 音樂的 考察 : 몇 가지 難點을 中心으로,『自由文學』4, 한국자유문학
　　가협회, 1959.

張聖烈, 全北 東部 山間地域의 農謠 硏究, 한국교원대학교 석사학위논문, 1994.

전정구, 일노래 연구 – 전북지역 농업노동요를 중심으로,『한국언어문학』30, 한국언어문학
　　회, 1992.

정읍문화원,『新解井邑詞』, 1994.

丁益燮, 湖南地方의 歌辭攷,『전남대논문집』8, 1963.

丁益燮, 湖南 詩歌活動의 背景考,『호남문화연구』5, 전남대학교, 1973.

丁益燮, 湖南歌檀 硏究 : 免仰歌檀과 星山歌檀을 中心으로, 동국대학교 석사학위논문,
　　1974.

丁益燮,『湖南歌壇硏究 : 免仰亭歌檀과 星山歌檀을 中心으로』, 進明文化社, 1975.

丁益燮, 호남시가의 背景考,『용봉논총』9, 전남대학교 인문과학연구소, 1979.

丁益燮, 湖南歌壇에서의 河西 金麟厚의 位置,『동양학』17, 단국대학교 동양학연구소,
　　1987.

丁益燮, 호남 가단 연구,『시조학논총』3 · 4합집, 한국시조학회, 1988.

丁益燮,『湖南歌壇硏究』(改稿版), 민문고, 1989.

정재찬, 談話 分析을 통한 歌辭의 장르성 연구 – '常春曲'을 중심으로 한 문학교육적 연구,
　　『先淸語文』21, 서울대학교 사범대학, 1993.

조재훈, 선운사가소고,『백제문화』13, 공주사범대학교 백제문화연구소, 1980.

車載錫, 湖南民謠 抄,『호남문화』1, 1948.

최성호, 서동요의 문화사적 배경연구,『광주교대논문집』22, 1982.

崔勝範, 湖南歌에 대한 小考 – 全北 民謠硏究 노우트에서,『전북대논문집(인문 · 사회과학
　　편)』9, 1967.

崔勝範, 녹두장군과 파랑새 노래,『나라사랑』15, 1974.

崔勝範, 전북의 民俗 : 민요와 민속놀이,『비사벌』2, 전북대학교, 1975.

崔勝範, 가사문학의 효시, 상춘곡의 작자 丁克仁,『전북인물지(하권)』, 전북애향운동본부,
　　1984.

崔正如, 井邑詞再考,『계명논총』3, 계명대학교, 1967.

洪顯植, 전북지방의 鄕土民謠,『풀과 별』17, 1973.

黃善峰, '薯童'과 '마지'에 대하여,『국문학연구』14, 효성여자대학교, 1991.

2) 구비문학

朴順浩,『群山口碑文學大系』, 군산문화원, 1990.
朴順浩, 전라도 지역의 구비문학 현지조사 과정과 반성(1),『口碑文學』9, 1990.
崔德源, 전라도 지역의 구비문학 현지조사 과정과 반성(2),『口碑文學』9, 1990.
崔來沃 편,『韓國口碑文學大系 5 - 1～4 : 全羅北道』, 한국정신문화연구원, 1980～1984.

3) 고전소설

강경희, 춘향전 연구 : 시대적 성립의 배경과 사상을 중심으로, 경원대학교 교육대학원 석
　사학위논문, 1992.
姜漢永, 박흥보가,『숙대학보』2, 숙명여자대학교, 1958.
곽정식,「興夫傳」新釋,『한국문학논총』13, 부산대학교, 1992.
具滋均, 고대본 춘향전 해제,『文理論集』3, 고려대학교 문리과대학, 1958.
具滋均, 春香傳研究,『學術界』1, 1958.
具滋均,『校註 춘향전』(고전문학대계 10), 민중서관, 1970.
권영호, 興夫傳 異本研究, 경북대학교 석사학위논문, 1984.
권우행,「金山寺夢遊錄」의 背景연구 : 空間 및 時代背景을 중심으로,『동아대대학원논문
　집』15, 1990.
金京煥, 춘향전의 기독교적 시각 : 고본 춘향전을 중심으로, 숭실대학교 석사학위논문,
　1993.
김기동, 춘향전의 내용적 고찰,『自由文學』3 - 7, 한국자유문학가협회, 1958.
金基眞, 筆寫本 春香傳에 나타난 庶民意識과 래학성, 공주사범대학교 교육대학원 석사학
　위논문, 1988.
金基平, 春香傳의 形式面 小攷,『국문학』1, 곤주사범대학교, 1949.
金基平, 西相記와 春香傳,『공주교대논문집』1, 1964.
金基平, 完板本 春香傳의 修辭法 考察,『공주교대논문집』2, 1965.
김대행, 춘향의 성격문제,『先淸語文』8, 서울대학교 사범대학, 1977.
金東旭, 京板本 春香傳 文體考,『국어국문학』3, 국어국문학회, 1953.
金東旭, 春香傳 根源說話考,『崔鉉培先生 還甲記念論文集』, 1954.
金東旭, 春香傳의 創作的 技巧,『文耕』1, 중앙대학교, 1955.
金東旭, 春香傳 異本考,『중앙대학교 30주년 기념논문집』, 1955.
金東旭, 春香傳 背景으로서의 南原의 地誌的 考察,『一石李熙昇先生 頌壽記念論叢』,
　1957.
金東旭, 萬華本春香歌 研究,『文耕』8, 중앙대학교, 1959.
金東旭, 春香傳의 文藝的 性格,『국어국문학』1, 서울대학교 사범대학, 1960.
金東旭, 춘향전의 비교적 연구,『아세아연구』5, 1960.

金東旭, 춘향전의 한 異本,『어문논집』1, 중앙대학교, 1960.

金東旭,『춘향전 연구』, 연세대학교 출판부, 1965.

金東旭, 安城板·京板 對校 春香傳,『一山 金斗鍾박사 稀壽기념논문집』, 1966.

金東旭, 春香傳 科學의 現狀과 將來,『성대문학』12, 성균관대학교 국문학회, 1966.

金東旭, 春香傳,『月刊文學』9, 월간문학사, 1969.

金東旭, 春香傳 解題,『韓國의 名著』, 玄岩社, 1969.

金東旭, 춘향전 연구는 어디까지 왔나,『창작과비평』11 - 2, 1976.

金東旭, 춘향전 최초의 판본을 찾아낸 의의,『문학사상』40, 1976.

金東旭·金泰俊·薛盛璟,『春香傳 比較研究』, 삼영사, 1979.

김미란, '춘향전'의 꿈,『문학과비평』6, 문학과비평사, 1988.

金旼善, 春香傳研究, 연세대학교 석사학위논문, 1980.

김병국, 춘향전의 문학성에 대한 비평적 접근 시론,『고전문학연구』2, 한국고전문학연구
    회, 1974.

김병국·김대행·김진영·정병헌,『춘향전 어떻게 읽을 것인가』, 춘향문화선양회, 1993.

金秉完,『춘향전』의 기독교적 접근,『숭실어문』11, 숭실대학교, 1994.

김복희, 춘향전의 다층적 주제,『이화어문논집』7, 이화여자대학교, 1984.

김봉군,「興夫傳」의 文體,『국어교육』79·80합집, 1992.

金奭培, 春香傳과 興夫傳에 나타난 民衆意識의 成長과 그 限界, 경북대학교 석사학위논
    문, 1981.

김석배, 남원고사계 춘향전의 이본 연구,『금오공대논문집』12, 1991.

金奭培, 春香傳 異本의 生成과 變貌 樣相 연구, 경북대학교 박사학위논문, 1993.

金宣希, 興夫傳 人物의 新考察, 한양대학교 석사학위논문, 1984.

金聖基, '萬福寺樗蒲記' 研究,『울산공대연구논문집』11 - 1, 1980.

金秀男, 春香傳의 主題考 - 性의 觀點에서,『대전실업고등전문학교논문집』2, 1972.

김수연, 완판본 춘향전의 인물 연구, 연세대학교 교육대학원 석사학위논문, 1989.

김수원, 고전소설의 마당놀이화 양상연구 : 구운몽과 춘향전을 중심으로, 연세대학교 교육
    대학원 석사학위논문, 1992.

金淑姬, '만복사저포기'의 傳奇性 고찰, 건국대학교 석사학위논문, 1993.

金宇鍾, 抗拒없는 成春香,『현대문학』3 - 6, 현대문학사, 1957.

金義政, 春香傳 연구 : 南原古詞本을 중심으로, 단국대학교 박사학위논문, 1993.

金俊榮, 全東屹과 薔花紅蓮傳,『전라문화논총』1, 전북대학교 전라문화연구소, 1992.

金振源, 홍부전의 諧謔性 연구 - 受容된 內容을 中心으로, 명지대학교 석사학위논문,
    1974.

金昌辰, '興夫傳' 人物의 傳統性 考察 : 前代 敍事文學과의 關聯을 中心으로,『語文研究』
    64, 일조각, 1989.

金昌辰, 興夫傳의 異本과 構成 연구, 경희대학교 박사학위논문, 1991.

金琢成, '萬福寺樗蒲記'의 배경,『碧史李佑成先生停年退任紀念 韓國國文學論叢』, 1990.

金泰俊, 흥보전의 비교 고찰,『東岳語文論集』4, 동국대학교 동악어문학회, 1966.

金幸子, 春香傳에 나타난 유모어의 性格考察,『綠苑』11, 이화여자대학교, 1966.

金賢柱, '春香傳'의 演行論的 研究 : '春香歌'와 '春香傳'의 對比를 중심으로, 서강대학교 박사학위논문, 1993.

金炯敦, 南原古詞 研究 : 內容考察을 中心으로, 명지대학교 석사학위논문, 1979.

金炯敦, 春香傳 梁參議(梁周翊) 創作說에 대한 考察 - 高敬命 說話를 中心으로,『명지어문학』22, 1995.

남명희, 흥부전에 나타난 골계의 양상과 기능, 경북대학교 교육대학원 석사학위논문, 1986.

노영미, 금오신화에 나타난 작가의식 : '萬福寺樗蒲記' '李生窺牆傳' '醉遊浮碧亭記'를 중심으로, 서울여자대학교 석사학위논문, 1992.

盧海永, 흥부전 연구,『국문학논문집』6, 동국대학교 국어국문학회, 1966.

진단학회, 동양학심포지엄 속기록 : 춘향전의 종합적 검토,『진단학보』23, 1962.

睦海均, '春香傳'과 '洪吉童傳'에 對한 小考,『自由文學』5 - 2, 한국자유문학가협회, 1960.

文上琦, '萬福寺樗蒲記'의 心理的 研究, 동아대학교 석사학위논문, 1983.

文璇奎, 춘향전 新考(1~4),『현대문학』3, 현대문학사, 1957.

文永午, 금오신화에 굴절된 恨의 고찰 : '萬福寺樗蒲記' '李生窺牆傳' '醉遊浮碧亭記'를 중심으로,『한국문학연구』10, 동국대학교, 1987.

文學思想社 編, 別春香傳,『文學思想』40, 1976.

閔泳珪, 春香傳 三則 - 五倫全備와 娘子와 元·明의 蔵子佳人劇,『인문과학』7, 연세대학교 인문과학연구소, 1962.

閔濟, 春香傳考,『語文論集』3, 중앙대학교, 1964.

閔濟, 完版 春香傳研究,『語文論集』10, 중앙대학교, 1975.

閔泰亨, 春香傳의 美學的 研究, 연세대학교 교육대학원 석사학위논문, 1988.

박노춘, '춘향전' - 封建社會에 대한 庶民的 抗辯,『한국 고전에의 초대』, 독서신문사, 1972.

박동규, 흥부 놀부의 현대적 인물형 : '흥부전',『문학정신』21, 1988.

박명희, 춘향전에 나타난 사랑의 규현형태,『이화어문논집』5, 이화여자대학교, 1983.

朴福順, 興夫傳의 描寫方式,『국어국문학연구』1, 이화여자대학교, 1958.

朴永華, 春香傳에 나타난 虛構에 對하여,『高凰論輯』4 - 2, 경희대학교, 1960.

朴鍾燮, 春香傳 방자의 性格 研究, 계명대학교 석사학위논문, 1987.

박종화, 문학의 항구성과 춘향전,『성대문학』12, 성균관대학교, 1966.

朴智弘, 春香傳 小考,『부산교육대학교학보』1, 1963.

朴贊輝, 판소리계 소설에 나타난 민중의식 고찰, 한남대학교 교육대학원 석사학위논문, 1993.

裵東子, 春香傳研究,『국어국문학연구』1, 이화여자대학교, 1958.

西岡健治, 南原古詞에 나타난 춘향의 守節意識의 의미, 연세대학교 석사학위논문, 1984.

徐楠春, 춘향은 어째서 위대한가, 『京畿』 4, 경기대학교, 1969.

徐楠春, 春香의 非主體性, 『京畿』 4, 경기대학교, 1969.

서대석, 홍부전의 민담적 고찰, 『국어국문학』 67, 국어국문학회, 1975.

서예순, 春香傳에 나타난 기생의 世界, 고려대학교 석사학위논문, 1988.

설성경, 興夫傳의 必然性과 當爲性 - 興夫의 극빈과 名地揷話가 지닌 빈부전이 構造를 中心으로, 『연세어문학』 3, 연세대학교, 1972.

설성경, 南原古詞 연구 - 도입부분의 서술 양상을 중심으로, 『동방학지』 67, 연세대학교, 1990.

설성경, 춘향전의 개성적 표현에 관한 연구, 『연세교육과학』 42, 연세대학교, 1993.

설성경, 春香傳 熱風과 東華前夜의 怒氣, 『동방학지』 84, 연세대학교, 1994.

설성경, 『춘향전의 통시적연구』, 서광학술자료사, 1994.

葉乾坤, 春香傳과 諸宮調 西廂記에 對한 硏究, 성균관대학교 석사학위논문, 1964.

성광수, 춘향전에 대한 문체론적 고찰, 『어문논집』 14, 고려대학교, 1973.

성현경, 남원고사본 춘향전의 구조와 의미, 『고전소설연구의 방향』, 새문사, 1985.

소재환, '남원고사'에 나타난 풍자성과 해학성, 연세대학교 교육대학원 석사학위논문, 1992.

孫金洛, 홍부전의 원류로서의 박의 상징, 상명여자대학교 석사학위논문, 1987.

孫明麗, 南原古詞의 文體와 諧謔性硏究, 국민대학교 석사학위논문, 1984.

宋淑子, 춘향전의 현대적 변용과 그 의미, 한양대학교 석사학위논문, 1987.

宋臣變, 春香傳 傳承의 變貌에 關한 硏究, 전남대학교 석사학위논문, 1982.

신동일, 안성판 춘향전(자료소개), 『陸士논문집』 8, 1970.

辛暎明, 춘향전의 작품구조와 조선후기의 사회구조, 고려대학교 석사학위논문, 1982.

申在孝, 『춘향가 姜漢永註』, 新古典社, 1959.

沈英姬, 春香傳의 描寫方法 - 李家源 注釋 春香傳을 中心으로, 『綠苑』 6, 이화여자대학교, 1961.

양중자, 春香傳에 나타난 人物의 性格考, 『綠苑』 6, 이화여자대학교, 1961.

吳景花, 春香傳의 巫俗的 素因에 대한 연구, 계명대학교 교육대학원 석사학위논문, 1991.

오세영, 춘향전의 성격변화, 『국어국문학』 70, 국어국문학회, 1976.

오세화, 춘향전 인물고 - 고대본을 중심으로, 『국문학』 7, 고려대학교, 1963.

吳松子, 春香傳과 比較해 본 興夫傳, 『한국어문학연구』 6, 이화여자대학교, 1965.

오승희, 서상기와 춘향전에 나타난 변이양상 연구, 중앙대학교 교육대학원 석사학위논문, 1991.

吳澤泳, 思想的 立場에서 본 春香傳, 중앙대학교 석사학위논문, 1972.

우쾌제, 홍부전 주인공에 관한 의식의 일고찰, 『우리문학연구』 3, 1978.

柳光秀, 興甫傳 硏究, 고려대학교 박사학위논문, 1989.

柳葉, 春香傳과 우리의 生活, 『民族文化』 4 - 5, 1959.

劉政相, 春香傳에 나타난 人物比較研究 : 烈女春香守節歌를 중심으로, 인하대학교 교육 대학원 석사학위논문, 1990.

柳孝錫, ‘홍부전’의 人物像 再論,『성대문학』27, 성균관대학교 국문학회, 1990.

윤경희, 춘향전에 나타난 민중해학적 세계관 : 이고본 춘향전을 중심으로, 서강대학교 석 사학위논문, 1988.

윤성근, 춘향전의 내용고찰,『국어국문학연구』11, 영남대학교, 1961.

尹五榮, ‘春香傳’의 文學的 價値에 對한 再檢討,『創作과 批評』8 - 2, 1973.

尹用植, 春香傳의 神話原形批評的 考察,『한국방송통신대논문집』2, 1984.

윤홍노, 화해와 새질서 - 춘향전의 중간자적 기능,『창작과 비평』39, 1976.

李家源, 春香傳 研究의 試案,『성대문학』12, 성균관대학교 국문학회, 1966.

李共世, 春香傳 主題 研究, 연세대학교 석사학위논문, 1982.

이노형, ‘홍부전’의 입체적 전체구조,『울산어문논집』6, 울산대학교 국문학과, 1990.

이명규, 春香傳 異本의 路程記 考察(Ⅰ) : 서울~성환 路程의 補正을 위해,『국어국문학』 100, 국어국문학회, 1988.

이명규, 춘향전 이본의 노정기 고찰 - 서울~성환 노정 고증 중심으로,『숭실어문』17, 숭 실대학교, 1993.

이문규, 홍부전의 문학적 특질에 대한 고찰,『김형규박사고희기념논총』, 1981.

이병혁, ‘춘향전’에 끼친 중국설화의 영향 - 특히 七夕 廣漢殿 說話를 中心으로,『부산공업 전문대논문집』14, 1974.

李相彦, ‘興夫傳’의 分析,『高凰論輯』17, 경희대학교, 1973.

이상언, 홍부전 연구, 경희대학교 석사학위논문, 1986.

李相翊, 春香傳의 比較研究 序說,『한국국어교육연구회논문집』1, 1969.

李相澤, 春香傳 研究, 서울대학교 석사학위논문, 1966.

李相澤, 春香傳 研究 - 春香의 性格分析을 中心으로,『空士論文集』1, 1966.

李相澤, 春香傳 研究 - 春香의 性格分析을 중심으로,『국어학연구』3, 1966.

李相澤, ‘春香傳’ 研究史 反省,『韓國學報』5, 일지사, 1976.

이석래, 긍정과 부정 - 홍부전의 웃음에 대하여,『백영 정병욱선생 환갑기념논총』, 1982.

李瑛洙, 京板本 ‘興夫傳’에 나타난 人物 연구, 인하대학교 석사학위논문, 1991.

이원, 한국의 골계문학 - 춘향전을 중심으로,『한국어문학연구』7, 이화여자대학교, 1966.

이인모, 春香傳의 文章 性格學的 試考 - 男性과 女性의 文章,『文理論集』5, 고려대학교 문리과대학, 1962.

李在秀, 春香傳 異本考 - 常山本을 中心으로,『杏丁李商憲先生回甲記念論文集』, 1968.

이정탁, 비장과 방자의 작중기능,『東岳語文論集』7~8, 동국대학교 동악어문학회, 1969~ 1970.

李志鎬, 고전소설의 대화유형 연구 : ‘남원고사’의 대화유형과 내적 형식의 관련성을 중심 으로, 서울대학교 석사학위논문, 1994.

李勳鍾, 興夫傳 揷入片考,『金亨奎박사 頌壽기념論叢』, 1971.

印權煥, 홍부전의 설화적 考察 : 근원설화의 탐색과 소설화과정을 중심으로,『어문논집』 16, 고려대학교, 1975.

印權煥,『홍부전연구』, 집문당, 1991.

林容進, 春香傳에 나타난 기생의 世界, 고려대학교 석사학위논문, 1987.

林鍾九, 春香傳에 나타난 身分上昇 意識과 近代的 性格, 중앙대학교 교육대학원 석사학위논문, 1992.

임형택, 홍부전의 현실성에 관한 연구,『문화비평』 1 - 4, 1969.

임형택, 홍부전에 반영된 임노의 형상,『한국고전산문연구』, 동화문화사, 1981.

장경선, ‘홍길동전’과 ‘춘향전’의 비교연구 : 신분 상승문제를 중심으로, 고려대학교 교육대학원 석사학위논문, 1994.

張庚鶴, 春香傳의 法律學的인 接近,『思想界』 1 - 8, 1953.

張德順, 興夫傳의 再考 - 古代小說論攷,『국어국문학』 13 - 6, 국어국문학회, 1955.

張德順, 春香은 韓國女人의 象徵인가,『世代』 11, 1964.

張德順, 興夫傳考,『한국어문학연구』 6, 이화여자대학교, 1965.

張德順, 諧謔小說의 白眉 興夫傳,『새교실』 15 - 7, 대한교육연합회, 1970.

장영창, 춘향전의 서술기법 연구, 연세대학교 석사학위논문, 1992.

장을병, 평등을 기원하는 한풀이 굿 - 정치학자가 본 춘향전,『문학사상』 128, 1983.

張禎仁, ‘홍부전’과 ‘황금탑’의 비교 고찰, 경북대학교 교육대학원 석사학위논문, 1994.

田耕旭, 春香傳 作品群의 ‘正體 確認型 辭說’ 硏究,『한국어문교육』 3, 고려대학교, 1988.

田耕旭, 春香傳 作品群 歌謠의 形成과 機能, 고려대학교 박사학위논문, 1989.

전규태, 춘향전 췌론,『호남문화연구』 1, 전주대학교, 1993.

전영대, 春香傳의 表現問題,『冠嶽語文硏究』 3, 서울대학교, 1978.

전용오, 興夫傳 연구 : 文學 및 社會史的 側面에서의 考察, 연세대학교 박사학위논문, 1991.

丁奎福, 白話本 春香傳考釋,『계명논총』 2, 계명대학교, 1965.

丁奎福, 춘향전 白話本考釋,『계명논총』 3, 계명대학교, 1966.

丁來東, 春香傳에 影響을 미친 中國의 作品들 - 西遊記 玉堂春 等,『대동문화연구』 1, 성균관대학교, 1963.

鄭都鉉, 春香傳의 對話 性格 硏究 : ‘南原古詞’와 ‘烈女春香守節歌’를 中心으로, 인천대학교 교육대학원 석사학위논문, 1989.

丁範鎭, 고전소설에 보이는 유가사상과 그 반동 - 특히 춘향전과 鶯鶯傳을 비교하여,『인문과학』 3 · 4합집, 성균관대학교 인문과학연구소, 1975.

鄭媛允, 춘향전에 나타난 인물의 복식형태에 관한 연구, 영남대학교 석사학위논문, 1993.

정하영, 월매의 성격과 기능,『고전소설연구의 방향』, 새문사, 1985.

鄭漢淑, 홍부의 기질,『小說文學』 115, 1985.

趙南淑, 春香傳 硏究,『綠苑』8, 이화여자대학교, 1963.

趙東一, 興夫傳의 社會的 考察,『우리문화』2, 1968.

趙東一, 興夫傳의 兩面性 - 판소리系 小說의 方法論 摸索을 위한 試攷,『계명논총』5, 계명대학교, 1969.

趙東一, 갈등에서 본 춘향전의 주제,『계명논총』6, 계명대학교, 1970.

趙相元 편저,『新稿 春香傳』, 玄岩社, 1956.

趙燮濟, 春香傳 小考,『現代文學』3 - 11, 1957.

趙成恒, 興夫傳으로 본 諧謔性,『성대문학』6, 성균관대학교 국문학회, 1960.

趙玄濟, 흥부전의 설화적 배경에 대하여,『통영수산전문대학논문집(인문사회과학편)』21, 1986.

조희웅, 李古本 春香傳 硏究 - 成立年代 및 계보추정,『국어국문학』58~60, 국어국문학회, 1972.

朱吉淳, 地誌로 考察해 본 萬福寺樗蒲記의 素材攷,『조선대사대논문집』3, 1972.

朱吉淳, 春香傳의 根源說話考 : 醜女 '빡보' 說話를 中心으로,『국어교육연구』1, 1975.

朱吉淳, 춘향전 발생의 민속적 기원 : 남원지방의 민담을 중심으로, 조선대학교 석사학위논문, 1989.

朱吉淳, 춘향전의 근원설화 재고,『소라허형석박사화갑기념논문집 국어국문학연구』, 군산대학교, 1996.

陳榮煥, 興夫傳 硏究,『大田工專論文集(인문계)』19, 1976.

蔡棟培, 春香傳과 The Scarlet Letter의 比較硏究,『전남대논문집』11, 1965.

蔡棟培, '춘향전'과 '주홍글씨' - 그 비교 문학적 고찰,『世代』3 - 11, 1965.

千二斗, 춘향의 恨과 情,『현대문학』456, 현대문학사, 1992.

塚田滿江, 春香傳과 日本近代文學,『文學思想』50, 1976.

최두식, 춘향전의 구조적 연구, 건국대학교 석사학위논문, 1980.

崔元植, 興夫傳攷 - 說話의 受容,『形成』4 - 1, 서울대학교 문리과대학, 1970.

崔昌祿, 春香傳의 對立과 言語階層,『국어국문학연구』14, 영남대학교, 1972.

최철, 春香傳 異本間의 內容 比較硏究 - 주로 플롯을 중심하여,『문우』2 - 1, 연세대학교 문과대학, 1961.

崔賢燮, '흥부전'의 敎育的 受容,『先淸語文』16·17합집, 서울대학교 사범대학, 1988.

韓明喜, 春香傳의 地所硏究 - 路程記의 踏査를 중심으로 해서,『文湖』6·7합집, 건국대학교, 1972.

韓鳳鎭, 興夫傳 分析,『尙州農蠶高等專門學校論文集』5, 1972.

韓榮煥, 勝穆醉遊聚景園記와 萬福寺樗蒲記의 構成的 比較 - 剪燈神話와 金鰲神話의 構成的 比較 中에서,『성신여대사대연구논문집』4 - 5, 1972.

황패강, 춘향전 연구,『동양학』8, 단국대학교 동양학연구소, 1978.

4) 설화·전설

具承煥, 群山 沃溝地方 說話의 硏究, 전북대학교 석사학위논문, 1986.

金炳培, 全州·完州地方의 人物傳說 硏究, 전북대학교 교육대학원 석사학위논문, 1993.

金三龍, 彌勒寺 創建에 대한 彌勒信仰的 背景,『馬韓百濟文化』1, 원광대학교 마한백제
문화연구소, 1975.

金煐泰, 彌勒寺 創建綠起說話考,『馬韓百濟文化』1, 원광대학교 마한백제문화연구소,
1975.

金宇鍾, 沈淸 誕生說話考 - 國文學의 思想的 系譜를 찾아서(上),『現代文學』7 - 11, 1961.

金宇鍾, 沈淸 誕生說話考 - 國文學의 思想的 系譜를 찾아서(中),『現代文學』7 - 12, 1961.

金宇鍾, 沈淸 誕生說話考 - 國文學의 思想的 系譜를 찾아서(下),『現代文學』8 - 1, 1962.

金俊榮, 全北 住民이 話題가 된 文獻說話,『전라문화연구』6, 전북향토문화연구회, 1992.

朴順浩, 益山郡 金馬面의 說話,『전라문화연구』2, 전북향토문화연구회, 1988.

朴永達, 全北 扶安地方 說話硏究 : 傳說을 中心으로, 전북대학교 석사학위논문, 1987.

朴炫國, 井邑地域의 堂山祭와 說話의 相關性에 대한 硏究, 충남대학교 석사학위논문,
1987.

史在東, 武康王傳說의 硏究,『百濟硏究』6, 충남대학교 백제연구소, 1975.

송기숙, 한국 설화에 나타난 민중혁명사상 - 선운사 미륵비결설화와 동학농민전쟁의 민중
적 전개,『우리시대 민족운동의 과제』(오늘의 사상신서 102), 한길사, 1986.

李順今, 曙童說話 연구 : 서동 실체를 중심으로, 전남대학교 교육대학원 석사학위논문,
1991.

曹成旼, 韓國 孝行說話 硏究 : 全北地域 孝行說話를 中心으로, 원광대학교 교육대학원
석사학위논문, 1993.

채남석, 익산의 불교설화,『益山文化』4, 益山古蹟宣揚會, 1994.

洪石影, 彌勒寺址의 緣起說話 - 薯童 說話를 中心으로,『馬韓百濟文化』1, 원광대학교
마한백제문화연구소, 1975.

5) 한시

金呂珠, 朝鮮祖妓女文學 小考 - 梅窓과 雲楚의 詩를 中心, 성신여자대학교 석사학위논문,
1980.

金炫·金龍基, 瀟灑園 木版本과 金麟厚의 瀟灑園四十八詠 詩文分析을 통한 別墅 瀟灑
園의 景觀特性에 관한 硏究,『韓國造景學會誌』51, 한국조경학회, 1993.

文仙知, 梅窓漢詩의 이미지 分析, 고려대학교 석사학위논문, 1981.

朴基政, 一齋 李恒의 詩 硏究,『국어국문학』110, 1993.

朴焌圭, 河西 金麟厚와 그의 시문학,『금호문화』1985 - 11·12.

申用浩, 錦江을 主題로 한 漢詩考(1),『웅진문화』4, 1991.

吳淳子, 李梅窓 詩文學論, 동국대학교 교육대학원 석사학위논문, 1984.
柳鍾國, 金齊閔의 漢詩 연구 -『鼇峯集』所載 漢詩를 대상으로,『전라문화논총』5, 전북
　대학교 전라문화연구소, 1989.
柳豊淵,『동국여지승람』所載 漢詩 研究 : 全北地方篇,『鄕土文化研究』6, 원광대학교 향
　토문화연구소, 1990.
李炳基,『黃梅泉 詩 연구』, 전북대학교, 1983.
李炳基, 黃梅泉 詩 연구 - 애국시의 의의와 영향을 중심으로,『한국언어문학』27, 한국언
　어문학회, 1988.
李炳基, 梅泉의 和答詩 연구,『국어문학』27, 전북대학교, 1989.
李昌憲, 河西 金麟厚의 詩文學考,『東岳漢文學論集』6, 1992.
林熒澤, 황매천의 시인 의식과 詩,『창작과 비평』5, 1970.
鄭光順, 梅窓 漢詩文學 研究, 숭실대학교 석사학위논문, 1989.
정동진, 權克中의「金丹吟」研究,『대구어문논총』14, 1996.
丁益燮, 金麟厚文學의 基調와 鄭澈文學,『어문연구』21, 어문연구회, 1991.
鄭一香, 李梅窓 시 연구, 외국어대학교 교육대학원 석사학위논문, 1994.
趙麒永, 河西 金麟厚의 理語詩 研究,『인문학연구』29, 강원대학교, 1991.
趙麒永,『河西 金麟厚의 시문학 연구 : 道學的 세계인식과 詩的 범주』, 아세아문화사,
　1994.
조창환, 黃眞伊·李梅窓의 時調와 漢詩,『인문논총』6, 아주대학교, 1995.
진성근, 이매창과 허난설헌 문학의 대비연구, 단국대학교 석사학위논문, 1984.
최세정, 난설헌 매창 옥봉 한시 비교 연구, 경북대학교 석사학위논문, 1984.
최영이, 梅窓文學 研究 - 梅窓集의 書誌 및 그 詩의 作品世界를 中心으로, 전북대학교 석
　사학위논문, 1987.
河西紀念會 편,『河西 金麟厚의 사상과 문학』, 1994.
許米子,『李梅窓研究』, 성신여자대학교출판부, 1988.

6) 기·부

권우행, 金山寺記의 思想背景考 : 儒佛道三敎思想을 中心으로,『동아대대학원논문집』
　16, 1991.
金賢淑, 廣寒樓記 研究, 홍익대학교 석사학위논문, 1993.
유재영, 南征賦에 대한 고찰,『한국언어문학』22, 한국언어문학회, 1983.

7) 시조

김문식, 가람 시조형식과 시어 연구, 연세대학교 교육대학원 석사학위논문, 1988.

金榮宇, 가람 李秉岐論 - 時調作品을 中心으로, 인하대학교 석사학위논문, 1982.

金允植, 李秉岐論 - 現代時調는 可能한가(韓國詩人論), 『現代文學』 2 - 7, 1970.

나영수, 가람 李秉岐論, 『선무학술론집』 3, 1993.

朴貞子, 가람 李秉岐論 - 주로 그의 시조론에 대하여, 『語文論集』 3, 성심여자대학교, 1972.

白承水, 가람과 노산의 時調 對比研究, 부산대학교 교육대학원 석사학위논문, 1988.

吳東春, 가람시조 연구 - 이론과 실제의 비교, 한양대학교 석사학위논문, 1982.

吳昇姬, 가람 李秉岐 時調의 空間研究, 『비평문학』 4, 한국비평문학회, 1990.

이기반, 가람 시조의 운율성 : 다양성에의 혁신, 『시조문학』 103, 시조문학사, 1992.

이기반, 가람 이병기 시조시학과 혁신론 : 그 이론과 창작에 관한 소고, 『문학한글』 8, 1994.

李東柱, 가람 李秉岐의 人格과 그의 隨筆 - 李秉岐의 散文文學, 『隨筆文學』 71, 수필문학사, 1978.

이선희, 가람 이병기 시조에 나타난 전통성 연구, 『청람어문학』 11, 청람어문학회, 1994.

李仙姬, 가람 이병기 시조의 전통성 연구, 한국교원대학교 석사학위논문, 1994.

이우재, 嘉濫 李秉岐論, 『광운대논문집』 21, 1992.

李泰極, 가람 李秉岐 先生의 人間과 文學 - 종이 한장으로 宇宙를 가리시고, 『月刊文學』 2 - 2, 월간문학사, 1969.

이환용, 全羅 藝術風土와 時調文學, 『시조문학』 18 - 4, 시조문학사, 1968.

林仙默, 가람 이병기론, 『단국대논문집』 5, 1971.

임중빈, 가람 李秉岐의 隨筆世界 : 木花石의 蘭香 - 李秉岐의 散文精神, 『隨筆文學』 71, 수필문학사, 1978.

鄭炳杓, 가람과 노산 文學의 比較考察, 조선대학교 석사학위논문, 1988.

鄭寅承, 時調와 술과 諧謔 속에 - 故 가람 李秉岐 박사의 人間과 文學, 『新東亞』 53, 동아일보사, 1969.

조창환, 黃眞伊 · 李梅窓의 時調와 漢詩, 『인문논총』 6, 아주대학교, 1995.

池鍾玉, 湖南時調의 系譜研究, 원광대학교 박사학위논문, 1989.

崔勝範, 簡札을 통하여 본 '가람'의 片貌 - '全北文化에 關한 實踐의 研究' 錄適, 『전북대논문집(인문 · 사회과학편)』 11, 1969.

崔勝範, 가람 李秉岐論, 『새교육』 25 - 5, 1973.

崔勝範, 가람 李秉岐論 序說, 『전북대논문집(인문 · 사회과학편)』 15, 1973.

崔勝範, 가람 李秉岐의 時調藝術, 『文學思想』 16, 1974.

崔勝範, 가람 李秉岐의 生活과 文學 - 李秉岐의 散文文學, 『隨筆文學』 71, 수필문학사, 1978.

崔勝範, 시조문학의 巨嶽 가람 李秉岐, 『전북인물지(상권)』, 전북애향운동본부, 1983.

崔勝範, 가람 이병기 서설, 『문학한글』 8, 1994.

8) 시

甘泰俊, 未堂과 木月의 初期詩 對比研究, 한양대학교 석사학위논문, 1982.

姜成子, 서정주와 윤동주의 자의식 비교 : 서정주의 초기시와 윤동주의 시를 중심으로, 한국교원대학교 석사학위논문, 1993.

姜外錫, 신석정 시 연구 -『촛불』시집에 대한 심리학적 접근, 경상대학교 석사학위논문, 1991.

姜禹植, 徐廷柱詩의 象徵研究, 한양대학교 석사학위논문, 1984.

강준향, 小月 未堂 之勳 三家詩研究, 청주대학교 석사학위논문, 1980.

고형진, 禪詩와 無意味詩 :『뭐냐』(고은)·『處容斷章』(김춘수),『현대시세계』14, 1992.

權善玉, 辛夕汀詩의 變貌樣相에 關한 연구, 한남대학교 석사학위논문, 1990.

기형도, 물에서 태양으로 - 타오르는 피의 몽상 :「안개와 불」(하재봉),『韓國文學』184, 1989.

金慶洙, 총체적 삶의 행위로서의 문학행위 : 하재봉론,『현대시』3 - 5, 1992.

金敬姬, 未堂詩에 나타난 說話的 모티브 研究, 동아대학교 석사학위논문, 1982.

金光秀, 辛夕汀詩 研究, 국민대학교 석사학위논문, 1983.

金德洙, 幽閑靜貞한 女流詩人 金三宜堂,『전북인물지 6』(전북신서 10), 전북애향운동본부, 1991.

김동원, 사회구조 속의 시, 실존적 고뇌 속의 시 :「비디오/천국」(하재봉)·「슬픔이 나를 깨운다」(황인숙),『현대시세계』8, 1990.

김동원, 흔들리는 길 - 우리 시대 젊은 시인 9인의 시의 행보,『문학과 사회』15, 1991.

金東一, 徐廷柱 詩研究 : 話者를 中心으로, 성균관대학교 교육대학원 석사학위논문, 1989.

김명수, 역사적 상황의 시적 수용 :「그대에게 가는 길」(박정만)·「깃발 없이 가자」(김영)·「좀팽이처럼」(김광규),『창작과비평』63, 1989.

金明永, 夕汀詩의 老莊思想과 歷史意識, 부산대학교 교육대학원 석사학위논문, 1991.

김명인, 한 젊은 시인의 주저앉음과 일어섬 :『모닥불』(안도현),『현대시세계』4, 1989.

김병익, 초록 생명으로의 도정 :『나의 저녁』(고은),『한국문학』179, 1988.

김상렬, 徐廷柱論,『문화비평』2 - 2, 1970.

김상렬, 徐廷柱論,『詩文學』3, 시문학사, 1971.

김석준, 서정주 초기시 연구 : 사상적 변화를 중심으로, 서울대학교 석사학위논문, 1994.

金順玉, 辛夕汀研究, 숙명여자대학교 석사학위논문, 1985.

김승옥, 한국사회의 정신병리학적 진단 :「긴 꿈속의 불」(최창학),『불교문학』3, 1988.

金信中, 徐廷柱詩에 나타난 물의 意味, 영남대학교 교육대학원 석사학위논문, 1992.

金永銖, 徐廷柱詩의 象徵性에 關한 研究, 경북대학교 석사학위논문, 1981.

金英淑, 徐廷柱論, 전북대학교 석사학위논문, 1982.

金允植, 서정주의 질마재 神話攷 - 거울化의 두 樣相,『現代文學』255, 1976.

김은선, 신석정의 '산의 서곡' 연구, 연세대학교 석사학위논문, 1984.

金仁煥, 徐廷柱의 詩的 過程 -「花蛇」에서「질마재 신화」에까지의 거리,『문학과 지성』8, 1972.

金長善, 未堂 徐廷柱 詩의 原形的 考察, 조선대학교 교육대학원 석사학위논문, 1987.

金載弘, 未堂 徐廷柱論 - 하늘과 땅의 辨證法 : 한국의 예술가, 그 작품과 인생의 전부,『東西文化』3 - 5, 동서문화연구원, 1972.

金載弘, 동반자 프로시인 金海剛,『韓國文學』187, 1989.

金貞信, 未堂詩에 나타난 '피'의 심상연구, 경북대학교 석사학위논문, 1994.

金鍾會, 서러운 생명의 마지막 불꽃 : 박정만의「서러운 땅」,『문학사상』205, 1989.

김지연, 徐廷柱詩의 象徵에 관한 硏究 : 화사집을 中心으로, 제주대학교 교육대학원 석사학위논문, 1993.

金潭東, 徐廷柱 初期詩에 미친 影響,『어문학』16, 한국어문학회, 1967.

金海星, 서정주論(下) - 그의 佛敎思想을 中心으로,『月刊文學』151, 월간문학사, 1981.

김홍진, 서정주 시의 원형 이미지 연구, 한남대학교 석사학위논문, 1993.

文斗根, 辛夕汀詩에 나타난 自然의 意味, 건국대학교 석사학위논문, 1982.

문정희, 서정주 시 연구 : 물의 심상과 상징체계를 중심으로, 서울여자대학교 박사학위논문, 1993.

박덕규, 정서와 정신에 관한 이해 :「얼음시집」(송재학)·「지금 눈물을 묻고 있는 자들」(원재길)·「안개와 불」(하재봉),『세계의 문학』51, 1989.

박송헌, 신석정 시의 자연관 및 사회의식 고찰, 조선대학교 교육대학원 석사학위논문, 1989.

朴秀炅, 辛夕汀詩 硏究 : 시집 '촛불'을 중심으로, 성신여자대학교 석사학위논문, 1994.

박혜경, 민중적 통일의 문학적 가능성 :『백두산』(고은),『창작과비평』59, 1988.

朴好泳, 辛夕汀의 文學思想 - '촛불' '슬픈 牧歌'를 중심으로,『강릉대논문집』5, 1983.

변종태, 미당 초기시의 연구, 제주대학교 교육대학원 석사학위논문, 1992.

三省出版社 編, 未堂과의 對話,『文學思想』3, 1972.

徐廷柱, 情에 대하여 - 未堂隨想錄 聞雄軒密語,『世代』11 - 7, 1972.

成東鮮, 辛夕汀論,『풀과 별』7, 1973.

손미영, 辛夕汀詩 硏究, 성신여자대학교 석사학위논문, 1988.

孫洪在, 辛夕汀硏究 : 詩世界의 變貌樣相을 中心으로, 전남대학교 교육대학원 석사학위논문, 1990.

宋演淇, 辛夕汀詩의 象徵性 硏究, 조선대학교 교육대학원 석사학위논문, 1986.

宋在英, 광기의 치유법 :「긴 꿈속의 불」(최창학),『韓國文學』178, 1988.

송재홍, 상상력과 이미지의 현상학 :「안개와 불」(하재봉),『현대시세계』2, 1989.

宋正仁, 辛夕汀시 연구 : 시 세계관의 變貌樣相을 중심으로, 전남대학교 교육대학원 석사학위논문, 1994.

송희복, 시는 양질의 위안인가 :『아니리』(김광규) ·『그대에게 가고 싶다』(안도현),『오늘의 문예비평』2, 1991.

신범순, 個人史의 詩化와 운명의 詩化 :「저 쓰라린 세월」(박정만),『韓國文學』173, 1988.

愼鏞協, 現代 韓國詩의 詩精神 硏究 - 소월 만해 석정 청마시를 중심으로, 고려대학교 박사학위논문, 1989.

申在峰, 辛夕汀詩 연구 : 詩精神을 중심으로, 외국어대학교 석사학위논문, 1992.

申熙千, 夕汀詩集 '촛불'의 정신분석학적 고찰,『北岳論叢』1, 1983.

安東柱, 未堂 徐廷柱 硏究, 조선대학교 석사학위논문, 1983.

安洙環, 진흙과 화엄 : 高銀文學의 구원관,『蓮庵畜産園藝專門大論文集』11, 1992.

安洙環, 진흙과 화엄 : 高銀文學의 구원관,『現代詩學』283, 1992.

安惠英, 辛夕汀詩 연구, 원광대학교 교육대학원 석사학위논문, 1991.

梁愛鄕, 辛夕汀 硏究, 충남대학교 석사학위논문, 1982.

梁仁豪, 徐廷柱의 詩世界考察, 조선대학교 석사학위논문, 1987.

오동춘, 인간 해돋이로 살고 싶은 구름재 :「해돋이 해넘이의 노래」(박병순), 『詩文學』248, 1992.

吳駿, 韓國 現代詩에 나타난 물의 樣相 : 김소월 徐廷柱 박목월의 詩를 중심으로, 중앙대학교 석사학위논문, 1991.

吳澤根, 辛夕汀의 前半期 作品에서 밤의 意味,『詩文學』116, 시문학사, 1981.

吳澤根, 辛夕汀詩 硏究 : 初期詩를 中心으로, 한양대학교 박사학위논문, 1989.

吳瀅燁, 徐廷柱 初期詩의 意味構造 硏究 : 二元性과 그 融合의 意志를 中心으로, 고려대학교 석사학위논문, 1989.

禹世鎭, 辛夕汀의 '山의 序曲' 硏究, 연세대학교 석사학위논문, 1983.

元基仲, 辛夕汀 硏究 : '촛불'과 '슬픈 牧歌'를 中心으로, 한양대학교 교육대학원 석사학위논문, 1989.

月刊文學, 未堂과 木月의 距離(上) ·(下),『月刊文學』, 월간문학사, 1983.

柳瓊順, 未堂詩에 나타난 女性像 - 女性主義를 中心으로, 인하대학교 교육대학원 석사학위논문, 1985.

柳晟俊, 이기의 詩交考,『한국외대논문집』25, 1992.

柳濟寔, 木山의 詩文,『전북사학』13, 전북대학교, 1990.

陸根雄, 徐廷柱詩 연구, 한양대학교 박사학위논문, 1991.

尹錫浩, 서정주 연구, 세종대학교 석사학위논문, 1984.

윤여탁, 민중적 삶의 이야기화 : 고은론,『현대시』2 - 8, 1991.

尹載雄, 시인을 위한 복화술 : 하재봉론,『현대시』3 - 5, 1992.

이건청, 긴밀한 유대와 신뢰의 시 : 이영춘 시집『네 살던 날의 흔적』,『現代詩學』249, 1989.

李慶洙, 우리시대의 사랑노래 :『네 눈동자』(고은) ·『가난한 사랑노래』(신경림) ·『아아 광주여 영원한 청춘의 도시여』(김준태),『문학과 사회』3, 문학과 지성사, 1988.

이광호, 죽음의 구체성을 향한 시적 갱신 : 고은 시「文義마을에 가서」의 개작과정,『현대 시세계』1, 1988.12.

李基班, 韓國 現代詩의 鄉土的 情緒에 關한 硏究 - 詩史的 側面에서 全北地方을 中心으로,『전주대논문집』9, 1980.

李基班, 金顯承의 詩 '絶對孤獨'의 正體,『전라문화연구』2, 전북향토문화연구회, 1988.

李基班, 金海剛의 抒情詩 : 祖國光復 이후의 詩를 중심으로,『전주대교육논총』10, 1995.

李南昊, 윤동주와 徐廷柱의 '自畵像' 比較分析, 고려대학교 석사학위논문, 1981.

이동순, 분단시대 시의 꿈과 정치적 신화 : 문익환·김준태·안도현의 신작시집,『창작과 비평』65, 1989.

李東洵, '存在의 轉移'에 대하여 : 高銀 詩의 민족문학적 성과,『국어국문학연구』21, 영남 대학교, 1993.

이동순, 서사시『백두산』의 민족문학적 의의,『국어국문학연구』22, 영남대학교, 1994.

이동순, 서사시『백두산』의 민족문학적 의의,『동일문화논총』4, 1995.

이몽희, 韓國 近代詩와 巫俗的 構造硏究 - 김소월·이상화·이육사·서정주를 中心으로, 동아대학교 박사학위논문, 1988.

李盛夫, 徐廷柱의 詩世界 - '徐廷柱全集'을 읽고,『창작과 비평』7 - 4, 1972.

李順玉, 서정주의 '질마재 神話' 연구, 영남대학교 석사학위논문, 1993.

이시영, 고은과 신경림,『창작과비평』61, 1988.

李時英, 고은의 시, 허수경의 노래 :『내일의 노래』(고은)·『혼자 가는 먼 집』(허수경),『창 작과비평』77, 1992.

李永光, 高銀 詩 硏究, 고려대학교 석사학위논문, 1995.

李玉貞, 辛夕汀 硏究, 한양대학교 석사학위논문, 1982.

李庸勳, 未堂詩의 설화 素材 作品 - '新羅抄'를 中心으로,『學術論叢』2, 1978.

李雲龍, 都市空間과 金海剛의 抵抗詩,『韓南語文學』15, 1989.

李雲龍, 都市空間과 金海剛의 抵抗詩 : 1930년대의 도시를 중심으로,『批評文學』4, 1990.

李雲龍, 일제치하 金海剛의 抵抗詩(下) : 1930년대 도시를 중심으로,『表現』18, 1990.

李元求, 徐廷柱詩의 技法硏究 - 詩語隱喩心象, 詩形態, 동국대학교 석사학위논문, 1979.

이윤택, 하강하는 삶에 대한 '떠오르기'로서의 시 :「안개와 불」(하재봉),『現代文學』412, 1989.

李鍾實, 서정주 연구, 원광대학교 석사학위논문, 1983.

이종윤, 서정주 초기시의 연구, 경희대학교 석사학위논문, 1984.

李準冠, 韓國 現代詩의 童心意識 연구 : 辛夕汀 장만영 白石의 詩를 中心으로, 고려대학 교 교육대학원 석사학위논문, 1990.

이진우, 비디오괴물을 물리칠 용감한 기사를 기다리며 :「비디오/천국」(하재봉),『現代詩 學』257, 1990.

李震興, 徐廷柱 詩의 心象 硏究 - '花蛇集'에서 '동천'까지, 영남대학교 박사학위논문, 1989.

李春柚, 辛夕汀 硏究 : 詩集 '촛불'을 中心으로, 서울여자대학교 석사학위논문, 1987.

이탄, 김해강과 그의 장편 서정시 「紅天夢」, 『現代詩學』 288, 1993.

李海島, 미당 서정주 연구, 연세대학교 석사학위논문, 1985.

張寶光, 서정주의 자연연구, 한양대학교 석사학위논문, 1984.

장정일, 정보화사회의 시학 : 「비디오/천국」(하재봉), 『現代詩學』 258, 1990.

전봉준, 전봉준 遺詩 2편 - 殞命 白鷗詩, 『나라사랑』 15, 1974.

丁成秀, 나는 사라진다 저 광활한 우주 속으로 : 詩人 朴正萬의 삶과 죽음, 그리고 文學, 『문학사상』 193, 1988.

정신재, 미당시의 공간의식, 동국대학교 석사학위논문, 1983.

鄭瑛浩, 徐廷柱의 '떠돌이 詩' 硏究 - 老莊思想的 觀点에서, 동아대학교 석사학위논문, 1984.

정치희, 徐廷柱의 詩精神 硏究 : 人間愛思想을 中心으로, 전북대학교 석사학위논문, 1989.

정효구, 하재봉론 : 80년대 시인들, 『現代詩學』 272, 1991.

정효구, 낯설어진 세계 - 드높은 이상주의와 숭고한 낭만주의 : 안도현론, 『현대시학』 318, 1995.

趙庸蘭, 신석정 연구, 『東岳語文論集』 11, 동국대학교 동악어문학회, 1978.

趙燦日, 辛夕汀의 自然詩 硏究 - '촛불' '슬픈 牧歌'를 中心으로, 외국어대학교 석사학위논문, 1984.

조홍규, 신석정 시의 종결형식 고찰, 조선대학교 석사학위논문, 1989.

朱鈺, 徐廷柱詩의 說話受容樣相 硏究, 서강대학교 석사학위논문, 1983.

채규판, 김소월·김영랑·신석정의 시연구, 『문화예술』 9, 한국문화예술진흥원, 1993.

채명식, 未堂詩와 情念統御 : '徐廷柱詩選'을 중심으로, 동국대학교 석사학위논문, 1990.

崔東現, 徐廷柱詩 硏究, 전북대학교 교육대학원 석사학위논문, 1982.

최배현, 신석정 연구, 전주우석대학교 석사학위논문, 1990.

崔完圭, 詩精神의 論考 - 未堂詩를 中心으로, 『새忠南』 41, 1975.

崔夏林, 體驗의 問題 - 徐廷柱에게 있어서의 時間性과 場所性, 『詩文學』 18~19, 시문학사, 1973.

崔學出, 신석정 연구, 건국대학교 석사학위논문, 1985.

河順明, 辛夕汀詩 연구, 중앙대학교 교육대학원 석사학위논문, 1991.

河在奉, 徐廷柱詩에 나타난 物質的 想像力 硏究, 중앙대학교 석사학위논문, 1982.

卞海淑, 徐廷柱詩의 時間性 硏究, 이화여자대학교 석사학위논문, 1987.

許素羅, 自然과 더불어 산 牧歌시인 辛夕汀, 『나라와 더불어 겨레와 더불어』(전북신서 5), 전북애향운동본부, 1987.

許英子, 現代詩에 나타난 神話의 世界 - 未堂의 詩를 中心으로, 『성신여대사대연구논문집』8, 1975.

허형석, 辛夕汀詩의 位相 - 初期詩를 中心으로, 『군산대논문집』 9, 1984.

허형석 외, 『辛夕汀代表詩評說』, 유림사, 1986.

허형석, 辛夕汀 研究, 경희대학교 박사학위논문, 1988.

허형석, 辛夕汀詩의 成立背景 研究(Ⅰ) - 老莊哲學을 中心으로, 『국어국문학의 새로운 모색』, 집문당, 1993.

허형석, 辛夕汀詩의 成立背景 研究(Ⅱ) - 岸曙 起林과의 關係를 中心으로, 『이상비박사화갑기념논총』, 1627~1637, 1993.

허형석, 辛夕汀詩의 成立背景 研究(Ⅲ) - 타고르 萬海의 수용을 中心으로, 『군산대논문집』 20, 1993.

洪仁喆, 辛夕汀의 研究, 경남대학교 석사학위논문, 1987.

홍정선, '세월 같은 사랑'에 이르는 길, 『동서문학』 210, 1993.

黃松文, 辛夕汀詩 研究, 홍익대학교 교육대학원 석사학위논문, 1987.

黃仁敎, 徐廷柱詩의 想像力 研究, 이화여자대학교 석사학위논문, 1983.

黃貞産, '시와 현실주의' 논의의 진전을 위하여, 『창작과비평』 76, 1992.

황지우, 고은론 : 탄압받는 시인은 끝내 탄압을 이긴다, 『사회와 사상』 10, 한길사, 1989.

9) 현대소설

簡將均, 蔡萬植 小說研究, 단국대학교 교육대학원 석사학위논문, 1986.

姜德求, 蔡萬植 小說의 人物研究, 성균관대학교 교육대학원 석사학위논문, 1990.

강봉기, 蔡萬植 研究, 『국어국문학논문집』 6, 서울대학교 사범대학, 1977.

姜聲百, 蔡萬植 小說研究 : 作中人物의 葛藤樣相을 中心으로, 영남대학교 교육대학원 석사학위논문, 1986.

강은해, 한국 민속의 전통과 현대소설 : 崔明姬의 『魂불』을 주목하여, 『한국학논집』 18, 계명대학교, 1991.

姜憲國, 蔡萬植 小說의 敍事構造, 고려대학교 석사학위논문, 1986.

고경아, 채만식의 '제향날' 고찰, 조선대학교 교육대학원 석사학위논문, 1994.

곽원석, 蔡萬植의 '濁流' 研究, 연세대학교 석사학위논문, 1984.

구모룡, 80년대 우리 문학을 결산한다 : 양귀자의 『원미동 사람들』, 『문학사상』 202, 1989.

권영민, 최일남론 : 삶의 진실과 소설적 상상력, 『문학사상』 210, 1990.

權赫準, 蔡萬植研究 : 諷刺小說을 中心으로, 단국대학교 교육대학원 석사학위논문, 1982.

權賢淑, 蔡萬植 文學에 나타난 經濟意識 연구, 건국대학교 교육대학원 석사학위논문, 1989.

金景洙, 채만식 문학의 리얼리즘적 성격 : 리얼리즘 문학의 원론적 접근, 고려대학교 석사학위논문, 1988.

金奎鎰, 蔡萬植의 初期作品 硏究 : 現實批判意識을 中心으로, 중앙대학교 교육대학원 석사학위논문, 1991.

金東羲, 蔡萬植 小說의 硏究 : 社會意識과 文體를 中心으로, 성균관대학교 교육대학원 석사학위논문, 1987.

金斗河, 蔡萬植 長篇小說 硏究 : 太平天下, 濁流를 中心으로, 경남대학교 교육대학원 석사학위논문, 1985.

김만수, 남신과 여신이 공존하는 환유의 무대 : 윤흥길의 『에미』, 『문학정신』 73, 1992.

김명인, 슬픔을 힘으로 바꾸는 작가정신의 연금술 : 양귀자의 변모와 90년대 리얼리즘 소설에의 기대, 『동서문학』 186, 1990.

金文洙, 蔡萬植硏究 : 諷刺小說을 中心으로, 국민대학교 석사학위논문, 1983.

김미리, 1930년대 채만식 소설의 풍자성 연구, 연세대학교 교육대학원 석사학위논문, 1989.

金美英, 蔡萬植의 濁流 硏究, 충남대학교 석사학위논문, 1983.

金美惠, 蔡萬植 小說의 諷刺性 考察, 성균관대학교 교육대학원 석사학위논문, 1985.

김병익·김현 편, 『우리시대의 작가 연구 총서(2) : 윤흥길』, 은애, 1979.

김봉진, 채만식의 후반기 작품 연구 : 광복이후의 소설작품을 중심으로, 『한국학논집』 9, 한양대학교, 1986.

金相默, 蔡萬植 小說의 構造的 照明, 전북대학교 석사학위논문, 1984.

김상선, 채만식 문학의 연구사 개관 : 광복되기 전의 것을 중심으로, 『인문학연구』 12·13 합집, 중앙대학교, 1986.

김상선, 『蔡萬植硏究』, 藥業新聞社, 1989.

김상열, 채만식 희곡의 현실주의적 성격에 대하여 : '제향날' '당랑의 전설'을 중심으로, 『泮橋語文硏究』 3, 반교어문연구회, 1991.

김성수, 채만식 초기 농민문학의 짜임새와 의미, 『泮橋語文硏究』 5, 반교어문연구회, 1994.

金淑賢, 蔡萬植 戲曲硏究, 경남대학교 박사학위논문, 1990.

金時中, 蔡萬植硏究, 고려대학교 교육대학원 석사학위논문, 1980.

金良宣, 여성작가들의 장편소설에 나타난 새 경향 : 『떠나가는 노래』(김향숙)·『희망』(양귀자), 『창작과비평』 76, 1992.

김양선·김은하, 양귀자의 『나는 소망한다 내게 금지된 것을』에 이르는 길, 『여성과 사회』 4, 1993.

金蓮淑, 蔡萬植의 解放以後 小說硏究, 고려대학교 교육대학원 석사학위논문, 1986.

김열규, 민속지적 서사문학의 전형을 위하여 : 『혼불』(최명희), 『한길문학』 8, 1991.

金永澤, 蔡萬植의 諷刺小說硏究, 인하대학교 석사학위논문, 1982.

金永和, 蔡萬植의 小說硏究, 『제주대논문집(인문·사회과학편)』 8, 1977.

金容誠, 蔡萬植의 太平天下 硏究 : 諷刺小說의 深化를 위하여, 경희대학교 석사학위논문, 1984.

김원용, 채만식 단편소설의 분석, 부산대학교 교육대학원 석사학위논문, 1993.

金允万, 蔡萬植文學의 背景研究 : 生長期를 通한 文學의 形成過程을 中心으로, 원광대학
    교 교육대학원 석사학위논문, 1984.
金允植, 民族의 罪人과 罪人의 民族 - 蔡萬植의 경우, 『隨筆文學』 46, 1976.
김윤식, 채만식론(上·下), 『현대문학』 441~442, 현대문학사, 1991.
김윤식, 소설쓰기의 기원에 대하여 : 김원일과 양귀자의 경우, 『예술세계』 19, 1992.
金寅玉, 蔡萬植作品研究 : 現實認識의 展開樣相을 中心으로, 숙명여자대학교 석사학위논
    문, 1988.
金宰奭, 蔡萬植 戲曲研究, 경북대학교 석사학위논문, 1985.
金貞姬, 蔡萬植의 全戲曲에 관한 分析的 研究 : 作品에 나타난 主題·作家 意識을 中心
    으로, 연세대학교 교육대학원 석사학위논문, 1983.
金宗坤, 蔡萬植 연구, 중앙대학교 석사학위논문, 1975.
金鍾鉉, 蔡萬植 小說研究 : 諷刺技法을 中心으로, 중앙대학교 석사학위논문, 1988.
金春江, 蔡萬植 小說에 나타난 女性像 研究, 고려대학교 석사학위논문, 1981.
김춘택, 蔡萬植 小說의 人物研究 : 社會的 葛藤과 意識構造를 中心으로, 성균관대학교
    교육대학원 석사학위논문, 1984.
金忠實, 蔡萬植의 小說 研究, 고려대학교 박사학위논문, 1994.
金治洙, 蔡萬植의 遺稿, 『文學과 知性』 10, 1972.
金泰雲, '濁流'의 視点研究, 충남대학교 석사학위논문, 1987.
김현, 식민지시대의 문학 - 염상섭과 蔡萬植, 『문학과 지성』 5 - 9, 1971.
金賢珠, 蔡萬植 戲曲의 人物類型 研究, 고려대학교 교육대학원 석사학위논문, 1989.
金浩仁, 蔡萬植 小說에 나타난 性格 考察, 『국어교육논총』 6, 조선대학교, 1985.
金弘基, 蔡萬植 小說研究, 연세대학교 박사학위논문, 1990.
南斗鉉, 蔡萬植의 痴叔에서의 아이러니 研究 : 텍스트의 構造 分析을 통한 文學社會學的
    接近, 경희대학교 석사학위논문, 1985.
魯光復, 蔡萬植 小說의 敍述狀況 研究, 서강대학교 석사학위논문, 1987.
盧壽唐, 蔡萬植 小說研究, 인하대학교 교육대학원 석사학위논문, 1989.
노진한, 『장마』론 - 한국전쟁과 그 해결의 방법을 중심으로, 『선청어문』 23, 서울대학교 사
    범대학, 1995.
두창구, 채만식 작품론, 『文耕』 16, 중앙대학교 문과대학, 1964.
류철균, 유황불의 경험과 리얼리즘의 깊이 : 양귀자론, 『문학과 사회』 3, 문학과 지성사,
    1988.
文陳蘭, 蔡萬植 소설에 나타난 女性人物 研究, 전남대학교 교육대학원 석사학위논문,
    1992.
민병기, 세태소설론 재고 : '천변풍경'과 '탁류'의 거리, 『비평문학』 5, 한국비평문학회,
    1990.
閔龍基, 蔡萬植의 諷刺文學 研究, 원광대학교 교육대학원 석사학위논문, 1986.

閔玹基, 蔡萬植 연구, 서울대학교 석사학위논문, 1977.

朴基遠, 燕巖과 蔡萬植의 諷刺小說 比較 : 韓國小說의 傳統性 問題糾明을 위한 試攷, 중앙대학교 석사학위논문, 1977.

朴魯台, 蔡萬植 小說硏究 : 人物類型을 中心으로, 영남대학교 교육대학원 석사학위논문, 1989.

朴大星, 李孝石 前期小說의 傾向性과 蔡萬植의 濁流의 社會性攷, 외국어대학교 석사학위논문, 1987.

朴美景, 蔡萬植 小說의 知識人像 硏究 : 作家精神의 變貌를 中心으로, 성균관대학교 석사학위논문, 1986.

朴三均, 蔡萬植의 '少年은 자란다'에 나타난 現實認識, 관동대학교 교육대학원 석사학위논문, 1990.

朴英淳, '濁流'의 意味構造 硏究 - 話者의 觀点을 중심으로, 이화여자대학교 석사학위논문, 1984.

朴溶信, 蔡萬植 文學의 思想性 硏究, 중앙대학교 교육대학원 석사학위논문, 1987.

朴貞淑, 蔡萬植 作品에 나타난 作家意識 硏究 : '레디메이드 人生' '濁流' '太平天下'를 中心으로, 동아대학교 교육대학원 석사학위논문, 1982.

朴濟變, 蔡萬植 小說硏究, 단국대학교 석사학위논문, 1984.

朴昌元, 채만식론, 세종대학교 석사학위논문, 1988.

朴川花, 채만식 비평사 연구, 중앙대학교 석사학위논문, 1986.

박태상, 채만식의 장편소설 '濁流' 연구, 『한국방송통신대논문집』 9, 1988.

朴泰尙, 1990년대 페미니즘 소설에 대한 연구 : 양귀자·공지영·공선옥의 작품세계를 중심으로, 『한국방송통신대논문집』 19, 1995.

朴惠景, 蔡萬植文學의 모티브 硏究, 전남대학교 교육대학원 석사학위논문, 1991.

方旻華, 숨은 꽃의 서정성, 『崇實語文』 11, 1994.

배봉기, 채만식 소설에 나타난 판소리의 서술양식에 대한 고찰, 연세대학교 석사학위논문, 1985.

배봉기, 채만식문학 인물의 특성과 형상화에 대한 연구, 연세대학교 박사학위논문, 1992.

裵在沃, 蔡萬植 小說硏究 : 돈(錢)을 中心으로, 경희대학교 교육대학원 석사학위논문, 1982.

裵鍾沃, 蔡萬植의 해방후 소설연구, 영남대학교 교육대학원 석사학위논문, 1994.

서범석, 양귀자와 배수아의 사랑 나무 : '천년의 사랑'과 '푸른 사과가 있는 국도', 『소설과 사상』 13, 1995.

成樂瑞, 蔡萬植의 '金의 情熱' 硏究, 대구대학교 교육대학원 석사학위논문, 1988.

송지현, 채만식의 '濁流'論 : 여성주의의 형성과 한계를 중심으로, 『용봉논총』 20, 전남대학교 인문과학연구소, 1991.

宋河春, 蔡萬植 연구, 고려대학교 석사학위논문, 1974.

송현호, 채만식의 탈식민적 경향에 대한 고찰,『관악어문연구』17, 서울대학교, 1992.

申東旭, 蔡萬植의 소설연구,『동양학』12, 단국대학교 동양학연구소, 1982.

申東漢, 蔡萬植論,『創造』, 1972.

申東漢, 갑오농민전쟁론(북한문학의 실상 2 특집),『月刊文學』250, 월간문학사, 1989.

신아영, 채만식의 '제향날'에 나타난 서사성 연구,『이화어문논집』12, 이화여자대학교, 1992.

申榮寬, 채만식 소설연구, 국민대학교 교육대학원 석사학위논문, 1993.

梁吉秀, 蔡萬植 戲曲研究, 단국대학교 석사학위논문, 1991.

梁秀正, 朴趾源 小說과 蔡萬植 小說에 나타난 諷刺性 比較 고찰, 전남대학교 교육대학원 석사학위논문, 1989.

楊熙玉, '濁流' 研究, 인하대학교 교육대학원 석사학위논문, 1985.

呂敏熙, 판소리 '興夫傳'과 채만식의 '太平天下' 比較研究, 경희대학교 교육대학원 석사학위논문, 1993.

오길영, 연민과 죄의식을 넘어서 : 임철우·양귀자의 소설에 대해,『한길문학』11, 1991.

오한근, 채만식소설연구 : '탁류'와 '태평천하'를 중심으로, 연세대학교 교육대학원 석사학위논문, 1994.

우찬제, 모색과 모반의 도정에서 - 90년대 초 소설의 전반적 성격,『동서문학』209, 1993.

우찬제, 아우라의 상실, 그 음울한 우물,『세계의 문학』71, 1994.

禹漢鎔, 蔡萬植小說의 談論 特性에 관한 研究, 서울대학교 박사학위논문, 1991.

禹漢鎔, '濁流'의 文學敎育的 解釋,『先淸語文』19, 서울대학교 사범대학, 1991.

禹漢鎔,『蔡萬植小說 談論의 詩學』, 開文社, 1992.

柳成均, Hamingway의『A farewell to arms』와 윤흥길의『장마』에 대한 비교 연구, 국민대학교 석사학위논문, 1995.

劉麗雅, 蔡萬植과 老舍의 比較研究, 정신문화연구원 한국학대학원 석사학위논문, 1992.

유종렬, 채만식의 소설 '女子의 一生' 연구,『국어국문학』23, 부산대학교, 1986.

유종렬, 채만식의 역사소설 '玉娘祠' 연구,『국어국문학』25, 부산대학교, 1988.

劉準基, 蔡萬植小說에 나타난 諷刺 및 諧謔性 研究, 고려대학교 교육대학원 석사학위논문, 1971.

劉準基, 蔡萬植論,『새시대문학』4, 1972.

柳和秀, 채만식의 소설연구, 전북대학교 석사학위논문, 1987.

유화웅, 채만식론,『국문학』7, 고려대학교, 1963.

윤지관, 파시즘하의 변혁운동과 소설 :『꽃바람 꽃샘바람』(김춘복)·『숨통』(최일남),『창작과비평』66, 1989.

尹孝植, 蔡萬植 戲曲의 研究, 영남대학교 석사학위논문, 1986.

이경희, 김유정과 채만식의 작품 비교연구, 연세대학교 석사학위논문, 1984.

이광주, 채만식소설연구 : 해방기 소설을 중심으로, 경원대학교 교육대학원 석사학위논문,

1994.

이광호, 리얼리즘이 있던 자리 : 현길언·양귀자의 소설,『문학과 사회』24, 문학과 지성사, 1993.

이남호, 심상대·李文烈·崔明姬의 소설,『세계의 문학』59, 1991.

李來秀, 蔡萬植硏究, 동국대학교 석사학위논문, 1972.

李來秀, 蔡萬植小說硏究, 동국대학교 박사학위논문, 1985.

李來秀, 蔡萬植의 초기소설 연구,『동국대논문집』4, 1985.

李來秀,『蔡萬植小說硏究』, 二友出版社, 1986.

이대규, 채만식의 단편소설 '소망'의 분석과 해석,『한국문학논총』13, 부산대학교, 1992.

李大煥, 蔡萬植의 諷刺小說 硏究, 중앙대학교 석사학위논문, 1985.

이덕화, 神話 비평방법을 적용한 蔡萬植의 濁流 분석, 연세대학교 석사학위논문, 1975.

李都熙, 蔡萬植 소설에 나타난 허무의식 연구, 국민대학교 교육대학원 석사학위논문, 1992.

이동하, 이광수와 채만식의 해방기 작품에 대한 연구,『배달말』16, 서울시립대학교, 1991.

이명재, 원숙한 作家의 문학적 開花 :『無花果꽃은 언제 피는가』(최일남),『韓國文學』 174, 1988.

이미라, 채만식 단편소설 연구 - 정의양상에 따른 작품 구조유형, 서울대학교 석사학위논문, 1984.

이병순, 채만식의 해방직후 소설 연구,『원우논총』12, 숙명여자대학교, 1994.

李秉源, 蔡萬植 文學硏究 - 리얼리즘 및 자연주의 성격을 중심으로, 중앙대학교 석사학위논문, 1988.

李相甲, 蔡萬植硏究 : '소년' 모티브를 中心으로, 서울대학교 석사학위논문, 1987.

李善子, 蔡萬植硏究, 연세대학교 석사학위논문, 1980.

이순, 작품에 나타난 한국작가의 사회의식 연구 - 이광수·김동인·현진건·채만식을 중심으로, 연세대학교 석사학위논문, 1973.

李承珍, 蔡萬植 長篇小說 硏究 : '太平天下'와 '濁流'의 構造分析, 강원대학교 교육대학원 석사학위논문, 1993.

李承珍, 蔡萬植 長篇小說 硏究 : '太平天下'와 '濁流'의 構造分析,『어문학보』16, 강원대학교, 1993.

李承姬, 宋影과 蔡萬植의 諷刺戲曲 硏究, 성균관대학교 석사학위논문, 1993.

李榮昊, 1894년 농민전쟁의 역사적 성격과 역사소설 : '갑오농민전쟁'과 '녹두장군'을 중심으로,『창작과 비평』69, 1990.

李庸奎, 蔡萬植 小說硏究 : 時代狀況과 作家意識을 中心으로, 성균관대학교 교육대학원 석사학위논문, 1991.

이재명, 채만식 소설연구 : 해방 이후 작품을 중심으로, 연세대학교 석사학위논문, 1986.

이재명, 1930년대 희곡문학의 분석적 연구 : 송영·채만식·유치진을 중심으로, 연세대학교 박사학위논문, 1992.

李載興, 蔡萬植論, 건국대학교 석사학위논문, 1971.

李載興, 蔡萬植論,『文湖』6·7합집, 건국대학교, 1972.

李禎模, 蔡萬植小說硏究 : 作家의 現實認識樣相과 文體를 中心으로, 동국대학교 교육대학원 석사학위논문, 1995.

李貞美, 1930年代 諷刺小說의 構造的 硏究 - 蔡萬植 作品을 中心으로, 중앙대학교 석사학위논문, 1983.

李鐘哲, 蔡萬植 諷刺小說 硏究, 계명대학교 교육대학원 석사학위논문, 1987.

이주형, 채만식 연구 - 1930년대 작품에 나타난 사회의식을 중심으로, 서울대학교 석사학위논문, 1973.

이창숙, 오늘의 작가를 찾아서(5) : 최일남편,『문학사상』227, 1991.

李澈雨, 蔡萬植 文學의 敍事談論的 特性 硏究 : 短篇小說과 戲曲을 中心으로, 한성대학교 석사학위논문, 1994.

이훈, 채만식 소설연구, 서울대학교 석사학위논문, 1981.

林京順, 蔡萬植 諷刺小說의 時間構造 硏究, 성균관대학교 석사학위논문, 1993.

林明鎭, ‘濁流’에 나타난 蔡萬植의 역사의식,『비평문학』3, 한국비평문학회, 1989.

林愛英, 蔡萬植의 歷史意識,『又石語文』1, 우석대학교, 1983.

임전수, 해방직후 채만식 소설의 현실인식과 작가적 위치, 경북대학교 교육대학원 석사학위논문, 1993.

任粲淳, 蔡萬植 戲曲硏究, 청주대학교 석사학위논문, 1985.

林學洙, 蔡萬植 小說硏究 : 傳統繼承의 樣相을 中心으로, 성균관대학교 교육대학원 석사학위논문, 1987.

장경렬, 숨은 꽃을 찾아 그리기, 그것의 어려움과 아름다움 : 양귀자론,『소설과 사상』10, 1995.

장경숙, 채만식 연구 - 그의 文學의 한 斷面,『語文論集』2, 성심여자대학교, 1968.

張起鎬, 蔡萬植文學에 나타난 象徵性 考察 : 濁流를 中心으로, 조선대학교 석사학위논문, 1982.

張蘭榮, 蔡萬植 戲曲硏究 : 人物分析에 의한 作家意識 考察, 이화여자대학교 석사학위논문, 1986.

張錫洪, 蔡萬植의 ‘金의 情熱’ 硏究 : 狀況과 認識을 中心으로,『건국대대학원논문집』29, 1989.

張星洙, 蔡萬植 小說硏究 : 作家意識의 變貌를 中心으로, 고려대학교 석사학위논문, 1981.

張良守, 蔡萬植의 民族主義文學 硏究, 동아대학교 박사학위논문, 1988.

張良守, 蔡萬植의 民族主義文學 硏究,『동의논집』16, 동의대학교, 1989.

張良守, 民族同質性 回復의 기원의 呪歌『장마』,『동아어문논집』, 3, 1993.

張泳暢, 蔡萬植의 人間과 思想과 그 文學 - 韓國的인 象徵的 存在로써,『韓國文學』8~9, 1974.

전양숙, 蔡萬植 소설의 改作에 대한 연구, 정신문화연구원 한국학대학원 석사학위논문, 1993.

전정연, 채만식의 초기소설 연구, 연세대학교 석사학위논문, 1982.

전흥남, 채만식의 '허생전'에 나타난 고전소설의 현대적 수용과 변용,『국어국문학』109, 국어국문학회, 1993.

정과리, 황량한 거리는 어떻게 함께 넘는 고개가 되는가 :『원미동 사람들』(양귀자),『韓國文學』171, 1988.

정봉석, 채만식 희곡의 극적 갈등 연구, 동아대학교 석사학위논문, 1991.

정봉석, 채만식 희곡의 극적 갈등 연구,『동아어문논집』1, 동아어문학회, 1991.

鄭錫坤, 蔡萬植小說의 諷刺性에 關한 硏究, 원광대학교 교육대학원 석사학위논문, 1989.

정성철, 달주와 상민은 만날 수 있는가?,『호남사회연구』2, 호남사회연구회, 1995.

정신재, 먹이사슬試論,『목멱어문』5, 동국대학교, 1993.

鄭英吉, 채만식 문학 연구, 원광대학교 석사학위논문, 1987.

程泰基, 蔡萬植 小說에 나타난 現實意識 考察, 조선대학교 교육대학원 석사학위논문, 1988.

鄭賢淑, 蔡萬植 小說에 나타난 解放直後 社會相 硏究, 인하대학교 석사학위논문, 1990.

정호웅, 채만식의 허무주의와 역사담당주체의 문체 : 해방공간을 대상으로,『외국문학』18, 전예원, 1989.

정희롱, 蔡萬植 小說硏究, 고려대학교 석사학위논문, 1981.

趙啓淵, 일본 속의 조선도예 :『朝鮮陶工을 생각한다』(최승범),『황해문화』4, 1994.

曹南鉉, 蔡萬植 文學의 주요 모티브,『민족문화연구』20, 고려대학교 민족문화연구소, 1985.

趙秉烈, 蔡萬植 小說硏究 : 諷刺的 性格을 中心으로, 영남대학교 석사학위논문, 1981.

曹永國, 蔡萬植의 小說에 나타난 社會性 考察, 조선대학교 교육대학원 석사학위논문, 1982.

曹菖煥, 채만식소설연구,『한국언어문학』31, 한국언어문학회, 1993.

曹菖煥, 1940년대 채만식소설연구,『又石語文』8, 우석대학교, 1993.

曹菖煥, 채만식의 해방전후 소설 연구, 전주우석대학교 박사학위논문, 1994.

趙會京, 蔡萬植 初期作品 硏究, 숙명여자대학교 석사학위논문, 1985.

池美淑, 蔡萬植과 金裕貞文學의 諷刺性 硏究 : 短篇小說을 中心으로, 강원대학교 교육대학원 석사학위논문, 1989.

千二斗, 역사의 의미 : 최일남의『거룩한 응달』론,『세계의 문학』21, 1981.

千惠淑, 채만식의 농촌소설 연구, 계명대학교 석사학위논문, 1981.

崔圭益, 蔡萬植의 小說硏究, 국민대학교 석사학위논문, 1985.

崔成任, 蔡萬植의 太平天下에 나타난 諷刺性 研究, 이화여자대학교 교육대학원 석사학위
    논문, 1981.
최시한, 가정소설 전통의 지속과 변모 – 蔡萬植 ‘태평천하’를 중심으로,『배달말』16, 서울
    시립대학교, 1991.
최시한, 채만식 희곡의 ‘가족’,『배달말』15, 서울시립대학교, 1991.
최원식, 채만식의 역사소설에 대하여,『국어국문학』72・73합집, 국어국문학회, 1976.
崔晶森, 蔡萬植의 作家意識 研究 : 特히 主題와 文體를 中心으로, 원광대학교 석사학위
    논문, 1990.
崔貞淑, 채만식소설의 인물연구, 덕성여자대학교 석사학위논문, 1987.
崔丁允, 蔡萬植 小說의 人物類型 研究, 전남대학교 교육대학원 석사학위논문, 1994.
崔俊植, 蔡萬植文學의 變貌樣相 : 虛無意識을 中心으로, 영남대학교 교육대학원 석사학
    위논문, 1993.
韓基, 중성・지방성・소시민성 :『식구들의 세월』(최학)・『이상의 날개』(김석희)・『지구를
    색칠하는 페인트공』(양귀자),『세계의 문학』55, 1990.
한만수, 대중문학작가연구(4) : 박범신 – 전형성 없는 나라, 죄인 없는 법정,『사상문예운
    동』8, 1991.
한소애, 채만식 소설 연구 – ‘과도기’와 ‘인형의 집을 나와서’를 중심으로, 경남대학교 교육
    대학원 석사학위논문, 1993.
韓亨九, 蔡萬植의 世界觀과 創作方法 研究 : ‘濁流’와 ‘太平天下’를 중심으로, 서울대학교
    석사학위논문, 1987.
韓惠京, 채만식 소설의 언술구조 연구 : 서술자의 존재양상을 중심으로, 이화여자대학교
    박사학위논문, 1993.
玄基榮, 민족문학과 소설적 성과 :『화엄경』(고은)・『누더기 시인의 사랑』(이상락)・『높새
    부는 바다』(원명희),『창작과비평』74, 1991.
洪起三, 蔡萬植의 ‘濁流’,『政經文化』173, 한국정경연구소, 1979.
洪大均, 蔡萬植의 풍자문학 연구,『국어국문학연구』12, 원광대학교, 1986.
洪石影, 풍속의 戲畫 – 蔡萬植 ‘濁流’를 중심으로,『원광문화』12 – 6, 원광대학교, 1975.
洪石影, 해학과 풍자로 시대를 질타한 채만식,『나라와 더불어 겨레와 더불어』(전북신서
    5), 전북애향운동본부, 1987.
홍이섭, 채만식의 ‘탁류’ – 근대사의 한 과제로서의 식민지의 궁핍화,『창작과 비평』8 – 1,
    1973.
洪正根, 蔡萬植 短篇小說 研究, 영남대학교 교육대학원 석사학위논문, 1983.
홍정선, 지금 이 곳의 우리 삶을 찾아서 : 소설가 양귀자 편,『동서문학』164, 1988.
黃菊明, 채만식의 ‘탁류’ 연구, 부산대학교 석사학위논문, 1984.
황국명, 채만식 소설의 현실주의적 전략 연구, 부산대학교 박사학위논문, 1990.
黃英淑, 尹興吉 作品論,『명지어문학』19, 1990.

10) 판소리

姜奉根, 春香歌의 構造, 『인문논총』 11, 전북대학교, 1983.

姜奉根, 판소리 사설에 나타난 恨의 구조, 『한국언어문학』 22, 한국언어문학회, 1983.

강신구, 신재효 창작 판소리 연구, 『민족문화』 3, 동아대학교 민족문화연구소, 1982.

康龍權, 창극연구, 『동아논총』 2, 동아대학교, 1965.

康龍權, 판소리 唱本의 연구, 동아대학교 박사학위논문, 1975.

康龍權, 판소리 唱本의 연구, 『동아논총』 12, 동아대학교, 1975.

康龍權, 『판소리 唱本의 연구』, 亞成出版社, 1975.

강용식, 박봉술 창본 적벽가고, 『국어국문학논문집』 1, 동아대학교 국어국문학과, 1976.

강용식, 박봉술 창본 수궁가고, 『하서김우종박사 회갑기념논총』, 1977.

姜允信, 판소리 '春香歌'의 主調로서의 恨의 表象 : 申在孝本 '春香歌'를 중심으로, 원광대
  학교 교육대학원 석사학위논문, 1990.

姜漢永, 적벽가 해설, 『현대문학』 9, 현대문학사, 1955.

姜漢永, 광대가, 『현대문학』 20, 현대문학사, 1956.

姜漢永, 朴興甫歌 해설, 『현대문학』 35·36합집, 현대문학사, 1957.

姜漢永, 『(판소리 사설) 春香歌 : 男唱 童唱』, 민협출판사, 1962.

姜漢永, 『신재효 - 한국의 인간상』, 신구문화사, 1965.

姜漢永, 신재효 판소리 사설연구, 『신재효 판소리전집』, 연세대학교 인문과학연구소, 1969.

姜漢永, 『판소리 강산제의 특성』, 문화재관리국, 1970.

姜漢永, 『판소리 수궁가의 특성』, 문화재관리국, 1970.

姜漢永, 판소리의 이론 - 자료의 정리, 『국어국문학』 49·50합집, 국어국문학회, 1970.

姜漢永, 『校註 신재효 판소리 사모집』(한국고전문학 대계 12), 민중서관, 1971.

姜漢永, 신재효 판소리에 관한 연구, 『동아문화』, 서울대학교 동아문화연구소, 1971.

姜漢永, 『판소리 적벽가의 특성』, 문화재관리국, 1971.

姜漢永, 申在孝의 판소리 사설 비평관 - 그의 春香歌를 中心으로, 『동양학』 2, 단국대학교
  동양학연구소, 1972.

姜漢永, 토별가의 계보적 고찰 - 소원적 재구를 위하여, 『성곡논총』 3, 1972.

姜漢永, 판소리의 理解, 『文學思想』 21, 1974.

姜漢永, 완산판 별춘향전, 『문학사상』 43, 1976.

姜漢永, 『판소리』(교양국사총서 28), 세종대왕기념사업회, 1977.

姜漢永, 신재효가 본 양반사회의 사람과 성, 『학원』 300, 1984.

姜漢永, 申在孝의 생애 : 그의 出生과 逸話 1884~1984, 『文學思想』 146, 1984.

姜漢永, 인간 신재효의 재조명, 『판소리』, 전북애향운동본부, 1988.

姜漢永, 신재효본 '적벽가'의 특성, 『한글』 210, 한글학회, 1990.

姜漢永, 예술성 뛰어난 명창 朴初月, 『전북인물지 6』(전북신서 10), 전북애향운동본부,

1991.

郭正植, 申在孝本 春香歌(男唱)와 完板 烈女春香守節歌의 批判的 考察 - 先後問題와 改作意識을 중심으로, 『경성대논문집(인문·사회과학)』 12 - 1, 1991.

具本機, 판소리계 소설의 正名性硏究 : 名實觀念의 轉換과 名分論의 變用樣相을 중심으로, 서울대학교 석사학위논문, 1991.

구본희, 판소리 형성과정에 관한 연구 : 사회지리학적 고찰을 중심으로, 공주대학교 교육대학원 석사학위논문, 1993.

權斗煥, 판소리의 현대적 의의, 『木花』 6, 1977.

권순긍, 『민중의식의 성장과 판소리 문학 - 민족문학사 강좌(上)』, 민족문학사연구소, 1995.

권영민, 판소리 광대의 변모와 해체 : 마지막 소리꾼 이동백, 『마당』 33, 1984.

권오만, 판소리에 나타난 해학성 - 申在孝本을 中心으로, 『서울여자대학교 학도호국단』 6, 1976.

奇翰燮, 판소리에 나타난 龍宮의 의미와 기능 : 심청가와 토별가를 중심으로, 대구대학교 석사학위논문, 1986.

김균태, 신재효 개작 토별가의 판소리사적 위치, 『국어교육』 34, 한국국어교육연구회, 1979.

김기동, 판소리의 플롯 考究 - 망실된 판소리의 再構를 위하여, 『曉城趙明基博士華甲記念佛敎史學論叢』, 1965.

김기형, '赤壁歌'의 형성과 변모, 『한국민속학』 21, 민속학회, 1993.

김기형, 창작 판소리 사설의 표현특질과 주체의식, 『판소리연구』 5, 판소리학회, 1994.

김난주, 굿과의 관계에서 본 판소리의 기원, 서울대학교 석사학위논문, 1986.

김대행, 판소리 사설의 구조적 특성, 『국어교육』 27, 한국국어교육연구회, 1976.

김대행, 판소리 사설의 희극성과 풍자성, 『先淸語文』 6, 서울대학교 사범대학, 1976.

김대행, 판짜기 原理에 관한 한 假定, 『판소리연구』 1, 판소리학회, 1989.

김동기, 판소리계 장화홍련가에 대하여, 『한국언어문학』 19, 한국언어문학회, 1981.

金東旭, 판소리 발생고(1), 『서울대논문집(인문·사회과학편)』 2, 1955.

金東旭, 판소리 발생고(2), 『서울대논문집(인문·사회과학편)』 3, 1956.

金東旭, 판소리 삽입가요를 위한 시론, 『서울대논문집』 7, 1958.

金東旭, 판소리 문체와 수사, 『중앙대논문집』 5, 1961.

金東旭, 판소리 장르의 比較的 硏究, 『국어국문학』 24, 국어국문학회, 1961.

金東旭, 판소리 소설과 불교적 기연, 『曉城趙明基博士華甲記念佛敎史學論叢』, 1965.

金東旭, 판소리 根源說話 添補, 『大東文化硏究』 3, 성균관대학교, 1966.

金東旭, 판소리 根源說話 添補, 『국어국문학』 34·35합집, 국어국문학회, 1967.

金東旭, 판소리史 硏究의 諸問題, 『인문과학』 20, 연세대학교 인문과학연구소, 1968.

金東旭, 판소리는 열두마당뿐인가, 『駱山語文』 2, 서울대학교, 1970.

金東旭, 방각본에 대하여, 『동방학지』 10, 연세대학교, 1971.

金東旭, '別春香歌' 申學均氏藏本 해제 : 異本公開와 그 意義,『문학사상』17, 1974.

金東旭, 병오판 춘향전 해제,『문학사상』47, 1976.

김명곤, 판소리가 죽어가고 있다,『음악동아』35, 동아일보사, 1987.

김병국, 판소리 문학의 진술방식,『국어교육』34, 국어교육연구회, 1979.

김병국, 구비서사시로 본 판소리 사설 구성방식,『한국학보』27, 일지사, 1982.

金鳳皓,『판소리 唱本集』, 白文社, 1991.

金思燁,『春香傳 - 烈女春香守節歌』, 大洋出版社, 1952.

김상욱, 신재효본 '토별가'의 문체 특성과 문학사적 관련 양상,『한국국어교육연구회논문집』56, 1995.

김성기, 적벽가 형성고(1),『울산어문논집』1, 울산공업대학 국문학과, 1984.

김성두, 짓밟힌 자의 팔자타령 - 경제학자가 본 흥부전,『문학사상』128, 1983.

김세환, 申在孝 판소리 사설에 나타난 해학적 풍자 연구, 중앙대학교 교육대학원 석사학위논문, 1985.

김수봉, 판소리 七歌의 실전 원인고찰,『한국문학논총』12, 부산대학교, 1991.

金淑賢, 판소리의 극적 構造考, 동국대학교 석사학위논문, 1984.

金承鎬, 판소리계 소설에서의 指示語 쓰임의 여러 양상,『한문학연구』15, 동국대학교, 1992.

金信宰, 판소리의 演劇性에 關한 研究, 성균관대학교 박사학위논문, 1989.

金演洙,『唱本 춘향가』, 서울국악예술학교 출판부, 1967.

金演洙,『唱本 : 심청가·홍보가·수궁가·적벽가』, 서울문화재관리국, 1974.

金連淑, 판소리 唱者의 機能樣相, 서강대학교 석사학위논문, 1983.

김영대, 판소리 더늠의 문학적 연구, 동아대학교 석사학위논문, 1986.

金永林, 판소리 춘향가의 音畵的 요소에 대한 試考, 수도여자사범대학교 석사학위논문, 1976.

김영범, 19세기 민중집단의 집합의식에의 한 접근 - 판소리의 의사소통론적 신고찰, 서울대학교 대학원 석사학위논문, 1985.

金榮範, 朝鮮後期 판소리 談論과 民衆集團의 집합의식,『한국학보』43, 일지사, 1986.

金怜叔, 토별가 研究 : 申在孝本 판소리 辭說을 중심으로, 중앙대학교 교육대학원 석사학위논문, 1990.

金永植, 男唱 春香歌 연구, 전주우석대학교 교육대학원 석사학위논문, 1993.

김영진, 왜곡된 효와 남녀차별 - 윤리학자가 본 심청전,『문학사상』128, 1983.

金榮春, 판소리系 小說 '春香傳'의 主題 研究, 조선대학교 석사학위논문, 1983.

김영희, '춘향전' 연구 - 倫理觀의 變容과 그 限界性 및 人物變遷에 對한 考察, 고려대학교 석사학위논문, 1974.

金容姬, 판소리 辭說과 장단의 관계에 관한 연구 - 홍보가를 중심으로, 이화여자대학교 석사학위논문, 1986.

김우탁, 영문학자가 본 판소리,『동아문화』6, 서울대학교 동아문화연구소, 1966.

김우탁, 세익스피어극과 판소리 비교,『인문과학』11, 성균관대학교 인문과학연구소, 1982.

金維美, 판소리 '심청가'의 현대적 계승에 대한 일고찰 : 채만식의 '심봉사'와 최인훈의 '달 아달아 밝은 달아'를 중심으로, 고려대학교 석사학위논문, 1992.

김유자, 판소리 '흥부가' 연구 : '이면'과 '눈'을 중심으로, 연세대학교 교육대학원 석사학위 논문, 1994.

김익두, 창극화의 문제점,『판소리』, 전북애향운동본부, 1988.

김익두, 판소리 공연의 너름새에 대한 동작학적 시론 - 춘향가의 어사출도 대목(창 : 오정 숙, 고수 : 김동준, 1989년 3월 23일 전주공연)을 중심으로,『한국언어문학』34, 한국언어 문학회, 1995.

김익두, 판소리의 현전성과 그 연극학적 의미,『국어문학』30, 국어문학회, 1995.

金仁洙, '판소리'의 旋律構造에 관한 考察 : 심청가 중에서 인당수 대목을 중심으로,『군산 대논문집』11, 1985.

金寅濟, 李湖南 판소리 冊正 硏究, 연세대학교 석사학위논문, 1984.

김일근, 성열본 - 사본 별춘향전의 이본, 건국대학교 석사학위논문, 1978.

金正辰, 신재효 본 '박타령' 연구 : 사회적 성격을 중심으로, 외국어대학교 석사학위논문, 1990.

金鍾均, 신재효 '박타령'의 제비와 박,『碧史李佑成先生停年退任紀念 韓國國文學論叢』, 1990.

金鍾均, 申在孝 판소리 사설 '박타령' 연구 : 이중구조 및 제비와 박의 상관성,『한국외대 논문집』23, 1990.

金鍾澈, 19세기～20세기 초 판소리 변모양상 연구, 서울대학교 박사학위논문, 1993.

金俊榮, 申在孝 改作 판소리에 대하여 - '판소리의 根源'을 부침,『전라문화연구』2, 전북 향토문화연구회, 1988.

金鎭英, 춘향가 논의의 몇 가지 반성,『先淸語文』9, 서울대학교 사범대학, 1978.

김창진, 흥부 놀부의 인물성 변화과정 고찰 : '박타령'을 중심으로,『국제어문』9·10합집, 국제어문학연구회, 1989.

김태준, 신재효의 춘향가 연구,『東岳語文論集』1, 동국대학교 동악어문학회, 1965.

김학주, 중국의 강창문학과 판소리,『동아문화』6, 서울대학교 동아문화연구소, 1966.

김학주, 당악정재 판소리와 중국의 가무극 강창,『한국사상대계』1, 성균관대학교 대동문 화연구원, 1973.

김헌선, 중타령의 연구,『판소리연구』1, 판소리학회, 1989.

김현숙, 판소리 문학연구,『목원어문학』1, 목원대학교, 1979.

김현양, 신재효 판소리 사설의 변주적 특성과 그 성격 : '남창 춘향가'와 '토별가'를 중심으 로,『민족문학사연구』9, 1996.

金賢柱, 申在孝 春香歌 硏究 : 受話者의 성격과 그 기능적 의미,『서강어문』8, 서강대학교, 1992.

김현주, 판소리 唱者의 거리조정 방식과 그 기능적 의미, 『판소리연구』 5, 판소리학회, 1994.

金泓均, '흥부전'의 구성과 갈등양상 분석시론, 정신문화연구원 한국학대학원 석사학위논문, 1984.

金興圭, 판소리의 二元性과 社會史的 背景 – 申在孝와 '沈淸傳'의 경우를 中心으로, 『창작과 비평』 9 – 1, 1974.

金興圭, 판소리의 敍事的 구조, 『창작과 비평』 10 – 1, 1975.

金興圭, 판소리 연구사, 『한국학보』 7, 일지사, 1977.

金興圭, 방자와 말뚝이 – 두 전형의 비교, 『한국학논집』 5, 계명대학교 한국학연구소, 1978.

金興圭, 신재효 개작 춘향가의 판소리사적 위치, 『한국학보』 10, 일지사, 1978.

金興圭, 판소리의 사회적 성격과 그 변모, 『세계의 문학』 10, 1978.

金興圭, 판소리에 있어서 悲壯, 『口碑文學』 3, 1980.

金興圭, 판소리 및 판소리계 소설의 세계상, 『민족문화연구』 17, 고려대학교 민족문화연구소, 1983.

金興圭, 판소리의 庶民像, 『자유』 127, 자유사, 1983.

金興圭, 판소리 문학의 인물형, 『예술과 비평』 4, 1984.

金興圭, 판소리에 있어서의 비장, 『판소리』, 전북애향운동본부, 1988.

金興圭, 판소리의 장르적 성격과 浮彫, 『동양학』 20, 단국대학교 동양학연구소, 1990.

羅明淳, 판소리에 나타난 해학 : 申在孝 판소리 여섯마당의 분석적 연구, 고려대학교 교육대학원 석사학위논문, 1973.

孟澤永, '春香傳'의 生命力 : 完板 84張本을 中心으로, 『어문논총』 6 · 7합집, 청주대학교, 1989.

모정자, 판소리 소설에 대한 소고, 『청파문학』 8, 숙명여자대학교, 1968.

문학사상사, 열녀 춘향수절가, 『문학사상』 47, 1976.

문화재관리국 편, 『김연수 창본 심청가 · 홍보가 · 수궁가 · 적벽가』, 1974.

閔完基, 판소리와 '太平天下'의 相同性 硏究, 외국어대학교 석사학위논문, 1985.

朴魯春, 판소리의 근원설화와 내용, 『현대문학』 6 – 2, 현대문학사, 1960.

朴綠珠, 名唱 朴基弘 · 宋萬甲先生, 『新東亞』 110, 동아일보사, 1973.

朴明姬, 申在孝本 판소리 사설에 나타난 作家意識, 이화여자대학교 석사학위논문, 1978.

朴鳳禮, 판소리 춘향가 연구 : 丁貞烈판을 중심으로, 단국대학교 석사학위논문, 1980.

박봉례, 춘향가의 문학적 비교연구 – 정정렬판과 송만갑판을 중심으로, 『백영정병욱선생환갑기념논총』, 1982.

박영주, 판소리 사설치레의 개념과 속성, 『인문학보』 12, 강릉대학교, 1991.

朴英柱, 판소리 사설치레 연구, 성균관대학교 박사학위논문, 1992.

박일용, '심청전'의 가사적 향유양상과 그 판소리적 의미, 『판소리연구』 5, 판소리학회,

1994.

박진태, 판소리와 탈놀이의 比較發生論 : 春香歌와 河回別神굿탈놀이의 發生說話와 祭儀
　的 構造를 中心으로,『국어국문학』100, 국어국문학회, 1988.

박진태, 변강쇠가의 희극적 구조,『논문집』2 - 18, 한국국어교육연구회, 1981.

박진태, 판소리・假面劇・人形劇의 비교연구 : 죽음과 葬儀의 藝術形象化를 중심으로,
　『榮光文化』5, 대구대학교, 1982.

박황,『판소리 小史』, 신구문화사, 1983.

朴熙洵, 판소리 '春香歌'에 대한 小考, 조선대학교 석사학위논문, 1984.

方仁泰, 판소리 사설의 誇張表現樣相과 그 要因,『한국어교육』3, 1982.

裵鍾鎬, 판소리에 나타난 恨의 승화적 표현 고찰, 영남대학교 교육대학원 석사학위논문,
　1992.

배혜옥, 판소리 사설에 있어서의 常套的 表現考, 부산대학교 석사학위논문, 1980.

배혜옥, 판소리 사설에 있어서의 常套的 表現考,『어문교육논집』5, 부산대학교, 1980.

백대웅, 명창과 판소리의 미학,『세계의 문학』35, 1985.

白文鉉, 판소리 起源考,『高凰論輯』1, 경희대학교, 1977.

백현미, 창극 형성의 배경과 그 과정,『판소리연구』1, 판소리학회, 1989.

백황, 인간문화재 박초월여사,『월간문화재』7, 1980.

邊載烈, 판소리(春香歌)의 諧謔性 硏究 - 신재효본을 중심으로, 숭전대학교 석사학위논문,
　1983.

邊載烈, 판소리 '春香歌'의 諧謔性 : 申在孝本을 中心으로,『表現』7, 1984.

徐敬淑, 판소리系 板本小說硏究, 숙명여자대학교 석사학위논문, 1975.

徐鑛文, 판소리 '이면'의 역사적 이해,『국어교육연구』19, 1987.

서대석, 판소리 형성의 揷義,『우리문화』3, 1969.

서대석, 판소리와 敍事巫歌의 對比硏究,『한국문화연구원논총』34, 이화여자대학교 한국
　문화연구원, 1979.

서대석, 판소리의 전승론적 연구,『현상과 인식』3 - 3, 1979.

서대석, 성주풀이와 춘향가의 비교연구,『판소리연구』1, 판소리학회, 1989.

서연호, 창극의 현단계와 독자적인 음악극으로서의 거듭나기,『판소리연구』5, 판소리학
　회, 1994.

서인석, '장경전'의 판소리계 소설적 변모 : 박순호본 '장경전'을 중심으로,『先淸語文』18,
　서울대학교 사범대학, 1989.

서종문, '변강쇠가' 연구, 서울대학교 석사학위논문, 1975.

서종문, 변강쇠가 연구,『창작과 비평』39, 1976.

서종문, 사설시조와 판소리사설의 공통특질,『관악어문연구』1, 서울대학교, 1976.

서종문, 신재효본 '적벽가'에 나타난 작가의식,『국어국문학』72・73합집, 국어국문학회,
　1976.

서종문, 판소리의 개방성,『경남대논문집』7, 1980.

서종문, 홍보가 박사설의 생성과 그 기능,『백영정병욱선생환갑기념논총』, 1982.

서종문, 신재효 판소리 사설 연구, 서울대학교 박사학위논문, 1984.

서종문, 신재효 판소리 사설의 성격 : 1884～1984,『문학사상』146, 1984.

서종문, 판소리 운동가 신재효의 삶 : 민족 예술의 응전력,『마당』31, 1984.

서종문, 판소리의 문화적 성격,『啓明』18, 1986.

서종문, 신재효와 판소리,『판소리』, 전북애향운동본부, 1988.

서종문, 판소리의 문학적 조명,『표현』17, 1989.

설성경, 동리의 판소리 사설과 동학란 - 當時의 時代感覺,『국어국문학회』72·73합집, 1976.

설성경, 남창 춘향가의 생성적 의미,『동산신태식박사고희기념논총』, 1979.

설성경, 동리의 박타령 사설연구,『한국학논집』6, 계명대학교 한국학연구소, 1979.

설성경, 신재효 판소리 사설연구,『한국학논집』7, 계명대학교 한국학연구소, 1980.

설성경, 춘향전의 계통 연구, 연세대학교 박사학위논문, 1980.

설성경, 판소리 辭說의 屈折과 그 사회적 의미,『木花』9, 1981.

설성경, 신재효 판소리 사설의 특성,『판소리』, 전북애향운동본부, 1988.

설성경, ‘춘향가’에 나타난 우리말의 아름다움,『한글』210, 한글학회, 1990.

설성경, 판소리극의 얼개 연구,『梅芝論叢』7, 연세대학교, 1990.

설성경, 판소리란 무엇인가,『연세』30, 연세대학교, 1990.

설중환,『판소리사설연구』, 국학자료원, 1994.

成賢慶, 판소리의 갈래 연구,『동아연구』20, 서강대학교, 1990.

成賢慶, 申在孝의 春香歌 연구(1) : 童唱 春香歌의 세계 및 그 개작의 원리와 방향,『인문 논총』2, 서강대학교, 1993.

성현자, 판소리와 중국 강창문학의 대비연구,『진단학보』53, 1982.

손낙범, 申在孝와 변강쇠傳,『美術界』1 - 1, 1958.

송기찬, 판소리 특성 연구 : 판소리 사설지도 시론, 전북대학교 교육대학원 석사학위논문, 1992.

송순강, 완본 열녀춘향수절가와의 비교,『한국언어문학』17, 한국언어문학회, 1979.

宋純廷, 판소리계 소설에 나타난 여성인물 연구, 이화여자대학교 교육대학원 석사학위논 문, 1993.

송팔성, 신재효본 판소리 사설의 생산적 성격 고찰,『공군사관학교논문집』36, 1995.

신경림, 판소리와 동학 고장의 민요들,『민요기행』1, 1985.

申東一, 심청전 研究 : 巫歌·판소리 및 根源說話를 중심으로, 서울대학교 석사학위논문, 1969.

申明熹, 申在孝 판소리 사설의 국어학적 연구, 전북대학교 석사학위논문, 1988.

辛永吉, 傳統文化와 판소리 이해,『자유』117, 자유사, 1982.

辛永吉, 판소리 풀이(Ⅱ) · 판소리 唱法用語의 해설,『자유』122, 자유사, 1983.

申在孝,『판소리사설집』, 민중서관, 1971.

申在孝,『한국판소리 全集』, 端文堂, 1979.

辛宗漢, 한국 근대소설의 판소리 서술양식 수용 : 채만식 · 김유정의 소설을 중심으로,『단국대논문집』27, 1993.

申昌淳, 完版本 春香歌 註釋 研究,『어문논집』4, 중앙대학교, 1966.

申泰三,『처녀총각 난봉가』, 世昌書館, 1950.

申香淑, 판소리 辭說에 나타난 批判意識研究 - 申在孝本 판소리를 中心으로, 건국대학교 석사학위논문, 1987.

安圻洙, 春香傳 辭說의 通時的 屈折樣相 研究, 중앙대학교 석사학위논문, 1990.

安聖培, 판소리계 소설의 主題 研究, 동국대학교 석사학위논문, 1977.

梁在植, 신재효 연구 : 연극사적 측면에서, 단국대학교 석사학위논문, 1991.

呂運弼, 李春風傳과 판소리의 관련 연구,『부산여대논문집』24, 1987.

吳榮植, 申在孝 改作 ‘春香歌’ 研究 : 童唱의 판소리的 性格을 中心으로, 중앙대학교 석사학위논문, 1986.

吳宗根, ‘赤壁歌’ 異本攷 - 申在孝本과 異本을 중심으로,『원광대대학원논문집』5, 1990.

유기룡, 판소리의 감상,『월간 향토』5, 1971.

유기룡, 판소리의 유파적 고찰,『월간 문화재』2 - 6, 1972.

유기룡, 판소리고법,『월간 문화재』7 - 10, 1977.

유덕웅, 장끼전 논고,『문학』4, 경기대학교, 1969.

柳宣茂, 판소리 小說의 人物行動에 관한 研究 - 性의 表現을 중심으로, 건국대학교 박사학위논문, 1989.

劉信,『판소리 예술론』, 삼호출판사, 1991.

유영대, 판소리의 변모와 전개,『政經文化』219, 한국정경연구소, 1983.

유영대, 심청가의 전승맥락과 비장,『又石語文』4, 우석대학교, 1987.

유영대, 판소리 논문의 현황분석,『문화예술』110, 한국문화예술진흥원, 1987.

유영대, 심청가의 형성과 전승계보,『판소리』, 전북애향운동본부, 1988.

유영대, 심청전 완판과 송동본의 성격,『우석문화』5, 전주우석대학교, 1989.

유영대, 신재효본 ‘박타령’의 특징,『한글』210, 한글학회, 1990.

유영대, 판소리의 소설적 전개,『又石語文』8, 우석대학교, 1993.

유영대, ‘장승상부인’ 대목의 첨가에 대하여,『판소리연구』5, 판소리학회, 1994.

유용주, 판소리의 文學性 - 裵裨將傳을 中心으로,『성대문학』10, 성균관대학교 국문학회, 1964.

柳在泳, 판소리 문학의 집대성 桐里 申在孝,『전북인물지(상권)』, 전북애향운동본부, 1983.

유해정, 판소리의 종합적 분석 - 전통예술의 이해,『淸大春秋』26, 청주대학교, 1982.

尹光鳳, 宋晩載의 ‘觀優處’ 證釋 : 단가와 판소리를 중심으로,『제주대논문집(인문 · 사회과학편)』17, 1984.

尹錫俊, 春香歌 어사출도 대목의 傳承과 變異, 정신문화연구원 한국학대학원 석사학위논문, 1987.

윤성근, 완판본 '열녀춘향 수절가' 연구,『어문학』16, 한국어문학회, 1967.

윤용식, 신재효 판소리 사설과 이해조 판소리계 작품과의 비교연구, 서울대학교 석사학위논문, 1982.

尹用植, 春香歌의 揷入歌謠硏究(1) : 變異樣相을 중심으로,『한국방송통신대논문집』1, 1983.

윤혜준, 판소리의 음악적 구조 연구, 연세대학교 석사학위논문, 1989.

李家源, 春香歌가 明曲에서 받은 影響 - 주로 三元記 還魂記에서,『국어국문학』34·35합집, 국어국문학회, 1967.

이강연, 판소리와 탈춤의 演行 상황에 따른 문학적 비교,『한국민속학보』4, 한국민속학회, 1994.

이강엽, 판소리 사설의 문체 연구, 연세대학교 석사학위논문, 1988.

이강엽, 신재효 '퇴별가'의 풍자적 특성과 계층갈등,『원우론집』20, 연세대학교, 1993.

이경복, 심청가·심청전·심청굿의 차이점 고찰 - 그 내용을 중심으로,『새국어교육』18~20, 1974.

李慶馥, 굿 판소리 소설의 비교연구 - 文體論을 中心으로,『어문학』7, 명지대학교, 1975.

李京姬, 판소리 音樂에 관한 고찰 : 韓國舞踊 音樂에 있어서의 접근, 부산여자대학교 석사학위논문, 1991.

이국자, 판소리의 구조,『인문논총』11, 전북대학교, 1981.

이국자, 보성소리 연구,『국어문학』22, 전북대학교, 1982.

이국자, 판소리 硏究序說 : 作用美學·解釋學的 接近을 위하여,『인문논총』11, 전북대학교, 1983.

李菊子, 판소리의 解釋學的 硏究, 전북대학교 박사학위논문, 1983.

이국자, 송판 적벽가,『인문논총』14, 전북대학고, 1984.

이국자,『판소리 예술미학』, 나남, 1989.

이국자, 판소리 序說 - 음성언어적 접근을 위해,『애산학보』9, 1990.

이규봉, 창본 춘향가에 나타난 창에 대한 고찰, 연세대학교 석사학위논문, 1987.

이규호, 판소리 春香歌 比較 硏究 - 辭說 長短을 中心으로, 중앙대학교 석사학위논문, 1985.

이규호, 판소리 文體의 一考察,『판소리연구』2, 판소리학회, 1989.

이규호, 판소리 붙임새 용어 연구, 중앙대학교 석사학위논문, 1992.

李基班, 權三得과 판소리,『광장』59, 세계평화교수협의회, 1978.

李基班, 판소리와 무속에서 본 뿌리,『서울여다』13, 1983.

李基班, 판소리의 大名唱 權三得,『전북인물지(중권)』, 전북애향운동본부, 1983.

李基班, 판소리의 한 考察 : 根本問題를 中心으로,『表現』17, 1989.

이기우, 명창론,『판소리』, 전북애향운동본부, 1988.

이기우・최동현,『판소리의 지평』, 도서출판 신아, 1990.

이기우, 호남지역 판소리의 민족음악적 연구,『민족음악학보』6, 한국민족음악학회, 1991.

이능우・이두현・강한영・김학주・김우탁, 판소리의 장르문제 심포지엄,『동아문화』6, 서울대학교 동아문화연구소, 1966.

이능우, 판소리 이제 분석,『새터강한영선생화갑기념논문집 한국판소리 고전문학연구』, 아세아문화사, 1983.

이동근, 판소리 전승에 관한 편견,『새터강한영선생화갑기념논문집 한국판소리 고전문학연구』, 아세아문화사, 1983.

李杜鉉, 판소리는 演劇이요 또 戲曲이다 - 第5回東洋學심포지움 槪要,『동아문화』6, 서울대학교 동아문화연구소, 1966.

李明振, '판소리 사설과 신소설 관계 연구' : 심청가와 혈의 누를 중심으로,『高凰論輯』3, 경희대학교, 1988.

李秉岐,『校註 가루지기 타령』, 국제문화사, 1949.

이보형, 무가・판소리・산조에서 엇모리가락 비고,『이혜구박사송수기념 음악학논총』, 1969.

이보형, 판소리 경드름에 관한 연구,『서낭당』1, 한국민속예술연구소, 1971.

이보형, 판소리 권삼득 설렁제,『석주선교수회갑기념논총』, 1973.

이보형, 판소리 염계달 추천목록,『이은상고희기념 민족문화논총』, 1973.

이보형, 판소리 전승의 방향,『드라마』5, 1973.

이보형, 金演洙 판소리 音樂論,『문화재』8, 문화재관리국, 1974.

이보형, 판소리 팔명창 음악론,『문화재』8, 문화재관리국, 1974.

이보형, 판소리 사설의 극적상황에 따른 장단・조의 구성,『예술원논문집』4, 1975.

이보형, 임방울과 김연수,『뿌리깊은나무』, 1977.

이보형, 판소리 부침새에 나타난 리듬론,『장사훈박사회갑기념 동양음악논총』, 1977.

이보형, 판소리의 명창들,『음악동아』1월호, 동아일보사, 1984.

李相原, 판소리의 敍事 形態와 그 機能 : 唱 아니리의 特性, 고려대학교 석사학위논문, 1989.

이상택, 조선후기 중인층의 판소리 문학,『한국문화』13, 서울대학교, 1992.

이성연, 동리 신재효의 생애와 작품의 한계성,『한국언어문학』16, 한국언어문학회, 1978.

李松, 판소리의 演劇性에 關한 研究, 중앙대학교 석사학위논문, 1989.

이수봉,『晚華本 春香歌와 龍潭錄』, 경인문화사, 1994.

이수웅, 심청가와 강창문학과의 관계고,『안동문화』3, 안동대학교, 1982.

이연성, 판소리의 文學考,『한국어문학연구』9, 숙명여자대학교, 1969.

이원수, 판소리 허두가의 성격과 기능,『새터강한영선생화갑기념논문집 한국판소리 고전문학연구』, 아세아문화사, 1983.

이윤석, '춘향전'(완판84장본) 주석의 몇 가지 문제에 대하여,『여성문제연구』16, 효성여자
  대학교, 1988.

李殷子, 판소리 長短에 관한 연구, 연세대학교 석사학위논문, 1981.

李銀熙, 春香歌의 역사적 변모와 그 의미, 이화여자대학교 석사학위논문, 1984.

李義慶, 판소리와 오페라의 예술적 接近 - 東과 西,『한바다』12, 1978.

李周永, 판소리의 귀명창 연구, 전북대학교 교육대학원 석사학위논문, 1991.

李椿植, 唱樂의 연구, 경희대학교 석사학위논문, 1968.

李判載, 판소리에 나타난 諧謔과 사회성연구 - 토별가·춘향가·박타령을 중심으로, 연세
  대학교 석사학위논문, 1975.

이헌홍, 심청가의 구성방식과 전승구조,『한국문학논총』3, 부산대학교, 1980.

이헌홍, 심청가의 상투적 표현단위에 대하여,『민족문화』3, 동아대학교 민족문화연구소,
  1981.

이헌홍, 수궁가 구조 연구(1),『한국어문논총』5 한국문학회, 1982.

이헌홍, 판소리의 포뮬에 대하여,『한국민속학』15, 민속학회, 1982.

이헌홍, 수궁가 구조 연구(2),『국어국문학』20, 부산대학교, 1983.

이혜구, 판소리의 소리와 아니리,『한국음악논총』, 수문당, 1976.

이혜구, 宋晩載의 觀優戱,『판소리연구』1, 판소리학회, 1989.

이휘정, '춘향전'의 구성적 연구, 연세대학교 교육대학원 석사학위논문, 1971.

印權煥, 토끼전의 비교 考察 : 京版 完版 가람本 토별가를 중심으로,『인문논집』29, 고려
  대학교, 1984.

印權煥, 수궁가의 삽입설화考,『인문논집』30, 고려대학교, 1985.

印權煥, 수궁가의 형성과 창가의 전승계보,『배달말』11, 서울시립대학교, 1986.

印權煥, 판소리 사설 '약성가' 고찰 - '수궁가'를 중심으로,『문학한글』1, 한글학회, 1987.

印權煥, 수궁가 東便制와 江山制,『민족문화연구』25, 고려대학교 민족문화연구소, 1992.

印權煥, 失傳 판소리의 諸問題,『고려대학교 한국학연구소 제2회 한국학 학술대회』, 1995.

林東喆, 판소리 연구 - 그 演戱를 中心으로, 서울대학교 석사학위논문, 1974.

林東喆, 판소리 배우론,『판소리연구』1, 판소리학회, 1975.

林東喆, 판소리의 특질에 대한 분석 考察,『開新語文研究 』1, 개신어문연구원, 1981.

林東喆, 판소리 장르의 재검토,『청주대사대논문집』12, 1983.

林東喆, 판소리系 小說의 唱劇化 過程,『인문학지』4, 충북대학교, 1989.

林東喆, 판소리系 小說의 形成과 展開樣相 연구, 청주대학교 박사학위논문, 1990.

임명진, 판소리 사설의 구술성과 전승원리,『국어문학』30, 국어문학회, 1995.

임명진, 판소리 장단의 몇 가지 문제,『한글문화』9, 한글학회, 1995.

林敏惠, 정정렬제 '춘향가' 사설 연구, 전북대학교 석사학위논문, 1993.

임성래, 판소리의 서사구조에 대한 단견 : 흥부전을 중심으로,『남도문화연구』3, 1991.

임진택, 이야기와 판소리,『실천문학』2, 실천문학사, 1981.

장석규, 판소리 더늠의 개념문제,『국어교육연구』24, 경북대학교, 1992.

장석규, 신재효의 '허두가'에 나타난 문제의식,『문학과 언어』15, 문학과 언어연구회, 1994.

張錫洪, 판소리에 나타난 上層志向性 연구, 한국교원대학교 석사학위논문, 1993.

장영한, 판소리의 전승과정에 관한 고찰 : 제비노정기에 기하여, 중앙대학교 석사학위논문, 1991.

장주근, 한국의 판소리와 강창문학,『어문학』2, 경기대학교, 1981.

張鎭午, 판소리 辭說의 구조적 특징과 희극성 연구, 중앙대학교 석사학위논문, 1987.

장효운, 전봉준을 위하여 - 동학농민혁명 현잔 판소리 전봉준,『자유세계』, 홍문사, 1993.

전경욱, 탈춤과 판소리의 연행문학적 성격 비교, 정신문화연구원 한국학대학원 석사학위논문, 1984.

전경욱, 명창따라 창작·개작된 사랑가 : 춘향가 춘향전 이본 18종 연구,『문화예술』117, 한국문화예술진흥원, 1988.

전경욱, 청중의 취향이 삽입된 판소리 가요 : 시조 12가사 12잡가 가면극 민요 무가와의 교섭양상(1~3),『문화예술』117~119, 한국문화예술진흥원, 1988.

전경욱, 판소리가요의 사설과 장단,『문화예술』120, 한국문화예술진흥원, 1988.

전경욱, 판소리 唱者論,『한국민속학』21, 민속학회, 1988.

전미숙, 심청전고 - 심청굿과 심청가를 위주로 하여,『어문논집』14, 중앙대학교, 1979.

전북애향운동본부,『판소리』, 전북애향운동본부, 1988.

田山, 諸宮調와 판소리의 敍事的 構造考,『중어중문학보』2, 성균관대학교, 1985.

全相慶, 金演洙本 '심청가'의 성격 고찰 : 申在孝本 '심청가'와의 비교를 중심으로,『문학과 언어』15, 문학과 언어연구회, 1994.

全信宰, 판소리 辭說의 장르,『한림대논문집』4, 1986.

鄭慶燮, 판소리의 構造的 特性 硏究, 단국대학교 석사학위논문, 1982.

정경혜, 판소리계 소설에 나타난 여성인물에 대한 고찰, 계명대학교 석사학위논문, 1985.

鄭光朝, 판소리 발생연구, 경희대학교 석사학위논문, 1979.

정병욱, 판소리와 불교,『法施』60, 1972.

정병욱, 매화전 해제 - 또 하나의 판소리계 소설,『한국학보』5, 일지사, 1976.

정병욱, 왈자타령,『뿌리깊은 나무』, 1976.

정병욱, 판소리 사설의 작가는 누구인가,『문예사상』94, 1980.

정병욱,『한국의 판소리』, 집문당, 1981.

정병욱, 판소리의 사실성과 서민정신,『판소리연구』1, 판소리학회, 1989.

정병헌, 춘향전을 통해서 본 신재효의 작가의식, 서울대학교 석사학위논문, 1979.

정병헌, 심청가 연구,『선청어문』11, 서울대학교 사범대학, 1980.

정병헌, 신재효 판소리 사설 연구의 반성과 방향,『국어국문학』25, 전북대학교, 1985.

정병헌,『신재효 판소리 사설의 연구』, 평민사, 1986.

정병헌, 신재효 판소리 사설의 형성 배경과 작품세계, 서울대학교 박사학위논문, 1986.

정병헌, 판소리의 형성과 변모,『판소리』, 전북애향운동본부, 1988.

정병헌, 형성시대의 판소리 논고,『선청어문』16·17합집, 서울대학교 사범대학, 1988.

정병헌, 전성시대의 판소리 논고,『선청어문』18, 서울대학교 사범대학, 1989.

정병헌, 판소리 형성과 변화,『판소리연구』1, 판소리학회, 1989.

정병헌, 신재효본 '토별가'의 구조와 언어적 성격,『한글』210, 한글학회, 1990.

정병헌, 판소리 인물과 이중적 평가,『어문논총』14·15합집, 전남대학교 국어국문학연구
    회, 1994.

정상균, 신재효 문학 연구,『태릉어문연구』5·6합집, 서울여자대학교, 1995.

鄭相珍, 雍固執傳의 庶民意識과 판소리로서의 失傳考,『국어국문학』23, 부산대학교,
    1986.

鄭丞宰, 판소리 '水宮歌'에 나타난 喜劇性 고찰, 동국대학교 석사학위논문, 1993.

정양·유영대, 전북 판소리의 전승에 관한 조사 연구,『전주우석대논문집(인문·사회편)』
    12, 1990.

정양, 전북 판소리 전승에 관한 조사연구,『판소리연구』2-2, 전주우석대학교, 1991.

鄭允熙, 판소리 辭說의 劇的要素에 관한 연구, 연세대학교 교육대학원 석사학위논문,
    1983.

鄭正燮, 판소리 '아니리'의 性格과 機能, 경북대학교 교육대학원 석사학위논문, 1992.

정종모, '춘향가'의 변이양상과 역사적 성격에 관한 연구 : 19~20세기 판소리 사설을 중심
    으로, 연세대학교 석사학위논문, 1993.

鄭忠權, 판소리 挿入歌謠의 挿入樣相 硏究, 서울대학교 석사학위논문, 1989.

정하영, 신재효 개작 판소리 사설 '심청가',『문학사상』146, 1984.

정하영, 조선창극사의 성격과 의의,『판소리연구』5, 판소리학회, 1994.

조기영, 신재효 판소리 사설 삽입시의 수용적 의미 : '춘향가'(남창)을 중심으로,『어문학』
    21, 연세대학교, 1988.

趙東一, 판소리의 장르규정,『어문논집』1, 계명대학교 국어국문학회, 1969.

趙東一, 고대소설 판소리 연구사,『국어국문학』58~61합집, 국어국문학회, 1972.

趙東一·김흥규,『판소리의 이해』, 창작과 비평사, 1978.

趙東一, 판소리사설 재창조 점검,『판소리연구』1, 판소리학회, 1989.

曺在鐵, 판소리 硏究, 원광대학교 석사학위논문, 1988.

趙喜卿, 申在孝 판소리 辭說의 女性人物 考察, 경희대학교 교육대학원 석사학위논문,
    1993.

陳奉圭,『판소리의 이론과 실제』, 修書院, 1984.

千二斗, 恨과 판소리,『文學思想』146, 1984.

千二斗, 시김새와 이면에 대하여,『판소리』, 전북애향운동본부, 1988.

千二斗, 연창 예술로서의 판소리와 일본 가타리모노의 비교,『민족음악학보』7, 한국민족
　　음악학회, 1993.
千二斗,『판소리 명창 임방울』, 현대문학사, 1994.
崔京桓, 完板 84장본 '열여춘향슈졀가' 多聲性 연구, 서강대학교 석사학위논문, 1993.
崔光鉉, 晚華本 '春香歌' 硏究, 한림대학교 석사학위논문, 1993.
崔南植, 판소리 적벽가에 관한 연구, 원광대학교 석사학위논문, 1984.
최내옥, 판소리 연구의 전망과 반성,『한국학보』35, 일지사, 1984.
최동현, 판소리의 한문사설에 대한 소고,『인문논총』12, 전북대학교, 1983.
최동현, 민속음악의 장단에 있어서 '맺음'과 '품'에 관하여,『민족음악학보』1, 한국민족음
　　악학회, 1987.
최동현, 판소리 연구사,『판소리』, 전북애향운동본부, 1988.
최동현, 판소리의 민족음악학적 연구서설,『민족음악학보』2, 한국민족음악학회, 1988.
최동현, 판소리 장단연구,『판소리』, 전북애향운동본부, 1988.
최동현, 판소리 硏究의 反省과 展望,『表現』17, 1989.
최동현, 판소리의 민족음악학적 연구, 전북대학교 박사학위논문, 1989.
최동현, 全北 판소리의 展開(上),『전라문화논총』3, 전북대학교 전라문화연구소, 1989.
최동현, 全北 판소리의 展開(下),『전라문화논총』4, 전북대학교 전라문화연구소, 1990.
최동현, 판소리 장단연구,『판소리의 지평』, 도서출판 신아, 1990.
최동현,『판소리 연구』, 문학아카데미사, 1991.
최동현, 판소리 장단의 붙임새에 관하여,『판소리연구』2, 판소리학회, 1991.
최동현, 전라북도 북부지역 판소리 북가락과 고법에 관한 연구,『판소리연구』3, 판소리학
　　회, 1992.
최동현, 탈속한 소리꾼 - 명창 정권진의 생애와 예술,『민족음악학보』6, 한국민족음악학
　　회, 1992.
최동현, 다정다감했던 예인 명고수 이정업의 생애와 예술,『민족음악학보』8, 한국민족음
　　악학회, 1993.
최동현, 김동준의 생애와 예술,『동리연구』2, 동리연구회, 1994.
최동현, 서술과 구성의 소리 - 명창 이일주의 생애와 예술,『민족음악학보』8, 한국민족음
　　악학회, 1994.
최동현, 보성소리의 몇 가지 문제,『한글문화』9, 한글학회, 1995.
최동현, 보성소리의 판소리적 지향,『국어문학』30, 국어문학회, 1995.
최동현, 장월중선의 생애와 예술,『민족음악학보』9, 한국민족음악학회, 1995.
최동현, 개화기의 판소리,『소라허형석박사화갑기념논문집 국어국문학연구』, 1996.
최동현, 김소희의 예술세계,『동리연구』3, 동리연구회, 1996.
최내옥, 판소리 연구의 전망과 반성,『한국학보』35, 일지사, 1984.
최문화, 방각본 심청전 연구, 고려대학교 교육대학원 석사학위논문, 1976.

최수영, 판소리계 소설을 통해 본 근대의식의 맹아, 연세대학교 석사학위논문, 1984.

崔洵圭, 판소리 生成의 歷史性과 傳承의 地域生, 안동대학교 석사학위논문, 1993.

崔勇男, 文學的으로 본 신재효 판소리 辭說 硏究 - 적벽가·토별가·박타령을 중심으로, 전북대학교 석사학위논문, 1983.

최용남, 신재효본 토별가 연구, 『한국언어문학』 29, 한국언어문학회, 1991.

최원식, 배뱅이굿 연구, 『최정여박사송수기념 민속어문논총』, 1983.

崔原午, 鬼神說話가 서사무가와 판소리에 수용된 양상 연구, 서울대학교 석사학위논문, 1993.

崔利子, 변강쇠가에 나타난 諧謔과 民俗의 考察, 『전주대논문집』 13, 1985.

최장봉 편, 『(新作) 판소리集』, 한국예술문화진흥원, 1976.

최전승, 19세기 후기 전라방언 자료의 表記法 에 대하여 - 完版本 古小說과 申在孝의 '판소리 사설'을 중심으로, 『전북대어학』 12, 1985.

최정락, 열녀 춘향수절가에 나타난 골계의 양상과 구조적 기능, 경북대학교 석사학위논문, 1983.

최정만, 판소리문학 연구서설 - 장르 파악을 위한 시고, 『先淸語文』 4, 서울대학교 사범대학, 1973.

최정선, 판소리 '심청가'의 연구, 원광대학교 석사학위논문, 1984.

최정선, 판소리의 추임새, 『판소리』, 전북애향운동본부, 1988.

최정선, 판소리의 전승원리와 오늘의 현실, 『表現』 17, 1989.

최정선, 판소리의 연행예술적 연구, 원광대학교 박사학위논문, 1990.

崔正如, 판소리 형태와 그 성립, 중앙대학교 석사학위논문, 1970.

최종민, 판소리 교수법의 모색, 『판소리연구』 1, 판소리학회, 1989.

崔鍾浩, 판소리 辭說의 表現 樣相, 강원대학교 교육대학원 석사학위논문, 1988.

崔珍源, 판소리의 獻化性 - 槿負歌, 『성대문학』 9, 성균관대학교 국문학회, 1962.

崔珍源, 판소리 문학고 - 春香傳의 合理性과 不合理性, 『대동문화연구』 2, 성균관대학교, 1966.

崔珍源, 판소리 문학의 공동성, 『성대문학』 12, 성균관대학교 국문학회, 1966.

崔次郎, 申在孝本 '퇴별가'의 作家意識 硏究, 동아대학교 교육대학원 석사학위논문, 1988.

최태환, '토별가'에 나타난 신재효의 현실인식, 경남대학교 교육대학원 석사학위논문, 1994.

판소리학회 편, 『판소리연구』 제1집, 新丘文化社, 1975.

판소리학회, 『판소리 다섯마당』, 한국브리태니커, 1982.

韓沃根, 판소리의 綜合藝術性에 대한 硏究, 조선대학교 석사학위논문, 1979.

韓長春, 申在孝의 판소리 사설에 나타난 俗談考, 고려대학교 교육대학원 석사학위논문, 1988.

한희수, 완판 춘향전의 주제, 『한남어문학』 17·18합집, 한남대학교 국어국문학과, 1992.

허낙만, 판소리文學의 諧謔性 硏究, 경희대학교 석사학위논문, 1984.

허정석, 신재효의 문학고 - 春香傳 男唱 女唱을 中心으로,『국어문학』5 - 1, 전북대학교, 1956.
洪淳一, 판소리 短歌의 연구, 충남대학교 석사학위논문, 1992.
洪淳鐸, 판소리,『새전남』112, 1977.
洪顯植, 판소리 홍보가의 연구,『전북대문리대논문집』1, 1974.
洪顯植, 南道 廣大의 판소리 : 李善有의 唱本을 중심으로,『文藝振興』56, 한국문예진흥원, 1980.
홍희자, 배비장 연구,『청파문학』3, 숙명여자대학교, 1963.
황경숙, 판소리 사설의 서사적 양상과 그 특성,『국어국문학』29, 부산대학교, 1992.

11) 문학 일반

강경화, 김환태 비평론 연구, 성균관대학교 석사학위논문, 1994.
강상대, 김환태 연구, 단국대학교 석사학위논문, 1989.
권성우, 한국근대문학비평에 나타난 '타자의 現象學'연구(1) : 김환태의 비평을 중심으로,『세계의 문학』68, 1993.
金東洙, 전북문학의 발자취와 오늘의 실태 : 同人活動을 중심으로,『국어교육』75 - 76, 1991.
金滿坤, 전북 임실 필봉리 禁忌談考,『月山任東權頌壽紀念論文集 국어국문학편』, 1986.
김양옥, 김환태 비평 연구, 연세대학교 석사학위논문, 1984.
김춘식, 과도기적 유형으로서의 김환태의 비평 연구,『東國大東院論集』5, 1992.
김태웅, 김환태 비평 연구, 홍익대학교 석사학위논문, 1987.
김태웅, 김환태의 실제비평에 대하여,『홍익어문』8, 1989.
박대호, 갑오민중항쟁의 문학적 형상화와 쟁점,『호남사회연구』창간호, 호남사회연구회, 1993.
朴順浩, 泰仁 茶泉寺의 '作法'에 대하여,『전라문화연구』2, 전북향토문화연구회, 1988.
朴鍾洙, 남원문학의 현주소 : 지방문학(9),『月刊文學』231, 월간문학사, 1988.
白楊林, 全北文壇의 現況 - 全州 群山 裡里 南原 金堤를 中心으로,『自由文學』4 - 2, 한국자유문학가협회, 1959.
양혜경, 김환태의 표현론적 문학론,『국어국문학논문집』11, 동아대학교, 1992.
오홍진, 김환태 비평의 담론분석적 연구,『대전어문학』13, 1996.
柳權錫, '悲劇的 英雄譚'의 構造 分析 :『三國史記』列傳 소재 弓裔・甄萱을 중심으로, 전주우석대학교 석사학위논문, 1993.
유재영, 菊軒의 문학과 사상,『조두현교수화갑기념논문집』, 1985.
李基班, 전북지방의 문학동인 활동,『전라문화연구』3, 전북향토문화연구회, 1988.
이기철, 1930년대 전반기 詩論의 主流 : 박용철・김기림・김환태의 시론,『국어국문학연구』21, 영남대학교, 1993.

李轍均, 전북문단사,『詩文學』35 - 6, 시문학사, 1974.

임헌영, 지리산과 분단문학,『녹지』22, 중앙대학교, 1988.

張世珍, 朝鮮의 國學살린 忠直 李思哲,『전북인물지 7』(전북신서 11), 전북애향운동본부, 1992.

鄭炳禹, 全北文壇報告 - 地方文壇의 現況,『現代文學』4 - 8, 1958.

鄭義泓, 1930년대 예술비평 연구 : 金煥泰 비평에 대하여,『인문과학논문집』21, 대전대학교, 1995.

丁益燮, 湖南의 女流風流考,『國語文學』25, 전북대학교, 1985.

丁益燮, 湖南歌壇에서의 河西 金麟厚의 位置,『동양학』17, 단국대학교 동양학연구소, 1987.

丁益燮, 金麟厚文學의 基調와 鄭澈文學,『어문연구』21, 어문연구회, 1991.

정인문, 김환태의 인상주의 비평,『동아어문논집』1, 1991.

鄭後洙, 偶丁 林圭연구,『한성어문학』11, 한남대학교 국어국문학과, 1992.

鄭後洙, 偶丁 林圭의 근대문화사적 역할,『동양고전연구』1, 동양고전학회, 1993.

趙麒永, 河西 金麟厚의 理語詩 硏究,『인문학연구』29, 강원대학교, 1991.

趙鍾業, 백제 한문학연구의 회고와 전망,『백제연구』15, 충남대학교 백제연구소, 1984.

최삼룡, 頤齋 黃胤錫의 문학연구,『이재 황윤석 - 영·정시대의 호남실학』(대우학술총서), 민음사, 1994.

崔勝範, 藝術至上主義의 評論家 金煥泰,『전북인물지 6』(전북신서 10), 전북애향운동본부, 1991.

(2) 국어학

1) 방언

강병희, 순창방언의 음운론적 연구, 연세대학교 교육대학원 석사학위논문, 1991.

권병로, 무주지역어의 음운론적 연구, 전북대학교 석사학위논문, 1979.

권병로, 茂朱方言의 Umulaut 現狀,『군산대논문집』6, 1983.

권병로, 茂朱方言의 二重母音,『어학연구』4, 군산대학교 어학연구소, 1985.

권병로, 茂豊방언의 音韻 변화에 관한 연구,『어학연구』6, 군산대학교 어학연구소, 1987.

권병로, 茂朱郡의 言語調査,『全州大博物館報告書』, 1988.

권병로, 全羅·慶尙 接觸地域語의 音韻現象(1),『어학연구』8, 군산대학교 어학연구소, 1989.

권병로·소강춘, 고군산열도 지역어의 음운론적 연구(1) : 선유도와 어청도를 중심으로,

『어학연구』 9, 군산대학교 어학연구소, 1991.

권병로·박희석, 서해 도서지방의 방언 연구 : 고군산 군도를 중심으로,『국어교육』 77·
　78합집, 1992.

권병로, 全羅·慶尙 接觸地域語의 音韻現象(2),『李圭唱博士停年記念論叢』, 1992.

권병로·소강춘, 고군산열도 지역어의 음운론적 연구(2) : 선유도와 어청도를 중심으로,
　『어학연구』 11, 군산대학교 어학연구소, 1993.

권병로, 古群山群島의 어휘분화에 대한 일고찰,『소라허형석박사화갑기념논문집 국어국
　문학연구』, 군산대학교, 1996.

김규남, 扶安 地域語의 音韻論的 硏究 : 制約과 規則의 類型을 中心으로, 전북대학교 석
　사학위논문, 1987.

김규남, 전북방언의 ㅂ 불규칙 활용과 재구조화,『어학』 18, 전북대학교 어학연구소, 1991.

金滿坤, 全羅方言 隨感,『도정』 7, 1967.

김선철, 전북 지역어의 P어간＋모음어미 '음운론과 P음운 삭제'의 음운론,『언어연구』 7·
　8합집, 서울대학교, 1993.

金新成, 이리방언 운소 연구, 연세대학교 교육대학원 석사학위논문, 1985.

金五次, 春香傳에 나타난 全羅道 方言硏究 : 音韻論 中心으로, 경희대학교 석사학위논문,
　1976.

金玉花, 高敞方言의 이중모음에 대한 통시적 연구, 서울대학교 석사학위논문, 1994.

김웅배, 전라방언의 존대소 '－게－'에 대하여,『어문논총』 10·11합집, 전남대학교, 1989.

김장욱, 全州 地域語의 Umlaut 硏究, 원광대학교 석사학위논문, 1987.

金鍾鎭, 全北 益山 地域語의 音韻論的 硏究, 전주대학교 석사학위논문, 1989.

金鍾塤, 井邑地方의 方言硏究,『文耕』 8, 중앙대학교, 1959.

김중진, 전북 고창 지역어의 경어법 연구,『국어문학』 18, 전북대학교, 1976.

김중진, 전북 고창 지역어의 경어법 연구, 전북대학교 석사학위논문, 1976.

김중진, 전북 서남 방언의 종결어미,『국어문학』 24, 전북대학교, 1984.

김해정, 전북 익산 방언의 음운학적 연구, 전북대학교 석사학위논문, 1977.

김해정, 전북 익산 방언의 기초 어휘조사연구,『국어문학』 19, 전북대학교, 1979.

김해정, 전북 七寶 방언연구,『전주우석대논문집』 3, 1981.

金海正·孫周一·李氣銅, 全北 任實方言 硏究,『전주우석대논문집』 4, 1982.

金海正, 全北 仙遊島 方言 硏究,『韓國言語文學』 26, 1988.

金海正, 전북 위도 방언의 음운과 어휘,『인문논총』 2, 우석대학교, 1989.

김형규, 全羅南北道 方言 調査硏究,『문교부연구보고서(어문학계)』 2－13, 1970.

김형규, 전라남북도 방언 연구,『학술원논문집』 10, 1971.

都守熙, 馬韓語에 관한 연구(2),『논문집』 15－1, 충남대학교 인문과학연구소, 1988.

文孝根, 남부 방언의 비교연구－그 중 音律音素에 대하여,『연세논총』 6, 연세대학교 대학
　원, 1969.

朴英子, 春香傳에 나타난 方言에 對하여,『청파군학』, 숙명여자대학교, 1963.

박종희, 全北 沃溝郡의 方言,『향토문화연구』3, 원광대학교 향토문화연구소, 1986.

소강춘, 남원 지역어의 음운론적 연구, 전북대학고 석사학위논문, 1983.

소강춘, 움라우트 현상에 의한 전북방언의 공시적 분화상에 대하여,『어학』15, 전북대학교 어학연구소, 1988.

소강춘, 전북방언의 모음조화 현상에 의한 공시적 언어분화에 대하여,『국어국문학』99, 국어국문학회, 1988.

소강춘, 전북방언의 공시적 언어분화에 관한 연구 : 모음에 관련된 음운규칙과 형태소 구조제약을 중심으로, 전북대학교 박사학위논문, 1989.

沈昞起, 임실 지역어의 음운론적 연구, 전북대학교 교육대학원 석사학위논문, 1985.

李圭昌, 全北方言硏究,『어학연구』3, 군산대학교, 1984.

李氣銅, 全北 扶安地域語의 音韻論的 考察,『인문논총』2, 우석대학교, 1989.

李吉宰, 남원지역 방언의 음운변화에 대한 연령별 연구 : 이야기 구술(Narrative)을 중심으로, 전북대학교 석사학위논문, 1991.

李相信, 長水地域語의 音韻論的 硏究, 전북대학교 석사학위논문, 1983.

이승재, 남부방언의 형식명사 ‘갑’의 문법,『방언』4, 한국정신문화연구원 어문연구실, 1980.

이승재, 全北方言의 硏究와 特徵에 대하여,『국어생활』8, 1987.

李龍豪, 南原地域語의 母音音韻現象, 계명대학교 석사학위논문, 1984.

李允求, 무주 안성 지역어의 의문형어미 연구, 대구대학교 석사학위논문, 1986.

李翊燮, 全羅北道 東北部 지역의 언어분석 - 특히 言語外的要因과 관련하여,『어학연구』6, 서울대학교 어학연구소, 1970.

이태영, 全北 方言의 格助詞 硏究, 전북대학교 석사학위논문, 1983.

이태영, 동사 ‘가다’의 문법화에 대하여 - 전북방언을 중심으로,『국어국문학』92, 국어국문학회, 1984.

이태영, 전북 방언의 특수조사에 대하여,『국어국문학』92, 국어국문학회, 1984.

이태영, 전북 방언 문법연구의 현황과 과제,『전라문화논총』5, 전북대학교 전라문화연구소, 1992.

이태영·최전승·김홍수·김중진·김창섭, 전북방언의 특징과 변화의 방향,『어학』19, 전북대학교 어학연구소, 1992.

이태영, ‘봄계집’과 19세기 말 전북 화산 지역어,『국어문학』28, 국어연구소, 1993.

이태영, 생활 속의 말을 찾아 - 전주 음식과 순창 장날,『말글생활』3, 1995.

임성규, 전북 방언의 음조와 강세,『국어국문학』100, 국어국문학회, 1988.

田光鉉, 全羅北道 益山地域語의 音韻論的 硏究,『어학』4, 전북대학교 어학연구소, 1977.

정영인, 전북 지역어의 치음에 대한 역사적 고찰,『전주우석대논문집(인문·사회편)』10, 1988.

최전승, 19세기 후기 전라 방언의 모음체계 : 완판본 고소설 계열과 신재효의 '판소리사설'
  을 중심으로,『국어문학』25, 전북대학교, 1985.
최전승, 19세기 후기 전라방언 자료의 表記法에 대하여 : 完版本 古小說과 申在孝의 '판
  소리 사설'을 중심으로,『전북대어학』12, 1985.
최전승,『19세기 후기 전라방언의 음운현상과 그 역사성』, 한신문화사, 1986.
최전승, 판소리 사설에 반영된 19세기 후기 전라방언의 특질 : 경어법 체계를 중심으로,
  『한글』210, 한글학회, 1990.
최전승, 전북방언 연구 경향과 그 문제점,『남북한의 방언연구』, 경운출판사, 1992.
최전승, 전라방언의 통시적 연구성과와 그 전망,『인문과학』10, 경북대학교, 1994.
최태영, 존대법 연구 - 전라북도 동남부 지역을 중심으로,『어학』1, 전북대학교 어학연구
  소, 1973.
최태영, 전주방언의 Umlaut 현상,『어학』5, 전북대학교 어학연구소, 1978.
최태영,『방언음운론 - 전주 지역어를 중심으로』, 형설출판사, 1981.
최태영, 전주 지역어의 음운론적 연구, 전북대학교 박사학위논문, 1981.
최학근, 南部方言과 北部方言群과의 사이에 介在하는 等語線 設定을 위한 방언조사 연
  구,『藏菴池憲英先生華甲記念論叢』, 1971.
최학근, 全羅道 方言硏究 - 音韻扁(母音),『국어국문학』 70, 서울대학교 국어국문학회,
  1976.
최학근, 全羅道 方言硏究 - 音韻扁(子音),『서울대사대국어교육과 金亨奎敎授停年退任記
  念論文集』, 1976.
한국정신문화연구원,『한국방언 자료집(Ⅴ) : 전라북도편』, 1987.
洪允杓, 전주방언의 格硏究,『어학』5, 전북대학교 어학연구소, 1978.

2) 지명

金周源, 백제 지명어 己・只에 대하여,『민족문화논총』2・3합집, 영남대학교 민족문화연
  구소, 1982.
김준영, 전북 소지명의 어원,『전라문화논총』1, 전북대학교 전라문화연구소, 1986.
김준영, 전북 소지명의 어원고(2),『어문연구』20, 충남대학교, 1990.
김준영, 한국 소지명의 어원 - 전북지방을 중심으로,『전라문화연구』7, 전북향토문화연구
  회, 1994.
羅仁孝, 지명의 지리적 의미와 그 유형적 분류에 관한 고찰 : 扶安郡의 경우,『地理學報
  告』3, 전북대학교, 1984.
都守熙, 백제지명연구,『백제연구』10~11, 충남대학교 백제연구소, 1979~1980.
오학수, 익산지방의 전래지명에 대한 조사 - 금마면 마을명을 중심으로,『익산문화』1, 익
  산고적선양회, 1990.

오학수, 익산지방의 전래지명에 대한 조사(2),『익산문화』2, 익산고적선양회, 1992.
유윤종, 익산지방의 지명어 연구, 원광대학교 교육대학원 석사학위논문, 1993.
유윤종, 익산 지명어의 후부요소 고찰,『익산문화』4, 익산고적선양회, 1994.
유재영, 地名考,『嫩葉』3, 1961.
유재영, 전북지방 전래 지명의 연구,『원광대논문집』6, 1972.
유재영, 배산의 명칭에 대한 고찰,『국어국문학연구』1, 원광대학교, 1974.
유재영, 彌勒山의 名稱에 對한 考察,『마한·백제문화』1, 원광대학교 마한백제문화연구소, 1975.
유재영, 익산 '지온밀' 지명고,『마한백제문화』2, 원광대학교 마한백제문화연구소, 1977.
유재영, 용화산에 대한 고찰 – 백제 그 뿌리를 찾아서,『백제춘추』3, 1979.
유재영,『전래지명의 연구』, 원광대학교 출판부, 1982.
유재영, 지명표기와 그 변천의 한 고찰,『정익섭교수정년기념논집』, 1989.
유재영, 전북 전래지명 총람,『대우학술총서자료집』5, 1993.
유재영, 숫고개·미륵산·용화산·배산 지명고,『익산문화』4, 익산고적선양회, 1994.
유재영, 조선 지명자료에 대한 고찰,『도수희교수화갑기념논문집』, 1994.
임공빈, 전북 지명 유래,『노령문화』1, 1995.
鄭址雲, 春香傳의 人名·地名에 대한 考察 – 書誌面을 中心으로, 건국대학교 석사학위논문, 1981.
한글학회,『한국지명총람 11 : 전북편(상)』, 한글학회, 1981.
한글학회,『한국지명총람 12 : 전북편(하)』, 한글학회, 1981.

3) 어학 일반

姜吉云, 백제어의 계통론(1),『백제연구』8, 충남대학교 백제연구소, 1977.
권병로, 선유도와 어청도의 형태통사적 비교 연구,『語學硏究』12, 군산대학교, 1994.
권재일, 정인승 선생의 품사론과 문장론 연구,『새국어생활』6 - 3, 1996.
김석득, 이재 황윤석의 화음방언자의해,『동방학지』40, 연세대학교, 1983.
김성렬, 판소리 사설에 나타난 음운현상,『태릉어문연구』5 - 6, 서울여자대학교, 1995.
김승곤, 건재 정인승 스승님의 인품과 학문,『한글새소식』168, 한글학회, 1986.
김승곤, 건재 정인승 선생의 생애와 학문,『새국어생활』6 - 3, 1996.
김준영, 전북에서 들은 고사성어,『전라문화연구』3, 전북향토문화연구회, 1988.
김준영, 韓國의 古事成語 – 全北을 중심으로,『전라문화연구』3, 전북향토문화연구회, 1988.
金泰子, 春香傳에 나타난 擬聲語 擬態語에 대하여,『靑坡文學』3, 숙명여자대학교, 1963.
都守熙, 백제왕칭어소고 – '於羅瑕·건吉支구드래·구다라'를 중심으로,『백제연구』3, 충남대학교 백제연구소, 1972.

都守熙, 백제어연구,『백제연구』7, 충남대학교 백제연구소, 1976.

都守熙, 백제어의 白·熊·사비·技伐에 대하여,『백제연구』14, 충남대학교 백제연구소, 1983.

都守熙, 百濟語の買·勿について,『어문논집』24·25합집, 고려대학교 국어국문학연구회, 1985.

都守熙, 백제 전기의 언어에 관한 연구,『백제논총』1, 백제문화개발연구원, 1985.

都守熙, 백제 전기의 언어에 관한 제문제,『진단학보』60, 1985.

都守熙, 백제의 언어자료,『백제연구』17, 충남대학교 백제연구소, 1986.

都守熙,『백제어연구』(1·2), 백제문화개발연구원, 1987·1989.

都守熙, 백제의 前期語가 고대 일본어에 끼친 영향,『백제의 종교와 사상』, 충청남도, 1994.

박명순, 전라북도 한글 운동의 역사(1),『한글새소식』153, 한글학회, 1985.

박명순, 전라북도 한글 운동의 역사(2),『한글새소식』155, 한글학회, 1985.

박태권, 황윤석의 어학설에 대하여,『한글』146, 한글학회, 1970.

安保問題研究院, 국어국문 수호에 앞장선 건재 정인승 선생 - 국가보훈처·독립기념관·광복회 공동 선정,『통일로』98, 1996.

李圭昌, 된소리에 關한 考察 - 全北地方을 中心으로,『군산교대논문집』2, 1968.

李覲洙, 고대 삼국의 언어에 대한 고찰(2) - 삼국사기 지리지의 단수지명을 중심으로,『홍대논총』14, 홍익대학교, 1983.

이숭녕, 黃胤錫의 '理藪新編'의 고찰 - 특히 어학연구를 중심으로,『陶南趙潤濟박사회갑기념논문집』, 1964.

李崇寧, 백제어연구와 자료면의 문제점,『백제연구』2, 충남대학교 백제연구소, 1971.

李崇寧, 黃胤錫의 '理藪新編'의 고찰,『국어학연구』, 형설출판사, 1972.

李崇寧, 백제어의 연구시고 - 주로 熊자 지명과 인명의 경향에 대하여,『백제연구소기요』14, 충남대학교 백제연구소, 1983.

이종철, 화음방언자의해에서 본 몇 가지 국어어원에 대하여,『국어교육』38, 한국국어교육연구회, 1981.

張泰鎭, 智異山地區 人蔘採取人隱語의 실태,『가람이병기박사頌壽論文集』, 1966.

정손모, 나의 아버지 건재 정인승,『새국어생활』6-3, 1996.

정준영, '春香傳'에 나타난 19세기의 첨자 존대법,『한국학보』80, 일지사, 1991.

鄭和子, 井邑을 中心으로 한 連音研究, 한양대학교 석사학위논문, 1978.

조오현, 나의 스승 건재 정인승 박사님,『새국어생활』6-3, 1996.

趙載勳, 백제어연구서설,『백제문화』6, 공주사범대학교 백제문화연구소, 1973.

趙載勳, 선운사가소고,『백제문화』13, 공주사범대학교 백제문화연구소, 1980.

최기호, 한국어 형성에서 백제어의 위치,『몽골학』2, 천안 : 한국몽골학회, 1994.

최동현, 판소리의 목 성음에 관한 연구,『동리연구』창간호, 동리연구회, 1993.

최전승, 이재 황윤석의 '화음방언자의해'와 '이수신편' 등에 반영된 어휘연구의 성격,『이재
  황윤석 – 영 · 정시대의 호남실학』(대우학술총서), 민음사, 1994.

4) 기타

전북대학교 국어국문학회 편, 扶安郡 山內面 學術調査報告書,『국어문학』22, 1982.
전북대학교 국어국문학회 편, 高敞郡 海里面 學術調査報告書,『국어문학』23, 1983.

9. 철학·종교

（1）유학

姜世求, 柳馨遠·李瀷과 安鼎福의 학문적 師承關係,『실학사상연구』5·6합집, 무악실학
　　회, 1995.

姜周鎭, 경세가로서의 磻溪,『한국학』22, 중앙대학교 한국학연구소, 1980.

高英津, 17세기 초 禮學의 새로운 흐름 - 韓百謙과 鄭逑의 禮說을 중심으로,『한국학보』
　　68, 일지사, 1992.

權榮翼, 柳馨遠의 화폐사상에 관한 연구 - 화폐의 관리적 및 실천적 사고를 중심으로,『대
　　동문화연구』11, 성균관대학교 대동문화연구원, 1976.

琴章泰, 한말·일제하 한국성리학파의 사상계보와 문헌에 관한 연구,『철학사상의 제문
　　제』3, 한국정신문화연구원, 1985.

金根洙, 磻溪의 인물과 학문,『한국학』22, 중앙대학교 한국학연구소, 1980.

金錡坤, 河西 金麟厚의 敎育方法에 관한 硏究,『전주교대초등교육연구』3, 1993.

金錡坤, 河西 金麟厚의 忠孝思想 小考,『전주교대초등교육연구』5, 1994.

김기현, 이재 황윤석의 학문체계 분석,『이재 황윤석 - 영·정시대의 호남실학』(대우학술총
　　서), 민음사, 1994.

김기현, 河西 金麟厚의 道學과 節義정신,『河西 金麟厚의 사상과 문학』, 하서기념회,
　　1995.

金洛必, 權克中의 內丹思想에 관한 一考察,『한국학연구』2, 인하대학교, 1990.

金度亨, 海鶴 李沂의 정치사상연구,『동방학지』31, 연세대학교 국학연구원, 1982.

金武鎭, 磻溪柳馨遠의 군현제론,『한국사연구』49, 1985.

金丙基, 艮齋의 生涯와 處世觀 小考,『淸大漢林』5, 청주대학교, 1992.

金相五, 河西 金麟厚의 생애와 문묘종향 경위,『전북사학』5, 전북대학교 사학회, 1981.

김종국, 중농실학파의 경제사상 - 반계·성호·다산을 중심으로,『군산실업전문대학논문
　　집』8, 1985.

金駿錫, 柳馨遠의 變法論과 實利論,『동방학지』75, 연세대학교 국학연구원, 1992.

金駿錫, 柳馨遠의 정치·국방체제 개혁론,『동방학지』77·78·79합집, 연세대학교 국학
　　연구원, 1993.

金智勇, 河西선생전집해제,『국학자료』37, 장서각, 1980.

金鎭訓, 실학파의 정치사상에 관한 연구 - 반계·성호·다산의 전제론을 중심으로,『단국
　　대학술논총』15, 1992.

金彩潤, 柳馨遠의 계층개념에 대한 사회학적 고찰,『公三閔丙台박사화갑기념논총』, 1973.

Kim Chae-yun, A Sociological Study of Yu Hyong-won(柳馨遠)'s Concept of Social Stratification,『Social Science Journal』Vol. 4, Korean Social Science Research Council, 1976 · 1977.

金彩潤, 반계 유형원의 복지관,『사회과학과 정책연구』제3권 제1호, 서울대학교 사회과학연구소, 1981.

金鐸, 한국종교사에서의 儒敎와 甑山敎와의 만남,『震山韓基斗화갑기념 한국종교사상의 재조명(하)』, 원광대학교, 1993.

金鎬逸, 梁誠之의 관방론,『한국사론 7 - 조선전기 국방체제의 제문제』, 국사편찬위원회, 1980.

나민수, 柳馨遠의 田制에 대한 연구,『경기대논문집』36, 1995.

羅鍾宇, 海鶴 李沂의 구국운동과 그 사상,『원광사학』2, 원광대학교 사학회, 1982.

盧相福, 梁誠之의 비변십책,『군사』7, 국방부 전사편찬위원회, 1983.

박시형, 실학자 유형원의 정치개혁론,『력사제문제』2, 1948.

朴仁鎬, 柳馨遠의 東國輿地志에 대한 일고찰 - 역사의식과 관련하여,『청계사학』6, 한국정신문화연구원 청계사학회, 1989.

朴鍾赫, 海鶴 李沂의 천주교 비판 - 불란서신부 로베르와의 논쟁을 중심으로,『碧史李佑成정년퇴직기념논총(하)』, 1990.

朴焌圭, 河西 金麟厚와 그의 시문학,『금호문화』1985 - 11 · 12.

裵宗鎬, 奇蘆沙와 任鹿門의 철학비교 - 한국의 성리학,『연세논총』7, 연세대학교대학원, 1970.

裵宗鎬, 한국성리학에 기여한 호남문화,『호남문화연구』9, 전남대학교 호남문화연구소, 1977.

邊時淵, 河西선생과 筆岩서원,『향토문화보』3, 광주일보사 향토문화연구소, 1982.

成大慶, 보수유생의 '自靖論'과 외세대응양식 - 艮齋 田愚의 사상과 행동을 중심으로,『국사관논총』15, 국사편찬위원회, 1990.

成百曉, 艮齋의 성리설에 대한 소고,『민족문화』8, 민족문화추진회, 1982.

宋復, 柳馨遠 관제개혁론의 현대적 조명 - 京官職을 중심으로,『한국정치학회보』16, 한국정치학회, 1982.

宋柱永, 磻溪 柳馨遠의 경제사상,『서강대논문집』1, 1963.

宋河璟, 田愚의 사상,『한국의 사상』, 열음사, 1984.

安東教, 艮齋 田愚의 性師心弟說과 復性論,『호남문화연구』21, 전남대학교 호남문화연구소, 1992.

安在淳, 柳磻溪 실학사상의 철학적 기조,『도원유승국화갑기념논문집 동방사상논고』, 1983.

安晋吾, 奇蘆沙의 철학사상,『문교부연구보고서』(인문과학), 1974.

安晋吾, 근대 유학과 호남 성리학의 특징,『震山韓基斗화갑기념 한국종교사상의 재조명

(하)』, 원광대학교, 1993.

楊普景, 磻溪 柳馨遠의 지리사상 -「東國輿地志」와「郡縣制」의 내용을 중심으로,『문화 역사지리』4, 한국문화역사지리학회, 1992.

吳炳武, 一齋 李恒의 성리철학에 관하여,『전라문화연구』2, 전북향토문화연구소, 1988.

吳炳武, 河西 金麟厚의 성리철학과 이단 이설에 대한 그의 비판,『전라문화연구』3, 전북 향토문화연구소, 1988.

吳炳武, 河西 金麟厚의 生涯과 學問,『全南開發』23, 1990.

吳炳武, 艮齋 田愚의 性理哲學,『전라문화연구』6, 전북향토문화연구회, 1992.

吳炳武, 艮齋 田愚의 人物性同氣同異說,『건지철학』3, 건지철학회, 1993.

吳永敎, 磻溪 柳馨遠의 지방제도 개혁론 연구,『국사관논총』57, 국사편찬위원회, 1994.

元裕漢, 磻溪 柳馨遠의 긍정적 화폐론,『柳洪烈회갑기념논총』, 1971.

元裕漢, 磻溪 柳馨遠의 상업진흥론,『홍대논총(인문사회과학편)』15, 홍익대학교, 1984.

柳仁熙, 실학의 철학적 방법론 - 柳磻溪·朴西溪·李星湖를 중심으로,『동방학지』35, 연 세대학교 국학연구원, 1983.

柳正東, 한국유학의 실리성에 관한 고찰 - 퇴계·율곡·반계·다산을 중심으로,『인문과 학』9, 성균관대학교 인문과학연구소, 1980.

柳正東, 천명도설에 관한 연구 - 陽村·秋巒·河西·退溪의 천명관의 맥락을 중심으로, 『동양학』12, 단국대학교 동양학연구소, 1982.

柳正東, 河西 金麟厚의 천명도에 관하여 - 秋巒 천명원도와의 비교를 중심으로,『대구사 학』24, 1983.

柳濟寔, 全北儒學의 展開,『전라문화논총』3, 전북대학교 전라문화연구소, 1989.

尹絲淳, 奇正鎭 철학의 실천적 성격,『한국의 사상』(윤사순·고익진 편), 열음사, 1984.

尹用出, 柳馨遠의 役制개혁론,『한국문화연구』6, 부산대학교 한국문화연구소, 1993.

尹濟述, 近世性理學의 大家 艮齋 田愚,『전북인물지(중권)』, 전북애향운동본부, 1983.

李家源, 磻溪선생년보,『인문과학』32, 연세대학교 인문과학연구소, 1974.

李家源 편,『실학총서 2 - 柳馨遠』, 탐구당, 1979.

李康洙, 河西전집,『도서관보』1, 국가보위 입법회의도서관, 1980.

李康五, 木山 李基敬論,『비사벌』2, 전북대학교, 1975.

李康五, 實學者 黃胤錫論,『비사벌』3, 전북대학교, 1976.

李康五, 旅菴 申景濬論,『비사벌』4, 전북대학교, 1977.

李康五, 石亭 李定稷論,『비사벌』5, 전북대학교, 1978.

李康五, 艮齋 田愚의 儒學思想에 관한 연구,『비사벌』10, 전북대학교, 1983.

李康五, 艮齋 田愚의 生涯와 經世觀,『전라문화연구』6, 전북향토문화연구회, 1992.

李京雨, 金垢論,『인문과학논문집』4, 서원대학교, 1995.

이기용, 蘆沙의 一本萬殊에 관한 연구,『연세철학』4, 연세대학교, 1992.

李文遠, 磻溪 柳馨遠의 교육관,『교육연구』29, 성신여자대학교 교육문제연구소, 1995.

李民樹, 磻溪와 실학사상,『한국학』22, 중앙대학교 한국학연구소, 1980.

李相坤, 蘆沙 奇正鎭의 理一分殊觀,『원불교사상』10·11합집, 원광대학교, 1987.

李相殷, 조선조 國論에 반영된 義理精神 - 朴祥·金淨 上疏시비를 중심으로,『斯文論叢』 1, 斯文學會, 1973.

李樹健, 晚學堂 裵尙瑜 연구 - 磻溪 및 葛庵과의 관계를 중심으로,『교남사학』5, 영남대 학교 국사학회, 1990.

李英俠, 海鶴 李沂考,『학술지(사회과학편)』14, 건국대학교 학술연구원, 1972.

李完宰, 海鶴 李沂의 교육사상,『사학논지』1, 한양대학교 사학과, 1973.

李佑成, 초기 실학과 성리학과의 관계 - 磻溪 柳馨遠의 경우,『동방학지』58, 연세대학교 국학연구원, 1988.

李元浩, 磻溪 柳馨遠의 교육론 연구,『부산대사대논문집』8, 1984.

李在崑, 解題, 벽위편(李基慶 著),『국회도서관브』210, 1990.

李載襲, 磻溪 柳馨遠,『李乙浩정년기념 실학논총』, 전남대학교 호남문화연구소, 1975.

李存熙, 磻溪 柳馨遠의 관직론고 - 외관직을 중심으로,『변태섭박사화갑기념 사학논총』, 삼영사, 1985.

李存熙, 訥齋 梁誠之의 행정개혁사상,『전농사론』1, 서울시립대국사학과, 1995.

李棕浩, 訥齋 梁誠之의 활동과 민본사상,『창원대논문집』7, 1985.

李哲根, 柳馨遠의 학문체계, 연세대학교 석사학위논문, 1970.

李海濬, 조선조 호남사류의 동향과 연구과제,『향토문화보』13, 광주일보사, 1988.

李海濬, 己卯士禍와 16세기 전반의 湖南學派,『전통과 현실』2, 고봉학술원, 1992.

이훈구, 유형원,『조선명인전』, 조광사, 1947.

李義權, 木山 李基敬의 정치사상,『전북사학』13, 전북대학교 사학회, 1990.

張師亨, 磻溪를 통해 본 실학의 성격과 철학적 思惟토대,『한국의 철학』22, 경북대학교 퇴계연구소, 1994.

전북대학교 전라문화연구소 편,『木山 李基敬 研究』(전라문화연구총서 3집), 전북대학교 전라문화연구소, 1991.

全英培, 海鶴 李沂의 교육사상연구,『국제대논문집』6, 1978.

鄭景鉉, 한말유생의 지적 변신 - 海鶴 李沂(1848~1909)의 경우,『육사논문집』23, 육군사 관학교, 1982.

鄭求福, 磻溪柳馨遠의 사회개혁사상,『역사학브』45, 역사학회, 1970.

鄭求福, 柳馨遠의 磻溪隨錄,『실학연구입문』, 일조각, 1973.

鄭炳連, 一齋 李恒의 理氣一物說 辨證,『汎韓哲學』9, 1994.

鄭炳連, 曺南冥의 理氣論 辨正 : 一齋 李恒과 관련하여,『南冥學연구논총』3, 진주 : 남명 학연구원, 1995.

鄭泰憲, 訥齋 梁誠之의 국방관,『素軒南都泳박사회갑기념 사학논총』, 1984.

鄭亨愚, 조선초기 집권체제 정비과정에 대한 연구(1) - 梁誠之의 문화적 업적,『문교부연구보고서』, 1974.

趙璣濬, 유형원론,『사조』1‐2, 1958.

趙璣濬, 柳馨遠‐實事求是의 함성,『인물한국사 4』, 박우사, 1965.

趙湲來, 사화기 호남사림의 학맥과 金宏弼의 도학사상,『동양학』25, 단국대학교 동양학연구소, 1995.

蔡茂松, 田艮齋の性師心弟論,『제5회국제학술회의논문집 2』, 한국정신문화연구원, 1988.

千寬宇, 磻溪 柳馨遠硏究‐실학발생에서 본 이조사회의 일단면,『역사학보』2·3합집, 역사학회, 1952.

千寬宇, 磻溪 柳馨遠硏究疑補,『역사학보』10, 역사학회, 1958.

千寬宇, 柳馨遠‐새학풍의 선구자,『한국의 인간상 4』, 신구문화사, 1965.

千寬宇, 반계 유형원,『한국사의 재발견』, 일조각, 1975.

千寬宇, 柳馨遠의 실학정책론,『한국의 사상』, 열음사, 1984.

崔貴默, 金時習·權克中의 本體論과 '參同契',『한국국어교육연구회논문집』55, 1995.

최삼룡·윤원호·최전승·김기현·하우봉,『이재 황윤석‐영·정시대의 호남실학』(대우학술총서), 민음사, 1994.

최영진, 奇蘆沙의 理一分殊說에 관한 연구,『동양철학연구』1, 동양철학연구회, 1980.

崔英辰, 木山의 '人物性同異論'에 관한 考察,『전북사학』13, 전북대학교, 1990.

崔一凡, 權克中의 禪丹互修에 관한 연구,『東洋哲學硏究』9, 1988.

河西紀念會 편,『河西 金麟厚의 사상과 문학』, 1994.

하우봉, 頤齋 黃胤錫의 사회사상,『이재 황윤석‐영·정시대의 호남실학』(대우학술총서), 민음사, 1994.

韓永愚, 訥齋 梁誠之의 사회·정치사상,『역사교육』17, 1975.

洪以燮, 闢衛編纂集者 李基慶의 傳記자료,『최현배선생환갑기념논문집』, 사상계사, 1954

洪以燮, 소위 闢衛編의 형성에 대하여,『인문과학』4, 연세대학교 인문과학연구소, 1959.

黃俊淵, 艮齋의 經世思想에 대한 고찰,『한국사상사학』4·5합집, 한국사상사학회, 1993.

(2) 심리학

홍성열, 영·호남인에 대한 타지역의 인상 형성,『한국심리학회지(사회)』13, 한국심리학회, 1993.

(3) 종교 일반

유병덕, 한국 근세종교의 민중사상연구,『한국종교』14, 원광대학교, 1989.

정읍문화원,『정읍시 종교총람』, 1993.

（4） 불교

高翊晋, 신라 占察法會와 眞表의 教法研究,『그대한국불교교학연구』, 민족사, 1989.

光德, 龍城선사의 호국관,『佛光』56, 불광회, 1979.

光德, 龍城선사와 새 불교운동,『佛光』58, 불광회, 1979.

光德, 龍城선사와 새 불교운동,『佛光』59, 불광회, 1979.

光德, 龍城선사와 새 불교운동,『佛光』60, 불광회, 1979.

金杜珍, 신라 중고시대의 미륵신앙,『한국학논총』9, 국민대학교 한국학연구소, 1987.

김명선, 風水說話考 - 震默大師說話를 中心으로,『又石語文』8, 전주우석대학교, 1993.

金三龍, 미륵사창건에 대한 미륵신앙적 배경,『마한·백제문화』창간호, 원광대학교 마한
　　백제문화연구소, 1975.

金三龍, 백제미륵사상의 역사적 위치,『마한·백제문화』4·5합집, 원광대학교 마한백제
　　문화연구, 1982.

金三龍, 백제 미륵신앙과 계율사상,『한국 미륵신앙의 연구』, 동화출판공사, 1983.

金三龍, 미륵사상과 正像末 三時說,『마한·백제문화』7, 원광대학교 마한백제문화연구
　　소, 1984.

金三龍, 백제불교와 미륵신앙,『백제의 종교와 사상』, 충청남도, 1994.

金煐泰, 백제의 관음신앙,『마한·백제문화』3, 원광대학교 마한백제문화연구소, 1979.

金煐泰, 오교구산에 대하여 - 신라대 성립설의 부당성구명,『불교학보』16, 동국대학교 불
　　교문화연구원, 1979.

金正基, 백제가람의 특성 - 익산 미륵사지 유구를 중심으로,『마한·백제문화』7, 원광대학
　　교 마한백제문화연구소, 1984.

金鍾寬, 石顚 朴漢永선생 行略,『전라문화연구』3, 전북향토문화연구회, 1988.

金鍾鳴, 전북 불교에 있어서의 眞表律師의 位置,『전라문화연구』4, 전북향토문화연구회,
　　1990.

金惠婉, 신라하대의 미륵신앙,『成大사림』8, 성균관대사학회, 1992.

동국대학교 불교문화연구원, 전라북도 사찰자료집,『불교학보』3·4합집, 1966.

睦楨培, 朴漢永과 現代佛教運動,『法施』170, 1979.

睦楨培, 박한영과 불교 - 최근세 불교의 선구자,『佛光』67, 불광회, 1980.

睦楨培, 한국미륵사상의 전개,『伽山李智冠화갑논총 한국불교문화사상사(상)』, 1992.

睦楨培, 한국 미륵신앙의 역사성,『한국사상사학』6, 한국사상사학회, 1994.

芳賀登, 百濟における彌勒信仰と益山彌勒寺,『마한·백제문화』8, 원광대학교 마한백제
　　문화연구소, 1985.

芳賀登, 益山彌勒寺信仰の基盤, 『文山金三龍博士華甲紀念 - 韓國文化와 圓佛敎思想』,
　원광대학교, 1985.

白南赫, 3・1運動 때 民族代表 白龍城, 『전북인물지 6』(전북신서 10), 전북애향운동본부,
　1991.

徐閏吉, 白龍城의 大覺敎 사상, 『한국의 사상』, 열음사, 1984.

宋月珠, 온 몸으로 彌勒信仰 體現한 眞表律師, 『전북인물지 7』(전북신서 11), 전북애향운
　동본부, 1992.

申賢淑, 石顚 朴漢永의 불교 유신운동에 관한 일고찰, 동국대학교 석사학위논문, 1984.

雲惺, 50년 전의 大圓講院 - 우리스님 石顚 朴漢永 스님을 회상한다, 『佛光』 83, 불광회,
　1981.

雲惺, 우리스님 石顚 朴漢永 스님, 『佛光』 85, 불광회, 1981.

雲惺, 우리스님 石顚 朴漢永 스님, 『佛光』 90, 불광회, 1982.

尹汝聖, 新羅 眞表의 佛敎信仰과 金山寺, 『전북사학』 11・12합집, 전북대학교, 1989.

李康五, 『韓國新興佛敎의 實態分析』, 한국종교학회, 1990.

李根培, 선종구산문파의 형성고, 동국대학교 석사학위논문, 1968.

李基白, 眞表의 彌勒信仰, 『신라사상사연구』, 일조각, 1986.

李玟容, 미륵사상에 관한 연구, 동국대학교 석사학위논문, 1967.

李一影 편, 『震默大師小傳』, 보림사, 1983.

임혜봉, 친일매불음모와 임제종의 자주화운동, 『殉國』 44, 순국선열유족회, 1994.

田村圓澄, 백제의 미륵신앙, 『마한・백제문화』 4・5합집, 원광대학교 마한백제문화연구소,
　1982.

田村圓澄, 百濟의 彌勒信仰, 『백제연구』 21, 충남대학교 백제연구소, 1990.

정광호, 지조높은 고승 박한영, 『중앙』 113, 1977.

趙龍憲, 眞表律師 彌勒思想의 特徵, 『文山金三龍博士古稀紀念論叢 馬韓・百濟文化와
　彌勒思想』, 원광대학교 출판국, 1994.

趙由典, 익산 미륵사에 관한 연구, 『백제논총』 2, 백제문화개발연구원, 1990.

蔡印幻, 新羅 眞表律師 硏究(1~3), 『불교학보』 23~25, 동국대학교, 1986~1988.

崔柄憲, 나말여초 선종의 사회적성격, 『사학연구』 25, 한국사학회, 1975.

崔洵植, 백제유민의 저항운동과 彌勒신앙의 변천과정 - 전북 母岳山 金山寺를 중심으로,
　『한국사상사학』 4・5합집, 1993.

秋萬鎬, 나말 선사들과 사회제세력과의 관계 - 진덕여왕대의 농민반란에 주목하여, 『사총』
　30, 1986.

秋萬鎬, 『나말여초 선종사상사연구』, 이론과 실천사, 1992.

한국불교연구원, 『금산사』, 일지사, 1977.

韓鍾萬, 朴漢永과 韓龍雲의 한국 불교근대사상, 『원광대논문집』 5, 원광대학교, 1970.

韓鍾萬, 한국 불교의 주체성을 확립한 高僧 朴漢永, 『전북인물지(하권)』, 전북애향운동본

부, 1984.

韓泰植(普光), 龍城禪師의 수행방법론,『伽山李智冠화갑논총 한국불교문화사상사(하)』, 1992.

洪潤植, 백제불교,『崇山朴吉眞박사화갑기념 한국불교사상사』, 1975.

洪潤植, 백제 제석신앙고 - 익산 帝釋寺址의 신앙적 일고,『마한 · 백제문화』2, 원광대학교 마한백제문화연구소, 1977.

洪潤植, 眞鑑國師와 범패,『비사벌』5, 전북대학교, 1978.

洪潤植, 마한 蘇塗신앙영역에서의 백제불교의 수용,『마한 · 백제문화』10, 원광대학교 마한백제문화연구소, 1987.

洪潤植, 金山寺가람과 미륵신앙,『한국불교사의 연구』, 교문사, 1988.

洪潤植, 彌勒신앙의 본질,『震山韓基斗화갑기념 한국종교사상의 재조명(상)』, 원광대학교, 1993.

洪潤植, 한국사상에 있어 미륵신앙과 그 사상적 구조,『한국사상사학』6, 한국사상사학회, 1994.

(5) 기독교

김동현, 島嶼교회의 지역사회 선교방안 연구 : 전라북도 부안군 위도면을 중심으로, 목원대학교 신학대학원 석사학위논문, 1992.

전주서문교회100주년기념사진첩편집위원회,『사진으로 본 전주 서문교회 100년』, 전주서문교회, 1994.

朱明俊, 金堤지역의 기독교 전래,『中庵兪炳基敎授華甲紀念史學論叢』, 兪炳基敎授華甲紀念史學論叢刊行委員會, 1996.

(6) 가톨릭

김진소 엮음,『전주교구사 연표』(천주교 전주교구사 연구자료집 제3집), 빅벨출판사, 1993.

朴鍾赫, 海鶴 李沂의 천주교 비판 - 불란서신부 로베르와의 논쟁을 중심으로,『碧史李佑成정년퇴직기념논총(하)』, 1990.

尹京淑, 鎭安高原 天主敎 敎友村에 관한 文化地理學的 연구, 고려대학교 석사학위논문, 1991.

전동성당100년사편찬위원회 · 호남교회사연구소,『전동성당백년사』, 천주교 전주교구 전동교회, 1996.

全炳九, 舊韓末 全羅道의 天主敎 敎勢 : '公所' 推移를 中心으로, 전북대학교 석사학위논

문, 1991.

朱明俊, 전라도의 천주교수용 - 1784년에서 1801년까지,『전북사학』3, 1979.

朱明俊, 초창기 天主教의 창설자 柳恒儉,『전북인물지(중권)』, 전북애향운동본부, 1983.

朱明俊, 天主教의 全羅道 傳來와 그 受容에 관한 研究 : 尹持忠 柳恒의 家系와 傳道活動을 中心으로, 전북대학교 박사학위논문, 1989.

朱明俊, 全羅道에 天主教를 傳한 柳恒儉의 後孫에 대하여,『전주사학』2, 전주대학교, 1993.

崔辰星, 전라북도 천주교 전파에 대하여 : 1784~1963년,『地理學報告』4, 전북대학교, 1985.

崔辰星, 全羅道 天主教 聚落의 特性에 關한 研究, 전북대학교 교육대학원 석사학위논문, 1991.

한국교회사연구소, 호남교회사(14) : 전주교구 교구사 편찬작업의 어제와 오늘,『교회와 역사』121, 1985.

(7) 원 불 교

강길원, 일제하의 경제자립운동의 일연구 - 정관평 방언공사의 예,『원불교사상』6, 원광대학교 원불교사상연구원, 1982/『원불교사상의 전개(하)』, 교문사, 1990.

강돈구, 한국의 종교연합운동 - 원불교를 중심으로,『인류문명과 원불교사상』(소태산대종사탄생백주년기념논문집), 이리 : 원불교출판사, 1991.

강석환, 원불교의 유교수용에 관한 고찰,『정신개벽』9, 이리 : 신룡교학회, 1990.

강성경,『환경윤리와 원불교은사상』, 광문출판사, 1994.

금장태, 한국유교사상과 少太山사상,『인류문명과 원불교사상』(소태산대종사탄생백주년기념논문집), 이리 : 원불교출판사, 1991.

金貴聲, 少太山의 平和教育思想 : 最初 法語를 중심으로,『원불교사상』17 · 18합집, 원광대학교, 1994.

金錡坤, 少太山의 生涯와 教育思想에 관한 研究,『전주교대논문집』22, 1986.

김낙필, 한국근대 성리학과 원불교사상,『정신개벽』1, 이리 : 신룡교학회, 1982.

김낙필, 少太山의 원불교사상,『한국근대 민중종교사상』, 학민사, 1983.

김낙필(기원), 정산종사의 생애와 사상,『원불교칠십년정신사』, 이리 : 원불교출판사, 1989.

김낙필, 원불교의 유교사상 수용에 관한 연구,『한국근대사에서 본 원불교』, 도서출판 원화, 1991.

金道隆, 평화실현자로서의 少太山 - 한국정치의 지도이념과 민족종교,『종교와 윤리』4, 1978.

김도종, 송정산의 정치철학,『震山韓基斗博士화갑기념논총 한국종교사상의 재조명』, 원광대학교 출판국, 1993.

金復仁, Sotaesan's view of religious ecumenism, 『여산유병덕박사화갑기념논총 한국철학종 교사상사』, 원광대학교 종교문제연구소, 1990.

金復仁, 未來의 宗敎 : 少太山의 전망에 근거한 고찰, 『원불교사상』 17・18합집, 원광대학 교, 1994.

金三龍, 소태산의 인간상 - 한국정치의 지도이념과 민족종교, 『종교와 윤리』 4, 1978.

金三龍, 일제하 교단의 수난, 『원불교칠십년정신사』, 이리 : 원불교출판사, 1989.

金三龍, 少太山 대종사의 인간상, 『인류문명과 원불교사상』(소태산대종사탄생백주년기념 논문집), 이리 : 원불교출판사, 1991.

金三龍, 人間의 큰 터전을 일구어 낸 宗敎哲學者 崇山 朴吉眞, 『전북인물지 7』(전북신서 11), 전북애향운동본부, 1992.

金三龍, 정산종사의 생애와 사상, 『원불교사상』 15, 원광대학교 원불교사상연구원, 1992.

金成長, 少太山의 敎化相談 원리와 실제, 『원불교사상』 17・18합집, 원광대학교, 1994.

金成天, 少太山 大宗師의 相談原理에 대한 序說, 『원불교사상』 10・11합집, 원광대학교, 1987.

김순임, 소태산의 인간관 연구(1), 『원불교사상』 4, 원광대학교, 1980.

金勝東, 한국사상사를 통해 본 원불교, 『원불교개교반백년기념문총』, 이리 : 원불교출판사, 1971/『한국지성이 본 원불교』, 이리 : 원불교출판사, 1987.

金勝東, 동학과 원불교 및 기타의 사상, 『한국철학사상』, 부산 : 제일문화사, 1978/『원불교 사상의 전개(하)』, 교문사, 1990.

金勝東, 少太山의 인간관에 관한 연구, 『문리과대논문집(인문・사회과학편)』 16, 부산대학 교, 1978.

金勝東, 용수와 少太山의 중도사상에 관한 비교연구, 『사회과학논문집』 20, 부산대학교, 1981.

金勝東, 少太山의 실학관에 관한 연구, 『인문논총』 28, 부산대학교, 1985.

金勝東, 한국철학사에 있어서의 少太山사상, 『인류문명과 원불교사상』(소태산대종사탄생 백주년기념논문집), 이리 : 원불교출판사, 1991.

金勝東, 萬海와 少太山의 佛敎改革論에 관한 비교연구, 『인문논총』 43, 부산대학교, 1993.

金榮洙, 少太山의 一圓思想에 관한 연구, 『인문논총』 46, 부산대학교, 1995.

金仁昭, 少太山의 念佛法에 대한 小考, 『원불교사상』 13, 원광대학교, 1990.

金正冠, 圓佛敎 開闢思想의 硏究, 원광대학교 석사학위논문, 1985.

김지견, 불교사상과 원불교, 『원불교사상』 5, 원광대학교 원불교사상연구원, 1981/『한국 지 성이 본 원불교』, 이리 : 원불교출판사, 1987.

金鐸, 한국 종교사에서의 증산교와 원불교의 만남, 『한국근대사에서 본 원불교』, 도서출판 원화, 1991.

김팔곤, 선종의 선사상과 원불교의 선사상(1), 『원불교사상』 3, 원광대학교 원불교사상연구원, 1979.

김팔곤, 선종의 선사상과 원불교의 선사상(2),『원불교사상』5, 원광대학교 원불교사상연구
   원, 1981.

김팔곤, 새로운 가치관의 모색과 少太山사상,『인류문명과 원불교사상』(소태산대종사탄생
   백주년기념논문집), 이리 : 원불교출판사, 1991.

김팔곤, 少太山의 평화관,『원불교사상』17·18합집, 원광대학교 원불교사상연구원, 1994/
   『문산김삼룡박사고희기념논총 少太山대종사와 원불교사상』, 원광대학교 출판국, 1994.

김호병, 정산과 少太山 상봉에 관한 연구,『원광보전연구지』5, 원광보건전문대학, 1983.

金洪喆, 圓佛敎學의 硏究方法 - 圓佛敎學의 Wissenscheft化,『圓佛敎學硏究』6, 원광대학
   교, 1974.

金洪喆, 少太山이 본 종교의 미래상,『원불교사상』2, 원광대학교 원불교사상연구원, 1977.

金洪喆, 수운·증산·소태산의 유·불·선 삼교관,『한국종교』4 - 5, 원광대학교 종교문
   제연구소, 1980/『원불교사상론고』, 원광대학교 출판국, 1980/『한국민중종교사상론』, 시인
   사, 1985.

金洪喆,『원불교사상론고』, 원광대학교 출판국, 1980.

金洪喆, 원불교의 후천개벽사상 - 水雲·甑山과의 비교를 중심으로,『원불교사상』4, 원광
   대학교 원불교사상연구원, 1980/『원불교사상론고』, 원광대학교 출판국, 1980.

金洪喆, 수운·증산·소태산의 비교연구 - 몇 가지 특징적 관점을 중심으로,『한국종교』6,
   원광대학교 종교문제연구소, 1981/『한국민중종교사상론』, 시인사, 1985.

金洪喆, 일제침략하 원불교의 민중운동에 관한 연구,『원불교사상』7, 원광대학교 원불교
   사상연구원, 1983/『한국 신종교사상의 연구』, 집문당, 1989.

金洪喆, 원불교 교단형성사,『숭산박길진박사고희기념논총 한국근대종교사상사』, 원광대
   학교 출판국, 1984.

金洪喆, 원불교사상에 나타난 사회변동 요인에 관한 연구,『문산김삼룡박사화갑기념논총
   한국문화와 원불교사상』, 원광대학교 출판국, 1985.

金洪喆, 후천개벽사상의 연구(개제),『한국민중종교사상론』, 시인사, 1985.

金洪喆, 동원도리의 연구 - 기독교사상과의 만남을 중심으로,『원불교사상』10·11합집,
   원광대학교 원불교사상연구원, 1987.

金洪喆 편,『한국 지성이 본 원불교』, 이리 : 원불교출판사, 1987.

金洪喆, 근세 한국 신종교의 사회개혁운동에 관한 연구,『원광대논문집(인문·사회계열
   편)』22 - 1, 1988.

金洪喆, 원불교사상의 특성에 관한 연구,『원불교사상』12, 원광대학교 원불교사상연구원,
   1988/『한국 신종교사상의 연구』, 집문당, 1989.

金洪喆 외, 한국 근세종교의 민중사상연구,『한국종교』14, 원광대학교 종교문제연구소,
   1989.

金洪喆, 한국 신종교사상과 少太山사상,『인류문명과 원불교사상』(소태산대종사탄생백주

년기념논문집), 이리 : 원불교출판사, 1991.

金洪喆, 少太山의 인간상,『원불교사상』17·18합집, 원광대학교 원불교사상연구원, 1994/『문산김삼룡박사고희기념논총 少太山대종사와 원불교사상』, 원광대학교 출판국, 1994.

박길진, 少太山의 종교관,『원불교사상』2, 원광대학교 원불교사상연구원, 1977/『일원상과 인간의 관계』, 원광대학교 출판국, 1985/『한국 지성이 본 원불교』, 원불교출판사, 1987.

박길진,『일원상과 인간의 관계』, 원광대학교 출판국, 1985.

박맹수, 원불교학 연구사의 비판적 검토,『한국정신문화연구원대학원논문집』3, 1988/『원불교적 세계관의 인식과 실천』, 원불교 교화연구회, 1990.

박맹수, 원불교 초기교사와 민족운동,『진리·인간·역사』, 원불교 교화연구회, 1989.

박맹수, 원불교의 민족운동에 관한 일연구,『한국 근대사에서 본 원불교』,도서출판 원화, 1991.

박맹수, 원불교 초기교사의 신연구 - 영산시대를 중심으로,『인류문명과 원불교사상』(소태산대종사탄생백주년기념논문집), 원불교출판사, 1991.

박맹수, 원불교학관계 논저목록(논문편),『원불교사상』14, 원광대학교 원불교사상연구원, 1991.

박맹수 외,『한국근대사에서 본 원불교』, 도서출판 원화, 1991.

박병수, 해방 이후 원불교 사요의 민족적 적용,『원불교사상』19, 원광대학교 원불교사상연구원, 1995.

박상권, 민족사상 맥락에서 본 원불교사상,『한국종교』7, 원광대학교 종교문제연구소, 1982.

박상권, 원불교 출현의 역사적 배경,『원불교칠십년정신사』, 원불교출판사, 1989.

朴相權, 少太山의 解釋學에 대한 연구 : '大宗經' '辯疑品'을 중심으로,『원불교사상』17·18합집, 원광대학교, 1994.

박세웅, 원불교의 국가와 민족관,『新人間』297, 신인간사, 1972.

박영학, 원불교 개교동기 해석의 일시론,『원불교사상』14, 원광대학교 원불교사상연구원, 1991

박영학, 정산종사의 해방전후의 외세인식,『원불교사상』15, 원광대학교 원불교사상연구원, 1992.

박영학, 일제하 불법연구회의 월말통신연구,『震山韓基斗博士화갑기념논총 한국종교사상의 재조명』, 원광대학교 출판국, 1993.

박용덕, 少太山의 조합운동과 길룡리 간척사업에 관한 연구,『정신개벽』7·8합집, 신룡교학회, 1989.

박용덕, 정산종사의 가계고,『원불교사상』15, 원광대학교 원불교사상연구원, 1992.

박용덕, 少太山 대종사 생애담 - 승산 김형오 구술자료 주해,『정신개벽』12, 신룡교학회, 1993.

박용덕, 少太山대종사 연보,『원불교사상』17·18합집, 원광대학교 원불교사상연구원,

1994/『문산김삼룡박사고희기념논총 소태산대종사와 원불교사상』, 원광대학교 출판국, 1995.

朴正烈, 圓佛敎 理論觀 研究, 전북대학교 교육대학원 석사학위논문, 1986.

徐慶田, 少太山의 中道思想 연구,『원광대논문집』 12, 1978.

徐慶田, 少太山 사상에 나타난 유·불·도 사상 및 서구 종교사상 수용,『원광대논문집』 15, 1981.

徐慶田,『원불교의 진리와 인간회복』, 원광대학교 출판국, 1981.

徐慶田, 少太山대종사의 역사창조의식,『원불교사상』 6, 원광대학교 원불교사상연구원, 1982.

徐慶田, 용수의 공사상과 少太山의 원사상의 비교연구,『원광대논문집』 17, 1983/『일원상 진리의 제연구(하)』, 원광대학교 출판국, 1989/『원불교사상의 전개(상)』, 교문사, 1990.

徐慶田, 敎祖 少太山의 人間像,『원불교사상』 13, 원광대학교, 1988.

徐慶田,『원불교 교화론』, 원광대학교 출판국, 1989.

徐慶田, 少太山 대종사의 미래관,『인류문명과 원불교사상』(소태산대종사탄생백주년기념 논문집), 원불교출판사, 1991.

徐慶田, 少太山의 교화관,『석산한종만박사화갑기념논총 한국사상사』, 원광대학교 출판국, 1991.

徐慶田, 少太山의 역사창조의식,『원불교사상』 17·18합집, 원광대학교 원불교사상연구 원, 1994/『문산김삼룡박사고희기념논총 소태산대종사와 원불교사상』, 원광대학교 출판국, 1995.

서윤, 원불교 사회복지학에 대한 접근 방법,『원불교사상』 10·11합집, 원광대학교 원불교 사상연구원, 1987.

서창열, 소태산 대종사의 인간상 연구,『원광대논문집』 10, 1978.

성종림·유성오·김성조·김홍철, 성공적인 민중운동의 사례와 새마을운동의 비교연구 - 원불교 민중종교운동과의 비교를 중심으로,『새마을운동학술논문집』 10 - 14, 새마을운 동 중앙본부, 1985.

손정윤, 원불교 한민족관,『원불교사상시론』 1, 이리 : 수위단회사무처, 1982.

송우근, 일제치하 원불교 언론의 연구,『정신개벽』 11, 이리 : 신룡교학회, 1992.

송천은, 원불교 교조의 연구,『원불교개교반백년기념문총』, 원불교출판사, 1971.

송천은, 원불교 개교동기론(초),『원불교학연구』 5, 원광대학교 원불교학연구회, 1972.

송천은 외,『원불교』, 원광대학교 출판국, 1974.

송천은, 원불교사상의 연구, 원광대학교 박사학위논문, 1974.

송천은, 원불교의 선사상,『원광대논문집』 8, 1974/『종교와 원불교』, 원광대학교 출판국, 1979.

송천은, 구도자로서의 소태산 - 한국정치의 지도이념과 민족종교,『종교와 윤리』 4, 1978.

송천은,『종교와 원불교』, 원광대학교 출판국, 1979.

송천은, 원불교 교리의 실학적 성격,『문산김삼룡박사화갑기념논총 한국문화와 원불교사
　　상』, 원광대학교 출판국, 1985/『열린 시대의 종교사상』, 원광대학교 출판국, 1992.

송천은, 원불교의 성리인식,『여산유병덕박사화갑기념논총 한국철학종교사상사』, 원광대
　　학교 종교문제연구소, 1990/『열린 시대의 종교사상』, 원광대학교 출판국, 1992.

송천은, 少太山 대종사 만년의 교화와 법문고,『인류문명과 원불교사상』(소태산대종사탄
　　생백주년기념논문집), 원불교출판사, 1991/『열린 시대의 종교사상』, 원광대학교 출판국,
　　1992.

송천은, 원불교 선의 기초적 입지,『원불교사상』 14, 원광대학교 원불교사상연구원, 1991/
　　『열린 시대의 종교사상』, 원광대학교 출판국, 1992.

송천은, 현대문명과 원불교의 사상적 대응,『인류문명과 원불교사상』(소태산대종사탄생백
　　주년기념논문집), 원불교출판사, 1991/『열린 시대의 종교사상』, 원광대학교 출판국, 1992

송천은, 정산종사의 불교관,『원불교사상』 15, 원광대학교 원불교사상연구원, 1992.

송천은, 少太山 박중빈대종사의 종교관,『震山韓基斗博士화갑기념논총 한국종교사상의
　　재조명』, 원광대학교 출판국, 1993.

송천은, 少太山대종사의 종교관,『일원문화산고』, 원불교출판사, 1994.

신명국, 박중빈의 역사의식,『정신개벽』 6, 이리 : 신룡교학회, 1988.

신명국, 少太山의 역사의식,『진리·인간·역사』, 원불교교화연구회, 1989.

신명국, 길룡리 방언조합의 간척공사 연구,『한국 근대사에서 본 원불교』, 도서출판 원화,
　　1991.

신명국, 원불교 개교의 역사적 성격,『원불교사상』 14, 원광대학교 원불교사상연구원,
　　1991.

신명국, 少太山 역사의식,『원불교사상시론』 2, 원불교출판사, 1993.

신명국, 일본의 식민지 종교정책과 불법연구회의 대응,『원불교사상』 17·18합집, 원광대
　　학교 원불교사상연구원, 1994/『문산김삼룡박사고희기념논총 소태산대종사와 원불교사
　　상』, 원광대학교 출판국, 1995.

신일교, 후천개벽사상의 연구 - 수운·증산·소태산을 중심으로, 부산대학교 석사학위논
　　문, 1981.

沈大燮, 少太山의 사회개선법,『원불교사상』 17·18합집, 원광대학교, 1994.

梁銀容, 少太山 대종사 비명의 연구,『정신개벽』 2, 이리 : 신룡교학회, 1983.

梁銀容 외, 원불교 교도의 사회경제적 지위와 그 이동에 관한 연구,『원불교사상』 12, 원
　　광대학교 원불교사상연구원, 1988.

梁銀容, 원불교 교역자 석박사학위 논문목록,『원불교사상』 12, 원광대학교 원불교사상연
　　구원, 1988.

梁銀容, 원불교사상 연구사,『원불교칠십년정신사』, 원불교출판사, 1989.

梁銀容, 한국도교와 少太山사상,『인류문명사회 노동과 원불교사상』(소태산대종사탄생백
　　주년기념논문집), 원불교출판사, 1991.

梁銀容, 정산종사의 유불도 삼교관,『원불교사상』15, 원광대학교 원불교사상연구원, 1992.

梁銀容, 少太山 大宗師觀의 展開 : ‘少太山 大宗師聖碑銘’의 찬술과정을 중심으로,『원불
    교사상』17 · 18합집, 원광대학교, 1994.

오재신, 원불교 교역자의 자아정체감 발달에 대한 연구, 전남대학교 석사학위논문, 1984.

圓佛敎 圓光社 編, 圓佛敎刊行物總目錄,『圓光』72, 1972.

원석조 외, 원불교 교도의 사회경제적 지위와 그 이동에 관한 연구,『원불교사상』12, 원
    광대학교 원불교사상연구원, 1988.

원석조, 종교의 제도화과정과 원불교,『인류문명과 원불교사상』(소태산대종사탄생백주년
    기념논문집), 원불교출판사, 1991.

유명종, 少太山의 게송과 성리학,『인류문명과 원불교사상』(소태산대종사탄생백주년기념
    논문집), 원불교출판사, 1991.

柳炳德, 대종사의 역사관,『원불교학연구』5, 원광대학교 원불교학연구회, 1972.

柳炳德, 少太山 大宗師,『圓光』74, 1972.

柳炳德, 원불교가 한국사회에 미친 영향,『원광대논문집』6, 1972/『한국종교』2, 원광대학
    교 종교문제연구소, 1975/『원불교와 한국사회』, 원광대학교 출판국, 1977/『도원유승국박
    사화갑기념논총 동방사상론고』, 종로서적, 1983/『원불교사상의 전개(하)』, 교문사, 1990.

柳炳德, 圓佛敎의 救援觀 - 現代宗敎의 指向性 : 救援의 意義,『對話』45, 1974.

柳炳德, 圓佛敎學의 向方 - 圓佛敎學의 Wissenscheft化,『圓佛敎學硏究』6, 원광대학교,
    1974.

柳炳德, 선종의 일원상과 원불교의 일원상,『원광대논문집』9, 1975/『원불교와 한국사회』,
    원광대학교 출판국, 1977.

柳炳德, 少太山의 일원사상과 그 전개,『한국철학연구』5, 해동철학회, 1975/『일원상 진리
    의 제연구(상)』, 원광대학교 출판국, 1989.

柳炳德, 원불교에서 본 불교의 현대화,『한국종교』2, 원광대학교 종교문제연구소, 1975/
    『탈종교시대의 종교』, 원광대학교 출판국, 1982/『원불교사상의 전개(하)』, 교문사, 1990.

柳炳德, 원불교의 일원사상,『한국사상』13, 한국사상연구회, 1975/『한국사상과 원불교』,
    교문사, 1989/『원불교사상의 전개(상)』, 교문사, 1990.

柳炳德, 少太山이 본 종교와 정치의 상관성,『원불교사상』2, 원광대학교 원불교사상연구
    원, 1977.

柳炳德,『원불교와 한국사회』, 원광대학교 출판국, 1977/제2판, 시인사, 1986.

柳炳德, 개화기 · 일제시의 민중종교사상,『원불교사상』6, 원광대학교 원불교사상연구원,
    1982.

柳炳德, 현대사회와 원불교의 역할 - 소태산 대종사의 ‘병든 사회와 그 치료법’을 중심으
    로,『원광문화』19, 원광대학교, 1982.

柳炳德, The Influence of WonBuddhism in Korean Society,『원불교사상』7, 원광대학교 원불
    교사상연구원, 1983.

柳炳德, 원불교의 불교관,『숭산박길진박사고희기념논총 한국근대종교사상사』, 원광대학교 출판국, 1984/『한국사상과 원불교』, 교문사, 1989.

柳炳德, 개화기 · 일제시의 민족종교사상에 관한 연구 - 그 당시 민중종교의 교조사상에서 찾아본 철학의 제문제,『철학사상의 제문제』3, 한국정신문화연구원, 1985/『한국사상과 원불교』, 교문사, 1989/『원불교사상의 전개(하)』, 교문사, 1990.

柳炳德, 한국 종교맥락에서 본 원불교사상,『문산김삼룡박사화갑기념논총 한국문화와 원불교사상』, 원광대학교 출판국, 1985/『한국사상과 원불교』, 교문사, 1989/『원불교사상의 전개(상)』, 교문사, 1990.

柳炳德, 원불교의 정토사상 수용에 관한 일고찰,『정토세계』창간호, 불교대학동창회, 1986/『한국사상과 원불교』, 교문사, 1989.

柳炳德, 원불교학계의 당면문제,『전환기의 한국종교』, 집문당, 1986.

柳炳德, 少太山 대종사의 구도와 대각,『원불교칠십년정신사』, 이리 : 원불교출판사, 1989.

柳炳德,『한국사상과 원불교』, 교문사, 1989.

柳炳德 편,『원불교사상의 전개』상 · 하, 교문사, 1990.

柳炳德, 미래의 종교와 少太山사상,『인류문명과 원불교사상』(소태산대종사탄생백주년기념논문집), 이리 : 원불교출판사, 1991/『장봉김지견박사화갑기념사우록 동과 서의 사유세계』, 민족사, 1991.

柳炳德, 少太山 대종사가 본 한국의 미래상,『인류문명과 원불교사상』(소태산대종사탄생백주년기념논문집), 이리 : 원불교출판사, 1991.

柳炳德, 少太山의 실천실학,『석산한종만박사화갑기념논총 한국사상사』, 원광대학교 출판국, 1991.

柳炳德, '원' 상징의 철학,『원상징의 예술혼전』, 원광대학교 원미편집실, 1991.

柳炳德, 한국 민중종교 사상을 통해 본 '화의 철학',『한국종교』16, 원광대학교 종교문제연구소, 1991.

柳炳德, 해방후 원불교사상의 전개(1),『震山韓基斗博士화갑기념 한국종교사상의 재조명』, 원광대학교 출판국, 1993.

柳炳德, 少太山 대종사의 진리적 종교관,『원불교사상』17 · 18합집, 원광대학교 원불교사상연구원, 1994/『문산김삼룡박사고희기념논총 소태산대종사와 원불교사상』, 원광대학교 출판국, 1994.

柳炳德, 圓佛敎에서 본 彌勒思想,『文山金三龍博士古稀紀念論叢 馬韓 · 百濟文化와 彌勒思想』, 원광대학교 출판국, 1994.

유성태, 원불교사상의 유교적 접근 - 교화적 측면을 중심으로,『震山韓基斗博士화갑기념 논총 한국종교사상의 재조명』, 원광대학교 출판국, 1993.

유승국, 유교사상과 원불교,『원불교사상』5, 원광대학교 원불교사상연구원, 1981/『한국 지성이 본 원불교』, 이리 : 원불교출판사, 1987.

柳香眞, YOGA 心理에서 본 少太山 大宗師 求道過程,『원불교사상』13, 원광대학교,

1990.

윤석인, 원불교 종사를 열다 : 박중빈,『발굴 한국현대사 인물』, 한겨레신문사, 1991.

윤이흠, 민족종교 - 민족종교의 사회변화에 대한 대응태도를 중심으로,『사회변동과 한국
　의 종교』, 한국정신문화연구원, 1987.

이공전, 少太山 대종사의 인간상,『인류문명과 원불교사상』(소태산대종사탄생백주년기념
　논문집), 이리 : 원불교출판사, 1991.

이성전, 정산의 성리학 수용과 율곡의 사상 - 심성이기론을 중심으로,『한국종교』19, 원광
　대학교 종교문제연구소, 1994.

이시연, 정산종사의 문학세계,『원불교사상』15, 원광대학교 원불교사상연구원, 1992.

이영관, 少太山 대종사의 선현관,『정신개벽』9, 이리 : 신룡교학회, 1990.

이영춘, 원불교사상의 유교적 연원,『한국근대사에서 본 원불교』, 도서출판 원화, 1991.

이영춘,『주자가례』가『예전』에 미친 영향,『인류문명과 원불교사상』(소태산대종사탄생백
　주년기념논문집), 이리 : 원불교출판사, 1991.

이은석, 원불교 반백년사,『원불교개교반백년기념문총』, 이리 : 원불교출판사, 1971/『정전
　해의』, 이리 : 원불교출판사, 1985.

이을호, 원불교 교리상의 실학적 과제,『원불교사상』8, 원광대학교 원불교사상연구원,
　1984/『한사상의 묘맥』, 사사연, 1986/『한국 지성이 본 원불교』, 이리 : 원불교출판사,
　1987/『원불교사상의 전개(하)』, 교문사, 1990.

이을호, 한국 고유사상과 少太山 사상,『인류문명과 원불교사상』(소태산대종사탄생백주년
　기념논문집), 이리 : 원불교출판사, 1991.

이장선, 원불교 수난사고,『원불교학연구』10, 원광대학교 원불교학연구회, 1979.

이정옥, Sotaesan's Dream of America,『인류문명과 원불교사상』(少太山대종사탄생백주년기
　념논문집), 이리 : 원불교출판사, 1991.

이정원, 圓佛敎 無時禪의 硏究, 원광대학교 석사학위논문, 1985.

이준호, 한국의 스승 少太山 박중빈,『선사상』6월호, 1986.

李恒寧, 圓佛敎의 文化史的 意義,『원불교개교반백년기념논총』, 이리 : 원불교출판사,
　1971/『한국 지성이 본 원불교』, 이리 : 원불교출판사, 1987/『원불교사상의 전개(상)』, 교
　문사, 1990.

이현종, 개화기 사상계의 추이,『원불교사상』6, 원광대학교 원불교사상연구원, 1982/『한국
　지성이 본 원불교』, 이리 : 원불교출판사, 1987.

이현택, 원불교 은사상과 증산교 보은상생사상의 비교고찰,『원불교사상』7, 원광대학교
　원불교사상연구원, 1983/『한국민중종교사상론』, 시인사, 1985/『원불교 은사상의 연구』,
　원광대학교 출판국, 1989.

이현택, 少太山의 유교수용과 유교사상,『원불교사상』12, 원광대학교 원불교사상연구원,
　1988/『원불교 은사상의 연구』, 원광대학교 출판국, 1989.

이현희, 少太山과 한국근대사상,『인류문명과 원불교사상』(소태산대종사탄생백주년기념논

문집), 이리 : 원불교출판사, 1991.

이현희, 少太山사상의 근대사적 조명,『원불교사상』17·18합집, 원광대학교 원불교사상
  연구원, 1994/『문산김삼룡박사고희기념논총 소태산대종사와 원불교사상』, 원광대학교
  출판국, 1994.

이혜화, 문학자료를 통해서 본 少太山의 세계인식과 그 대응,『인류문명과 원불교사상』(소
  태산대종사탄생백주년기념논문집), 이리 : 원불교출판사, 1991.

이혜화, 삼산문학의 종교성과 문학성,『震山韓基斗博士화갑기념논총 한국종교사상의 재
  조명』, 원광대학교 출판국, 1993.

이화택, 민족주의와 원불교사상,『원불교사상』12, 원광대학교 원불교사상연구원, 1988.

전명기, 少太山 박중빈 대종사의 교육사상과 그 전개,『한국근대사에서 본 원불교』, 도서
  출판 원화, 1991.

정봉길, 과학문명과 원불교도덕,『원불교사상』5, 원광대학교 원불교사상연구원, 1981/『한
  국 지성이 본 원불교』, 이리 : 원불교출판사, 1987.

정봉길, 원불교와 과학,『원불교사상』6, 원광대학교 원불교사상연구원, 1982/『원불교사상
  의 전개(하)』, 교문사, 1990.

주칠성, 원불교사상과 실학사상,『인류문명과 원불교사상』(소태산대종사탄생백주년기념논
  문집), 이리 : 원불교출판사, 1991.

지교헌, 한국 실학사상과 少太山사상,『인류문명과 원불교사상』(소태산대종사탄생백주년
  기념논문집), 이리 : 원불교출판사, 1991.

최민홍, 한철학과 원불교,『한철학』, 성문사, 1934/『원불교사상의 전개(상)』, 교문사, 1990.

韓基斗, 내가 본 圓佛敎의 中心思想 - 圓佛敎五十五年,『원광문화』8, 원광대학교, 1971.

韓基斗, 圓佛敎學의 基礎槪念,『圓佛敎學硏究』6, 원광대학교, 1974.

韓基斗, 少太山이 본 불교관,『원불교사상』2, 원광대학교 원불교사상연구원, 1977.

韓基斗, 불교와 원불교,『원불교학연구』8, 원광대학교 원불교학연구회, 1978.

韓基斗, 1920년대 원불교의 새 문명세계 건설운동,『원불교사상』6, 원광대학교 원불교사
  상연구원, 1982.

韓基斗, 원불교 교도의 사회경제적 지위와 그 이동에 관한 연구,『원불교사상』12, 원광대
  학교 원불교사상연구원, 1988.

韓基斗, 원불교의 새 불교 개창방향,『여산유병덕박사화갑기념논총 한국철학종교사상사』,
  원광대학교 종교문제연구소, 1990.

韓基斗, 한사상과 원불교,『한사상과 민족종교』, 일지사, 1990.

韓基斗, 한사상과 원불교의,『증산사상연구』16, 증산사상연구회, 1990.

韓基斗, 한국사상사에서 본 少太山사상,『인류문명과 원불교사상』(소태산대종사탄생백주
  년기념논문집), 이리 : 원불교출판사, 1991.

한내창, 少太山의 사회사상 - 사회名日論的 관점을 중심으로,『원불교사상』17·18합집,
  원광대학교 원불교사상연구원, 1994/『문산김삼룡박사고희기념논총 소태산대종사와 원

불교사상』, 원광대학교 출판국, 1994.

韓相璉, 圓佛敎의 哲學的 考察,『圓光』71, 원광대학교, 1971.

韓相璉, 원불교의 철학적 고찰,『원불교개교반백년기념문총』, 이리 : 원불교출판사, 1971/『원불교사상의 전개(상)』, 교문사, 1990.

한승조, 한국정신사의 맥락에서 본 원불교,『원불교사상』4, 원광대학교 원불교사상연구원, 1980/『원불교사상의 전개(상)』, 교문사, 1990.

한승조, 한국근대사상과 원불교,『원불교사상』5, 원광대학교 원불교사상연구원, 1981/『한국 지성이 본 원불교』, 이리 : 원불교출판사, 1987/『원불교사상의 전개(하)』, 교문사, 1990.

韓良善, 원불교 태중교육에 관한 연구, 원광대학교 석사학위논문, 1983.

韓正園, 圓佛敎 禮法의 基本性格,『敎學硏究』4, 1970.

韓正園, 恩으로 본 圓佛敎의 倫理觀,『敎學硏究』4, 1970.

韓鍾萬, 圓佛敎敎理의 形成過程과 그 基本性格 - 正典敎義編을 中心으로,『한국종교』1, 원광대학교, 1971.

韓鍾萬, 圓佛敎 半百年史 - 圓佛敎 五十五年,『원광문화』8, 원광대학교, 1971.

韓鍾萬, 圓佛敎의 人格觀,『원광문화』10, 원광대학교, 1973.

韓鍾萬, 사회개혁자로서의 소태산 - 한국정치의 지도이념과 민족종교,『종교와 윤리』4, 1978.

韓鍾萬,『불교와 유교의 현실관』, 원광대학교 출판국, 1981.

韓鍾萬, 한국·일본·중국(대만)불교의 현황분석에 의한 한국불교 사회화방향 모색,『원광대논문집』15, 1981.

韓鍾萬, 원불교의 불교관,『원불교사상시론』1, 이리 : 수위단회사무처, 1982.

韓鍾萬, 大覺求道의 圓佛敎 敎祖 少太山 朴重彬,『나라와 더불어 겨레와 더불어』(전북신서 5), 전북애향운동본부, 1987.

韓鍾萬, 少太山 대종사의 민중종교사상,『인류문명과 원불교사상』(소태산대종사탄생백주년기념논문집), 이리 : 원불교출판사, 1991.

韓鍾萬, 少太山 대종사의 생애와 사상,『인류문명과 원불교사상』(소태산대종사탄생백주년기념논문집), 이리 : 원불교출판사, 1991.

韓鍾萬, 少太山 대종사의 생애와 사상,『원불교신앙론』, 이리 : 원불교출판사, 1995.

韓鍾萬, 원불교의 기본사상,『원불교신앙론』, 이리 : 원불교출판사, 1995.

홍윤식, 의례면에서 살핀 원불교 성격,『원불교사상』2, 원광대학교 원불교사상연구원, 1977/『원불교사상의 전개(하)』, 교문사, 1990.

홍윤식, 한국사의 맥락에서 본 원불교,『문산김삼룡박사화갑기념논총 한국문화와 원불교사상』, 원광대학교 출판국, 1985.

홍윤식, 진리적 종교로서의 원불교의 역사적 위치,『여산유병덕박사화갑기념논총 한국철학종교사상사』, 원광대학교 종교문제연구소, 1990.

홍윤식, 한국불교사상의 원불교,『인류문명과 원불교사상』(소태산대종사탄생백주년기념논
　　문집), 이리 : 원불교출판사, 1991.
홍창덕, 원불교,『기자가 본 한국종교』, 문맥관, 1983.
황선명, 한국의 후천개벽사상과 少太山사상,『인류문명과 원불교사상』(소태산대종사탄생
　　백주년기념논문집), 이리 : 원불교출판사, 1991.
黃春德, 少太山 朴重彬의 敎育思想, 경남대학교 교육대학원 석사학위논문, 1986.

（8）기타 종교

김기준, 증산도 구원사상에 관한 고찰,『한민족』4, 교문사, 1993.
김명선, 風水說話考 - 震默大師說話를 中心으로,『又石語文』8, 전주우석대학교, 1993.
金烈圭, 전통문화 맥락 속의 원한 - 甑山교적 怨靈관념의 배경으로서,『증산사상연구』6,
　　증산사상연구회, 1980.
金鐸, 姜甑山의 原始返本思想,『한국종교』18, 원광대학교 종교문제연구소, 1993.
金鐸, 한국종교사에서의 儒敎와 甑山敎와의 만남,『震山韓基斗화갑기념 한국종교사상의
　　재조명(하)』, 원광대학교, 1993.
金鐸, 甑山 姜一淳이 인용한 漢詩 硏究,『한국종교』19, 원광대학교, 1994.
金泰坤, 증산도와 민족종교의 맥,『한민족』4, 교문사, 1993.
金洪喆, 수운·증산·소태산의 유불선 삼교관,『한국종교』4 - 5, 원광대학교 종교문제연
　　구소, 1980.
金洪喆, 원불교의 후천 개벽사상 - 水雲·甑山과의 비교를 중심으로,『원불교사상』4, 원
　　광대학교 원불교사상연구원, 1980.
金洪喆, 후천개벽사상의 연구 - 水雲·甑山 開闢思想과 圓佛敎 開闢思想의 비교를 중심
　　으로,『원불교사상』4, 1980.
金洪喆, 水雲·甑山·少太山의 비교연구 - 몇 가지 특징적 관점을 중심으로,『한국종교』
　　6, 원광대학교 종교문제연구소, 1981.
金洪喆, 일제하 甑山敎의 민족운동에 관한 연구,『증산사상연구』14, 증산사상연구회,
　　1988.
金洪喆, 한국신종교에 나타난 도교사상 - 증산교를 중심으로,『도교사상의 한국적 전개』,
　　한국도교사상연구회, 1989.
金洪喆·金相日·趙興胤,『한국종교사상사 4 - 증산교·대종교·무교편』, 연세대학교 출
　　판부, 1992.
盧吉明, 甑山敎 발생배경에 대한 사회학적 연구,『증산사상연구』2, 증산사상연구회, 1976.
盧吉明, 증산의 민족주체사상,『증산사상연구』6, 증산사상연구회, 1980.
朴容玉, 甑山의 남녀평등사상,『증산사상연구』6, 증산사상연구회, 1980.

박정진, 강증산이 예언한 '미래한국',『政經文化』254, 한국정경연구소, 1986.

裵宗鎬, 한국사상사의 맥락에서 본 증산사상,『증산사상연구』7, 증산사상연구회, 1981.

裵宗鎬, 한국사상의 원류와 증산사상,『증산사상연구』11, 증산사상연구회, 1985.

宋鎬洙, 민족정통사상의 고찰 - 동학과 증산사상을 중심으로,『증산사상연구』6, 증산사상
　　연구회, 1980.

신일교, 후천개벽사상의 연구 - 수운 증산 소태산을 중심으로, 부산대학교 석사학위논문,
　　1981.

亞細亞宗敎硏究協議會 編, 新興宗敎實態調査 - 井邑과 母岳山 一帶를 中心으로,『종교
　　와 윤리』3, 1977.

원광대학교 편, 신흥종교의 현장을 찾아서 - 모악산(증산교)지대를 중심으로,『産經硏究』
　　19, 원광대학교 산업경영연구소, 1982.

柳炳德, 母岳山下의 宗敎(上),『思想界』16 - 12, 1968.

柳炳德, 母岳山下의 宗敎(下),『思想界』17 - 7 · 8합집, 1969.

尹絲淳, 한국사상사 시각에서 본 증산사상,『한민족』4, 교문사, 1993.

李康五,『韓國新興宗敎分類一覽』, 전북대학교 신흥종교연구소, 1963.

李康五 外,『韓國新興 및 類似宗敎 조사보고서』, 문화공보부, 1971.

李康五, 구한말 南學의 발생과 그 성격에 관하여,『전라문화연구』1, 전북향토문화연구회,
　　1979.

李康五, 羅寅永의 大倧敎 思想,『한국근대종교사상사』, 원광대학교 출판부, 1984.

李康五, 증산교의 교조 姜一淳,『전북인물지(하)』, 전북애향운동본부, 1984.

李康五, 전북지방의 신흥종교,『宋俊浩敎授停年記念論叢』, 1987.

李恩奉, 증산도의 한국종교사적 위상,『한민족』4, 교문사, 1993.

李日淸, 甑山사상과 그 윤리관,『증산사상연구』6, 증산사상연구회, 1980.

李泰昊, 全琫準과 姜甑山의 사회사상,『공동체문화』1, 공동체, 1983.

이항녕, 동학사상과 증산사상,『증산사상연구』1, 증산사상연구회, 1975.

李炫熙, 甑山사상의 민족사적 위치 - 그의 민중의식적 측면,『증산사상연구』7, 증산사상
　　연구회, 1981

李炫熙, 증산도 출현의 역사적 배경,『한민족』4, 교문사, 1993.

林泳暢, 甑山사상의 神觀考,『증산사상연구』6, 증산사상연구회, 1980.

張秉吉,『증산종교사상』, 한국종교문화연구소, 1976.

張秉吉, 甑山사상에 나타난 造成의 섭리관 - 선인들의 易理를 중심으로,『증산사상연구』
　　6, 증산사상연구회, 1980.

張秉吉, 민족종교들의 대두 - 동학 · 증산교 · 신교,『전통과 사상 4』, 한국정신문화연구원,
　　1990/『한국사상사대계 5』, 한국정신문화연구원, 1992.

崔三龍, 全北地域의 道仙家 槪觀,『전라문화논총』3, 전북대학교 전라문화연구소, 1989.

崔三龍, 전북지역의 道家에 대한 考察,『如山柳炳德博士華甲紀念 韓國哲學宗敎思想史』,

1990.

洪凡草,『증산교 개론』, 창문각, 1982.

洪凡草, 甑山의 天地公事에 나타난 彌勒思想,『文山金三龍博士古稀紀念論叢 馬韓·百濟文化와 彌勒思想』, 원광대학교 출판국, 1994.

10. 역사·지리

(1) 고고학

姜仁求,『백제고분연구』, 일지사, 1977.

姜仁求, 백제고분의 연구방향,『백제연구』15, 충남대학교 백제연구소, 1984.

郭長根, 全北地方의 伽倻墓制에 對한 一考察 : 5·6세기 古墳을 중심으로, 전북대학교 석사학위논문, 1990.

郭長根, 전북 장수군의 유적현황과 보존실태,『호남고고학보』2, 호남고고학회, 1995.

金基雄, 백제고분의 변천,『우석사학』2, 우석대학교 사학회, 1969.

金東秀, 百濟地域 城郭과 古墳分布를 통한 地方制度 연구 : 全羅道地域의 百濟古墳과 城郭의 分布를 중심으로, 경희대학교 석사학위논문, 1991.

金秉模 外 4人, 서해안 지방의 선사문화조사 - 안면도와 서남해 도서 및 해안지역을 중심으로,『한국고고학보』14·15합집, 한국고고학연구회, 1983.

金三龍,『익산 문화권의 연구』, 원광대학교 마한백제문화연구소, 1977.

金善基, 益山百濟蓮洞里寺址 調査硏究,『如山柳炳德博士華甲紀念 韓國哲學宗敎思想史』, 1990.

金元龍, 호남 선사고고학의 2·3문제,『호남문화연구』1, 전남대학교 호남문화연구소, 1963.

金元龍, 益山 五年山 출토 多紐細文鏡과 細形銅劍,『考古美術』8 - 3, 고고미술동인회, 1967.

金元龍, 삼국초기의 고고학적연구,『서울대논문집(인문사회과학)』19, 1974.

金元龍, 塼 茂朱 출토 遼寧式 銅劍에 대하여,『진단학보』38, 1974.

金元龍, 益山地域의 靑銅器 文化,『마한·백제문화』2, 원광대학교 마한백제문화연구소, 1977.

金元龍, 마한·백제 고고학의 발전,『마한·백제문화』10, 원광대학교 마한백제문화연구소, 1987.

金元龍, 마한 고고학의 현황과 과제,『마한·백제문화』12, 원광대학교 마한백제문화연구소, 1990.

金正基, 馬韓領域에서 발견된 주거지,『마한·백제문화』3, 원광대학교 마한백제문화연구소, 1979.

金正基, 彌勒寺塔과 定林寺塔 : 건립시기의 先後에 관하여,『考古美術』164, 한국미술사학회, 1984.

金貞培, 準王 및 진국과 삼한정통론의 제문제 - 익산의 청동기 문화와 관련하여,『한국사연구』13, 한국사연구회, 1976.

金昌庫, 익산 王宮坪의 怪石,『益山文化』창간호, 益山古蹟宣揚會, 1990.

藤沢一夫, 益山 大官寺에 대하여,『마한·백제문화』2, 원광대학교 마한백제문화연구소, 1977.

문화재연구소,『익산 미륵사지의 화분 분석적 연구』, 1990.

배귀용, 사진측량을 이용한 미륵사지 석탑복원 가능성에 관한 연구, 연세대학교산업대학 원 석사학위논문, 1987.

小田富士雄, 百濟古墳の系譜－特に中國·日本との關係について,『古文化談叢』 13, 1984/『마한·백제문화』7, 원광대학교 마한백제문화연구소, 1984.

宋錫炎, 忠淸·全羅地方의 '독무덤'에 관한 硏究, 연세대학교 석사학위논문, 1981.

安承周, 백제분묘의 구조,『백제문화』6, 공주사범대학교 백제문화연구소, 1973.

安承周, 백제고분의 연구,『백제문화』7·8합집, 공주사범대학교 백제문화연구소, 1975.

安承周·全榮來, 백제석실분의 연구,『한국고고학보』10·11합집, 한국고고학회, 1981.

安承周, 백제옹관묘에 대한 연구,『백제문화』15, 공주사범대학교 백제문화연구소, 1983.

安承周, 백제토광묘의 연구,『백제문화』16, 공주사범대학교 백제문화연구소, 1985.

安承周, 백제 석실분과 그 묘제의 일본전파에 관한 연구,『백제연구』17, 충남대학교 백제 연구소, 1986.

安承周, 백제 수혈식석곽분의 연구,『한국고고학브』22, 한국고고학회, 1989.

溫華順, 全北地方 原三國時代 住居址의 硏究：南原 細田里遺蹟을 中心으로, 한양대학 교 석사학위논문, 1994.

원광대학교,『고창읍성 내부 건물지』, 1984.

俞炳夏, 익산 茂形里 백제 甕棺墓,『호남고고학브』1, 호남고고학회, 1993.

柳哲, 全北地方 墓制의 硏究：百濟 南進에 따른 變遷을 中心으로, 한양대학교 석사학위 논문, 1993.

尹根一, 王宮里 遺蹟出土 막새의 編年에 관한 考察,『昌山金正基博士華甲紀念論叢』, 1990.

尹德香, 南原 笠岩里 出土 遺物,『宋俊浩敎授停年記念論叢』, 1987.

尹德香, 전북지방 原三國時代연구의 문제점,『한국상고사』3, 한국상고사학회, 1989.

尹德香, 만복사지 石佛保存閣 주변조사보고,『昌山金正基博士華甲紀念論叢』, 1990.

尹德香, 미륵사지 출토 유리제 유물에 대한 소고,『益山文化』창간호, 益山古蹟宣揚會, 1990.

尹德香, 백제고고학,『국사관논총』33, 국사편찬우 원회, 1992.

尹道根·張慶浩, 미륵사지와 황룡사지의 가람계획 비교연구,『대한건축학회학술논문집』, 1988.

尹武炳,『백제고고학연구』, 충남대학교 백제연구스, 1992.

李健茂·申光燮, 益山 石泉里 甕棺墓에 대하여,『考古學誌』6, 1994.

李健茂, 익산 출토 圓形有文靑銅器,『尹武炳박사회갑기념논총』, 通川文化社, 1984.

李揆山·兪炳夏, 全州 中華山洞 百濟 火葬墓,『考古學誌』 6, 1994.

李起華, 高敞邑城 築城年代 糾明에 관한 調査研究,『전북문화』 1, 1994.

李南奭, 백제고분의 조형적 특성,『백제의 조각과 미술』, 공주대박물관·충청남도, 1992.

李南奭, 백제초기 橫穴式石室墳과 그 연원,『선사와 고대』 3, 1992.

李南奭, 百濟古墳의 墓制類型 考察,『蒼海朴秉國敎授停年紀念史學論叢』, 1994.

이상회,『고창 고인돌 유적 보존과 활용방안의 연구』, 지역발전연구소, 1995.

李世賢, 서해 위도지역의 문화유적,『황룡문화』 5, 군산대학교, 1987.

李榮文, 호남지방의 지석묘 출토유물에 대한 고찰,『한국고고학보』 25, 한국고고학회, 1990.

李榮文, 湖南地域의 支石墓와 百濟古墳,『향토연구회지』 5, 1991.

李午熹, 南原 月山里 古墳出土 頸甲保存復元 處理,『문화재』 18, 문화재관리국, 1985.

李殷昌, 古阜 龍興里의 佛跡調査,『考古美術』 7‑5, 고고미술동인회, 1966.

이호관, 익산 彌勒寺址 출토·琉璃片 연구 ‑ 국내 유적지 출토 유리제조물을 중심으로,『孫寶基博士停年記念 考古人類學論叢』, 知識産業社, 1988.

林永珍, 馬韓의 형성과 변천에 대한 고고학적 고찰,『삼한의 사회와 문화』, 신서원, 1995.

林洪洛, 益山 蓮洞里寺址에 대한 一考察,『鄕土史研究』 1, 한국향토사연구전국협의회, 1989.

張慶浩, 미륵사지 석탑 복원에 관한 일고찰,『考古美術』 171·172합집, 한국미술사학회, 1986.

張慶浩, 百濟 彌勒寺址 發掘調査와 그 成果,『불교미술』 10, 동국대학교 박물관, 1991.

張慶浩, 익산지역 백제유적의 발굴성과,『원광대학교 마한백제문화 학술회의 발표논문집』, 1994.

張慶浩, 익산지역의 백제문화유적 발굴조사성과,『文山金三龍博士古稀紀念論叢 馬韓·百濟文化와 彌勒思想』, 원광대학교 출판국, 1994.

전북대학교 박물관,『남원지방의 유적과 유물』, 1983.

全榮來, 高敞 雲谷里 百濟窯址 발굴보고 : 전북 고창군 아산면 운곡리 산 61‑3,『高敞雅山地區 支石墓 발굴보고서』, 1984.

全榮來, 고분(Ⅱ) : 호남지방,『한국사론』 15, 국사편찬위원회, 1985.

全榮來, 금강유역 청동기문화권 新資料,『마한·백제문화』 10, 원광대학교 마한백제문화연구소, 1987.

全榮來, 익산 笠店里의 백제고분,『전라문화연구』 3, 전북향토문화연구회, 1988.

全榮來, 全北 高敞 雲谷里 益山 新龍里 窯址,『백제시대의 窯址研究』, 문화재관리국, 1988.

全榮來, 全州 如意洞先史遺蹟,『韓國考古學報』 23, 서울대학교, 1989.

全榮來, 馬韓時代의 考古學과 文獻史學,『마한·백제문화』 12, 원광대학교 마한백제문화연구소, 1990.

鄭桂玉, 미륵사지 석등자료를 통해 본 편년설정에 대하여, 『소헌남도영박사화갑기념사학논총』, 1984.

鄭桂玉, 한국의 옹관묘 - 백제지역을 중심으로, 『백제문화』 16, 공주사범대학교 백제문화연구소, 1985.

조계연, 全北地方 陶窯址의 硏究, 원광대학교 석사학위논문, 1993.

曹永鉉, 삼국시대 횡혈식석실의 계보와 편년 연구 - 한강 이남지역을 중심으로, 충남대학교 석사학위논문, 1990.

趙由典, 益山 彌勒寺에 관한 연구, 『백제논총』 2, 백제문화개발연구원, 1990.

趙由典·鄭桂玉, 百濟故地의 甕棺墓 연구, 『백제논총』 4, 백제문화개발연구원, 1994.

朱命綠, 彌勒寺址 西塔 實測記, 『建築士』 1990.10, 대한건축사협회.

中山淸隆, 扶安 竹幕洞 祭祀遺跡과 湖南地域의 古代文化, 『中庵兪炳基敎授華甲紀念史學論叢』, 兪炳基敎授華甲紀念史學論叢刊行委員會, 1996

池建吉, 湖南地方 고인돌의 形式과 構造, 『한국고고학보』 25, 한국고고학 연구회, 1990.

池建吉, 湖南考古略史, 『배종무총장퇴임기념 사학논총』, 1991.

千得琰, 彌勒寺址 石塔과 定林寺址 石塔의 先後問題, 『향토문화』 11, 향토문화개발협의회, 1991.

崔孟植, 彌勒寺址 기와가마터 조사, 『龍巖車文燮華甲紀念史學論叢』, 1989.

崔孟植, 익산 미륵사지 寺域內出土 櫛文土器 및 無文土器, 『昌山金正基博士華甲紀念論叢』, 1990.

崔夢龍, 전라북도 해안 일대의 선사유적(1~3), 『考古美術』 81~83, 한국미술사학회, 1967.

崔夢龍, 고고학적 측면에서 본 마한, 『마한·백제문화』 9, 원광대학교 마한백제문화연구소, 1987.

崔夢龍, 湖南地方의 支石墓사회, 『한국고고학보』 25, 한국고고학연구회, 1990.

崔秉鉉, 墓制를 통해서 본 4~5세기 한국 고대사회 - 漢江 이남지방을 중심으로, 『한국고대사논총』 6, 한국고대사회연구소, 1994.

崔完奎, 전북지방 금강하구의 백제석실분, 『이재룡환력기념한국사학논총』, 1990.

崔完奎, 무덤에서 본 삼한사회의 구조 및 특징, 『한국고대사논총』 2, 1991.

崔完奎, 전북 서해안지방 백제고분의 一考察 : 熊浦里 古墳을 중심으로, 『호남고고학보』 1, 호남고고학회, 1993.

崔完奎, 益山地方의 百濟古墳, 『文山金三龍博士古稀紀念論叢 馬韓·百濟文化와 彌勒思想』, 원광대학교 출판국, 1994.

崔容完, 남원 실상사의 一建物址, 『考古美術』 6-1, 고고미술동인회, 1965.

崔鍾圭, 무덤에서 본 삼한사회의 구조 및 특징, 『한국고대사논총』 2, 한국고대사회연구소, 1991.

崔鍾圭, 『삼한고고학연구』, 서경문화사, 1995.

충남대학교 백제연구소 편,『백제와전도보』, 1971~72.
하문식, 금강과 남한강 유역의 고인돌문화 비교연구,『孫寶基博士停年記念 考古人類學論叢』, 知識産業社, 1988.
한국고고학연구회,『한국고고학지도』, 1984.
洪潤植, 益山文化圈 研究의 現況과 課題,『마한·백제문화』3, 원광대학교 마한백제문화연구소, 1979.
洪鍾郁, 益山 笠店里 出土遺物 保存處理,『보존과학연구』8, 1987.
黃壽永, 益山 王宮里 五層石塔內 發見遺物,『考古美術』7-1, 고고미술동인회, 1966.
黃壽永, 百濟 帝釋寺址의 研究,『百濟研究』4, 충남대학교 백제연구소, 1973.
黃壽永, 익산의 백제불교유적,『崇山朴吉眞박사화갑기념 한국불교사상사』, 1975.
黃壽永, 익산 왕궁리 오층석탑의 건립연대,『논문집』18, 예술원, 1979.
黃壽永·鄭明鎬, 井邑 '부처당비' 石佛立像 二軀에 대한 고찰,『불교미술』7, 동국대학교 박물관, 1982.

1) 지표조사보고서

고창군·원광대학교 마한백제문화연구소,『高敞竹林里一帶地石墓群 지표조사보고서』, 1992.
郭長根, 全州市 德津洞 百濟古墳 調査報告,『전북사학』13, 전북대학교, 1990.
郭長根 외, 군산 미룡동 고려고분 수합조사 결과보고,『호남고고학보』3, 호남고고학회, 1996.
군산대학교 박물관,『沃溝地方의 문화유적』(군산대학교박물관학술총서 1), 1985.
군산대학교 박물관,『沃構地方 문화재 지표조사보고서』, 1986.
군산대학교 박물관,『군산시의 문화유적』, 군산시·군산대학교 박물관, 1993.
金三龍, 益山地域의 文化遺跡調査意義,『마한·백제문화』2, 원광대학교 마한백제문화연구소, 1977.
金三龍 外 2인,『익산지역 馬韓유적 종합조사연구』1-1, 원광대학교, 1988.
무주군,『무주지방 문화재 지표조사보고서』, 1988.
吳炳武, 南原地方의 文化遺蹟과 遺物 : 그 分布와 實態,『새마을연구』9, 전북대학교 새마을연구소, 1987.
원광대학교 마한백제문화연구소,『고창 중월리 문화유적 조사보고서』, 원광대학교 마한백제문화연구소, 1984.
원광대학교 마한백제문화연구소·전라북도·부안군,『전라북도 문화재 지표조사보고서 : 부안군편』, 1984.
원광대학교 마한백제문화연구소·전라북도·익산군,『익산군 문화재 지표조사보고서』, 1986.

원광대학교 마한백제문화연구소,『부안댐수몰지구 문화재 정밀지표조사보고서』, 1993.

원광대학교 마한백제문화연구소,『扶安 周留城 관계유적 지표조사略報告書』, 1994.

원광대학교 마한백제문화연구소,『우금(주류)산성 관련유적 지표조사보고서』, 1995.

尹德香, 南原 細田里 遺蹟 地表收拾遺物 報告,『전라문화논총』1, 전북대학교 전라문화연구소, 1986.

李世賢, 錦江下流地域 文化財 精密地表調査,『군산대논문집』15, 1988.

이영엽 外 9인,『마한문화연구 지표조사보고서』, 익산시, 1995.

전남향토문화개발협의회,『고창성송면지표조사』, 1984.

전북대학교 박물관,『全州 完州地域 文化財調査報告書』(전북지방문화재조사보고 1), 1979.

전북대학교 박물관,『고창지방 지표조사』, 1984.

전북대학교 박물관,『고창지역문화재 지표조사보고서』, 1984.

전북대학교 박물관,『南原地方文化財 지표조사보고서』, 1987.

전북대학교 박물관,『남원지방지표조사』, 1987.

전북대학교 박물관,『서해안고속도로 지표조사보고서』, 1991.

전북대학교 박물관·전주시,『전주 여의동유적 수습조사보고서』, 1992.

전북대학교 박물관·전주시 교육청,『전주 효자동유적 수습조사보고서』, 1992.

전북대학교 박물관·한국토지개발공사,『群長國家工團造成地域(群山地區) 地表調査報告書』(전북대학교박물관총서 12), 1993

전북대학교 박물관·진안군,『진안 용담댐 건설 수몰예정지 문화재정밀지표조사보고』(전북대학교박물관총서 13), 1993.

전북대학교 전라문화연구소,『진안지방 문화재 지표조사보고서』, 1989.

전북대학교 전라문화연구소,『임실지방 문화재 지표조사보고서』, 1990.

전북대학교 전라문화연구소·한국토지공사,『전주과학산업연구단지내 문화유적 지표조사보고서』, 1996.

전북대학교 전라문화연구소·한국도로공사,『전주~함양간 고속도로 건설사업 문화유적 지표조사보고서』, 1996.

전북향토문화연구회,『長水郡 문화유적 지표조사보고서』, 전라북도 장수군, 1988.

전북향토문화연구회·순창군,『순창군 문화유적 지표조사보고서』, 1989.

전주대학교 박물관,『무주지방 문화재 지표조사보고서』, 1988.

전주대학교 전주사학연구소,『전주시 옛고장 지표조사 보고서』, 1995.

전주박물관,『정읍지방 문화재 지표조사보고서』, 전주박물관, 1986.

전주시립박물관,『완주지방 문화재 지표조사보고서』, 1989.

한국토지개발공사, 群長國家工團造成地域(群山地區) 지표조사보고서,『군산문화』8, 군산문화원, 1994.

2) 발굴조사보고서

국립전주박물관,『扶安竹幕洞祭祀遺蹟』, 1994.

군산대학교 박물관,『군산 옥정리 고분군』, 군장공업지구건설사무소, 1995.

金三龍 外, 彌勒寺址 東塔址 二次發掘調査報告,『마한·백제문화』2, 원광대학교 마한백제문화연구소, 1977.

金三龍, 익산 왕궁리 성지 조사약보,『박물관신문』1977.4.

金三龍, 益山 華山里 馬韓遺蹟 發掘調査研究,『마한·백제문화』12, 원광대학교 마한백제문화연구소, 1991.

김선태, 익산 왕궁리유적 발굴조사 약보,『益山文化』2, 益山古蹟宣揚會, 1992.

문화재관리국, 미륵사지 발굴조사 중간보고서, 1977.

문화재연구소,『미륵사 유적발굴 조사보고서』1~2, 1982.

문화재연구소,『미륵사지 발굴조사 중간 약보고』, 1982.

문화재연구소,『미륵사 유적발굴 조사보고서(1)』, 1987.

문화재연구소,『미륵사 유적발굴 중간 약보고』, 1988.

문화재관리국 문화재연구소,『익산 입점리 고분 발굴조사보고서』, 1989.

문화재관리국 문화재연구소,『南原 乾芝里 古墳群 : 發掘調査報告書』(문화재연구소유적조사보고 제10책), 1991.

부여문화재연구소,『왕궁리유적 발굴중간보고』, 1992.

부여문화재연구소·익산군,『사자암 발굴조사보고서』, 1994.

부여문화재연구소·고창군,『선운사 동불암 - 발굴 및 마애불 실측조사보고서』, 1995.

吳炳武, 南原 百丈庵 舊建物址 發掘調査報告,『전라문화논총』1, 전북대학교 전라문화연구소, 1986.

원광대학교 마한백제문화연구소,『보덕성 발굴약보고서』, 1981.

원광대학교 마한백제문화연구소,『남원 월산리 고분군 발굴조사보고』, 1983.

원광대학교 마한백제문화연구소,『高敞邑城 內部建物址 발굴조사보고서』, 1984.

원광대학교 마한백제문화연구소,『고창 아산댐 수몰지구 발굴조사보고서』, 1985.

원광대학교 마한백제문화연구소,『고창 아산댐 수몰지구 靑磁窯址 발굴조사보고서』, 1985.

원광대학교 마한백제문화연구소,『익산 오금산성 발굴조사보고서』, 1985.

원광대학교 마한백제문화연구소,『정읍 보화리 백제석불입상주변 발굴조사보고서』, 1985.

원광대학교 마한백제문화연구소,『고창읍성 동헌지 발굴조사보고서』, 1987.

원광대학교 마한백제문화연구소,『익산 熊浦里 百濟古墳群 발굴조사보고서』, 1988.

원광대학교 마한백제문화연구소·한국전력공사,『무주 적상댐 수몰지구 발굴조사보고서』, 1989.

원광대학교 마한백제문화연구소,『전주 남고산성 발굴조사 약보고』, 1991.

원광대학교 마한백제문화연구소,『전주 사고지 발굴조사보고서』, 1991.

원광대학교 마한백제문화연구소,『전주 동고산성 건물지 발굴조사약보고서』, 1992.

원광대학교 마한백제문화연구소·한국전력공사,『무주 안국사지 발굴조사보고서』, 1995.

원광대학교 마한백제문화연구소,『전주 동고산성 건물지(3차) 발굴조사약보고서』, 1995.

원광대학교 마한백제문화연구소,『고창읍성 발굴조사보고서』, 1996.

원광대학교 마한백제문화연구소,『익산 왕궁리성지 발굴조사보고서』, 1997.

원광대학교 박물관,『옥구 將相里 百濟 古墳群 發掘調査報告書』, 1992.

원광대학교 박물관,『익산 웅포리 고분군 2차 발굴약보고서』, 1992.

원광대학교 박물관·한국토지공사,『군장국가공단조성지역 띠섬패총 발굴약보고서』, 1994.

원광대학교 박물관·한국토지공사,『군장국가공단조성지역 노래섬패총 발굴약보고서』, 1994.

원광대학교 박물관·한국도로공사,『서해안고속도로(서천 - 군산) 문화유적 발굴약보고서』, 1994.

원광대학교 박물관,『익산 남성리 백제 고분군 발굴약보고서』, 1995.

원광대학교 박물관·백제문화개발연구원,『익산 웅포리 백제 고분군 - 1992·1993년도 발굴조사』, 1995.

원광대학교 박물관·한국토지공사,『군장국가공단 군산지구 노래섬 문화유적 추가발굴조사』, 1996.

윤근일, 전북 익산군 왕궁리 유적 발굴 조사연보,『益山文化』창간호, 益山古蹟宣揚會, 1990.

尹德香,『임실 용암사지 발굴조사 보고서』, 전북대학교 박물관, 1994.

尹德香,『행정리 고분군 발굴조사 보고서』, 전북대학교 박물관, 1994.

尹德香, 서곡지구 시굴조사결과보고,『호남고고학보』 2, 호남고고학회, 1995.

이신효, 이리 富松洞 住居址 발굴조사,『호남고고학보』 1, 호남고고학회, 1993.

전라북도 남원시·전북대학교 박물관,『斗落里 발굴조사보고서』(전북대학교박물관학술총서 2), 1989.

전북대학교 박물관·전라북도,『만복사지 발굴조사보고서』, 1986.

전북대학교 박물관,『安心寺 發掘調査報告書』, 1990.

전북대학교 박물관·장수군·남원농지개량조합,『장수 양악 오동댐 수몰지구 발굴조사보고서』, 1991.

전북대학교 박물관·전북 완주군,『되재성당 발굴조사보고서』, 1992.

전북대학교 전라문화연구소,『실상사 진입로 개설 예정구간 시굴조사 결과보고서』, 1995.

전북대학교 전라문화연구소,『의총로 개설구간 수습 발굴보고서』, 1995.

전북향토문화연구소,『익산 웅포리 백제고분군 발굴조사보고서』, 1988.

全榮來, 益山 多松里 청동유물출토묘,『전북유적조사보고』 5, 전주시립박물관, 1975.

全榮來, 남원 초촌리 고분 발굴결과에 따른 백제석실분과 토기의 편년 문제,『전북유적조
　　사보고』8, 전주시립박물관, 1979.

全榮來, 全州 東固山城 槪括調査報告,『전북유적조사보고』11, 전주시립박물관, 1980.

全榮來, 남원 초촌리 고분군 발굴조사보고서,『전북유적조사보고』12, 전주시립박물관,
　　1981.

全榮來, 高敞 雲谷里 百濟窯址 발굴보고 : 전북 고창군 아산면 운곡리 산 61 - 3,『高敞雅
　　山地區 支石墓 발굴보고서』, 1984.

전영래,『익산 오금산성 발굴조사보고서』, 마한백제문화연구소, 1985.

전주시립박물관,『고창·아산지역 지석묘 발굴조사보고서』, 1984.

전주시립박물관,『익산 신룡리 백제토기요지 발굴조사약보고서』, 1987.

전주시립박물관,『전주평화동 고분군 발굴조사보고서』, 1987.

鄭明鎬, 益山 王宮里 城址 發掘調査報告,『마한·백제문화』2, 원광대학교 마한백제문화
　　연구소, 1977.

최완규,『益山 熊浦里 百濟古墳群 발굴조사보고서』, 백제문화개발연구원, 1995.

韓永熙·李揆山·兪炳夏, 扶安 竹幕洞祭祀遺蹟 發掘調査進展報告,『고고학지』4, 한국
　　고고미술연구소, 1992.

홍윤식,『井邑 普化里 百濟石佛立像 發掘調査報告書』, 원광대학교 마한백제문화연구소,
　　1985.

3) 기타 조사보고서

金元龍, 百濟古都 益山地域 文化財現況 調査報告書,『마한·백제문화』3, 원광대학교 마
　　한백제문화연구소, 1979.

문화공보부 문화재관리국·한국자연보존연구회 편,『茂朱九千洞綜合學術調査報告書 :
　　海南大屯山綜合學術調査報告書』(韓國自然保存研究會調査報告　5·6), 문화공보부,
　　1973.

문화재관리국,『完州花巖寺極樂殿實測調査報告書』, 1985.

문화재관리국,『完州花巖寺實測調査報告書』, 1985.

문화재관리국,『金山寺實測調査報告書』, 1987.

문화재관리국,『미륵사지 동탑 복원설계복원서』, 1990.

부여문화재연구소,『益山 彌勒寺址 東塔址 基壇 및 下部 調査報告書』, 1992.

부여문화재연구소,『서해안 도서지역 패총조사보고서』, 1994.

오병무, 전북 전주와 완주지역 廢寺址,『폐사지 조사보고』, 1990.

원광대학교 마한백제문화연구소, 益山 彌勒寺址 東塔址 및 西塔調査報告書,『마한·백
　　제문화』1, 원광대학교 마한백제문화연구소, 1975.

원광대학교 마한백제문화연구소,『부안 유천·진서리 청자요지 조사보고서』, 1994.

尹德香, 南原 乾芝里遺蹟 調査槪報, 『三佛金元龍教授停年退任記念論叢(Ⅰ) : 考古學篇)』, 1987.

이강오·오병무, 전북 익산지역의 폐사지, 『폐사지 조사보고』, 1990.

전북향토문화연구회, 『마이산 주변 학술조사연구보고서』, 1993.

전영래, 『전북 유적조사보고 - 탄현에 관한 연구』, 문화재 보호협회 전북지부, 1982.

전주시립박물관, 『全北遺蹟調査報告』 8~10, 1970~83.

전주시립박물관, 『전주 평화동 폐고분 정리조사약보고서』, 1987.

(2) 고고미술

姜敬淑, 扶安 牛東里 粉靑沙器窯, 『粉靑沙器 : 扶安 牛東里窯 出土品』(이화여자대학교 특별전도록 13), 1984.

姜仁求, 茂朱 柳洞里의 高麗古墳과 出土遺物, 『美術資料』 26, 국립중앙박물관, 1980.

금성종합설계사, 『익산 미륵사지 서탑 실측 및 통합복원보고서』, 1979.

金東賢, 미륵사지 東塔의 復元設計를 위한 部材調査, 『문화재』 22, 문화재관리국, 1989.

金英澈, 彌勒寺址 出土 靑銅製 수저에 대하여, 『昌山金正基博士華甲紀念論叢』, 1990.

金元龍, 益山 五年山 출토 多紐細文鏡과 細形銅劍, 『考古美術』 8 - 3, 고고미술동인회, 1967.

金元龍, 塼 茂朱 출토 遼寧式 銅劍에 대하여, 『진단학보』 38, 1974.

金正基, 典型樣式의 石塔과 彌勒寺址 石塔, 『마한·백제문화』 1, 원광대학교 마한백제문화연구소, 1975.

金正基, 미륵사탑과 정림사탑 - 건립시기의 선후에 관하여, 『고고미술』 164, 한국미술사학회, 1984.

金正基, 백제계 石塔의 特徵, 『마한·백제문화』 10, 원광대학교 마한백제문화연구소, 1987.

金鍾太, 南原 大福庵과 佳仁寺址의 石佛, 『考古美術』 9 - 8, 고고미술동인회, 1968.

金和英, 익산 出土 百濟瓦當에 대하여, 『梨花史學研究』 6 - 7, 이화여자대학교, 1973.

동국대학교·진안군, 『마이산 석탑』, 진안군, 1995.

梅原末治, 益山出土의 龍氏作 盤龍鏡, 『考古美術』 5 - 3, 한국미술사학회, 1964.

孟仁在, 彌勒寺址 石造物 및 石部材調査資料, 『마한·백제문화』 1, 원광대학교 마한백제문화연구소, 1975.

文明大, 新羅下代 佛教彫刻의 研究 - 防禦山 및 實相寺 藥師如來巨像을 중심으로(1), 『역사학보』 73, 1977.

裵秉宣, 金山寺 金剛門에 대한 小考, 『문화재』 24, 문화재관리국, 1991.

西谷正, 百濟史研究의 회고와 전망 - 일본의 考古美術史學을 중심으로, 『백제연구』 15,

충남대학교 백제연구소, 1984.

徐延洙, 實相寺 百才庵 三層石塔의 表面莊嚴에 대한 연구, 이화여자대학교 석사학위논
　　문, 1973.

徐延洙, 實相寺 百才庵 三層石塔의 表面莊嚴에 대한 연구,『梨大史苑』13, 이화여자대학
　　교 사학회, 1976.

宋華燮, 南原 大谷里 幾何文岩刻畵에 대하여,『백산학보』42, 백산학회, 1993.

申榮勳, 群山中央路 石造如來立像,『考古美術』2‒5, 한국미술사학회, 1961.

申榮勳, 南原郡 大山面 石造如來立像,『考古美術』3‒12, 고고미술동인회, 1962.

申榮勳, 金山寺 통신(1～2),『考古美術』27～28, 고고미술동인회, 1962.

申榮勳, 完州 威鳳寺 普光明殿,『考古美術』136·137합집(樹默 秦弘燮博士華甲紀念論
　　文集), 한국미술사학회, 1978.

吳隆京, 彌勒寺址의 綠釉瓦當에 대한 考察,『마한·백제문화』1, 원광대학교 마한백제문
　　화연구소, 1975.

李健茂, 익산 출토 圓形有文靑銅器,『尹武炳박사회갑기념논총』, 通川文化社, 1984.

李殷昌, 井邑 長文里 五層石塔,『考古美術』5‒9, 한국미술사학회, 1964.

李殷昌, 沃溝 竹山里 三層石塔,『考古美術』6‒3·4합집, 한국미술사학회, 1965

李殷昌, 古阜 龍興里의 佛跡調査,『考古美術』7‒5, 고고미술동인회, 1966.

李仁淑, 익산 龍堤里 出土 細形銅劍片의 分析資料,『한국상고사』5, 한국상고사학회,
　　1991.

이호관, 益山彌勒寺址出土 琉璃片 硏究‒國內遺蹟址出土 琉璃製造物을 中心으로,『孫
　　寶基博士停年記念 考古人類學論叢』, 知識産業社, 1988.

이화여자대학교 박물관,『粉靑沙器 : 扶安 牛東里窯 出土品』(이화여자대학교 특별전도록
　　13), 1984.

林永培, 彌勒寺址 西塔의 造形計劃에 대한 고찰,『建築』75, 대한건축학회, 1977.

林永培, 한일 塔婆建築의 조형설계에 관한 연구 : 미륵사지 西塔과 法隆寺 오층석탑을 중
　　심으로,『大韓建築學會誌』26‒104, 1982.

임홍락, 익산지역 출토 인장와에 대하여,『益山文化』2, 益山古蹟宣揚會, 1992.

張慶浩·崔孟植, 미륵사지 출토 기와 등 文樣에 대한 조사연구,『문화재』19, 문화재관리
　　국, 1986.

張慶浩, 彌勒寺址 石塔復元에 關한 硏究,『考古美術』173, 한국고고미술사학회, 1987.

張慶浩, 백제 彌勒寺址 발굴조사와 그 성과,『불교미술』10, 동국대박물관, 1991.

張慶浩, 백제 탑파건축에 관한 연구,『백제논총』3, 백제문화개발연구원, 1992.

張元燮, 백제초기 東界의 형성에 관한 일고찰,『청계사학』7, 1990.

전라북도,『미륵사지 동탑 설계보고서』, 1990.

全榮來, 南原에서 甕棺 發見,『考古美術』5‒3, 한국미술사학회, 1964.

전창기, 미륵사지 석탑의 연구,『益山文化』4, 益山古蹟宣揚會, 1994.

鄭桂玉, 미륵사지 출토 와당에 대한 고찰,『李載龒박사환력기념 한국사학논총』, 동간행위
　　원회, 1990.
鄭明鎬, 百濟時代의 石燈 彌勒寺址 石燈을 中心으로,『마한·백제문화』1, 원광대학교
　　마한백제문화연구소, 1975.
鄭明鎬, 益山지역에서 發見된 石燈을 中心으로,『마한·백제문화』2, 원광대학교 마한백
　　제문화연구소, 1977.
鄭明鎬, 彌勒寺址 石燈에 對한 研究,『文山金三龍博士古稀紀念論叢 馬韓·百濟文化와
　　彌勒思想』, 원광대학교 출판국, 1994.
鄭永鎬, 淳昌郡 邑內里 三層石塔에 대하여,『考古美術』24, 한국미술사학회, 1961.
鄭永鎬, 南原 實相寺의 靑銅銀入絲香爐,『考古美術』26, 한국미술사학회, 1961.
鄭永鎬, 南原 周生面의 石佛二軀,『考古美術』43, 한국미술사학회, 1963.
鄭永鎬, 完州 高山面 小向里의 石佛,『考古美術』44, 한국미술사학회, 1963.
鄭永鎬, 完州郡 三奇里의 石佛 二軀,『考古美術』53, 한국미술사학회, 1964.
鄭永鎬, 南原 禪院寺의 鑛佛坐像,『考古美術』55, 한국미술사학회, 1964.
鄭永鎬, 任實의 石佛 二軀,『考古美術』58, 고고미술동인회, 1964.
鄭永鎬, 益山郡 德基里 石佛立像,『考古美術』712, 고고미술동인회, 1966.
鄭永鎬, 南原 新村里의 石佛坐像과 塔材,『考古美術』82, 고고미술동인회, 1967.
鄭永鎬, 益山彌勒寺址石塔과 王宮里五層石塔의 考察,『文山金三龍博士古稀紀念論叢
　　馬韓·百濟文化와 彌勒思想』, 원광대학교 출판국, 1994.
趙容重, 益山 蓮洞里 石造如來坐像光背의 圖像研究 : 紋樣을 통하여 본 백제 불상광배
　　의 특성,『美術資料』49, 국립중앙박물관, 1992.
曹載虎, 朝鮮朝 全羅道 粉靑沙器를 中心으로 한 研究, 조선대학교 석사학위논문, 1982.
秦弘燮, 南原 女院山寺의 磨崖如來坐像,『考古美術』511, 한국미술사학회, 1964.
秦弘燮, 南原 萬福寺址 石塔의 調査,『백산학보』8(東濱金庠基博士古稀記念史學論叢),
　　백산학회, 1970.
千得琰, 實相寺 三層石塔의 造形比에 關한 研究, 전남대학교 석사학위논문, 1980.
崔聖銀, 후백제지역 불교조각 연구,『미술사학연구』204, 한국미술사학회, 1994.
崔完奎, 全北地方 百濟土器 研究, 원광대학교 석사학위논문, 1984.
崔完奎, 全北地方의 百濟土器에 對하여,『考古美術』169·170합집, 한국미술사학회,
　　1986.
洪思俊, 全北 益山出土 六朝鏡,『考古美術』11, 한국미술사학회, 1960.
洪思俊, 남원 출토 百濟鈴冠具,『考古美術』91, 고고미술동인회, 1968.
洪思俊, 彌勒寺址考,『마한·백제문화』1, 원광대학교 마한백제문화연구소, 1975.
洪潤植, 金山寺 石鐘에 대한 再檢討,『東國史學』19·20합집(李龍範南都泳敎授停年退
　　任記念號), 동국대학교, 1986.
洪在善, 백제계 석탑의 연구 : 미륵사탑과 정림사탑을 중심으로,『蕉雨黃壽永박사고희기

넘논총』, 1988.

홍종욱·정광용, 금산사 벽화 안료성분에 관한 비교분석,『保存科學研究』13, 1992.

黃壽永, 益山 彌勒寺址의 百濟石燈,『考古美術』3 - 12, 한국미술사학회, 1962.

黃壽永, 益山出土의 全金小佛坐像,『考古美術』4 - 11, 한국미술사학회, 1963.

黃壽永, 百濟 彌勒寺址 出土 石燈資料,『역사학보』30, 1966/『한국의 불교미술』, 同和出版公社, 1974.

黃壽永, 익산 왕궁리 석탑조사,『考古美術』7 - 6, 한국미술사학회, 1966.

黃壽永, 익산의 백제불교유적 - 塔像을 중심으로,『崇山朴吉眞華甲紀念論文集 韓國佛教思想史』, 원광대학교 출판국, 1975.

黃壽永, 全北 金堤 출토 百濟銅板佛像,『불교미술』5, 동국대학교 박물관, 1980.

(3) 한국사

1) 삼한시대

권병탁, 한국 고대경제사 서설 - 삼한 경제사회의 아시아공동체적 성격,『대구대논문집』4, 1964.

권병탁, 삼한 경제사회의 공동체적 성격 - 특히 아시아적 공동체 및 생산양식과 관련하여,『경제학연구』13, 1965.

權五榮, 삼한 국읍의 기능과 내부구조,『부산사학』28, 부산사학회, 1995.

權五榮, 삼한사회 '國'의 구성에 대한 고찰,『삼한의 사회와 문화』, 신서원, 1995.

權兌遠, 백제의 사회풍속사 고찰(2) - 한의 사회풍속을 중심으로,『백제연구』9, 충남대학교 백제연구소, 1978.

權兌遠, 三韓과 百濟의 社會風俗史研究, 단국대학교 박사학위논문, 1979.

權兌遠, 馬韓과 百濟의 文化系統 淵源問題,『백제논총』3, 백제문화개발연구원, 1992.

金洸, 소도 유적의 조사연구,『국사관논총』19, 국사편찬위원회, 1990.

金光洙, 고조선·辰國 연구의 동향과 국사교과서의 서술,『역사교육』45, 역사교육연구회, 1989.

金杜珍, 삼한 別邑사회의 소도신앙,『한국고대의 국가와 사회』, 역사학회, 1985.

金杜珍, 삼한시대의 邑落,『한국학논총』7, 국민대학교, 1985.

金杜珍, 馬韓사회의 구조와 성격,『마한·백제문화』12, 원광대학교 마한백제문화연구소, 1990.

金三龍, 고대 益山지역 수로고,『원광대논문집』9, 1975.

金聖昊, 任那·三韓·三國論 연구,『崔在錫정년기념논총 한국의 사회와 역사』, 1991.

金小南, 辰韓國馬韓史,『마한·백제문화』6, 원광대학교 마한백제문화연구소, 1983.

金暘玉, 馬韓의 文化的인 性格,『한국상고사』 4, 한국상고사학회, 1990.

金暘玉 外 1인,『한국 고대사의 문제 : 馬韓의 문화적 성격』, 국사편찬위원회, 1990.

김정배, 삼한 위치에 대한 종래설과 문화성격의 검토,『사학연구』 20, 한국사학회, 1968.

김정배, 진국과 한에 관한 고찰,『사총』 12・13합집, 고려대학교, 1968.

金貞培, 準王 및 辰國과 三韓정통론의 제문제 - 익산의 청동기문화와 관련하여,『한국사연구』 13, 한국사연구회, 1976.

김정배, 소도의 정치사적 의미,『역사학보』 79, 역사학회, 1978.

金貞培, 삼한사회 ‘國’의 해석문제,『한국사연구』 26, 한국사연구회, 1979.

金貞培, 辰國의 정치발전 단계,『영토문제연구』 1, 고려대학교 영토문화연구소, 1983.

金貞培, 目支國소고,『천관우선생환력기념 한국사학논총』, 1985.

金廷鶴, 魏志韓傳소고,『문리대논문집』 14, 부산대학교, 1975.

金泰坤, 마한 蘇塗의 宗敎民俗學的 考察,『원광대학교 마한 백제문화연구소 제10회 마한 백제문화 국제학술회의발표논문집』, 1989.

金泰坤, 蘇塗의 宗敎民俗學的 照明,『文山金三龍博士古稀紀念論叢 馬韓・百濟文化와 彌勒思想』, 원광대학교 출판국, 1994.

金哲埈, 魏志東夷傳에 나타난 한국고대사회의 성격,『대동문화연구』 13, 성균관대학교 대동문화연구원, 1979.

盧重國, 마한의 성립과 변천,『마한・백제문화』 10, 원광대학교 마한백제문화연구소, 1987.

盧重國, 한국고대의 읍락의 구조와 성격 - 국가형성과정과 관련하여,『대구사학』 38, 1989.

盧重國, 目支國에 대한 一考察,『百濟論叢』 2, 百濟文化開發硏究院, 1990.

盧泰敦, 삼한에 대한 인식의 변천,『한국사연구』 38, 한국사연구회, 1982.

東潮, 馬韓文化と鐵,『마한・백제문화』 12, 원광대학교 마한백제문화연구소, 1990.

武田幸男, 魏志東夷傳における馬韓 - 辰王と臣智に關する一試論,『마한・백제문화』 12, 원광대학교 마한백제문화연구소, 1990.

閔德植・金洸, 三國志의 蘇塗 관계 기사에 관한 검토 - 꽃뫼(花山) 유적을 중심으로,『백산학보』 37, 백산학회, 1990.

朴儉寬, 百濟初期의 馬韓史 硏究, 경희대학교 교육대학원 석사학위논문, 1987.

朴性鳳, 馬韓 인식의 역사변화,『마한・백제문화』 12, 원광대학교 마한백제문화연구소, 1990.

朴仲煥, 馬韓勢力의 變遷過程에 대한 一考察, 전남대학교 석사학위논문, 1992.

朴燦圭, 마한에 대한 文獻的 分析과 考古學的 考察, 단국대학교 석사학위논문, 1987.

朴燦圭, 마한세력의 분포와 변천,『龍巖車文燮화갑기념 사학논총』, 1989.

朴燦圭, 馬韓에 대한 연구사적 검토 - 文獻史를 중심으로,『동양고전연구』 3, 동양고전학회, 1994.

朴昊遠, 솟대신앙에 관한 연구, 한국정신문화연구원 석사학위논문, 1987.

白南郁, 三韓시대 國의 성립배경에 관한 연구, 건국대학교 석사학위논문, 1979.

白南郁, 삼국지 韓傳의 國에 관한 문제,『백산학보』 26, 1981.
白南郁, 삼한사회의 대·소국의 문제 - 대·소국의 수를 중심으로,『건국대대학원논문집』 19, 1984.
白南郁, 삼한사회의 '국'에 관한 연구, 건국대학교 박사학위논문, 1989.
白南郁, 馬韓 大·小國에 관한 分析,『국사관논총』 24, 국사편찬위원회, 1991.
白南郁, 삼한사회의 대·소국의 문제 - 대·소국의 수를 중심으로,『水邨朴永錫화갑논총 한국사학논총(상)』, 1992.
成周鐸, 馬韓 初期 百濟史에 대한 역사지리적 管見,『마한·백제문화』 10, 원광대학교 마한백제문화연구소, 1987/『文山金三龍博士古稀紀念論叢 馬韓·百濟文化와 彌勒思想』, 원광대학교 출판국, 1994.
宋華燮, 馬韓 農耕儀禮의 史的 考察,『如山柳炳德博士華甲紀念 韓國哲學宗敎思想史』, 1990.
宋華燮, 마한 소도의 구조와 기능,『한국종교』 17, 원광대학교, 1992.
宋華燮, 馬韓의 蘇塗硏究, 원광대학교 박사학위논문, 1992.
宋華燮, 소도 관계 문헌기록의 재검토,『진산한기두박사화갑기념논총 : 한국 종교사상의 재조명』, 1993.
宋華燮, 마한 소도의 성립과 역사적 의의,『한국고대사연구』 7, 신서원, 1994.
宋華燮,『삼국지』 魏志 東夷傳의 蘇塗와 浮屠,『역사민속학』 4, 한국역사민속학회, 1994.
宋華燮, 삼한사회의 종교의례,『삼한의 사회와 문화』, 신서원, 1995.
宋華燮, 삼한사회의 종교제의,『한국고대사연구』 10, 신서원, 1995.
申鉉雄,「삼국지」韓傳에 대한 일고찰(상) - 기록의 실제에 관한 管見,『경주사학』 12, 경주사학회, 1993.
원광대학교 마한백제문화연구소,『제8회 마한·백제문화국제학술회의』, 1985.
兪元載,『晉書』의 마한과 백제,『한국상고사학보』 17, 한국상고사학회, 1994.
柳在泳, 마한제국의 이름 및 位置比定에 대한 管見,『원광대학교 마한 백제문화연구소 제10회 마한백제문화 국제학술회의발표논문집』, 1989.
윤내현, 고조선과 삼한의 관계,『한국학보』 52, 일지사, 1988.
윤내현, 목지국과 월지국의 관계,『龍巖車文燮화갑기념 사학논총』, 1989.
李光奎, 馬韓社會의 人類學的 考察,『마한·백제문화』 12, 원광대학교 마한백제문화연구소, 1990/『文山金三龍博士古稀紀念論叢 馬韓·百濟文化와 彌勒思想』, 원광대학교 출판국, 1994.
李基東, 馬韓영역에서의 백제의 성장,『마한·백제문화』 10, 원광대학교 마한백제문화연구소, 1987.
李基東, 馬韓史 序章 : 西海岸航路와 馬韓社會의 黎明,『마한·백제문화』 12, 원광대학교 마한백제문화연구소, 1990.
李基東, 백제국의 성장과 馬韓병합,『百濟論叢』 2, 百濟文化開發硏究院, 1990.

李基東, 馬韓史의 上限과 下限, 『文山金三龍博士古稀紀念論叢 馬韓 · 百濟文化와 彌勒思想』, 원광대학교 출판국, 1994.

李萬烈, 삼한, 『한국사론 1 - 고대』, 국사편찬위원회, 1977.

李丙燾, 삼한문제의 신고찰(1~8) : 진국 및 삼한고, 『진단학보』 1~8, 1934~37.

李丙燾, 문헌상으로 본 고대 한국상 - 특히 고조선 한사군 및 삼한 문제를 중심으로, 『한국학 문헌 연구의 현황과 과제』, 아세아문화사, 1983.

李賢惠, 삼한의 국읍과 그 성장에 대하여, 『역사학보』 69, 1976.

李賢惠, 마한 소국의 형성에 대하여, 『역사학보』 92, 1981.

李賢惠, 『삼한사회 형성과정 연구』, 일조각, 1984.

李賢惠, 三韓社會의 농업 생산과 철제농기구, 『역사학보』 126, 1990.

李賢惠, 원삼국시대론 검토, 『한국고대사논총』 5, 한국고대사회연구소, 1993.

李賢惠, 三韓의 對外交易體系, 『이기백고희기념 한국사학논총(상)』, 일조각, 1994.

林永珍, 마한의 형성과 변천에 대한 고고학적 고찰, 『삼한의 사회와 문화』, 신서원, 1995.

全榮來, 마한시대의 고고학과 문헌사학, 『마한 · 백제문화』 12, 원광대학교 마한백제문화연구소, 1990.

鄭璟喜, 선삼국시대 사회와 경제 - 정치권력의 성격과 유통경제의 발전을 중심으로, 『동방학지』 41, 연세대학교 국학연구원, 1984.

丁仲煥, 辰國三韓及 加羅名稱考, 『부산대학교 개교10주년 기념논문집』, 1956.

曺佐鎬, 「魏志東夷傳」의 사료적 가치, 『대동문화연구』 13, 성균관대학교 대동문화연구원, 1979.

千寬宇, 三韓의 성립과정 - 三韓考 제1부, 『사학연구』 26, 한국사학회, 1975.

千寬宇, 삼국지 韓傳의 재검토, 『진단학보』 41, 1976.

千寬宇, 馬韓諸國의 位置 試論, 『동양학』 9, 단국대학교 동양학연구소, 1979.

千寬宇, 目支國고, 『한국사연구』 24, 한국사연구회, 1979.

千寬宇, 『고조선사 · 삼한사 연구』, 일조각, 1989.

崔夢龍, 고고학적 측면에서 본 마한, 『마한 · 백제문화』 9, 원광대학교 마한백제문화연구소, 1986.

崔夢龍, 마한 目支國 연구의 諸問題, 『백제논총』, 백제문화개발연구원, 1990.

崔夢龍, 考古學上으로 본 馬韓의 硏究, 『文山金三龍博士古稀紀念論叢 馬韓 · 百濟文化와 彌勒思想』, 원광대학교 출판국, 1994.

崔盛洛, 『韓國原三國문화의 연구』, 학연문화사, 1993.

崔鍾圭, 무덤에서 본 三韓社會의 構造 및 特徵, 『한국고대사논총』 2, 한국고대사회연구소, 1991.

崔鍾圭, 『삼한고고학연구』, 서경문화사, 1995.

한국고대사연구회 편, 『三韓의 社會와 文化』, 신서원, 1995.

許回淑, 소도에 관한 연구, 『경희사학』 3, 경희대학교, 1972.

洪潤植, 마한 蘇塗信仰領域에서의 백제불교의 受容,『마한·백제문화』11, 원광대학교 마한백제문화연구소, 1987.

洪潤植, 馬韓사회에서의 天君의 위치,『水邨朴永錫화갑논총 한국사학논총(상)』, 1992.

2) 삼국시대

鞠玉枝, 後三國의 相互抗爭에 관한 研究, 단국대학교 석사학위논문, 1983.

權眞澈, 후삼국 성립의 요인과 조건,『강원사학』4, 1988.

權兌遠, 백제의 사회풍속사 고찰(1~2) : 한의 사회풍속을 중심으로,『百濟研究』8~9, 충남대학교 백제연구소, 1978.

權兌遠, 백제의 사회풍속사연구에 대한 회고와 전망,『백제연구』15, 충남대학교 백제연구소, 1984.

權兌遠, 蛇山城고 - 백제산성구조의 한 사례,『마한·백제문화』11, 원광대학교 마한백제문화연구소, 1988.

權兌遠, 마한과 백제의 문화계통,『백제논총』3, 백제문화개발연구원, 1992.

金甲童,『나말여초의 호족과 사회변동연구』, 고려대학교 민족문화연구소, 1990.

金南允, 신라중대 법상종의 성립과 신앙,『한국사론』11, 서울대학교 국사학과, 1984.

金三龍, 미륵사창건에 대한 미륵신앙적 배경,『마한·백제문화』창간호, 원광대학교 마한백제문화연구소, 1975.

金三龍, 百濟의 益山遷都와 그 文化의 性格,『마한·백제문화』2, 원광대학교 마한백제문화연구소, 1977.

金三龍, 백제미륵사상의 역사적 위치,『마한·백제문화』4·5합집, 원광대학교 마한백제문화연구소, 1982.

金三龍, 백제 미륵신앙과 계율사상,『한국 미륵신앙의 연구』, 동화출판공사, 1983.

金三龍, 백제불교와 미륵신앙,『백제의 종교와 사상』, 충청남도, 1994.

金映遂, 백제국도의 변천에 대하여,『전북대논문집』1, 1957.

金煐泰, 백제의 관음신앙,『마한·백제문화』3, 원광대학교 마한백제문화연구소, 1979.

金煐泰, 오교구산에 대하여 - 신라대 성립설의 부당성구명,『불교학보』16, 동국대학교 불교문화연구원, 1979.

金煐泰, 백제의 對日本 文字·佛經 初傳과 그 時期,『如山柳炳德博士華甲紀念 韓國哲學宗敎思想史』, 1990.

金煐泰, 彌勒寺의 創建緣起說話에 대하여,『文山金三龍博士古稀紀念論叢 馬韓·百濟文化와 彌勒思想』, 원광대학교 출판국, 1994.

金瑛河, 삼국과 남북국의 사회성격,『한국사 3』, 한길사, 1994.

金麟中, 삼국의 항쟁지에 대한 지리적 고찰, 원광대학교 석사학위논문, 1983.

金鍾鳴, 전북 불교에 있어서의 眞表律師의 位置,『전라문화연구』4, 전북향토문화연구회,

1990.

金周成, 신라말·고려초의 지방지식인,『호남문화연구』19, 전남대학교 호남문화연구소, 1990.

金哲埈, 궁예와 견훤,『사학회지』3, 연세대학교, 1963.

金哲埈, 후삼국시대의 지배세력의 성격에 대하여,『이상백회갑논총』, 1964/『한국고대사회연구』, 지식산업사, 1975.

金哲埈, 문인계급과 지방호족,『한국사 3 - 민족의 통일 - 』, 국사편찬위원회, 1978.

金哲埈, 백제연구고,『백제연구』13, 충남대학교 백제연구소, 1982.

南在祐, 나말여초 호족의 경제적 기반,『경남사학』4, 1987.

盧明鎬, 나말여초 호족세력의 경제적 기반과 田柴科체제의 성립,『진단학보』74, 진단학회, 1992.

노시백, 후삼국기 호족의 존재형태, 연세대학교 석사학위논문, 1985.

盧重國, 삼국유사 무왕조의 재검토 - 사비시대 후기 정치체제와 관련하여,『한국전통문화연구』2, 효성카톨릭대학교, 1986.

盧重國, 백제사의 재인식,『한국고대사론』(한길역사강좌 12), 한길사, 1988.

盧重國, 통일기 신라의 百濟故地支配 -『三國史記』職官志·祭祀志·地理志의 백제 관계 기사 분석을 중심으로,『한국고대사연구』7, 신서원, 1988.

盧重國, 국사학 연구의 현황과 과제 - 통일신라의 지방통치조직의 편제를 중심으로,『한국학논집』17, 계명대학교 한국학연구소, 1990.

盧重國, 백제 멸망 후 백제부흥군의 부흥전쟁 연구,『역사의 재조명』, 한림과학원, 1995.

牧田諸亮, 百濟 益山遷都에 對한 文獻資料,『마한·백제문화』2, 원광대학교 마한백제문화연구소, 1977.

文炳憲, 후백제의 흥망고,『백제문화』1, 공주사범대학교 백제문화연구소, 1967.

朴敬子, 견훤의 세력과 대왕건관계,『숙대사론』11·12합집, 숙명여자대학교, 1982.

朴漢卨, 후백제 금강에 대하여,『대구사학』7·8합집, 대구사학회, 1973.

朴漢卨, 후삼국의 성립,『한국사 3 - 민족의 통일 - 』, 국사편찬위원회, 1978.

朴賢淑, 백제 擔魯制의 실시와 그 성격,『宋甲鎬정년기념논문집』, 1993.

方東仁, 삼국사기 지리지의 군현고찰 - 9주소관군현의 漏記를 중심으로,『사학연구』23, 한국사학회, 1972.

芳賀登, 百濟における彌勒信仰と益山彌勒寺,『마한·백제문화』8, 원광대학교 마한백제문화연구소, 1985.

芳賀登, 益山彌勒寺信仰の基盤,『文山金三龍博士華甲紀念 - 韓國文化와 圓佛敎思想』, 원광대학교, 1985.

芳賀登, 百濟における彌勒思想と益山彌勒寺,『文山金三龍博士古稀紀念論叢 馬韓·百濟文化와 彌勒思想』, 원광대학교 출판국, 1994.

배종도, 신라하대의 지방제도 개편에 대한 고찰,『학림』11, 연세대학교 사학연구회, 1989.

백제문화개발연구원, 『백제사료집』, 1985.

백제문화개발연구원, 『백제연구논저총람』, 1982.

宣石悅, 「三國史記」 新羅本紀 上代 백제관계기사의 검토와 그 紀年, 『한국고대사연구』 7, 한국고대사연구회, 1994.

成周鐸, 마한·초기백제사에 대한 역사지리적 관견, 『마한·백제문화』 10, 원광대학교 마한백제문화연구소, 1987.

成周鐸, 백제 炭峴 小考 - 金庚信장군의 백제공격로를 중심으로, 『百濟論叢』 2, 백제문화개발연구원, 1990.

소관섭, 미륵신앙과 미륵사 창건의 배경고찰, 『益山文化』 4, 益山古蹟宣揚會, 1994.

宋美善, 後百濟의 崩壞過程과 古昌戰鬪, 전북대학교 교육대학원 석사학위논문, 1993.

宋祥圭, 甄萱의 完山입도설에 대한 고찰 - 王宮坪과 完山의 위치 비정을 중심으로, 『전라문화연구』 1, 전북향토문화연구소, 1979.

辛兌鉉, 삼국사기 지리지의 연구, 『신흥대논문집』 1, 1958.

申瀅植, 백제본기의 분석, 『韓㳓劤박사정년기념 사학논총』, 지식산업사, 1981.

申瀅植, 삼국사기에 나타난 백제사회의 성격 - 삼국사기본기의 분석을 중심으로, 『백제연구』 17, 충남대학교 백제연구소, 1986.

申瀅植, 한국고대의 서해교섭사, 『국사관논총』 2, 국사편찬위원회, 1989.

申瀅植, 백제사연구의 성과와 과제, 『水邨朴永錫화갑논총 한국사학논총(상)』, 1992.

申瀅植, 百濟史의 性格, 『산운사학』 6, 산운학술문화재단, 1992.

申瀅植, 百濟史上에 있어 益山의 위치, 『원광대학교 馬韓百濟文化 학술회의 발표논문집』, 1994/『文山金三龍博士古稀紀念論叢 馬韓·百濟文化와 彌勒思想』, 원광대학교 출판국, 1994.

申虎澈, 후백제 견훤 연구(Ⅰ) - 견훤관계 문헌의 예비적 검토, 『백제논총』 1, 백제문화개발연구원, 1985.

申虎澈, 후백제의 지배세력에 대한 분석 - 특히 후백제의 멸망과 관련하여, 『斗溪李丙燾博士九旬紀念 한국사학논총』, 지식산업사, 1987.

申虎澈, 견훤의 출신과 사회적 진출, 『동아연구』 17, 서강대학교 동아연구소, 1989.

申虎澈, 신라의 멸망과 견훤 - 견훤이 신라멸망에 끼친 영향, 『충북사학』 2, 충북대학교, 1989.

申虎澈, 後百濟 甄萱政權 硏究, 서강대학교 박사학위논문, 1989.

申虎澈, 후백제와 관련된 異說들의 종합적 검토, 『국사관논총』 29, 국사편찬위원회, 1991.

申虎澈, 『後百濟 甄萱政權 硏究』, 일조각, 1993.

申虎澈, 호족세력의 성장과 후삼국의 정립 - 後三國建國勢力과 在地豪族勢力과의 관계를 중심으로, 『한국고대사연구』 7, 1994.

兪元載, 『晋書』의 마한과 백제, 『한국상고사학보』 17, 한국상고사학회, 1994.

柳增善, 견훤 전설에 대한 일고찰, 『安東文化』 7, 1976.

尹德香, 익산지역의 백제문화 - 연구사와 연구현황에 대하여,『百濟硏究』15, 충남대학교 백제연구소, 1984.

尹武炳·朴泰祐, 5小京의 위치 및 도시구조에 대한 일고찰,『중원경과 중앙탑』, 충주공전 박물관, 1992.

尹汝聖, 新羅 眞表의 佛敎信仰과 金山寺,『전북사학』11·12합집, 전북대학교, 1989.

李根培, 선종구산문파의 형성고, 동국대학교 석사학위논문, 1968.

李基東, 백제사의 연구,『백제연구』15, 충남대학교 백제연구소, 1984.

李基東, 마한영역에서의 백제의 성장,『마한·백제문화』10, 원광대학교 마한백제문화연구소, 1987.

李基東, 백제국의 성장과 마한 병합,『백제논총』2, 백제문화개발연구원, 1990.

李基白, 백제연구의 과제,『백제연구』15, 충남대학교 백제연구소, 1984.

李道學, 漢城 후기의 백제왕권과 지배체제의 정비,『百濟論叢』2, 백제문화개발연구원, 1990.

李道學, 백제의 기원과 국가발전에 관한 검토,『한국학논집』19, 한양대학교 한국학연구소, 1991.

李明植, 신라통일기의 군사조직,『한국고대사연구』1, 한국고대사연구회, 1988.

李文基, 신라 6停군단의 운용,『대구사학』29, 1986.

李文基, 신라 군사조직 연구의 성과와 과제,『역사교육논집』12, 1988.

李文基, 통일신라의 지방관제 연구,『국사관논총』20, 국사편찬위원회, 1990.

李丙壽, 百濟 彌勒寺의 創建年代에 대하여,『마한·백제문화』1, 원광대학교 마한백제문화연구소, 1975.

李聖學, 한국의 행정구역에 관한 역사지리학적 연구 - 통일신라 전시대에 대하여,『愚巖崔榮浩교수송수기념논문집』, 1971.

李純根, 나말여초 '호족'용어에 대한 연구사적 검토,『논문집』19, 성심여자대학교, 1987.

李純根,『신라말 지방세력의 구성에 관한 연구』, 서울대학교 박사학위논문, 1992.

李永植, 백제의 가야진출과정,『한국고대사논총』7, 한국고대사회연구소, 1995.

李鍾旭, 백제의 국가형성,『대구사학』11, 1976.

李鍾旭, 백제왕국의 성장 - 통치체제의 강화와 전제왕권의 성립,『대구사학』12·13합집, 1977.

이현수, 나말여초 호족세력의 대두와 그 경제기반에 대한 연구, 원광대학교 석사학위논문, 1983.

李昊榮,『신라의 삼국통합과정 연구』, 경희대학교 박사학위논문, 1986.

李昊榮, 백제패망원인론,『경희사학』14, 1987.

林炳泰, 신라소경고,『역사학보』35·36합집, 1967.

林洪洛, 百濟 武王代의 支配勢力形成에 대한 一考察 : 主權强化政策을 中心으로, 원광대학교 교육대학원 석사학위논문, 1993.

張元燮, 百濟前期 東界의 형성에 관한 一考察 : 靺鞨과의 관계를 중심으로,『청계사학』7, 한국정신문화연구원, 1990.

全基雄, 나말여초의 지방사회와 知州諸軍事,『경남사학』4, 1987.

全基雄, 서평 : 후백제 甄萱정권연구(신호철 저),『부산사학』24, 부산사학회, 1993.

全榮來, 완산과 비사벌론,『마한·백제문화』1, 원광대학교 마한백제문화연구소, 1975.

全榮來,『周留城·白江 位置비정에 關한 研究』, 문화재보호협회 전북지부, 1976.

全榮來, 周留城·白江의 位置비정에 關한 研究,『自由公論』100~102, 1981.

全榮來, 백제 남방경역의 변천,『천관우선생환력기념 한국사학논총』, 1985.

全榮來, 百濟 地方制度와 城郭 : 全北地方을 中心으로,『百濟研究』19, 충남대학교 백제연구소, 1988.

全榮來,『백제 최후 항쟁사 연구』, 전주문화원, 1990.

全榮來, 周留城·白江, 位置比定에 關한 新研究,『文山金三龍博士古稀紀念論叢 馬韓·百濟文化와 彌勒思想』, 원광대학교 출판국, 1994.

田村圓澄, 백제의 미륵신앙,『마한·백제문화』4·5합집, 원광대학교 마한백제문화연구소, 1982.

田村圓澄, 百濟의 彌勒信仰,『백제연구』21, 충남대학교 백제연구소, 1990.

鄭明鎬, 益山地域의 百濟文化,『마한·백제문화』3, 원광대학교 마한백제문화연구소, 1979.

井上秀雄, 日本における百濟史研究,『마한·백제문화』7, 원광대학교 마한백제문화연구소, 1984.

鄭永鎬, 백제사료에 관한 연구 - 현존 유적·유물을 중심으로,『백제연구』17, 충남대학교 백제연구소, 1986.

鄭淸柱,『신라말 고려초 豪族연구』, 전북대학교 박사학위논문, 1991.

趙明烈, 익산지역의 백제설화 - 薯童설화를 중심으로,『마한·백제문화』3, 원광대학교 마한백제문화연구소, 1979.

趙明烈, 百濟武王 薯童說話의 神話的 性格,『文山金三龍博士古稀紀念論叢 馬韓·百濟文化와 彌勒思想』, 원광대학교 출판국, 1994.

趙法鍾,『삼국시대 신분제 연구 - 피지배층의 신분양상을 중심으로 - 』, 고려대학교 박사학위논문, 1995.

趙龍憲, 眞表律師 彌勒思想의 特徵,『文山金三龍博士古稀紀念論叢 馬韓·百濟文化와 彌勒思想』, 원광대학교 출판국, 1994.

趙仁成, 신라말 농민반란의 배경에 대한 일시론 - 농민들의 세계관과 관련하여,『한국고대사연구』7, 한국고대사연구회, 1994.

趙鍾業, 百濟史料 存疑,『백제연구』24, 충남대학교 백제연구소, 1994.

趙漢弼, 초기 백제의 국가적성격, 고려대학교 석사학위논문, 1984.

朱甫暾, 통일기 신라지방통치체제의 정비와 촌락구조의 변화,『대구사학』37, 1989.

秦弘燮, 백제 미술문화와 신라·고구려 미술문화와의 비교,『백제문화』7·8합집, 공주사
    범대학교 백제문화연구소, 1975.

崔圭採, 實相寺에 關한 小考, 전북대학교 석사학위논문, 1980.

崔槿默, 백제관계사료(1),『백제연구』4, 충남대학교 백제연구소, 1973.

崔槿默, 백제사 관계문헌 및 논문목록,『백제연구』6, 충남대학교 백제연구소, 1975.

崔根泳, 8~10세기 지방세력 형성의 제요인 - 한국 고대 삼국인의 國系의식을 중심으로,
    『계촌민병하정년기념 사학논총』, 1988.

崔根泳,『통일신라시대의 지방세력연구 - 신라의 분열과 고려의 민족통일 - 』, 신서원,
    1990.

崔根泳, 후삼국 성립배경에 관한 연구,『국사관논총』29, 국사편찬위원회, 1991.

崔洵植, 百濟遺民의 抵抗運動과 彌勒信仰의 變遷過程 : 全北 母岳山 金山寺를 中心으
    로,『韓國思想史學』4·5합집, 1993.

崔孝軾, 백제의 멸망과 부흥운동,『통일기의 신라사회연구』, 동국대학교 신라문화연구소,
    1987.

秋萬鎬, 나말 선사들과 사회제세력과의 관계 - 진덕여왕대의 농민반란에 주목하여,『사총』
    30, 1986.

平野邦雄, 百濟史研究의 回顧와 展望 - 日本의 文獻史學을 중심으로,『백제연구』15, 충
    남대학교 백제연구소, 1984.

한국고대사연구회,『新羅末 高麗初의 政治·社會變動』, 신서원, 1994.

韓復智, 백제사 연구의 회고와 전망 - 中華民國을 중심으로,『백제연구』15, 충남대학교
    백제연구소, 1984.

洪思俊, 삼국시대의 관개용지에 대하여 - 벽골제(김제)와 벽골지(당진군),『고고미술』136
    ·137합집, 한국미술사학회, 1978.

洪淳昶, 나말여초의 변동기에 있어서 정치와 종교(상) - 특히 후삼국시대를 중심으로,『동
    북대학일본문화연구소연구보고』22, 1986.

洪潤植, 백제불교,『崇山朴吉眞박사화갑기념 한국불교사상사』, 1975.

洪潤植, 百濟의 帝釋信仰考 - 익산 帝釋寺址에 對한 信仰的 一考,『마한·백제문화』2,
    원광대학교 마한백제문화연구소, 1977.

洪潤植, 신라 황룡사 경영의 문화적 의미 : 백제 미륵사 경영과의 비교론적 고찰,『마한·
    백제문화』7, 원광대학교 마한백제문화연구소, 1984.

洪潤植, 마한 蘇塗신앙영역에서의 백제불교의 수용,『마한·백제문화』10, 원광대학교 마
    한백제문화연구소, 1987.

洪潤植, 金山寺가람과 미륵신앙,『한국불교사의 연구』, 교문사, 1988.

洪潤植, 益山彌勒寺創建背景을 통해 본 百濟文化의 性格,『文山金三龍博士古稀紀念論
    叢 馬韓·百濟文化와 彌勒思想』, 원광대학교 출판국, 1994.

洪以燮, 백제사의 성격과 그 문화적 특질,『한국사상』9, 한국사상연구회, 1968.

홍주희, 신라 幢停의 형성과 구조, 연세대학교 석사학위논문, 1989.
黃善榮, 신라하대의 府,『한국중세사연구』1, 한국중세사연구회, 1994.
黃壽永, 익산의 백제불교유적,『崇山朴吉眞박사화갑기념 한국불교사상사』, 1975.
黃壽永 외 3인, 백제문화학술회의록(주제발표요약토론회초록),『백제문화』7·8합집, 공주
　　사범대학교 백제문화연구소, 1976.

3) 고려시대

金皓東, 고려무신정권시대 지방통치의 일단면 - 李奎報의 전주목 '司錄兼掌書記'의 활동
　　을 중심으로,『교남사학』3, 영남대학교 국사학회, 1987.
文暻鉉,『고려태조의 후삼국통일 연구』, 형설출판사, 1987.
文秀鎭, 고려태조의 후삼국 통합과정에 대한 재인식, 서울대학교 석사학위논문, 1977.
文秀鎭,『고려의 건국과 후삼국통일과정 연구』, 성균관대학교 박사학위논문, 1992.
文秀鎭, 王建의 고려건국과 후삼국통일,『국사관논총』35, 국사편찬위원회, 1992.
閔賢九, 고려중기 삼국부흥운동의 역사적 의미,『한국사시민강좌』5, 1989.
閔賢九, 한국사에 있어서 고려의 후삼국통일,『역사상의 분열과 재통일(상)』, 일조각, 1992.
朴敬子, 견훤의 세력과 대왕건관계,『숙대사론』11·12합집, 숙명여자대학교 사학회, 1982.
朴天植, 高麗時代 地方人의 中央進出과 全北士族의 編成,『전라문화논총』4, 전북대학교
　　전라문화연구소, 1990.
沈正輔, 고려말·조선초의 하삼도 읍성 축조기사 검토,『석당논총』20, 동아대학교 석당전
　　통문화연구원, 1994.
양정욱, 高麗朝 巨星 薛公儉의 功德,『玉川文化』1, 옥천향토문화연구소, 1993.
吳宗祿, 고려말의 도순문사 - 하삼도의 도순문사를 중심으로,『진단학보』62, 1986.
李京雨, 金坵論,『인문과학논문집』4, 서원대학교, 1995.
李炳勳, 群山 鎭浦大捷 : 護國의 땅,『美術界』4, 1985.
崔炳云, 고려·조선시대의 飛入(越境)地 - 조선시대 전주부의 비입지를 중심으로,『전라문
　　화연구』1, 전북향토문제연구소, 1979.
崔柄憲, 나말여초 선종의 사회적성격,『사학연구』25, 한국사학회, 1975.
秋萬鎬, 나말여초 禪宗사상사 연구, 고려대학교 박사학위논문, 1991.
秋萬鎬,『나말여초 선종사상사 연구』, 이론과 실천사, 1992.

4) 조선시대

姜京杓, 호남지방의 丁未義兵 연구, 전주대학교 석사학위논문, 1994.
강만길, 남북 역사학의 갑오농민전쟁 인식의 같은 점과 다른 점,『인문논총』5, 아주대학교
　　인문과학연구소, 1994.

姜明錫, 東學革命運動의 弊政改革案에 관한 一研究, 인하대학교 교육대학원 석사학위논문, 1993.

姜世求, 柳馨遠·李瀷과 安鼎福의 학문적 師承關係,『실학사상연구』5·6합집, 무악실학회, 1995.

姜信沆, 申景濬 - 국학정신의 온상,『한국의 인간상 4』, 신구문화사, 1965.

姜信沆, 旅庵 申景濬 - 지리학·문자(음운)학자,『李乙浩정년기념 실학논총』, 전남대학교 호남문화연구소, 1975.

강재언, 봉건체제 해체기의 갑오농민전쟁,『한국근대민족운동사』, 돌베개, 1980.

姜周鎭, 경세가로서의 磻溪,『한국학』22, 중앙대학교 한국학연구소, 1980.

강창일, 全琫準 회견기 및 취조록,『사회와 사상』1, 한길사, 1988.

高大爀, 磻溪 柳馨遠의 教育改革論 研究, 정신문화연구원 한국학대학원 석사학위논문, 1983.

고동환, 개항 이후 아래로부터의 변혁운동,『민족해방운동사』, 역사비평사, 1990.

고동환, 19세기 부세 운영의 변화와 성격,『1894년 농민전쟁연구(1)』, 역사비평사, 1991.

高錫珪, 19세기 농민항쟁의 전개와 변혁주체의 성장,『1894년 농민전쟁연구(1)』, 역사비평사, 1991.

高錫珪, 1894년 농민전쟁과 '반봉건 근대화',『동학농민혁명과 사회변동』, 한울, 1993.

高錫珪, 집강소기 농민군의 활동,『1894년 농민전쟁연구(4)』, 역사비평사, 1995.

고승제, 이조말기 촌락반란운동과 촌락사회의 구조적 변화,『백산학보』19, 백산학회, 1975.

高英津, 17세기 초 禮學의 새로운 흐름 - 韓百謙과 鄭逑의 禮說을 중심으로,『한국학보』68, 일지사, 1992.

高英津, 16C 호남 사림의 활동과 학문,『남명학연구』3, 경상대학교, 1993.

具良根,『甲午農民戰爭原因論』, 아세아문화사. 1993.

具良根, 동학과 西學에 관한 문제 고찰,『한국근대사에 있어서 동학과 동학농민운동』, 한국정신문화연구원, 1994.

국사편찬위원회,『한국사 17 - 근대 동학농민봉기와 갑오개혁』, 1977.

권병탁, 東學運動의 農民戰爭的 性格,『사회과학연구』4 - 1, 영남대학교, 1984.

권병탁, 갑오 병신일기의 해설,『민족문화논총』8, 영남대학교 민족문화연구소, 1987.

權榮翼, 柳馨遠의 화폐사상에 관한 연구 - 화폐의 관리적 및 실천적 사고를 중심으로,『대동문화연구』11, 성균관대학교 대동문화연구원, 1976.

권이환, 갑오농민전쟁에 대한 소고,『계명논총』22, 계명대학교, 1989.

권태호, 동학란의 성격,『고봉』6, 신흥대학교, 1959.

권희영, 동학농민운동과 근대성의 문제,『한국근대사에 있어서 동학과 동학농민운동』, 한국정신문화연구원, 1994.

吉田光男, 조선후기 稅穀輸送船의 운항양상에 관한 定量分析 시도 - 19세기 삼남지방의 경우,『碧史李佑成정년퇴직기념논총(상)』, 1990.

김경근, 프랑스 농민혁명 - 동학혁명과의 비교를 위한 시론,『호남사회연구』2, 호남사회연구회, 1995.

金京洙, 全琫準,『鄕土』4, 1971.

金耿秀, 東學農民戰爭의 社會 經濟的 志向에 관한 일고찰, 인하대학교 교육대학원 석사학위논문, 1991.

金敬順, 甲午農民戰爭에 관한 硏究 - 社會經濟史的 背景과 性格을 中心으로, 이화여자대학교 석사학위논문, 1988.

김경애, 동학, 천도교의 남녀평등사상에 관한 연구 - 경전·역사서·기관지를 중심으로,『여성학논집』1, 이화여자대학교 한국여성연구소, 1984.

金敬琢, 동학의 東經大全 연구,『아세아연구』14 - 1, 고려대학교 아세아문제연구소, 1971.

金京湖, 壬辰倭亂時 湖南義兵에 관한 硏究, 조선대학교 교육대학원 석사학위논문, 1989.

김광래, 全琫準의 고부 백산기병,『나라사랑』15, 1974.

金光重, 寒溪 孫弘祿에 대한 고찰 - 조선왕조실록의 보전을 중심으로,『전라문화연구』2, 전북향토문화연구회, 1988.

김광중, 선비 孫弘祿과 安義에 대하여,『인문논총』2, 우석대학교, 1989.

金奎聲, 鄭汝立 - 정감록의 반란,『한국의 인간상 2』, 신구문화사, 1965.

金根洙, 磻溪의 인물과 학문,『한국학』22, 중앙대학교 한국학연구소, 1980.

金錡坤, 河西 金麟厚의 敎育方法에 관한 硏究,『전주교대초등교육연구』3, 1993.

金錡坤, 河西 金麟厚의 忠孝思想 小考,『전주교대초등교육연구』5, 1994.

金洛鳳, 자료 : 전라도 扶安의 동학지도자 金洛鳳 자서전「金洛鳳履歷」,『전라문화논총』7, 전북대학교 전라문화연구소, 1994.

金洛必, 權克中의 內丹思想에 관한 一考察,『한국학연구』2, 인하대학교, 1990.

金大吉, 18~19세기의 場市에 대한 一考察 : 全羅道地方을 中心으로, 중앙대학교 석사학위논문, 1984.

金大吉, 18~19C 지방 장시에 대한 일고찰 - 전라도지방을 중심으로,『又仁金龍德박사정년기념 사학논총』, 1988.

김대상, 全琫準의 9월 재기와 그의 혈전,『나라사랑』15, 1974.

金德珍, 조선시대 지방官營紙所의 운영과 그 변천 - 전라도 지방을 중심으로,『역사학연구』12, 전남대학교 사학회, 1993.

金度亨, 海鶴 李沂의 정치사상연구,『동방학지』31, 연세대학교 국학연구원, 1982.

金東洙, 16~17세기 호남사림의 존재형태에 대한 일고찰 - 鄭介淸의 문인집단과 紫山서원의 치폐사건을 중심으로 하여,『역사학연구』7, 전남대학교, 1977.

金滿浩, 磻溪 柳馨遠의 身分觀, 전남대학교 교육대학원 석사학위논문, 1990.

金明燮, 제1차 갑오농민전쟁기 정부의 개혁추진 과정,『한국근현대사연구』3, 한울, 1995.

金明赫, 甲午農民戰爭時期의 農民軍 階層分析, 성균관대학교 석사학위논문, 1987.

金武鎭, 磻溪柳馨遠의 군현제론,『한국사연구』49, 1985.

김백일, 동학농민군의 피로 물든 지리산,『역사비평』19, 역사비평사, 1992.

金梵壽, 서부慶南 東學운동연구,『경남향토사논총』, 김해 : 경남향토사연구협의회, 1992.

김병제, 동학혁명운동에 대하여,『실업조선』3, 1947.

김부기, 주체사상으로 보는 동학혁명,『민족문제연구』2, 경기대학교 민족문제연구소, 1995.

김상기, 갑오동학운동의 역사적 의의,『한국사상』1·2, 한국사상연구회, 1957.

金庠基, 李海鶴의 생애와 사상에 대하여,『아세아학보』1, 아세아학술연구회, 1965.

김상기·김의환·최동희,『녹두장군 全琫準』, 동학출판사, 1973.

김상기,『동학과 동학란』(춘추문고 2), 한국일보사, 1975.

김상락, 동학과 자연과학에서의 사상과 미래에의 전망,『민족문제연구』2, 경기대학교 민족문제연구소, 1995.

金相五, 河西 金麟厚의 생애와 문묘종향 경위,『전북사학』5, 전북대학교 사학회, 1981.

金錫禧, 세조조의 사민에 관한 고찰(2) - 하삼도민의 북방사민을 중심으로,『부대사학』4, 1980.

김선경, 농민전쟁 100년 인식의 흐름,『농민전쟁 100년의 인식과 쟁점』, 거름, 1994.

金良洙, 동학사상의 분석연구,『청대춘추』24, 청주대학교 학도호국단, 1980.

김양식, 1·2차 전주화약과 집강소 운영,『역사연구』2, 거름, 1993.

김양식, 全州和約期 집강소에 대한 研究史的 檢討,『사학지』26, 단국대학교 사학회, 1993.

김양식, 1894년 농민전쟁의 전개과정,『근현대사강좌』5, 한울, 1994.

김양식, 1894년 농민군 都所의 설치와 그 이념 : 全州和約期 전라도 지역을 중심으로,『한국근현대사연구』2, 한울, 1995.

김양식, 1894년 농민군 都所의 組織,『사학지』28, 단국대학교 사학회, 1995.

金洋植, 전남 동부지역의 동학농민군 활동 - 嶺湖都會所를 중심으로,『호남문화연구』23, 전남대학교 호남문화연구소, 1995.

김영작,『동학사상과 농민봉기 - 동학혁명의 연구』, 백산서당, 1982.

김영주, 조선시대 邑聚落의 발달요인에 관한 歷史地理的 고찰 : 전주·남원·정읍을 중심으로,『地理學報告』2, 전북대학교, 1983.

金龍德, 全琫準 - 민족의 파랑새,『인물한국사 5』, 박우사, 1965.

金龍德,『동학혁명운동의 성격』, 독서신문사, 1971.

金龍德·金義煥·崔東熙,『녹두장군 전봉준』, 동학출판사, 1973.

金龍德, 격문을 통해 본 全琫準의 혁명사상,『新人間』318, 신인간사, 1974.

金龍德, 격문을 통해서 본 全琫準의 혁명사상,『나라사랑』15, 1974.

金龍德, 동학군의 조직에 대하여,『한국사상』12, 한국사상연구회, 1974.

金龍德, 民衆의 英雄 녹두장군 全琫準,『기러기』112, 흥사단, 1974.

金龍德, 鄭汝立연구,『한국학보』 4, 일지사, 1976.

金龍德, '全琫準' 왕조의 학정과 외세침략에 대항한 '민중의 파랑새',『광장』 152, 세계평화교수협의회, 1986.

金龍德, 동학군의 대일항전,『한민족독립운동사』 1, 국사편찬위원회, 1987.

金龍德, 동학사상의 독자성과 세계성 - 동학과 서학,『한국사시민강좌』 4, 일조각, 1989.

金用文, 甲午 東學革命의 歷史的 敎訓,『新人間』 284, 신인간사, 1971.

金用文, 2차 농민전쟁은 언제 어떻게 일어났는가,『농민전쟁 100년의 인식과 쟁점』, 거름, 1994.

金容燮, 철종조 민란발생에 대한 시고,『역사교육』 1, 역사교육연구회, 1956.

金容燮, 東學亂 性格考, 고려대학교 석사학위논문, 1957.

金容燮, 동학란 연구론 - 성격문제를 중심으로,『역사교육』 3, 역사교육연구회, 1958.

金容燮, 全琫準 공초의 분석 - 동학란의 성격일반,『사학연구』 2, 한국사학회, 1958.

金容燮, 黃玹(1855~1910)의 농민전쟁 수습책,『고병익회갑기념사학논총 역사와 인간의 대응』, 한울, 1984.

金容燮,「古阜郡聲浦面量案」의 분석 - 1791년 古阜民의 농지소유,『동방학지』 76, 연세대학교 국학연구원, 1992.

金容郁, 鮮末 東學 民衆運動의 展開와 그 政治的 意義,『統一問題論文集』 3, 1984.

김운태, 정치문화의 정착 - 조선건국과 정도전·양성지의 정치사상,『조선』 48, 1984.

김은정,『동학농민 백주년 기념사업백서』, 동학농민혁명기념사업단체협의회, 1995.

김은정·이경민·김원룡,『동학 농민혁명 100년 - 혁명의 등불 그 황톳길의 역사찾기』, 나남, 1995.

金義煥, 동학사상 성립의 연구, 부산대학교 석사학위논문, 1960.

金義煥, 1892~3년의 동학농민운동과 그 성격 - 三禮聚會·伏閤上疏·報恩集會를 중심으로,『한국사연구』 5, 한국사연구회, 1970.

金義煥, 갑오 동학농민항쟁과 남·북접 문제,『나라사랑』 15, 1974.

金義煥,『全琫準전기』, 정음사, 1974.

金義煥, 전주화약과 집강소,『한국사상』 12, 한국사상연구회, 1974.

金義煥, 동학농민운동사연구 : 교조신원운동의 발전을 중심으로,『부산여대논문집』 2·3, 1975.

金義煥, 甲午年 9月 再起後의 東學農民抗爭과 그 性格,『한국학연구』 2, 동국대학교 한국학연구소, 1977.

金義煥, 갑오년 동학군의 전주점령과 민중의 동태,『한국사상』 15, 한국사상연구회, 1977.

金義煥, 甲午東學農民抗爭의 新考察,『성곡논총』 8, 1977.

金義煥, 甲午東學農民抗爭의 新考察 - 性格變化像을 中心으로,『學術院論文集(人文·社會科學篇)』 16, 1977.

金義煥 외,『근대조선의 민중운동 - 갑오농민전쟁과 반일의병운동』, 풀빛, 1982.

김인걸, 1894년 농민전쟁의 1차봉기,『1894년 농민전쟁연구(4)』, 역사비평사, 1995.

金麟坤·劉明喆, 東學運動과 甲午改革,『새마을연구논총』4, 경북대학교, 1984.

金麟坤, 동학운동의 정치이념,『평화연구』9, 경북대학교 평화문화연구소, 1984.

金麟煥, 19세기 동학사상의 성격,『19세기 한국전통사회의 변모와 민중의식』, 고려대학교 민족문화연구소, 1982.

金麟煥,『동학의 이해』, 고려대출판부, 1994.

金在祐, 동학에 있어서의 교육사상적 측면에 관한 고찰,『논문집』8, 동양공전, 1986.

金正起,『청일전쟁 전후 일본의 대조선경제정책 - 청일전쟁과 한일관계』, 일조각, 1985.

金正起, 동학농민전쟁은 과연 반제국주의였는가,『동학농민혁명과 사회변동』, 동학농민혁명기념사업회, 1993.

金正起, 1893년 報恩 장안의 聚會,『호서문화논총』8, 서원대학교 호서문화연구소, 1994.

金正吉, 東學革命의 국제적 위상,『민족문제연구』1, 경기대학교 민족문제연구소, 1994.

金正吉, 東學革命과 현대사상,『민족문제연구』2, 경기대학교 민족문제연구소, 1995.

金貞林, '湖南節義錄'의 性格에 관한 硏究 : 收錄된 人物들에 대한 分析과 관련하여, 전북대학교 교육대학원 석사학위논문, 1981.

金正吉, 東學革命의 국제적 위상,『민족문제연구』1, 경기대학교 민족문제연구소, 1994.

金正吉, 동학혁명과 현대사상,『민족문제연구』2, 경기대학교 민족문제연구소, 1995.

김정의, 소년운동을 통해 본 동학혁명,『실학사상연구』5·6합집, 무악실학회, 1995.

김정희,『한국근대사회와 사상』, 중원문화사, 1984.

金鍾國, 東學農民運動 勃發의 力學的 考察,『사회개발연구』7, 원광대학교 사회개발연구소, 1983.

김종국, 중농실학파의 경제사상 - 반계·성호·다산을 중심으로,『군산실업전문대학논문집』8, 1985.

金種心, 壬辰倭亂과 忠景公 이정란,『新東亞』181, 동아일보사, 1979.

金駿錫, 柳馨遠의 變法論과 實利論,『동방학지』75, 연세대학교 국학연구원, 1992.

金駿錫, 柳馨遠의 정치·국방체제 개혁론,『동방학지』77·78·79합집, 연세대학교 국학연구원, 1993.

金俊亨, 서부 경남지역의 동학군봉기와 지배층의 대응,『경상사학』7·8합집, 경상대사학회, 1992.

김중규,『민중의 숨결 - 동학 100년 동학농민혁명의 현장을 찾아서』, 문예원, 1994.

金重泰, 朝鮮末期 全羅道 鎭安縣의 社會相에 대한 一檢討,『전주사학』3, 전주대학교, 1995.

金智勇, 河西선생전집해제,『국학자료』37, 장서각, 1980.

金振九, 김옥균에서 全琫準으로 - 동학혁명 실화자료,『나라사랑』15, 1974.

金鎭訓, 실학파의 정치사상에 관한 연구 - 반계·성호·다산의 전제론을 중심으로,『단국대학술논총』15, 1992.

金昌經, 동학사상에 관한 연구, 숭전대학교 석사학위논문, 1985.

김창수, 동학농민혁명과 外兵借入 문제,『동국사학』15・16합집, 동국대학교 사학회, 1981.

김창수, 동학혁명운동과 全琫準,『한국사상』19, 한국사상연구회, 1982.

김창수, 全琫準과 東學革命 – 全琫準은 東學敎徒이다,『新人間』394, 신인간사, 1982.

김창수, 甲午平匪策에 대하여 – 梅泉 黃玹의 동학인식,『藍史鄭在覺박사고희기념 동양학논총』, 1984.

김창수, 동학사상과 민중봉기,『숭산박길진박사고희기념논총』, 1984.

김창수, 동학농민봉기와 청국의 반응,『현암신국주박사화갑기념 한국학논총』, 동국대학교 출판부, 1985.

김창수, 黃玹의「東匪紀略」초고에 대하여 –「梧下記聞」을미 4월 이전 기사의 검토,『천관우선생환력기념 한국사학논총』, 정음문화사, 1985.

김창수, 동학농민혁명과 변혁주체 저항주체의 형성문제,『인하』23, 인하대학교, 1987.

김창수, 동학혁명 연구,『新人間』456, 신인간사, 1988.

김창수, 동학혁명의 근대사에서의 위상,『동학』1, 東學宣揚會, 1990.

김창수, 고부의 기포,『동학혁명백주년기념논총(상)』, 동학혁명백주념시념사업회, 1994.

김창수, 동학혁명군의 반봉건투쟁 : 1차 기포,『동학혁명백주년기념논총(상)』, 동학혁명백주념시념사업회, 1994.

김창수, 동학혁명군의 항일투쟁 : 2차 기포,『동학혁명백주년기념논총(상)』, 동학혁명백주념시념사업회, 1994.

김창수, 동학혁명의 배경,『동학혁명백주년기념논총(상)』, 동학혁명백주념시념사업회, 1994.

김창수, 동학혁명에서의 동학교문의 역할과 영향,『한국사상』22, 한국사상연구회, 1995.

金彩潤, 柳馨遠의 계층개념에 대한 사회학적 고찰,『公三閔丙台박사화갑기념논총』, 1973.

Kim Chae-yun, A Sociological Study of Yu Hyong-won(柳馨遠)'s Concept of Social Stratification,『Social Science Journal』Vol. 4, Korean Social Science Research Council, 1976・1977.

김천석, 동학란과 全琫準,『한양』1 – 2, 1962.

金泉錫, 柳馨遠의 民本思想,『東西文化』3 – 7, 동서문화연구원, 1972.

金泰雄, 1920・30년대 吳知泳의 활동과「동학사」간행,『역사연구』2, 역사학연구소, 1993.

김태웅, 全琫準과 대원군 사이에 무슨 일이 있었는가,『농민전쟁 100년의 인식과 쟁점』, 거름, 1994.

金漢九, 동학의 비교사회 문화론,『한국학논집』9, 한양대학교 한국학연구소, 1986.

金漢九, 동학천도교에 관한 문화인류학적 일고찰 – 문화접촉과 비교문화론을 중심으로,『사회과학논총』9, 한양대학교, 1990.

金炫・金龍基, 瀟灑園 木版本과 金麟厚의 瀟灑園四十八詠 詩文分析을 통한 別墅 瀟灑園의 景觀特性에 관한 研究,『韓國造景學會誌』51, 한국조경학회, 1993.

金炫榮, 조선후기 남원의 사회구조 - 사족지배구조의 변화와 그 성격,『역사와 현실』2, 한
  국역사연구회, 1989.

金炫榮, 17세기 후반 남원향안의 작성과 罷置,『한국사론 21』, 국사편찬위원회, 1991.

金炫榮, 조선후기 士族의 촌락지배 : 남원 둔덕방을 중심으로,『한국문화』12, 서울대학교,
  1991.

金炫榮, 朝鮮後期 南原地方 士族의 鄕村支配에 관한 硏究, 서울대학교 박사학위논문,
  1993.

金賢玉, 동학의 여성개화운동연구 - 海月의 여성관을 중심으로,『성신사학』6, 성신여대사
  학회, 1988.

김호성, 김개남의 재평가,『갑오동학농민혁명의 쟁점』, 집문당, 1994.

金鎬逸, 梁誠之의 관방론,『한국사론 7 - 조선전기 국방체제의 제문제』, 국사편찬위원회,
  1980.

金鎬逸, 조선후기 향교 조사보고 - 전라남 · 북도편,『한국사학』5, 한국정신문화연구원,
  1983.

김홍, 壬亂 初期의 義兵에 대한 比較檢討 : 慶尙 全羅義兵을 중심으로,『육군제삼사관학
  교논문집』31, 1990.

김홍, 눌재 양성지의 국방사상,『육군제삼사관학교논문집』33, 1992.

金弘在, 東學亂 事件의 眞相,『東西春秋』1 - 5, 1967.

金煥在, 泰仁 古縣 鄕約의 '禮俗相交'에 대하여,『전라문화연구』2, 전북향토문화연구회,
  1988.

金興洙,『全州史庫의 沿革과 史庫址現況』(史庫址調査報告書), 1986.

金熙泰, 韓末湖南學會에 관한 考察, 동국대학교 석사학위논문, 1984.

나민수, 柳馨遠의 田制에 대한 연구,『경기대논문집』36, 1995.

나민수, 정치경제학과 동학혁명,『민족문제연구』2, 경기대학교 민족문화연구소, 1995.

羅逸星 外, 黃胤錫의 恒星 黃赤經緯表에 대한 검토,『동방학지』19, 연세대학교, 1978.

羅鍾宇, 海鶴 李沂의 구국운동과 그 사상,『원광사학』2, 원광대학교 사학회, 1982.

羅鍾宇, 壬亂義兵과 長成南門倡義,『향토문화연구』4, 원광대학교 향토문화연구소, 1987.

羅鍾宇, 영 · 호남 의병활동의 비교검토,『경남문화연구』14, 1992.

나카스카 아키라, 동학혁명과 청일관계,『한국사상』22, 한국사상연구회, 1995.

남원문화원,『丁酉再亂 南原城 싸움』, 1989.

盧啓鉉, 동학란의 국제정치에 미친 영향,『국제법학논총』, 대한국제법학회, 1962.

盧武志, 동학 · 동학운동에서 본 민권 · 민족사상,『又仁金龍德박사정년기념 사학논총』,
  1988.

盧武志, 전통적 민족사상과 동학의 평등사상과의 관계에 대한 고찰,『중앙사론』6, 중앙대
  사학회, 1989.

盧武志, 동학의 민족주의 운동에 대한 연구, 중앙대학교 박사학위논문, 1990.

盧武志, 동학사상의 성립과 발전,『국사관논총』38, 국사편찬위원회, 1992.

盧相福, 梁誠之의 備邊十策,『軍史』7, 1983.

노용필, 오지영의 인물과 저작물,『동아연구』19, 1989.

노용필, 동학접주 정용근전 2집 해제,『동학접주 정용근전집(상)』, 아세아문화사, 1990.

노용필, 동학농민군의 집강소에 대한 일고찰,『역사학보』133, 역사학회, 1992.

노용필, 오지영의 생애와 그의 저술,『오지영전집』, 아세아문화사, 1992.

노용필, 동학군의 집강소 설치와 운영,『근현대사강좌』5, 한울, 1994.

노용필, 鄭璿根의 생애와 동학사상,『한국근현대사연구』2, 한울, 1995.

盧泰久, 동학의 민족주의이념의 토대에 관한 연구,『경기대논문집』9, 경기대학교, 1981.

盧泰久,『동학혁명의 연구』, 백산서당, 1982.

盧泰久, 동학농민전쟁의 역사적 의의 - 반침략 반봉건 정치노선을 중심으로,『국사관논총』
　　38, 국사편찬위원회, 1992.

盧泰久, 동학혁명과 새로운 정치질서 - 造化의 세계,『민족문제연구』2, 경기대학교 민족
　　문제연구소, 1995.

동학농민전쟁100주년기념사업추진위원회,『동학농민전쟁연구자료집 1』, 여강출판사, 1991.

동학농민혁명기념사업회,『동학농민혁명과 사회변동』, 한울, 1993.

동학농민혁명기념사업회,『동학농민혁명의 지역적 전개와 사회변동』, 새길, 1995.

동학농민혁명유족회,『鄭伯賢 서울 日記』, 삼희, 1995.

睦貞均, 동학운동의 구심력과 원심작용 - 동학교단의 컴뮤니케이숀을 중심으로,『한국사
　　상』13, 한국사상연구회, 1975.

문경민, 전북지역 동학농민혁명 유적지의 의미와 실태,『호남사회연구』창간호, 호남사회
　　연구회, 1993.

梶村秀樹, 개국에 의한 사회변동과 갑오농민전쟁,『한국근대사』, 동녘, 1984.

閔德植, 丁酉再亂時 川上久國이 그린 南原城圖에 대하여,『宋甲鎬정년기념논문집』,
　　1993.

바르타사르티 바이자연티, 한국의 동학란(1894~5)과 인도의 1857년의 반란의 사회적 경제
　　적 비교 고찰, 서울대학교 석사학위논문, 1981.

박광성, 고종조 민란연구,『인천교대논문집』14, 1979.

朴孟洙, 海月 崔時亨의 초기행적과 사상,『청계사학』3, 한국정신문화연구원 청계사학회,
　　1986.

朴孟洙, 東經大全에 대한 기초적 연구 - 동경대전 연구성과를 중심으로,『정신문화연구』
　　34, 한국정신문화연구원, 1988.

朴孟洙, 東學史書「崔先生文集 道源記書」와 그 이본에 대하여,『한국종교』15, 원광대학
　　교 종교문제연구소, 1990.

朴孟洙, 동학의 '칼노래'와 '칼춤'에 나타난 반침략적 성격,『尹炳奭화갑기념 한국근대사논
　　총』, 1990.

朴孟洙, 동학과 동학농민전쟁 연구동향과 과제, 『白山朴成壽敎授華甲紀念論叢 韓國獨立運動史의 認識』, 1991.

朴孟洙, 동학농민군지도자 김낙철 친필수기 외 동학자료 해제, 『원불교영산대논문집』 창간호, 1993.

朴孟洙, 동학농민혁명과 1892년 전라도 삼례취회에 관한 검토, 『호남사회연구』 창간호, 호남사회연구회, 1993.

朴孟洙, 東學사상과 그 지향, 『震山韓基斗화갑기념 한국종교사상의 재조명(하)』, 원광대학교, 1993.

朴孟洙, 동학혁명에 있어서 동학의 역할, 『동학농민혁명과 사회변동』, 동학농민혁명기념사업회, 1993.

朴孟洙, 동학농민전쟁과 公州戰鬪, 『백제문화』 23, 공주대학교 백제문화연구소, 1994.

朴孟洙, 동학농민전쟁의 지역성 연구 - 신원운동에서 1차봉기까지를 중심으로, 『한국근대사에 있어서의 동학과 동학농민운동』, 한국정신문화연구원, 1994.

朴孟洙, 동학사상과 동학농민혁명 연구논저목록, 『동학농민혁명 100주년 기념전시회 도록』, 1994.

朴孟洙, 東學의 南北接에 대한 批判的 檢討, 『한국학논집』 25, 한양대학교 한국학연구소, 1994.

朴孟洙, 동학혁명의 문화사적 의미, 『문학과 사회』 25, 문학과 지성사, 1994.

朴孟洙, 1894년 1월 고부 농민봉기 관련 신자료 東學推考 解題, 『한국근현대사연구』 2, 한울, 1995.

朴孟洙, 동학혁명에 있어서 동학의 역할, 『한국사상』 22, 한국사상연구회, 1995.

朴孟洙, 종합토론 : 동학농민혁명의 지역적 전개와 사회변동, 『동학농민혁명의 지역적 전개와 사회변동』(동학농민혁명기념사업회 편), 새날, 1995.

朴明圭, 동학사상의 종교적 전승과 사회운동, 『한국의 종교와 사회변동』(한국사회사연구회논문집 7), 문학과 지성사, 1987.

朴明圭, 한말 지방사회 상품유통의 구조와 그변화 - 호남지방을 중심으로, 『한국 고 · 중세사회의 구조와 변동』(한국사회사연구회논문집 11), 문학과 지성사, 1988.

朴明圭, 동학농민전쟁 관련자료 「石南歷事」에 대하여, 『한국학보』 71, 일지사, 1993.

朴明圭, 19세기 말 고부지방 농민층의 존재형태, 『전라문화논총』 7, 전북대학교 전라문화연구소, 1994.

朴明圭, 동학농민전쟁과 지방사 연구, 『동학농민혁명의 지역적 전개와 사회변동』, 동학농민혁명기념사업회, 1995.

박봉식, 동학운동과 갑오개혁, 『한국현대사』, 국사편찬위원회, 1982.

朴聖基, 동학의 민주사상에 관한 고찰, 『논문집』 3, 동래여자전문대학, 1984.

朴成壽, 「渚上日月」에 비친 동학혁명의 실상, 『소헌남도영고희기념 역사학논총』, 민족문화사, 1993.

박성수, 동학란·동학혁명·갑오농민전쟁 - 동학농민운동을 보는 남북의 시각,『한국근대
　　사에 있어서 동학과 동학농민운동』, 한국정신문화연구원, 1994.

朴性學·李鐘德 譯, 全琫準 逮捕牒報文,『한국사상』20, 한국사상연구회, 1985.

박시형, 실학자 유형원의 정치개혁론,『력사제문제』2, 1948.

박명규, 한말 지방사회 상품유통의 구조와 그 변화 - 호남지방을 중심으로,『한국사회사연
　　구회논문집』11, 1988.

박영석, 동학농민혁명의 역사적 의의,『호남문화연구』23, 전남대학교 호남문화연구소,
　　1995.

朴永恩, 동학운동에서의 현대성 - 동학운동관련 포고문의 분석을 중심으로,『한국근대사에
　　있어서 동학과 동학농민운동』, 한국정신문화연구원, 1994.

박영학, 19세기의 동학운동과 通文,『한국근대사에 있어서 동학과 동학농민운동』, 한국정
　　신문화연구원, 1994.

朴容玉, 동학의 남녀평등사상,『역사학보』91, 1981.

朴仁鎬, 東國輿地志를 통해 본 柳馨遠의 歷史意識, 정신문화연구원 한국학대학원 석사학
　　위논문, 1989.

朴仁鎬, 柳馨遠의 東國輿地志에 대한 일고찰 - 역사의식과 관련하여,『청계사학』6, 한국
　　정신문화연구원 청계사학회, 1989.

박일근, 동학농민혁명과 청일양국의 외교,『갑오동학농민혁명의 쟁점』, 집문당, 1994.

박재환, 갈등집단으로서의 갑오동학농민군,『문리과대논문집(인문·사회과학편)』19, 부산
　　대학교, 1980.

朴宗根, 朝鮮近代における民族運動の展開 - 開化·東學·衛正斥邪思想と運動を中心と
　　して,『歷史學硏究』452, 1978/『甲申甲午期의 近代變革과 民族運動』, 청아, 1983.

박종근, 갑오개혁과 반일운동의 전개,『청일전쟁과 조선』, 일조각, 1989.

박종근, 갑오농민전쟁과 일본군의 침략,『청일전쟁과 조선』, 일조각, 1989.

박종성, 東學農民蜂起와 政治變動的 性格研究：朝鮮朝末 國家危機와 農民의 '革命的
　　自律性'과의 關係糾明을 위하여,『청주대사대 이념연구논집』4, 1987.

박종성, 갑오농민봉기의 혁명성 연구,『갑오동학농민혁명의 쟁점』, 집문당, 1994.

朴鍾赫, 海鶴 李沂의 천주교 비판 - 불란서신부 로베르와의 논쟁을 중심으로,『碧史李佑
　　成정년퇴직기념논총(하)』, 1990.

朴焌圭, 河西 金麟厚와 그의 시문학,『금호문화』1985 - 11·12.

朴準成, 누가 농민전쟁의 주체가 되어 싸웠는가,『농민전쟁 100년의 인식과 쟁점』, 거름,
　　1994.

朴準成, 1894년 강원도농민군의 활동과 반농민군의 대응,『동학농민혁명의 지역적 전개와
　　사회변동』, 동학농민혁명기념회, 1995.

朴準成, 농민전쟁의 주체를 어떻게 볼 것인가,『동학농민혁명유족회 사발통문』2, 1995.

박찬승, 동학농민전쟁의 사회경제적 지향,『한국민족주의론 3』, 창작과 비평사, 1985.

박찬승, 1894년 농민전쟁기 호남지방 농민군의 동향,『동학농민혁명의 지역적 전개와 사회
    변동』, 새길, 1995.
박찬승, 1894년 호남남부 지방의 농민전쟁,『1894년 농민전쟁연구』, 역사비평사, 1995.
朴贊勝, 전남지방의 동학농민전쟁,『호남문화연구』23, 전남대학교 호남문화연구소, 1995.
박창희, 東學農民戰爭과 民族史的 課題 - 열린 歷史를 위한 새로운 자리매김,『外大』15,
    외국어대학교, 1980.
朴天植, 全義李氏 門閥化 推移와 木山의 家門認識,『전북사학』13, 전북대학교, 1990.
朴天植, 마이산과 호남의병,『의병전쟁 100주년 기념학술회의 발표논문집』, 정신문화연구
    원, 1995.
박춘구, 全琫準의 思想에 대한 硏究 - 東學敎를 中心으로, 동국대학교 교육대학원 석사학
    위논문, 1987.
박태원, 고부민란,『협동』3, 1947.
方貞玉, 동학혁명기의 민족주의성립에 관한 연구,『이대사원』12, 1976.
裵泳基, 韓國道學思想과 東學思想의 連繫性考.『배달문화』13, 민족사바로찾기국민회의,
    1994.
裵映三, 接·包조직과 南·北接의 실상,『한국학논집』25, 한양대학교 한국학연구소,
    1994.
裵宗鎬, 奇蘆沙와 任鹿門의 철학비교 - 한국의 성리학,『연세논총』7, 연세대학교대학원,
    1970.
裵宗鎬, 한국성리학에 기여한 호남문화,『호남문화연구』9, 전남대학교 호남문화연구소,
    1977.
裵珍涉, 磻溪 柳馨遠의 身分思想硏究 : 思想內在的 發展過程을 中心으로, 성균관대학교
    석사학위논문, 1992.
배항섭, 임술민란 전후 명화적의 활동과 그 성격,『한국사연구』60, 한국사연구회, 1988.
裵亢燮, 19세기 후반 '변란'의 추이와 성격,『1894년 농민전쟁연구 (2)』, 역사비평사, 1992.
배항섭, '동학농민전쟁' 어떤 사회를 만들려고 했나,『역사비평』19, 역사비평사, 1992.
배항섭, 1894年 東學農民戰爭에 나타난 土地改革 構想 : '平均分作' 문제를 중심으로,『史
    叢』43, 고려대학교 사학회, 1994.
배항섭, 동학농민전쟁의 배경,『근현대사강좌』5, 한울, 1994.
裵亢燮, 충청지역 동학농민군의 동향과 동학교단 -「洪陽紀事」와「錦藩集略」을 중심으로,
    『백제문화』23, 공주대학교 백제문화연구소, 1994.
배항섭, 1890년대 초반 민중의 동향과 고부민란,『1894년 농민전쟁연구(4)』, 역사비평사,
    1995.
裵亢燮, 1894년 동학농민전쟁에 나타난 토지개혁 구상 - 平均分作문제를 중심으로,『사
    총』43, 고려대사학회, 1995.
白美順, 磻溪 柳馨遠의 政治思想硏究, 이화여자대학교 석사학위논문, 1994.

白世明,『동학사상과 천도교』, 동학사, 1956.

白世明, 甲辰혁신운동과 동학 - 孫義菴의 구국운동과 敎政분리,『한국사상』6, 한국사상연구소, 1963.

白承鍾, 1893년 전라도 泰仁縣 양인 농민들의 租稅부담,『진단학보』75, 1993.

白承鍾, 18·19세기 전라도에서의 신흥세력의 擡頭 - 泰仁縣 古縣內面의 庶類,『李基白先生古稀紀念 韓國史學論叢(下)』, 일조각, 1994.

白承鍾,『한국사회사연구』, 일조각, 1996.

백승철, 개항 이후(1876~1893) 농민항쟁의 전개와 지향,『1894년 농민전쟁연구(2)』, 역사비평사, 1992.

백종기, 동학란 때의 일본의 대한정책에 대한 고찰,『성균관대논문집』19, 성균관대학교, 1974.

백종기, 동학사상의 형성과 전개 및 동학란에 관한 연구,『大東文化硏究』14, 성균관대학교, 1981.

邊萬基·宋正炫 譯, 鳳南日記 - 東學亂 觀戰記,『韓國文學』12, 1974.

邊時淵, 河西선생과 筆岩서원,『향토문화보』3, 광주일보사 향토문화연구소, 1982.

서영희, 개항기 봉건적 국가재정의 위기와 민중수탈의 강화,『1894년 농민전쟁 연구(1)』, 역사비평사, 1991.

서영희, 1894년 농민전쟁의 2차 봉기,『1894년 농민전쟁연구(4)』, 역사비평사, 1995.

徐智順, 東學革命軍의 成分 硏究, 연세대학교 교육대학원 석사학위논문, 1985.

徐珍敎, 都約所의 결성과 활동, 서강대학교 석사학위논문, 1990.

설성경, 春香傳 熱風과 東革 前夜의 怒氣,『동방학지』84, 1994.

成大慶, 보수유생의 '自靖論'과 외세대응양식 - 艮齋 田愚의 사상과 행동을 중심으로,『국사관논총』15, 국사편찬위원회, 1990.

成百曉, 艮齋의 성리설에 대한 소고,『민족문화』8, 민족문화추진회, 1982.

成始烈, 朝鮮後期 實學派의 敎育改革案에 關한 硏究 - 磻溪 柳馨遠·星湖 李瀷·茶山 丁若鏞을 中心으로, 충남대학교 교육대학원 석사학위논문, 1987.

宋建鎬·姜萬吉 외,『한국민족운동의 이념과 역사』(한길역사강좌 1), 한길사, 1986.

송기숙, 동학농민전쟁의 발자취,『한국사회연구』1, 한길사, 1983.

宋復, 柳馨遠 관제개혁론의 현대적 조명 - 京官職을 중심으로,『한국정치학회보』16, 한국정치학회, 1982.

송정수, 全琫準 장군 가계에 대한 재고,『호남사회연구』2, 호남사회연구회, 1995.

宋正炫, 壬辰倭亂과 湖南義兵,『역사학연구』4, 전남대학교 사학회, 1972.

宋正炫, 筆岩서원연구,『역사학연구』10, 전남대학교 사학회, 1981.

宋正炫, 壬辰倭亂의 湖南義兵活動,『향토문화』7, 향토문화개발협의회, 1982.

宋正炫, 壬辰倭亂에 있어서의 湖南義兵,『역사학연구』11, 전남대학교 사학회, 1983.

宋正炫, 壬辰湖南義兵 起兵考,『전남사학』3, 전남사학회, 1989.

宋柱永, 磻溪 柳馨遠의 경제사상,『서강대논문집』1, 1963.

송준호, 1750年代 益山地方의 兩班,『조선사회사연구』, 일조각, 1987.

송준호, 남원에 들어오는 昌平의 월구실(維谷) 柳氏 - 양반세계에서 혼인이 의미하였던 것,『조선사회사연구』, 일조각, 1987.

송준호, 南原地方을 例로 하여 본 朝鮮時代 鄕村社會의 構造와 性格,『조선사회사연구』, 일조각, 1987.

宋俊浩, 勿欺齋 姜晉煥의 생애와 업적 - 조선조후기의 한 지방관의 발자취,『전라문화연구』1, 전북향토문화연구회, 1979/『조선사회사연구』, 일조각, 1987.

송준호, 全羅道 茂長의 咸陽吳氏와 羅州의 羅州羅氏,『조선사회사연구』, 일조각, 1987.

송준호, 漆原縣監 姜晉煥의 '各洞傳令',『조선사회사연구』, 일조각, 1987.

송찬섭·김용민, 1894년 농민전쟁 일지,『역사연구』2, 역사학연구소, 1993.

송찬섭, 농민전쟁에서 동학은 어떤 일을 하였는가,『농민전쟁 100년의 인식과 쟁점』, 거름, 1994.

송찬섭, 폐정개혁안이란 용어를 그대로 쓸 것인가,『농민전쟁 100년의 인식과 쟁점』, 거름, 1994.

宋讚燮, 황해도지방의 농민전쟁의 전개와 성격,『동학농민혁명의 지역적 전개와 사회변동』, 동학농민혁명기념사업회, 1995.

宋贊植, 三南方物紙貢考 - 공인과 생산자와의 관계를 중심으로(상·하),『진단학보』37·38, 1974.

宋河璟, 田愚의 사상,『한국의 사상』, 열음사, 1984.

宋鎬洙, 동학의 보국사상,『신인간』380, 신인간사, 1980.

宋鎬洙, 민족정통사상의 고찰 - 동학과 甑山사상을 중심으로,『甑山사상연구』6, 증산사상연구회, 1980.

宋厚鴻, 동학의 민족주의적 성격에 대한 고찰 - 동학농민운동을 중심으로, 성균관대학교 석사학위논문, 1989.

申國柱, 동학에 관한 연구,『栗東趙容珏화갑송수기념논총』, 동덕여대출판부, 1984.

申國柱, 東學은 抗日의 民族運動,『자유』200, 자유사, 1990.

申國柱, 東學革命과 淸日의 干涉,『자유』202, 자유사, 1990.

申國柱, 갑오동학혁명의 발생사적 배경,『갑오동학농민혁명의 쟁점』, 거름, 1994.

申圭秀, 한말민족운동의 연구 - 遯軒 林炳璨을 중심으로,『원불교사상』10·11합집, 1987.

申圭秀, 한말 위정척사운동소고 - 勉菴·遯軒을 중심으로,『정신개벽』7·8합집, 신룡교학회, 1989.

申圭秀, 개화기 湖南地域 儒林의 動向에 관한 研究 - 東學排斥運動을 중심으로,『韓國思想史學』4·5합집, 1993.

申福龍, 민족주의운동으로서의 동학혁명의 특질,『법경논총』5, 건국대법경대연합학회, 1970.

申福龍,『동학당연구』, 탐구당, 1973.

申福龍, 동학의 발전과정에 있어서의 서구적 충격,『한국사상』12, 한국사상연구회, 1974.

申福龍,『동학사상과 한국 민족주의』, 평민사, 1978.

申福龍, 실록 全琫準,『月刊朝鮮』2 - 9, 1981.

申福龍,『전봉준의 생애와 사상』, 양영각, 1982.

申福龍, 동학사상의 시대적배경에 관한 연구,『학술지(인문, 사회과학편)』28, 건국대학교,
    1984.

申福龍, 東學의 唱道와 展開過程 : 創敎에서 報恩集會까지,『한국정치학회보』18, 한국정
    치학회, 1984.

申福龍, 갑오농민혁명의 역사적 평가 - 민족주의적 성격을 중심으로,『현암신국주박사화갑
    기념 한국학논총』, 동국대출판부, 1985.

申福龍, 갑오농민혁명의 역사적 평가 - 민족주의적 성격을 중심으로,『현암신국주박사화갑
    기념 한국학논총』, 동국대학교 출판부, 1985.

申福龍, 갑오혁명의 전개과정에 관한 연구,『건국대학술지』29, 1985.

申福龍,『동학사상과 갑오농민 혁명』, 평민사, 1985.

申福龍, 동학의 정치집단화 과정과 갑오농민혁명의 사상적 전개,『조선조정치사상연구』,
    한국정치외교사학회, 1987.

申福龍, 全琫準의 생애에 관한 몇 가지 쟁점,『갑오동학농민혁명의 쟁점』, 거름, 1994.

申淳鐵, 개화기의 민중종교 인식,『원광사학』4, 1986.

申淳鐵, 동학농민혁명 100주년의 의의와 교육과제,『연구월보』250, 전라북도 교육연구원,
    1994.

申榮祐, 갑오농민전쟁과 영남보수세력의 대응, 연세대학교 박사학위논문, 1992.

申榮祐, 갑오농민전쟁 이후 영남북서부 양반지배층의 농민통제책,『충북사학』5, 충북대학
    교 사학회, 1992.

申榮祐, 보은과 동학집회,『외속리 서원계곡 문화유적』, 충북대학교 호서문화연구소, 1992.

申榮祐, 교조신원운동과 동학혁명의 발단,『동학혁명의 현대적 조명과 평가』, 동학혁명100
    주년기념사업회, 1993.

申榮祐, 동학농민전쟁기 보은일대와 복실전투,『보은 종곡 동학유적』, 충북대학교 호서문
    화연구소, 1993.

申榮祐, 영남 북서부 보수지배층의 민보군 결성 논리와 주도층,『동방학지』77 · 78 · 79합
    집, 연세대학교 국학연구원, 1993.

申榮祐, '동학농민전쟁' 연구와 일기자료,『역사와 현실』12, 한국역사연구회, 1994.

申榮祐, 영남 북서부지역 동학농민군의 세력증대 과정과 그 구성,『한국독립운동사연구』
    8, 한국독립운동사연구소, 1994.

申榮祐, 충청도의 동학교단과 농민전쟁,『백제문화』23, 공주대학교 백제문화연구소, 1994.

申榮祐, 충청도지역 동학농민전쟁의 전개과정,『동학농민혁명의 지역적 전개와 사회변

동』, 동학농민혁명기념사업회, 1995.

愼鏞廈, 자료 : 동학제2세교주 최시형 조서판결서,『한국학보』2, 일지사, 1976.

愼鏞廈, 동학 · 독립협회 · 기타제단체,『한국사론 5 - 근대 - 』, 국사편찬위원회, 1978.

愼鏞廈, 동학 제2대교주 최시형의「理氣大全」,『한국학보』21, 일지사, 1980.

愼鏞廈, 甲午農民戰爭 시기의 農民執綱所의 설치,『한국학보』41, 일지사, 1985.

愼鏞廈, 甲午農民戰爭 시기의 農民執綱所의 活動,『한국문화』6, 서울대학교 한국문화연
구소, 1985.

愼鏞廈, 갑오농민전쟁의 제1차 농민전쟁,『한국학보』40, 일지사, 1985.

愼鏞廈, 갑오농민전쟁의 제1차 농민전쟁(上),『新人間』433, 신인간사, 1985.

愼鏞廈, 갑오농민전쟁의 제1차 농민전쟁(中),『新人間』434, 신인간사, 1985.

愼鏞廈, 갑오농민전쟁의 주체세력과 사회신분,『한국사연구』50 · 51합집, 한국사연구회,
1985.

愼鏞廈, 고부민란의 사발통문,『노산劉元東博士華甲紀念論叢 한국근대사회경제사연구』,
정음문화사, 1985.

愼鏞廈, 동학농민군 지휘자 全琫準 · 孫化中 · 崔永昌(卿宣) 판결선고서 원본,『한국학보』
39, 일지사, 1985.

愼鏞廈, 갑오농민전쟁의 제1차 농민전쟁(下),『新人間』435, 신인간사, 1986.

愼鏞廈, 동학군 집강소의 활동(1),『新人間』445, 신인간사, 1986.

愼鏞廈, 갑오농민전쟁과 두레와 집강소의 폐정개혁 - 농민군편성 · 집강소의 토지정책 다
산의 여전제 정전제 및 두레의 관련을 중심으로,『한국사회의 신분계급과 사회변동』(한
국사회사연구회 논문집 8), 1987.

愼鏞廈, 동학과 갑오농민전쟁의 민족주의,『한국학보』47, 일지사, 1987.

愼鏞廈, 동학군 집강소의 활동(2),『新人間』446, 신인간사, 1987.

愼鏞廈, 동학군 집강소의 활동(3),『新人間』448, 신인간사, 1987.

愼鏞廈, 동학군 집강소의 활동(4),『新人間』449, 신인간사, 1987.

愼鏞廈, 동학군 집강소의 활동(完),『新人間』450, 신인간사, 1987.

愼鏞廈,『한국근대민족운동사연구』, 일조각, 1988.

愼鏞廈, 프랑스혁명에 비추어 본 1894년 동학농민혁명운동,『프랑스혁명과 한국』, 일월서
각, 1991.

愼鏞廈, 동학과 갑오농민전쟁의 결합,『한국학보』67, 일지사, 1992.

愼鏞廈, 西勢와 體制에 대한 東學의 대응,『한국의 사회와 문화』19, 한국정신문화연구원,
1992.

愼鏞廈, 갑오농민전쟁의 제2차 농민전쟁,『한국문화』14, 서울대학교 한국문화연구소,
1993.

愼鏞廈, 집강소의 성립과 개혁의 성격,『동학농민혁명과 사회변동』, 동학농민혁명기념사
업회, 1993.

愼鏞廈, 茶山 丁若鏞의 토지개혁안과 동학농민군의 토지개혁안,『이기백고희기념 한국사
  학논총(하)』, 일조각, 1994.
愼鏞廈,『東學과 甲午農民戰爭연구』, 일조각, 1993.
愼鏞廈, 東學農民軍 執綱所의 社會身分制改革과 土地改革 政策,『진단학보』78, 1994.
愼鏞廈, 동학농민운동의 제2차 봉기,『한국근대사에 있어서 동학과 동학농민운동』, 한국정
  신문화연구원, 1994.
愼鏞廈, 항일민족운동으로서의 제2차 동학농민전쟁,『한국독립운동사연구』8, 독립기념관
  한국독립운동사연구소, 1994.
신인간사 편, 東學革命에 대한 論爭,『新人間』317, 신인간사, 1974.
申一澈, 동학,『한국사론 4 : 조선후기』, 국사편찬위원회, 1976.
申一澈, 동학사상의 전개 - 侍天主·事人如天을 거쳐 人乃天사상에로,『한국사상』17, 한
  국사상연구회, 1980.
申一澈, 동학사상자료집,『한국사상』17, 1980.
申一澈, 동학사상의 도교적 성격문제 - 至氣와 侍天主의 관계,『한국사상』20, 한국사상연
  구회, 1985.
신정일,『그 산들을 가다 - 동학의 산 - 』, 산악문화, 1995.
沈奉謹, 동학사상 소고, 동아대학교 석사학위논문, 1970.
沈正輔, 고려말·조선초의 하삼도 읍성 축조기사검토,『석당논총』20, 동아대학교 석당전
  통문화연구원, 1994.
安東敎, 艮齋 田愚의 性師心弟說과 復性論,『호남문화연구』21, 전남대학교 호남문화연
  구소, 1992.
안병욱, 19세기 민중의식의 성장과 민중운동 - 향회와 민란을 중심으로,『역사비평』1, 역
  사비평사, 1987.
안병욱, 갑오농민전쟁의 성격과 연구현황,『한국근현대 연구입문』, 역사비평사, 1988.
안병욱, 19세기 민중의식의 성장,『1894년 농민전쟁연구(3)』, 역사비평사, 1993.
安秉直·愼鏞廈 외,『변혁시대의 한국사』, 동평사, 1979.
安在淳, 磻溪 實學思想의 性理學的 考察, 성균관대학교 석사학위논문, 1981.
安在淳, 柳磻溪 실학사상의 철학적 기조,『도원유승국화갑기념논문집 동방사상논고』,
  1983.
安晋吾, 奇蘆沙의 철학사상,『문교부연구보고서』(인문과학), 1974.
安晋吾, 동학사상의 연원과 그 전개,『역사학연구』8, 전남대사학회, 1978.
安賢洙, 한국사상사와 동학사상,『민족문제연구』2, 경기대학교 민족문제연구소, 1995.
安華燮, 조선후기 마을미륵의 형성배경과 그 성격 - 호남지방 마을미륵의 실태조사를 중심
  으로,『한국사상사학』6, 한국사상사학회, 1994.
楊萬鼎, 淳昌지방의 양반가문에 대한 고찰,『송준호정년기념논총』, 1987.
楊萬鼎, 全州 史庫本 朝鮮王朝實錄의 保存에 관한 考察,『전라문화연구』2, 전북향토문

화연구회, 1988.

양병기, 동학농민운동의 혁명성 연구 : 정치이념과 조직운동양상을 중심으로, 연세대학교 석사학위논문, 1976.

양병기, 동학농민운동의 혁명성 연구 : 정치이론과 조직운동양상을 중심으로, 『원우론집』 4, 연세대학교대학원, 1977.

梁炳基, 동학농민운동의 혁명성연구(상·하), 『현상과 인식』 1-4·2-1, 1977·1978.

楊普景, 磻溪 柳馨遠의 지리사상 -「東國輿地志」와 「郡縣制」의 내용을 중심으로, 『문화역사지리』 4, 한국문화역사지리학회, 1992.

양상현, 1894년 농민전쟁과 항일의병전쟁, 『남북한 역사인식 비교강의 : 근현대편』, 일송정, 1989.

梁銀容, 壬辰倭亂과 湖南의 佛教義僧軍, 『한국종교』 19, 원광대학교, 1994.

양재도, 동학농민운동의 정치적 고찰, 『경희사학』 4, 경희대학교, 1973.

양진석, 충청지역 농민전쟁의 전개양상, 『백제문화』 23, 공주대학교 백제문화연구소, 1993.

嚴妙燮, 동학의 사회구조적 성격, 이화여자대학교 석사학위논문, 1975.

역사문제연구소, 『한국근현대연구입문』, 역사비평사, 1988.

역사문제연구소, 『동학농민전쟁 역사기행 - 동학농민전쟁의 발자취를 찾아서』, 여강출판사, 1993.

역사문제연구소, 『한국근현대지역운동사 2 - 호남편 - 』, 여강, 1993.

역사학연구소 1894년농민전쟁연구분과, 『농민전쟁 100년의 인식과 쟁점 - 1894년 농민전쟁 - 』, 거름, 1994.

吳炳武, 一齋 李恒의 성리철학에 관하여, 『전라문화연구』 2, 전북향토문화연구소, 1988.

吳炳武, 河西 金麟厚의 성리철학과 이단 이설에 대한 그의 비판, 『전라문화연구』 3, 전북향토문화연구소, 1988.

吳炳武, 河西 金麟厚의 生涯과 學問, 『全南開發』 23, 1990.

오병무, 艮齋 田愚의 人物性同氣同異說, 『乾止哲學』 3, 1993.

吳世九, 갑오동학농민혁명기 全琫準의 혁명지도이념에 관한 연구, 공주대학교 교육대학원 석사학위논문, 1994.

吳世萬, 동학의 정치사상적 고찰 - 崔濟愚의 사상을 중심으로, 고려대학교 석사학위논문, 1962.

吳永教, 1862년 농민항쟁 연구 - 전라도 지역의 사례를 중심으로, 『손보기박사 정년기념 한국사학논총』, 1988.

吳永教, 磻溪 柳馨遠의 지방제도 개혁론 연구, 『국사관논총』 57, 국사편찬위원회, 1994.

吳泳模, 李朝時代의 全羅道 都市研究, 전북대학교 박사학위논문, 1975.

吳泳模, 李朝時代의 全羅道 都市研究(1·2), 『전북대논문집(인문사회과학)』 18~19, 1976~1977.

吳泳模, 이조의 方物, 『전북대논문집』 12, 전북대학교 산업개발연구소, 1982.

吳益濟, 동학사상연구의 방향 - 문제제기와 연구의 소재,『한국사상』 18, 한국사상연구회, 1981.

오익제, 동학혁명운동의 현대적 재조명,『동학사상과 동학혁명』, 청아출판사, 1984.

吳一, 東學農民軍의 弊政改革案과 執綱所에 대한 硏究, 동국대학교 교육대학원 석사학위 논문, 1987.

吳充淵, 東學農民革命에 관한 연구 : 弊政改革案과 執綱所를 중심으로, 충남대학교 교육 대학원 석사학위논문, 1990.

玉亮鍊, 한국근대화와 사회변동의 역사적 모색 - 사상과 운동을 중심으로,『사회과학논총』 4 - 2, 부산대학교 사회과학대학, 1985.

왕현종, 동학농민전쟁 용어 및 성격토론 : 1894년 농민봉기, 어떻게 부를 것인가,『역사비 평』 10, 역사비평사, 1990.

왕현종, 19세기말 호남지역의 지주제의 확대와 토지문제,『1894년 농민전쟁연구(1)』, 역사 비평사, 1991.

왕현종, 한국인에 의한 동학농민전쟁연구(해제),『동학농민전쟁연구자료집(1)』, 여강, 1991.

왕현종, 갑오정권의 개혁정책과 농민군대책,『1894년 농민전쟁연구(4), 역사비평사, 1995.

외솔회 편, 동학란 실화 外 - 동학혁명 실화자료,『나라사랑』 15, 1974.

외솔회 편, 全琫準 供草,『나라사랑』 15, 1974.

외솔회 편, 全琫準 연구자료목록 - 全琫準 연구책자 및 논문,『나라사랑』 15, 1974.

외솔회 편, 全琫準 자료집 - 沙鉢通文 外,『나라사랑』 15, 1974.

외솔회 편, 黃土峴 전투기록 - 동학혁명 실화자료,『나라사랑』 15, 1974.

우윤, 19세기 민중운동과 민중사상 - 후천개벽·정감록·미륵신앙을 중심으로,『역사비평』 2, 역사비평사, 1988.

우윤, 반제 반봉건 투쟁의 선봉장 녹두장군 全琫準,『역사의 진실』, 녹두, 1990.

우윤,『全琫準과 갑오농민전쟁』, 창작과 비평사, 1993.

우윤, 갑오농민전쟁,『한국사』 12, 한길사, 1994.

우윤, 갑오농민전쟁의 최고지도자 全琫準,『근현대사강좌』 5, 한울, 1994.

우윤, 고종조 농민항쟁, 갑오농민전쟁에 대한 연구성과와 과제,『한국사론』 25, 국사편찬위 원회, 1995.

우윤, 장흥·강진 지역의 농민전쟁 전개와 역사적 의의,『호남문화연구』 23, 전남대학교 호남문화연구소, 1995.

禹仁秀, 鄭汝立 모역사건의 진상과 己丑獄의 성격,『역사교육논집』 12, 경북대학교 역사 교육과, 1988.

元秀一, 東學運動이 韓國 近代化過程에 끼친 影響, 동국대학교 석사학위논문, 1976.

원용문, 東學亂과 民族主義 - 對日抗爭을 中心으로,『제주대논문집(인문·사회과학편)』 9, 1978.

元裕漢, 磻溪 柳馨遠의 긍정적 화폐론,『柳洪烈회갑기념논총』, 1971.

元裕漢, 磻溪 柳馨遠의 상업진흥론,『홍대논총(인문사회과학편)』 15, 홍익대학교, 1984.

月刊政治文化社 編, 동학농민혁명운동은 새로운 근대체제를 추구,『政治文化』 9, 1989.

웜스 벤자민,『동학백년사』, 서문당, 1972.

柳慶桓,『동학가사의 심층연구 - 신화적 해석을 중심으로 - 』, 대한출판공사, 1985.

柳光醇, 東學農民軍 蜂起의 一研究, 인하대학교 석사학위논문, 1983.

劉相鍾, 壬亂時 湖南義兵運動에 對한 研究, 원광대학교 석사학위논문, 1982.

柳承宙, 조선후기 공인에 관한 일연구 - 三南月課火藥契人의 受價製納실태를 중심으로
    (상 · 중 · 하),『역사학보』 71, 78, 79, 역사학회, 1976~1978.

柳承宙, 진주성의 義妓 論介고,『최영희화갑기념 한국사학논총』, 1987.

유영근, 湖南 萬人義塚 : 護國의 땅,『美術界』 4, 1985.

柳永益, 갑오농민봉기의 보수적 성격,『갑오동학농민혁명의 쟁점』, 집문당, 1994.

柳永益, 동학농민봉기는 보수지향의 義擧였다,『한국논단』 62, 1994.

柳永益, 보수적 개혁가 의병장 全琫準論,『근현대사강좌』 5, 한울, 1994.

柳永益, 全琫準 義擧論 - 갑오농민봉기에 대한 通說 批判,『李基白先生古稀紀念 韓國史
    學論叢(下)』, 일조각, 1994.

柳佑相, 동학란에 있어서의 全州和約,『역사학연구』 2, 전남대학교, 1964.

柳仁熙, 실학의 철학적 방법론 - 柳磻溪 · 朴西溪 · 李星湖를 중심으로,『동방학지』 35, 연
    세대학교 국학연구원, 1983.

柳正東, 한국유학의 실리성에 관한 고찰 - 퇴계 · 율곡 · 반계 · 다산을 중심으로,『인문과
    학』 9, 성균관대학교 인문과학연구소, 1980.

柳正東, 천명도설에 관한 연구 - 陽村 · 秋巒 · 河西 · 退溪의 천명관의 맥락을 중심으로,
    『동양학』 12, 단국대학교 동양학연구소, 1982.

柳正東, 河西 金麟厚의 천명도에 관하여 - 秋巒 천명원도와의 비교를 중심으로,『대구사
    학』 24, 1983.

柳在泳, 頤齋 黃胤錫의 실학사상,『원광학보』 83, 원광대학교, 1968.

柳在泳, 木山藁 解題,『전북사학』 13, 전북대학교, 1990.

柳秦春, 東學革命의 農業經濟史的 考察과 그 現代的 意味,『協同組合研究』 2, 1980.

陸貞均, 東學 커뮤니케이션論 - 布德서부터 甲午蜂起까지(1860~1894),『新人間』 328~
    334, 신인간사, 1975~1976.

尹絲淳, 奇正鎭 철학의 실천적 성격,『한국의 사상』(윤사순 · 고익진 편), 열음사, 1984.

尹絲淳, 湖南 유학에서의 성리학의 전개,『震山韓基斗博士화갑기념 한국종교사상의 재조
    명』, 원광대학교, 1993.

尹相哲, 磻溪 柳馨遠의 教育改革案에 대한 一考察, 영남대학교 교육대학원 석사학위논
    문, 1986.

尹錫山, 동학에 나타난 도교적 요소,『도교사상의 한국적 전개』, 한국도교사상연구회,
    1990.

尹成萬, 東學革命의 背景과 思想, 조선대학교 석사학위논문, 1982.

尹世基, 東學農民革命에 對하여 : 東學農民軍 第二次 蜂起를 中心으로, 경희대학교 석사학위논문, 1984.

尹用出, 柳馨遠의 役制개혁론, 『한국문화연구』 6, 부산대학교 한국문화연구소, 1993.

尹源鎬, 19세기 古阜의 사회경제, 『전라문화논총』 7, 전북대학교 전라문화연구소, 1994.

尹以欽, 동학운동의 개벽사상 - 신념유형과 사회변화의 동인을 중심으로, 『한국문화』 8, 서울대학교 한국문화연구소, 1987.

尹惠聖, 磻溪 柳馨遠의 政治思想 : 磻溪隨錄을 中心으로, 이화여자대학교 석사학위논문, 1986.

尹孝彬, 동학의 세계사상적 의미, 『한국사상』 12, 한국사상연구회, 1974.

尹熙勉, 韓百謙의 『동국지리지』, 『역사학보』 93, 역사학회, 1982.

尹熙勉, 조선후기 養士齋 : 삼남지방을 중심으로, 『이원순교수화갑기념 사학논총』, 교학사, 1986.

尹熙勉, 韓百謙의 학문과 『동국지리지』 저술동기, 『진단학보』 63, 1987.

李家源, 磻溪선생년보, 『인문과학』 32, 연세대학교 인문과학연구소, 1974.

李家源 편, 『실학총서 2 - 柳馨遠』, 탐구당, 1979.

李康洙, 河西전집, 『도서관보』 1, 국가보위 입법회의도서관, 1980.

李康五, 구한말 南學의 발생과 그 성격에 관하여, 『전라문화연구』 1, 전북향토문화연구회, 1979.

李康五, 泰仁 古縣鄕約에 대한 연구(1), 『전라문화논총』 1, 전북대학교 전라문화연구소, 1986.

李康五, 泰仁 古縣鄕約에 대한 소고, 『향토사연구』 4, 한국향토사연구전국협의회, 1992.

이강오, 조선후기 사회사상과 동학농민운동, 『한국근대사에 있어서 東學과 東學農民運動』, 한국정신문화연구원, 1994.

이강오·구양근·박영은 외, 『한국근대사에 있어서 東學과 東學農民運動』, 한국정신문화연구원, 1994.

李京雨, 金坵論, 『인문과학논문집』 4, 서원대학교, 1995.

李光淳, 동학의 顯道운동 - 伸冤운동의 전개와 그에 관련된 문제점에 대하여, 『한국사상』 12, 한국사상연구회, 1974.

李光淳, 갑오혁명의 정신사적 의미, 『한국사상』 17, 한국사상연구회, 1980.

李鑛宰, 東學農民革命過程에 있어서 南北接의 對立, 『순천대논문집(인문·사회과학편)』 5, 순천대학교, 1986.

李起華, 『全琫準의 高敞胎生說에 관한 糾明』(향토문화연구논문총서), 1992.

李起華, 무장의 민중의식과 동학혁명, 『동학농민혁명유족회 사발통문』 2, 1995.

李東原, 東學농민군의 자치조직 '執綱所'에 관한 연구, 외국어대학교 석사학위논문, 1992.

李東熙, 朝鮮後期 守令의 任用實態에 대한 考察 - 全羅道 地方을 中心으로, 전북대학교

석사학위논문, 1987.

李東熙, 朝鮮時代 全羅道 扶安縣監의 任用實態,『전라문화논총』6, 전북대학교 전라문화
　연구소, 1993.

李東熙,『조선시대 전라도의 監司 守令名單 : 전북편』(전라문화연구총서 6집), 전북대학교
　전라문화연구소, 1995.

李明男, 초기 東學의 사회실천적 의의에 관한 고찰 - 후천개벽사상을 중심으로,『사회과학
　논총』21, 부산대학교 사회과학대학, 1994.

李文實, 磻溪 柳馨遠의 敎育思想과 敎育制度 改善에 관한 硏究, 동국대학교 교육대학원
　석사학위논문, 1984.

李文遠, 磻溪 柳馨遠의 교육관,『교육연구』29, 성신여자대학교 교육문제연구소, 1995.

李民樹, 磻溪와 실학사상,『한국학』22, 중앙대학교 한국학연구소, 1980.

李邦錫·申福龍, 동학혁명을 전후한 한미관계의 연구,『건국대학술지』14, 1972.

이병도, 東學亂의 歷史的 意義 - 그 一回甲을 當하여,『思想界』2 - 8, 1954.

이병도, 東學敎門과 그 個性의 諸導因,『學業』1, 1955.

李炳烈, 甲午農民革命에 대한 社會學的 一考察, 고려대학교 석사학위논문, 1993.

李炳柱, 韓國 近代民族主義 선봉장 全琫準,『정훈』64, 1979.

이병혁, 1894년~1919년간의 민족운동의 지도계층분석,『사회학보』1, 서울대학교, 1971.

李輔根, 동학의 정치의식, 서울대학교 석사학위논문, 1971.

李輔根, 東學과 동학운동 - 근대화운동사,『노동공론』2 - 4, 1972.

이상비, 동학혁명의 역사적 재조명,『표현』16, 1989.

李相寔, 동학농민혁명운동의 민족주의에 관한 고찰,『이원순교수화갑기념사학논총』, 교학
　사, 1986.

李相寔, 19세기말 한국의 민중운동 연구, 충남대학교 박사학위논문, 1988.

李相寔, 동학농민혁명 100주년을 맞으며,『향토문화』13, 향토문화개발협의회, 1994.

李相寔 편,『동학농민혁명과 광주·전남』, 광주·전남동학농민혁명100주년기념사업추진
　회, 1994.

李尙曄, 磻溪 柳馨遠의 객관주의적 규범론,『행정문제연구』2 - 1, 경희대학교, 1995.

李相龍, 동학농민혁명에 관한 연구 : 사회경제적 측면을 중심으로, 공주대학교 교육대학원
　석사학위논문, 1994.

李相殷, 조선조 國論에 반영된 義理精神 - 朴祥·金淨 上疏시비를 중심으로,『斯文論叢』
　1, 斯文學會, 1973.

이상찬, 남북접으로 농민전쟁을 설명하는 것은 문제 있다,『농민전쟁 100년의 인식과 쟁
　점』, 거름, 1994.

李相泰, 申景濬의 역사지리인식,『사학연구』38, 한국사학회, 1984.

李相鉉, 東學革命과 外勢,『새물결』123, 1985.

李錫文, 갑오농민전쟁 10월 봉기에 관한 연구, 원광대학교 교육대학원 석사학위논문,

1994.

李瑄根, 동학운동과 한국근대화 과정,『한국사상』 4, 한국사상강좌편찬위원회, 1962.

李樹健, 晚學堂 裵尙瑜 연구 - 磻溪 및 葛庵과의 관계를 중심으로,『교남사학』 5, 영남대학교 국사학회, 1990.

이수룡, 갑오개혁은 농민전쟁과 어떤 관련이 있는가,『농민전쟁 100년의 인식과 쟁점』, 거름, 1994.

이승용, 동학농민혁명의 사회 경제적 배경,『殉國』 39, 순국선열유족회, 1994.

이양식, 동학농민혁명의 진원지를 찾아서,『殉國』 39, 순국선열유족회, 1994.

李榮喆, 甲午農民軍의 執綱所 設置와 活動, 성균관대학교 교육대학원 석사학위논문, 1993.

李英俠, 海鶴 李沂考,『학술지(사회과학편)』 14, 건국대학교 학술연구원, 1972.

李榮昊, 갑오농민전쟁 이후 동학농민의 동향과 민족운동,『역사와 현실』 3, 한국역사연구회, 1990.

李榮昊, 한국 근대민중운동 연구의 동향과 국사교과서의 서술,『역사교육』 47, 역사교육연구회, 1990.

李榮昊, 1894년 농민전쟁의 사회경제적 배경과 변혁주체의 성장,『1894년 농민전쟁연구(1)』, 역사비평사, 1991.

李榮昊, '농민혁명' 이후 동학농민의 민족운동,『동학농민혁명과 사회변동』, 한울, 1993.

李榮昊, 1894년 농민전쟁 연구의 방향 모색,『창작과 비평』 83, 1994.

李榮昊, 농민전쟁 이후 농민운동 조직의 동향,『1894년 농민전쟁연구(4)』, 역사비평사, 1995.

李完宰, 海鶴 李沂의 교육사상,『사학논지』 1, 한양대학교 사학과, 1973.

李佑成, 초기 실학과 성리학과의 관계 - 磻溪 柳馨遠의 경우,『동방학지』 58, 연세대학교 국학연구원, 1988.

李運炯, 東學과 현대 사회과학,『민족문제연구』 1, 경기대학교 민족문제연구소, 1994.

李運炯, 동학과 서양철학사상,『민족문제연구』 2, 경기대학교 민족문제연구소, 1995.

李元浩, 동학의 인간관과 현대교육적 의미,『한국의 전통교육사상』, 한국정신문화연구원, 1983.

李元浩, 磻溪 柳馨遠의 교육론 연구,『부산대사대논문집』 8, 1984.

李容乙, 東學農民革命運動에 관한 연구, 조선대학교 교육대학원 석사학위논문, 1991.

李潤甲, 개항~1894년의 농민적 상품생산의 발전과 갑오농민전쟁 - 경북지역의 농업변동을 중심으로,『계명사학』 2, 계명사학회, 1991.

李潤甲, 1894년의 경상도지역의 동학농민전쟁,『동학농민혁명의 지역적 전개와 사회변동』, 동학농민혁명기념사업회, 1995.

李義東, 東學農民軍의 內紛에 관한 再檢討, 조선대학교 석사학위논문, 1985.

李離和, 동학농민혁명에 나타난 남·북접의 갈등 - 교단이냐 봉기이냐에 관한 이견,『취영

홍남순선생고희기념논총』, 1983.

李離和, 동학농민세력의 시대인식,『개항전후와 한말의 역사인식』, 국사편찬위원회, 1987.

李離和, 인간과 신의 차이 - 崔時亨의 역사적 재평가,『역사비평』2, 역사문제연구소, 1988.

李離和, 오지영「동학사」의 내용검토 - 주로 1894년 동학농민전쟁과 관련하여,『민족문화』 12, 1989.

李離和, 전봉준과 동학농민전쟁(1) : 봉기 - 전주성 점령,『역사비평』7, 역사비평사, 1989.

李離和, 동학농민전쟁에 나타난 儒林의 對應,『碧史李佑成先生停年退任紀念 韓國國文 學論叢』, 1990.

李離和, 전봉준과 동학농민전쟁(2) : 투쟁 - 반봉건변혁운동과 집강소,『역사비평』8, 역사 비평사, 1990.

李離和, 전봉준과 동학농민전쟁(3) : 농민군의 전면항쟁과 그 최후,『역사비평』9, 역사비 평사, 1990.

李離和, 전봉준과 동학농민전쟁(4) : 농민군의 전면항쟁과 그 최후,『역사비평』10, 역사비 평사, 1990.

李離和, 黃玹의「梧下記聞」에 대한 내용검토 - 1894년 동학농민전쟁의 기술을 중심으로, 『서지학보』4, 한국서지학회, 1991.

李離和, 동학농민전쟁 전개과정에 나타난 몇 단계,『수촌박영석교수화갑기념 한국사학논 총(하)』, 1992.

李離和, 동학농민전쟁의 역사적 의의,『동학농민혁명과 사회변동』, 한울, 1993.

李離和, 폐정개혁과 갑오개혁의 연관성 규명,『동학농민혁명과 사회변동』, 한울, 1993.

李離和, 동학농민전쟁의 역사적 의의,『백제문화』23, 공주대학교 백제문화연구소, 1994.

李離和, 동학농민전쟁의 현대적 의미,『근현대사강좌』5, 한울, 1994.

李離和,『발굴 동학농민전쟁 인물열전』, 한겨레신문사, 1994.

李離和, 동학농민전쟁 과정에서 나타난 장성전투의 의의,『호남문화연구』23, 전남대학교, 1995.

李章熙, 정묘·병자호란에 있어서의 호남의병,『건대사학』4, 건국대학교, 1974.

李在崑, 解題, 벽위편(李基慶 著),『국회도서관보』210, 1990.

李載龒, 磻溪 柳馨遠,『李乙浩정년기념 실학논총』, 전남대학교 호남문화연구소, 1975.

李載錫, 東學農民革命의 歷史的 性格에 관한 硏究,『인천대논문집(인문·사회과학·예체 능)』19, 1994.

李濟元, 全琫準과 東學亂, 경희대학교 석사학위논문, 1976.

李朝赫, 全州史庫와 李朝實錄의 移動,『도서관』216, 국립중앙도서관, 1977.

李存熙, 磻溪 柳馨遠의 관직론고 - 외관직을 중심으로,『변태섭박사화갑기념 사학논총』, 삼영사, 1985.

李存熙, 訥齋 梁誠之의 행정개혁사상,『전농사론』1, 서울시립대학교 국사학과, 1995.

李鐘殷·朴錫武, 영·호남 兩大書院과 巨儒 : 儒林山脈,『洛江春秋』4, 1989.

李椋浩, 訥齊 梁誠之의 活動과 民本思想,『창원대논문집』7 - 2, 1985.

李眞榮, 갑오농민전쟁기 '유생'의 농민군 참여양상과 그 성격,『한국사연구』80, 한국사연구회, 1993.

李眞榮, 東學農民戰爭期 全羅道 泰仁 古縣內面의 反農民軍 構成과 活動 : 金箕述과 道康金氏를 中心으로,『전라문화논총』6, 전북대학교 전라문화연구소, 1993.

李眞榮, 19世紀 後半 全羅道 古阜의 社會思想,『전라문화논총』7, 전북대학교 전라문화연구소, 1994.

李眞榮, 金開南과 동학농민전쟁,『한국근현대사연구』2, 한울, 1995.

李眞榮, 동학농민전쟁과 전라도 태인현의 재지사족, 전북대학교 박사(??)석사학위논문, 1996.

李昌憲, 河西 金麟厚의 詩文學考,『東岳漢文學論集』6, 1992.

李哲根, 柳馨遠의 학문체계, 연세대학교 석사학위논문, 1970.

李泰昊, 全琫準과 姜甑山의 사회사상,『공동체문화』1, 공동체, 1983.

李海濬, 조선조 호남사류의 동향과 연구과제,『향토문화보』13, 광주일보사, 1988.

李海濬, 己卯士禍와 16세기 전반의 湖南學派,『전통과 현실』2, 고봉학술원, 1992.

李海濬, 호남지방의 고문서 정리·所藏현황과 그 성격,『민족문화논총』13, 영남대학교 민족문화연구소, 1992.

李炫庚, 甲午東學民衆革命期를 前後한 全琫準의 國際秩序에 관한 認識研究, 고려대학교 석사학위논문, 1988.

이현주, 동학농민혁명의 의의와 주체세력,『殉國』39, 순국선열유족회, 1994.

李炫熙, 동학사상과 한국여성의 개화시각 - 동학사상의 태동과 여성의 근대화,『신인간』9 - 381, 신인간사, 1980.

李炫熙, 동학사상의 배경과 그 의식의 성장,『한국사상』18, 한국사상연구회, 1981.

李炫熙, 동학관계자료의 발굴과 그 역사적 의의,『新人間』424, 신인간사, 1984.

李炫熙, 동학혁명운동과 청·일의 반응,『사학연구』38, 한국사학회, 1984.

李炫熙, 水雲의 개벽사상연구 - 동학사상의 배경과 인류구원사,『藍史鄭在覺박사고희기념 동양학논총』, 1984.

李炫熙, 갑진개화혁신운동의 민중사적 위치 - 동학사상의 민족사적 의미,『천관우선생환력기념 한국사학논총』, 1985.

李炫熙,『동학혁명과 민중 - 한국근대사상의 맥락』, 대광서림, 1985.

李炫熙, 東學革命과 東學接主의 位置 : 그 位相과 任務,『新人間』489, 신인간사, 1990.

李炫熙, 동학혁명과 청·일의 대응 : 동아시아 정세의 변화를 중심으로,『근현대사강좌』5, 한울, 1994.

李炫熙,『東學革命史論』, 대광서림, 1994.

李炫熙, 동학혁명과 민족구국운동,『한국사상』22, 한국사상연구회, 1995.

李亨善, 甲午(1894년) 農民革命運動의 發生要因에 對한 社會學的 考察, 성균관대학교 석

사학위논문, 1987.

이훈구, 유형원,『조선명인전』, 조광사, 1947.

李勛相, 朝鮮後期 吏胥集團과 武任集團의 組織運營과 그 特性 - 全羅道 南原의 各種 先生案,『한국학논집』17, 1990.

李羲權, 鄭汝立 謀反事件에 대한 考察,『창작과 비평』1975년 가을호, 1975.

李羲權, 木山 李基敬의 政治思想,『전북사학』13, 전북대학교, 1990.

李羲權, 19世紀 後半 古阜의 社會組織構造,『전라문화논총』7, 전북대학교 전라문화연구소, 1994.

李熙根, 東學敎門의 보은 금구集會와 그 性格, 단국대학교 석사학위논문, 1990.

李熙根, 東學敎門의 報恩·金溝集會,『백산학보』42, 백산학회, 1993.

李熙煥, 정유재란에 있어서의 南原城戰鬪에 대한 一考察, 전북대학교 석사학위논문, 1982.

李熙煥, 丁酉再亂時의 南原城戰鬪에 대하여,『전북사학』7, 전북대학교 사학회, 1983.

임경희, 갑오농민전쟁의 역사적 지향,『사랑』5, 덕성여자대학교, 1990.

임란사료편찬위원회,『호남지방 임진왜란 사료집』1～4, 전라남도, 1990～1992.

임운길, 동학혁명의 본질과 사회개혁의 방향,『한국사상』22, 한국사상연구회, 1995.

林鍾國, 東學革命의 民族主義的 性格에 관한 연구, 동국대학교 석사학위논문, 1992.

임종철, 갑오동학혁명에 대한 경제사적 평가,『한국사상』16, 한국사상연구회, 1978.

林鍾哲, 동학의 경제이념,『정신문화연구』25, 한국정신문화연구원, 1985.

林地煥, 賦役實摠을 통해 본 朝鮮後期 全羅道地域의 財政,『전라문화논총』4, 전북대학교 전라문화연구소, 1990.

張秉吉, 민족종교들의 대두 - 동학·증산교·신교,『전통과 사상 4』, 한국정신문화연구원, 1990/『한국사상사대계 5』, 한국정신문화연구원, 1992.

張炳玉, 萬人義塚의 현장 南原城戰鬪,『安全保障』211, 1988.

張師亨, 磻溪를 통해 본 실학의 성격과 철학적 思惟토대,『한국의 철학』22, 경북대학교 퇴계연구소, 1994.

張泳敏, 1871년 寧海 동학란,『한국학보』47, 일지사, 1987.

張泳敏, 1894년 固城民擾연구(1),『尹炳奭화갑기념 한국근대사논총』, 1990.

張泳敏, 동학의 大先生伸寃運動에 관한 일고찰,『白山朴成壽敎授華甲紀念論叢 韓國獨立運動史의 認識』, 1991.

張泳敏, 1894년 古阜民擾연구(상·하),『한국학보』68·69, 일지사, 1992.

張泳敏, 東學농민군의 '全州和約'에 관한 재검토,『震山韓基斗화갑기념 한국종교사상의 재조명(하)』, 원광대학교, 1993.

張泳敏, 東學農民運動硏究, 한국정신문화연구원 한국학대학원 박사학위논문, 1994.

張泳敏, 동학농민전쟁의 원인과 성격,『한국근대사에 있어서 동학과 동학농민운동』, 한국정신문화연구원, 1994.

張乙炳, 全琫準의 政治와 理念(1),『민족지성』25, 민족지성사, 1988.

張政珪, 東學農民革命運動의 反封建的·反侵略的 志向에 關한 一考察, 인하대학교 교육대학원 석사학위논문, 1989.

張昌河, 東學思想 및 東學革命에 관한 研究, 고려대학교 석사학위논문, 1980.

全炅穆, 19세기 말에 작성된 南原 屯德坊의 戶籍中草와 그 성격,『고문서연구』3, 한국고문서학회, 1992.

全炅穆, 三溪講舍에 소장되어 있는 洞契案과 古文書를 통해서 본 조선후기 南原府 屯德坊의 몇 가지 모습들,『전주사학』2, 전주대학교, 1993.

全明赫, 갑오농민전쟁 시기의 농민군 계층분석, 성균관대학교 석사학위논문, 1987.

全琫準, 全琫準 遺詩 2편 - 殞命 白鷗詩,『나라사랑』15, 1974.

전북대학교 편, 木山 李基敬 研究(1),『전북사학』13, 전북대학교, 1990.

전북대학교 전라문화연구소,『木山 李基敬 研究』(전라문화연구총서 3집), 1991.

전북대학교 전라문화연구소, 전라도 扶安의 동학지도자 金洛鳳 自敍傳 '金洛鳳履歷',『전라문화논총』7, 1994.

全英培, 海鶴 李沂의 교육사상연구,『국제대논문집』6, 1978.

全河禹,『巨儒 全琫準의 改革思想』, 榮元社, 1993.

全炯澤,「東國輿地勝覽」전라도 인물조의 분석을 통해 본 조선초기의 지배세력,『역사학연구』10, 전남대학교 사학회, 1981.

全洪坤, 조선후기 실학자들의 노비관 : 磻溪·星湖·茶山 중심으로, 충남대학교 교육대학원 석사학위논문, 1994.

鄭景鉉, 한말유생의 지적 변신 - 海鶴 李沂(1848~1909)의 경우,『육사논문집』23, 육군사관학교, 1982.

鄭求福, 磻溪柳馨遠의 사회개혁사상,『역사학보』45, 역사학회, 1970.

鄭求福, 柳馨遠의 磻溪隨錄,『실학연구입문』, 일조각, 1973.

鄭求福, 韓百謙의 동국지리지에 대한 일고 - 역사지리학파의 성립을 중심으로,『전북사학』2, 1978.

鄭求福, 韓百謙의 사학과 그 영향,『진단학보』63, 1987.

鄭圭皓, 東學農民鬪爭의 歷史的 考察,『新天地』1 - 11, 1946.

鄭起泳, 甲午農民革命運動의 發生原因에 關한 研究, 서울대학교 석사학위논문, 1987.

정동진, 權克中의「金丹吟」研究,『대구어문논총』14, 1996.

정민조, 동학란의 성격에 대한 재검토 - 동학사상의 관련설을 중심으로,『형성』2 - 1, 서울대학교, 1968.

鄭炳連, 一齋 李恒의 理氣一物說 辨證,『汎韓哲學』9, 1994.

鄭炳連, 曺南冥의 理氣論 辨正 : 一齋 李恒과 관련하여,『南冥學연구논총』3, 진주 : 남명학연구원, 1995.

鄭奭鍾 외,『전통시대의 민중운동(하)』, 풀빛, 1981.

정성희, 이재 황윤석의 天文曆法, 정신문화연구원 한국학대학원 석사학위논문, 1992.

鄭勝謨, 조선시대 石檣의 건립과 사회적 배경 - 전라도 부안·고창 사례를 중심으로, 『태동고전연구』 10, 한림대학교, 1993.

鄭暎錫, 16世紀 湖南地方의 倭變 : 明宗代 乙卯倭變을 中心으로, 조선대학교 석사학위논문, 1991.

鄭英熹, 한말 동학의 교육사상과 교육관, 『사학지』 28, 단국대사학회, 1995.

鄭容洛, 壬亂初期 全羅道 義兵과 張潤의 義兵活動, 조선대학교 교육대학원 석사학위논문, 1992.

鄭貳根, 갑오농민전쟁의 사회경제적 배경, 동아대학교 박사학위논문, 1993.

정종구, 久庵 韓百謙, 『李乙浩정년기념실학논총』, 전남대학교 호남문화연구소, 1975.

鄭鎭珏, 동학농민전쟁의 성격, 한양대학교 석사학위논문, 1978.

정진상, 갑오농민전쟁 과정에서의 청일 전쟁의 의미, 『한국근현대의 민족문제와 노동운동』(한국사회사연구회논문집 15), 1989.

정진상, 농민 집강소를 통해 본 갑오농민전쟁의 사회적 지향, 『한국사회사연구회논문집』, 1991.

정진상, 甲午農民戰爭에 관한 社會史的 연구 : 농민군의 역사적 지향과 전쟁의 결과를 중심으로, 서울대학교 박사학위논문, 1992.

정진상, 1894년 농민전쟁의 성격과 지향, 『역사비평』 24, 역사비평사, 1994.

鄭震英, 동학농민전쟁과 안동, 『안동문화』 15, 안동대학교 안동문화연구소, 1994.

鄭鎭午, 동학란과 민족주의 - 대일항쟁을 중심으로 - , 『제주대논문집』 9, 제주대학교, 1978.

鄭鎭午, 동학사상과 주체적 근대화 정신, 『철학사상의 제문제』 3, 한국정신문화연구원, 1985.

鄭鎭午, 동학의 정치사상, 『제주대논문집(사회과학편)』 20, 제주대학교, 1985.

鄭鎭午, 동학혁명과 청일전쟁, 『제주대논문집(인문, 사회과학편)』 27, 제주대학교, 1988.

鄭昌烈, 동학교문과 전봉준의 관계 - 교조신원운동과 고부민란을 중심으로, 『19세기 한국 전통사회의 변모와 민중의식』, 고려대학교 민족문화연구소, 1982.

鄭昌烈, 고부민란의 연구(上)·(下), 『한국사연구』 48~49, 한국사연구회, 1985.

鄭昌烈, 전통사회에서의 정치적갈등과 그 해결 - 1862년 삼남민란을 중심으로, 『변동사회와 한국인의 갈등』, 문학예술사, 1985.

鄭昌烈, 1894년 동학농민의 재음미, 『서울여대』 16, 1986.

鄭昌烈, 동학사상의 사회의식, 『한국학논집』 9, 한양대학교 한국학연구소, 1986.

鄭昌烈, 갑오농민전쟁에서 농민군의 변혁사상, 『한국학논집』 18, 계명대학교 한국학연구원, 1991.

鄭昌烈, 갑오농민전쟁 연구 : 全琫準의 思想과 行動을 중심으로, 연세대학교 박사학위논문, 1991.

鄭昌烈, 갑오농민전쟁의 全州和約과 집강소에 대한 연구사적 검토,『水邨朴永錫화갑논총 한국사학논총(하)』, 1992.

鄭昌烈, 갑오농민전쟁과 갑오개혁의 관계,『인문논총』 5, 아주대학교 인문과학연구소, 1994.

鄭昌烈, 동학농민전쟁인가 갑오농민전쟁인가,『근현대사강좌』 5, 1994.

鄭泰憲, 訥齋 梁誠之의 국방관,『素軒南都泳박사회갑기념 사학논총』, 1984.

鄭亨愚, 조선초기 집권체제 정비과정에 대한 연구(1) - 梁誠之의 문화적 업적,『문교부연구보고서』, 1974.

趙景達, 東學農民運動と甲午農民戰爭の歷史的性格,『朝鮮史研究會論文集』19, 1982/『갑신갑오기의 근대변혁과 민족운동』, 청아, 1983.

趙景達, 1894년 농민전쟁에 있어서 동학지도자의 역할 - 徐丙鶴·徐仁周를 중심으로 - ,『역사연구』 2, 역사학연구소, 1993.

趙啓纘, 옹주방둔전답의 일형태 - 전라도 임피현 화순옹주宅房屯畓개량성책을 중심으로,『又軒丁仲煥환력기념논문집』, 1974.

趙珖, 19세기 민란의 사회적 배경,『19세기 한국전통사회의 변모와 민중의식』, 고려대학교 민족문화연구소, 1982.

조광, 동학농민혁명 관계사료 습유 - Mutel의 자료를 중심으로,『사총』 29, 고려대학교, 1985.

조광, 조선후기 민중사상과 동학농민전쟁,『동학농민혁명과 사회변동』, 1993.

趙珖, 조선후기 민중사상과 동학농민전쟁,『백제문화』 23, 공주대학교 백제문화연구소, 1994.

曹圭泰, 구한말 평안도지방의 동학 - 교세의 신장과 성격에 대한 검토를 중심으로 - ,『동아연구』 21, 서강대학교 동아연구소, 1990.

조규태, 반침략적 측면에서 본 동학농민혁명,『殉國』39, 순국선열유족회, 1994.

趙基周,『동학의 원류』, 보성사, 1979.

趙璣濬, 유형원론,『사조』 1 - 2, 1958.

趙璣濬, 柳馨遠 - 實事求是의 함성,『인물한국사 4』, 박우사, 1965.

趙東元, 益山地域 金石文에 對한 考察,『文山金三龍博士古稀紀念論叢 馬韓·百濟文化와 彌勒思想』, 원광대학교 출판국, 1994.

趙東一,『동학성립과 이야기』, 홍성사, 1981.

조민, 동학농민전쟁과정에서의 집강소 연구,『한국근현대사회연구회 한연회보』 4, 1990.

조민, 동학농민혁명과 집강소,『殉國』39, 순국선열유족회, 1994.

조민, 북한학계의 동학농민혁명의 평가,『갑오동학농민혁명의 쟁점』, 집문당, 1994.

曹福蓮, 동학農民運動에 關한 硏究, 효성여자대학교 석사학위논문, 1984.

趙尙濟·權仁赫,『한국근대농민항쟁사』, 느티나무, 1993.

趙成敎, 임실지방에 성행한 향약과 동약,『전라문화연구』 1, 전북향토문화연구회, 1979.

趙聖南, 磻溪 柳馨遠의 經濟思想硏究 : 우리나라 近代資本主義의 萌芽와 관련지어, 한남
    대학교 지역개발대학원 석사학위논문, 1986.
趙鏞一, 水雲과 近菴과의 관계,『漢坡李相玉박사화갑기념논문집』, 교문사, 1969.
趙鏞一, 近菴에서 찾아본 水雲의 사상적 계보,『한국사상』12, 한국사상연구회, 1974.
趙鏞一, 불교의 三學과 동학의 기본사상,『동양학』6, 단국대학교 동양학연구소, 1976.
趙鏞一,『동학조화사상연구』, 동성사, 1988.
趙湲來, 임란초기 전라도의병의 성격 - 임진년 영남지역에서의 활동상을 중심으로 - ,『사
    향』2, 공주사범대학교 역사교육과, 1985.
趙湲來, 선조실록소재 난중 전라도관계 자료초(1),『전남문화재』1, 전라남도, 1989.
趙湲來, 壬亂期 湖南義兵과 義兵指導層의 性格,『북악사론』7, 국민대학교, 1989.
趙湲來, 壬亂 湖南義兵에 관한 硏究, 국민대학교 박사학위논문, 1991.
趙湲來, 정유재란과 湖南義兵,『전남사학』8, 전남사학회, 1994.
趙湲來, 사화기 호남사림의 학맥과 金宏弼의 도학사상,『동양학』25, 단국대학교 동양학
    연구소, 1995.
조종오,『조선최근삼대운동사』, 한성인쇄소, 1946.
曹佐鎬 · 白鍾基 · 閔丙河, 한말의 국권옹호사상과 민족의 자강운동,『인문과학』9, 성균관
    대학교 인문과학연구소, 1980.
趙恒來, 동학란과 태평천국란에 대하여,『대구대학원기요』3, 1962.
조혜인, 동학과 주자학 - 유교적 종교개혁의 맥락 - ,『한국의 사회조직과 종교사상』(한국사
    회사연구회논문집 17), 1990.
池敎憲, 한국근대사상의 전개과정,『청주교대논문집』18, 1982.
陳德奎 · 鄭昌烈 외,『19세기 한국전통사회의 변모와 민중의식』, 고려대학교 민족문화연구
    소, 1982.
차미희, 해제 - 일본인에 의한 동학농민전쟁연구,『동학농민전쟁연구자료집(1)』, 여강,
    1991.
車勇杰, 세종조 하삼도 연해읍성 축조에 대하여,『사학연구』27, 1977.
蔡茂松, 田艮齋의 性師心弟論,『제5회국제학술회의논문집 2』, 한국정신문화연구원, 1988.
千寬宇, 磻溪 柳馨遠硏究 - 실학발생에서 본 이조사회의 일단면,『역사학보』2 · 3합집, 역
    사학회, 1952.
千寬宇, 磻溪 柳馨遠硏究疑補,『역사학보』10, 역사학회, 1958.
千寬宇, 柳馨遠 - 새학풍의 선구자,『한국의 인간상 4』, 신구문화사, 1965.
千寬宇, 반계 유형원,『한국사의 재발견』, 일조각, 1975.
千寬宇, 柳馨遠의 실학정책론,『한국의 사상』, 열음사, 1984.
천도교중앙총부,『동학사상논총』1, 1982.
총무처,『東學關聯判決文集』, 1994.
崔京九, 동학사상과 통일이념,『민족문제연구』2, 경기대학교 민족문제연구소, 1995.

崔貴默, 金時習・權克中의 本體論과 '參同契',『한국국어교육연구회논문집』55, 1995.

崔己性, 동학의 교화운동연구,『전북사학』9, 1985.

崔己性, 東學農民革命運動 原因과 古阜에 관한 研究,『全北史學』11・12합집, 전북대학
　　교 사학회, 1989.

崔己性, 古阜郡 位相의 再照明,『全北史學』15, 전북대학교 사학회, 1992.

崔己性, 19세기 후반 古阜의 弊政實態,『전라문화논총』7, 전북대학교 전라문화연구소,
　　1994.

崔起榮, 한말 東學의 天道敎로의 개편에 관한 검토,『한국학보』76, 일지사, 1994.

崔德壽, 동학 농민군의 公州전투,『滄海朴秉國정년기념 사학논총』, 1994.

崔東熙, 水雲의 기본 사상과 그 상황 - 사상형성의 과정을 중심으로 - ,『한국사상』12, 한
　　국사상연구회, 1974.

崔東熙, 海月선생의 생애와 사상,『신인간』370, 신인간사, 1979.

崔東熙, 동학의 기본사상,『한국사학』1, 한국정신문화연구원 사학연구실, 1980.

崔東熙,『동학의 사상과 운동』, 성균관대출판부, 1980.

崔東熙, 海月의 인품과 사상,『신인간』380・381, 신인간사, 1980.

崔東熙, 崔濟愚의 신관,『한국의 사상』(윤사순・고익진 편), 열음사, 1984.

崔東熙, 崔濟愚의 인간관,『철학적 인간관』, 한국정신문화연구원, 1985.

崔東熙, 동학의 윤리의식,『현대사회와 전통윤리』, 고려대학교 민족문화연구소, 1986.

崔夢龍, 전주시립박물관소장 조선조 墓誌수례(4),『고문화』16, 한국대학박물관협회, 1978.

崔武錫, 동학의 민족교육운동 - 崔海月을 중심으로 - ,『교육철학』4, 한국교육철학회,
　　1983.

崔三龍, 全羅監司 李書九의 人物과 說話에 대한 研究,『전라문화연구』4, 전북향토문화
　　연구회, 1990.

최삼룡 외,『頤齋 黃胤錫 : 영・정시대의 호남실학』, 민음사, 1994.

崔奭祐, 서학에서 본 동학,『교회사연구』1, 한국교회사연구소, 1977.

崔承熙, 書院(유림)세력의 동학배척운동 소고 - 1863년도 동학배척 통문분석 - ,『韓㳓劤정
　　년기념 사학논총』, 지식산업사, 1981.

최영진, 奇蘆沙의 理一分殊說에 관한 연구,『동양철학연구』1, 동양철학연구회, 1980.

崔英姬, 東學農民革命의 性格 究明,『天馬學術論文集』1, 영남대학교, 1984.

崔永禧, 임진왜란 전 호남지방의 사회동태,『임진왜란과 전남 - 임진왜란400주년학술대
　　회』, 전라남도, 1991.

崔元植, 식민지시대의 소설과 동학,『현상과 인식』5 - 1, 한국인문사회과학원, 1981.

崔潤晤, 18・19세기 계급구성의 변동과 농민의식의 성장,『1894년 농민전쟁연구 1』, 역사
　　비평사, 1991.

崔允榛, 高敞 鄕校 東西齋 儒生案에 대한 검토,『宋俊浩敎授停年記念論叢』, 1987.

崔一凡, 權克中의 禪丹互修에 관한 연구,『東洋哲學研究』9, 1988.

崔鍾眠, 東學農民戰爭의 農業史的 考察,『전북대농대논문집』17, 1986.

崔昌圭, 동학농민의 봉기와 갑오개혁,『농민문화』72, 1975.

崔泰鎬, 갑오동학란의 역사적의의(상 · 하),『경제학논집』1, 2 - 1, 중앙대학교 경제학연구
　　회, 1958 · 1959.

최현식,『갑오동학혁명사』, 금강출판사, 1980.

최현식, 동학혁명의 향토사적 연구,『한국학논집』10, 한양대학교, 1986.

崔玄植, 동학농민군의 나주성싸움과「錦城正義錄」의 문헌적 고찰,『전라문화연구』2, 전
　　라문화연구회, 1988.

崔玄植, 古阜와 甲午東學革命,『전라문화논총』7, 전북대학교 전라문화연구소, 1994.

최형, 갑오농민전쟁의 정치적 영향에 관한 고찰, 연세대학교 교육대학원 석사학위논문,
　　1989.

표영삼, 전라 삼례 교조신원운동,『新人間』498, 신인간사, 1991.

표영삼, 교조신원운동과 척왜양창의,『新人間』516, 신인간사, 1993.

표영삼, 동학사상과 접포조직,『동학혁명 100주년 기념사업회 국제학술대회』, 1994.

표영삼, 接包組織과 南 · 北接의 實像,『한국학논집』25, 한양대학교, 1994.

河泰奎, 壬亂에 있어 熊峙戰의 位相에 대하여 : 湖南防禦와 관련하여,『전라문화논총』4,
　　전북대학교 전라문화연구소, 1990.

한국역사연구회,『1894년 농민전쟁연구(1) : 농민전쟁의 사회경제적 배경』, 역사비평사,
　　1991.

한국역사연구회,『1894년 농민전쟁연구(2) : 18 · 19세기의 농민항쟁』, 역사비평사, 1992.

한국역사연구회,『1894년 농민전쟁연구(3) : 농민전쟁의 정치 · 사상적 배경』, 역사비평사,
　　1993.

한국역사연구회,『1894년 농민전쟁 연구(4) : 농민전쟁의 전개과정』, 역사비평사, 1995.

한국정신문화연구원 편,『한국근대사에 있어서 동학과 동학농민운동』, 1995.

한국정신문화연구원　편,　『한국독립운동사자료집 - 李錫庸편 - 』,　한국정신문화연구원,
　　1995.

한국정치외교사학회,『갑오동학농민혁명의 쟁점』, 집문당, 1994.

韓基斗, 19세기 민족종교운동연구 - 東學 · 天道敎 · 圓佛敎를 중심으로 - ,『국사관논총』
　　49, 국사편찬위원회, 1993.

한문종, 전북지방의 서원 祠宇의 復設運動,『전라문화논총』5, 전북대학교 전라문화연구
　　소, 1992.

韓永愚, 태종 · 세종조의 對私田시책 - 사전의 하삼도이급문제를 중심으로,『한국사연구』
　　3, 한국사학회, 1969.

韓永愚, 訥齋 梁誠之의 사회 · 정치사상,『역사교육』17, 1975.

韓庸熙, 동학혁명과 전봉준,『숙대학보』21, 숙명여자대학교, 1981.

한우근, 동학군의 폐정개혁안 검토,『역사학보』23, 1964.

한우근, 동학란 기인에 관한 연구(상·하) : 특히 일본의 경제적 침투와 관련하여, 『아세아연구』 7 - 3~4, 1964.

한우근, 동학란의 기인에 관한 연구, 『아세아연구』 15, 1964.

한우근, 全琫準 - 동학혁명의 기수, 『한국의 인간상(2)』, 신구문화사, 1965.

한우근, 동학군에 대한 일인의 방조설 검토, 『동방학지』 8, 연세대학교, 1967.

한우근, 동학농민의 봉기, 『한국현대사(1)』, 신구문화사, 1969.

韓㳓劤, 『동학란기인에 관한 연구』, 서울대학교 한국문화연구소, 1971.

한우근, 동학농민의 봉기, 『농민문화』 31~36, 1972.

韓㳓劤, 동학농민군의 제1차봉기, 『한국사 17 - 동학농민봉기와 갑오개혁 - 』, 국사편찬위원회, 1973.

韓㳓劤, 동학농민군의 제2차봉기, 『한국사 17 - 동학농민봉기와 갑오개혁 - 』, 국사편찬위원회, 1973.

韓㳓劤, 동학농민봉기의 계기, 『한국사 17 - 동학농민봉기와 갑오개혁 - 』, 국사편찬위원회, 1973.

韓㳓劤, 동학의 성격과 동학교도의 운동, 『한국사 17 - 동학농민봉기와 갑오개혁 - 』, 국사편찬위원회, 1973.

韓㳓劤, 역사적 의의, 『한국사 17 - 동학농민봉기와 갑오개혁 - 』, 국사편찬위원회, 1973.

한우근, 『동학농민봉기』(교양국사총서 19), 세종대왕기념사업회, 1976.

韓㳓劤, 동학농민군의 봉기와 전투 - 강원, 황해도의 경우 - , 『한국사론』 4, 서울대학교 국사학과, 1978.

한우근, 『동학과 농민봉기』, 일조각, 1983.

한우근, 동학과 동학란, 『한국학입문』, 학술원, 1983.

한우근, 동학 창도의 시대적 배경, 『斗溪李丙燾博士九旬기념 한국사학논총』, 1987.

한우근, 東學寺·東學書院의 '東學'釋義 試考, 『민족문화』 16, 민족문화추진회, 1993.

韓潤根, 東學革命의 性格, 경북대학교 석사학위논문, 1984.

함원태, 전봉준 공초에 대한 소고, 『한양』 47, 1966.

咸翰姬, 土産物 상업화과정과 농민들의 역사적 경험 - 전북 봉동읍의 生薑재배 농민의 경우, 『李基白先生古稀紀念 韓國史學論叢(下)』, 일조각, 1994.

許黃道, 동학농민운동이 청일전쟁에 미친 영향, 영남대학교 석사학위논문, 1984.

邢文泰, 1904, 05년대 동학운동에 대한 일고구 - 일진회·진보회를 중심하여 - , 『사학론지』 4·5합집, 한양대사학과, 1977.

홍성덕, 전북 실학의 전개, 『전라문화논총』 5, 전북대학교 전라문화연구소, 1992.

洪性讚, 1894년 執綱所期 設包下의 향촌사정 - 扶餘 大方面 일대를 중심으로 - , 『동방학지』 39, 연세대학교 국학연구원, 1983.

洪淳權, 을미의병운동을 재평가한다, 『역사비평』 29, 역사문제연구소, 1995.

洪又, 『동학문명』, 일조각, 1980.

洪以燮, 關衛編纂集者 李基慶의 傳記자료,『최현배선생환갑기념논문집』, 사상계사, 1954
洪以燮, 소위 關衛編의 형성에 대하여,『인문과학』 4, 연세대학교 인문과학연구소, 1959.
洪晶植,『동학백년사』(서문문고 173), 서문당, 1975.
黃善嬉, 동학사상과 갑오농민전쟁,『국사관논총』 38, 국사편찬위원회, 1992.
黃善嬉,『한국근대사상과 민족운동(1) - 동학·천도교편』, 혜안, 1996.
黃玹 저, 이민수 역,『동학란 - 東匪紀略草藁 - 』, 을유문화사, 1985.

5) 대한제국시대

姜吉遠, 海山 全垂鏞의 抗日鬪爭,『역사학보』 101, 역사학회, 1984.
姜吉遠, 1898~1899 興德·高敞의 農民蜂起,『전라문화논총』 7, 전북대학교 전라문화연구
　　소, 1994.
姜吉遠, 무술~기해(1898~1899) 고부 등 제읍의 농민봉기,『한국사연구』 85, 한국사연구
　　회, 1994.
姜吉仲, 韓末 湖南義兵의 一研究, 경희대학교 석사학위논문, 1984.
宮嶋博史, 朝鮮甲午改革以後の商業的農業 - 三南地方を中心に - ,『史林』 57 - 6, 京都大,
　　1974/『한국근대경제사연구』, 사계절, 1983.
朴錦姬, 大韓帝國期 群山港의 貿易構造에 관한 研究, 이화여자대학교 석사학위논문,
　　1992.
朴相冕, 韓末 湖南義兵의 一考察 : 雙山義鎭을 중심으로, 원광대학교 교육대학원 석사학
　　위논문, 1994.
박찬승, 한말 호남학회 연구,『국사관논총』 53, 국사편찬위원회, 1994.
申東一, 崔益鉉의 衛正斥邪論과 義兵運動, 인하대학교 교육대학원 석사학위논문, 1987.
李康五, 舊韓末 義兵의 全北地域 活動과 東學과의 관계,『鄕土史研究』 8, 한국향토사연
　　구전국협의회, 1996.
李炳天, 구한말 호남철도부설운동(1904~08)에 대하여,『경제사학』 5, 경제사학회, 1981.
李世賢, 韓末 湖南義兵 抗爭의 一斷面 : 全北地方을 中心으로,『군산교대논문집』 11,
　　1978.
이영호, 대한제국시기 영학당 운동의 성격,『한국민족운동사연구』 5, 한국민족운동사연구
　　회, 1991.
李鉉淙, 호남학회에 대하여,『진단학보』 33, 1972.
전북향토문화연구회,『전북의병사(상)』, 1990.
鄭景鉉, 한말유생의 지적 변신 - 海鶴 李沂(1848~1909)의 경우,『육사논문집』 23, 육군사
　　관학교, 1982.
崔根茂, 乙巳·庚戌間(1905~1910) 義兵戰爭에 관한 一研究 : 全北地方을 中心으로,『전
　　주교대논문집』 16, 1980.

崔根茂, 의병대장 金東臣에 관한 연구 - 1906.1〜1908.5 간의 의병활동을 중심으로 - ,『전
　　주교대논문집』18, 1982.

崔根茂, 義兵大將 金東臣의 思想에 관한 硏究 : 獄中抗爭을 中心으로,『전주교대논문집』
　　19, 1983.

崔根茂, 의병대장 李錫庸에 관한 연구 - 1907〜1908 양년간의 의병전쟁을 중심으로 - ,『전
　　주교대논문집』21, 1985.

崔根茂, 李錫庸의 思想에 關한 硏究,『전주교대논문집』22, 1986.

崔洛弼, 군산항개항과 지역사회경제의 구조적관계에 대한 연구 - 전북 농촌의 사회경제구
　　조의 변화를 중심으로 - ,『전라문화연구』3, 전북향토문화연구소, 1988.

洪淳權, 을사조약 이후 호남지역 의병운동의 발전과 의병장들의 성격,『韓國學報』57, 일
　　지사, 1989.

洪淳權, 한말 의병운동의 투쟁양상 - 1906〜1909년 호남지역의 의병운동을 중심으로 - ,
　　『尹炳奭화갑기념 한국근대사논총』, 1990.

洪淳權, 한말 호남지역 경제구조의 특질과 일본인의 토지침탈 : 호남 義兵運動의 경제적
　　배경,『한국문화』11, 서울대학교 한국문화연구소, 1990.

洪淳權, 奎章閣 소장의 한말의병운동 관계자료에 대한 조사보고,『규장각』14, 서울대학
　　교 도서관, 1991.

洪淳權, 韓末 湖南地域 義兵運動 硏究, 서울대학교 박사학위논문, 1991.

洪淳權, 韓末 湖南地域 義兵鬪爭의 활약상 - 奇參衍의 장성 蜂起와 '湖南倡義會盟所'를
　　중심으로,『전남문화재』3, 1991.

洪淳權, 한말 호남지역 의병운동의 參加層과 사회적 기반,『역사연구』창간호, 구로역사
　　연구소, 1992.

洪淳權, 1909년 가을의 이른바 '남한대토벌작전'에 대하여,『고고역사학지』9, 동아대학교,
　　1993.

洪淳權,『韓末 湖南地域 義兵運動史硏究』(한국문화연구총서 30), 서울대학교 출판부,
　　1994.

洪淳昶, 순창12의사에 관한 소고,『영남사학』10·11합집, 영남대사학회, 1981.

洪淳昶, 한말의병운동의 성격 - 1905년 이후의 의병운동을 중심으로 - ,『아세아학보』17,
　　아세아학술연구회, 1983.

洪英基, 舊韓末 金東臣 義兵에 대한 一考察,『한국학보』56, 일지사, 1989.

洪英基, 구한말 '湖南倡義所'에 대한 몇 가지 문제,『한국민족운동사연구』5, 한국민족운
　　동사연구회, 1991.

洪英基, 구한말 호남의병에 관한 한국측 자료의 검토,『水邨朴永錫화갑논총 한민족독립운
　　동사논총』, 1992.

洪英基, 大韓帝國時代 湖南義兵 硏究, 서강대학교 박사학위논문, 1993.

洪英基, 구한말 호남의병의 倡義성격,『호남문화연구』22, 전남대학교 호남문화연구소,

1994.

6) 일제시대

姜吉遠, 日帝下 韓國 農村의 實態 : 所謂 農村振興運動期의 全羅北道 地方을 中心으로, 『전라문화논총』 1, 전북대학교 전라문화연구소, 1986.

姜吉遠, 일본 농지회사의 소작계약 관행 - 소위 농촌진흥운동기의 전라북도 지방을 중심으로, 『宋俊浩敎授停年記念論叢』, 1987.

姜吉遠, 樊樹 又松농장의 「土地及小作料原簿」(1941~1945)를 통해서 본 일제하 한국농촌 실태, 『동방학지』 77 · 78 · 79합집, 1993.

姜憲圭, 白南雲의 朝鮮社會經濟史에 나타난 語源說의 考察, 『어문연구』 24, 어문연구회, 1993.

광복회 전라북도지부, 『전북지역 독립운동사』, 1994.

金慶南, 1920 · 30년대 면방대기업의 발전과 노동조건의 변화 - 4대 면방 대기업을 중심으로 - , 『부산사학』 25 · 26합집, 부산사학회, 1994.

金南洙, 全北地方의 3 · 1運動에 對한 研究, 고려대학교 교육대학원 석사학위논문, 1989.

金良奎, 群山개항과 항일운동사, 『군산문화』 8, 군산문화원, 1994.

金容燮, 한말일제하의 지주제 - 사례4 : 고부김씨가의 지주경영과 자본전환, 『한국사연구』 19, 1978.

김행문, 일제하 호남지방 기독교단체의 사회운동 연구, 전남대학교 석사학위논문, 1983.

稻葉繼雄, 金性洙 - 韓國における民族系私學の指導者 - , 『仁村 金性洙의 애족사상과 그 실천』, 동아일보사, 1982.

朴容淳, 全北地方의 3 · 1運動, 공주사범대학교 교육대학원 석사학위논문, 1986.

方基中, 白南雲연구(1), 『역사비평』 5, 역사문제연구소, 1989.

方基中, 백남운의 역사이론과 한국사 인식, 『역사비평』 9, 역사문제연구소, 1990.

方基中, 『한국근현대사상사연구 - 1930 · 40년대 백남운의 학문과 정치 경제사상』, 역사비평사, 1992.

方基中, 日帝下 白南雲의 韓國資本主義發達史論, 『동방학지』 77 · 78 · 79합집, 연세대학교, 1993.

方基中, 白南雲의 學問과 思想, 『연세경제연구』 1, 1994.

徐承甲, 일제하 수리조합구역내 增收糧의 분배와 농민운동 - 臨益 · 益沃수리조합을 중심으로 - , 『사학연구』 41, 1990.

蘇淳烈, 植民地期 全北에서의 水稻品種의 變遷, 『전북대농대논문집』 23, 1992.

蘇淳烈, 植民地期 全北에서의 水稻品種의 試驗研究와 그 普及 : 植民地 農業技術의 主體性 解明을 위하여, 『전라문화논총』 5, 전북대학교 전라문화연구소, 1992.

蘇淳烈, 植民地時代 全北의 農業構造, 『農村社會研究』 3, 전북대학교 농촌사회연구소,

1992.

孫禎睦, 군산 및 城津의 開港 - 淸日戰爭以後 都市의 變化, 『都市問題』 123, 1976.

申圭秀, 韓末民族運動의 一硏究 : 돈헌 林炳瓚을 중심으로, 『원불교사상』 10·11합집, 원광대학교, 1987.

申賢淑, 石顚 朴漢永의 불교 유신운동에 관한 일고찰, 동국대학교 석사학위논문, 1984.

廉仁鎬, 서평 : 한국근현대 사상사연구 - 1930·40년대 白南雲의 학문과 정치경제사상(방기중 저), 『역사교육』 53, 1993.

沃溝문화원, 『沃溝지방항일운동사』, 옥구문화원, 1993.

李康五, 梧下 李奎弘의 抗日鬪爭에 관한 고찰, 『군사』 6, 국방부 군사편찬위원회, 1983.

이경란, 日帝下 水理組合과 農場地主制 : 沃溝·益山지역의 事例, 연세대학교 석사학위논문, 1991.

李均永, 新幹會 群山支會의 성립과 구성원, 『西巖趙恒來교수화갑기념 한국사학논총』, 1992.

이문창, 상해 육삼정의거의 재조명 : 아리요시 일본공사 암살미수사건, 『殉國』 30, 순국선열유족회, 1993.

이병희, 미완의 조선봉건사회론 : 『朝鮮封建社會經濟史(上)』(백남운), 『역사와 현실』 12, 한국역사연구회, 1994.

李榮薰 외, 『근대조선수리조합연구』, 일조각, 1992.

李憲柱, 群山開港과 錦江地域 市場構造의 植民地的 再編, 고려대학교 석사학위논문, 1992.

이형진, 日帝 강점기 米豆·證券市場정책과 '朝鮮取引所', 연세대학교 석사학위논문, 1992.

이형진, 일제하 투기와 수탈의 현장 - 米豆·證券시장, 『역사비평』 18, 역사문제연구소, 1992.

丁善杓, 일제하 소작쟁의의 고찰 - 1920년대 호남지방을 중심으로 - , 대구대학교 석사학위논문, 1986.

鄭永太, 1920년대 全羅北道 農業의 성격과 農民運動, 인하대학교 석사학위논문, 1988.

趙璣濬, 한국민족자본의 성립에 관한 연구 - 개항부터 한일합방까지 - , 『아세아연구』 6 - 1, 고려대아세아문제연구소, 1963.

趙璣濬, 『한국경제의 근대화와 민족자본』, 1965.

趙璣濬, 3·1운동 전후의 민족기업의 일유형 - 경성방직주식회사를 중심으로 - , 『삼일운동 50주년기념논집』, 동아일보사, 1969.

趙璣濬, 『한국기업가사』, 박영사, 1973.

趙璣濬, 『한국자본주의성립사론』, 고려대학교 아세아문제연구소, 1973/대왕사, 1977.

趙璣濬, 『한국의 민족기업』(춘추문고 12), 한국일보사, 1975.

趙璣濬, 한국 민족기업건설의 사상적 배경 - 仁村김성수의 민족기업활동, 『인촌김성수의 애족사상과 그 실천』, 동아일보사, 1982.

趙東杰, 年譜를 통해 본 鄭寅普와 白南雲, 『한국독립운동사연구』 5, 독립기념관 한국독립
　운동사연구소, 1991.

趙燦錫, 1920년대 전라북도지방의 청년운동, 『인천교대논문집(인문 · 사회편)』 22, 1988.

趙燦錫, 1920년대 호남지방의 소년운동, 『인천교대논문집』 24, 1990.

崔根茂, 日帝下의 抗日學生運動 : 1940年代 全北地方의 抗日學生運動을 中心으로, 『전
　주교대논문집』 13, 1977.

崔根茂, 全北地方의 日帝下 抗日學生民族運動에 關한 硏究, 건국대학교 석사학위논문,
　1978.

崔根茂, 被侵下의 抗日運動 : 全北地方의 抗日學生運動을 中心으로, 『전주교대논문집』
　14, 전주교육대학, 1978.

崔根茂, 日帝下 全北地方의 抗日學生民族運動에 관한 硏究, 『전주교대논문집』 15, 전주
　교육대학, 1979.

崔根茂, 日帝下 抗日民族運動에 관한 一硏究, 『전주교대논문집』 17, 1981.

崔洛弼, 군산항 개항과 지역사회경제의 구조적 관계에 대한 연구 - 전북 농촌의 사회경제
　구조의 변화를 중심으로, 『전라문화연구』 3, 전북향토문화연구회, 1988.

崔洛弼, 日帝의 土地收奪과 全北經濟의 停滯에 關한 硏究 : 群山港의 開港을 中心으로,
　전남대학교 박사학위논문, 1990.

崔永禧, 일정하의 민족교육 - 仁村 김성수의 민족교육을 중심으로, 『인촌 김성수의 애족사
　상과 그 실천』, 동아일보사, 1982.

崔埈, 일정하의 민족언론 - 동아일보와 仁村, 『인촌 김성수의 애족사상과 그 실천』, 동아일
　보사, 1982.

韓昇助, 한국독립운동과 신흥민족종교, 『한민족독립운동사』 9, 국사편찬위원회, 1991.

許粹烈, 3 · 1운동 이후의 민족기업, 『한민족독립운동사』 9, 국사편찬위원회, 1991.

7) 현대

姜周鎭, 仁村의 독립사상과 노선, 『인촌 김성수의 애족사상과 그 실천』, 동아일보사, 1982.

도진순, 白南雲의 지적 성숙과정과 연합성 민주주의, 『한국사시민강좌』 17, 일조각, 1995.

동아일보사, 『인촌 김성수의 애족사상과 그 실천』, 동아일보사, 1982.

동아일보사, 『評傳 仁村 김성수』, 동아일보사, 1991.

동아일보사편집부, 『인촌 김성수의 사상과 일화』, 동아일보사, 1985.

方基中, 白南雲의 정치사상 연구 - 해방정국기 국가건설론을 중심으로, 『동방학지』 70, 연
　세대학교 국학연구원, 1991.

方基中, 해방정국과 백남운의 '신국가' 건설활동(상 · 하), 『역사비평』 12~13, 역사문제연
　구소, 1991.

沈之淵, 신민당 백남운의 통일전선론,『역사비평』2, 역사문제연구소, 1988.
沈之淵, 白南雲의 역사인식과 정치노선 분석,『한국과 국제정치』5, 경남대학교 극동문제
    연구소, 1989.
沈之淵, 白南雲의 역사인식과 정치노선 분석,『경남대법정』8, 1990.
呂運模, 1945年 南原地方의 左·右翼 갈등에 관한 研究, 정신문화연구원 한국학대학원
    석사학위논문, 1989.
인촌기념회,『仁村 김성수전』, 1976.
정윤재, 해방 직후 한국정치사상의 분석적 이해 - 안재홍·백남운 정치사상의 비교분석,
   『한국정치학회보』26 - 1, 한국정치학회, 1992.
중앙문화사편집부 편,『김성수』, 중앙문화사, 1984.
최시중,『인촌 김성수』, 동아일보사, 1986.

(4) 향토사

古阜鄕校誌編纂委員會 편,『古阜鄕校誌』, 1990.
고창군,『모양성의 얼』, 1982.
고창군 성내면,『향토지』, 1991.
군산문화원,『향토교본』, 1990/증보판, 1991.
군산문화원,『군산시 고유지명에 관한 연구』, 1996.
군산시 편,『錦江의 물메아리 : 군산시 전통 가꾸기』, 1983.
群山市史編纂委員會,『群山市史』, 1975.
群山市史編纂委員會,『群山市史』, 1991.
김광일, 묵향의 古都 完山 全州,『朝鮮』69, 1985.
김광호,『우리 고장 전주』, 전주문화원, 1994.
金淇森, 自衛와 抗爭의 歷史 : 湖南學 定立을 위한 試圖,『朝大學報』10, 조선대학교,
    1976.
金大坤, 鎭安 : 新韓國誌(95),『新東亞』219, 동아일보사, 1982.
金炳珠, 扶安地方 지명의 生成類型,『전라문화연구』5, 전북향토문화연구회, 1991.
김병학 편,『내 고장의 옛이름 - 김제군 마을유래』(향토문화자료 7), 김제문화원, 1991.
金三龍, 益山地域의 古代 水路調査記,『문화재』9, 문화재관리국, 1975.
金三龍, 古代 益山地域 水路考,『원광대논문집』9, 1976.
金良奎,『오성산의 정기』, 반도출판사, 1987.
金良奎 역, 조선 終戰의 記錄 - 전라북도의 전주와 군산을 중심으로,『전라문화연구』7, 전
    북향토문화연구회, 1994.
金良奎, 群山·沃溝 地方의 鄕土史研究 動向,『전라문화연구』2, 전북향토문화연구회,

1988.

김영송, 지리산 성모사에 취하여,『민족문화논총』4, 영남대학교 민족문화연구소, 1981.

金日基, 곰소灣 어촌 취락의 盛衰에 관한 연구 - 沙浦·後浦·茁浦를 중심으로,『전라문
　　화논총』1, 전북대학교 전라문화연구소, 1986.

김제군,『김제의 전통』, 1982.

김제군 교육청 편,『김제의 얼 : 향토교육자료』, 1986.

金堤郡史編纂委員會,『金堤郡史』, 전라북도 김제군, 1978.

김제문화원 엮음,『내 고장의 옛이름 : 김제시편』, 1990.

김제문화원 엮음,『祖上의 숨결 : 김제시편』, 1990.

김제문화원,『금만의 발자취』, 1992.

김제시사편찬위원회,『김제시사』, 1995.

金泰起, 익산지방의 鄕校考察 - 익산향교를 중심으로,『益山文化』창간호, 益山古蹟宣揚
　　會, 1990.

金泰起, 익산지방의 서원 고찰,『益山文化』4, 益山古蹟宣揚會, 1994.

金學成, 全北 益山傳說의 一考察,『향토문화연구』1, 원광대학교 향토문화연구소, 1978.

金炫榮, 17세기 후반 남원향안의 작성과 罷置,『한국사론 21』, 국사편찬위원회, 1991.

金鎬逸, 조선후기 향교 조사보고 - 전라남·북도편,『한국사학』5, 한국정신문화연구원,
　　1983.

金煥在, 泰仁 古縣 鄕約의 ‘禮俗相交’에 대하여,『전라문화연구』2, 전북향토문화연구회,
　　1988.

羅鍾宇, 全北 鄕土史硏究의 現況과 問題點,『鄕土文化硏究』5, 원광대학교 향토문화연구
　　소, 1989.

남원군,『고도 남원의 얼 - 내 고장 전통 가꾸기』, 1982.

남원문화원,『내고장 전설』, 1983.

남원문화원,『南原의 三代古典』, 1986.

남원문화원,『황산대첩과 유적』, 1991.

南原誌編纂委員會,『南原誌』, 전라북도 남원시, 1992.

남원향교지편찬위원회,『남원향교지』, 1995.

모양지편찬위원회,『牟陽誌』, 1961.

茂朱郡,『赤城誌』, 1958.

茂朱郡,『덕유산의 정기』, 무주군, 1983.

茂朱郡,『鄕土文化財誌』, 1994.

茂朱郡誌編纂委員會,『茂朱郡誌』, 茂朱郡, 1990.

朴榮周,『내고장 문화유산』1·2집, 이리문화원, 1986.

朴鍾鴻, 사상사적으로 본 호남,『호남문화연구』2, 전남대학교 호남문화연구소, 1964.

朴天植, 全北의 圈域槪念과 人物史資料의 理解,『전라문화논총』3, 전북대학교 전라문화

연구소, 1989.

朴天植 外 4인, 전북지역 문화의 성립기반과 그 脈絡에 대한 연구,『전라문화논총』3, 전북대학교 전라문화연구소, 1989.

朴天植・최기성・최병운, 전환기에 있어서 전북지역의 문화사회운동,『전라문화논총』5, 전북대학교 전라문화연구소, 1992.

박항식, 湖南秘訣考察,『원광대논문집』11, 1977.

邊山文化協會 편,『扶安鄕土文化誌』, 1980.

부안군,『변산의 얼』, 1982.

扶安郡繁榮會 편,『扶安大觀』, 부안군청, 1966.

뿌리깊은나무편집부 편,『전라북도 : 한국의 발견』, 1983.

선병철, 歷史의 古都 : 全州市(下),『都市問題』209, 1984.

宋祥百, 익산 금마 王宮坪城에 대한 연구,『益山文化』창간호, 益山古蹟宣揚會, 1990.

송영상,『독립유공 전북 269인』, 전주문화원, 1991.

宋榮相 編,『熊峙大捷 戰跡地 資料誌』, 전주문화원, 1992.

송준호, 1750年代 益山地方의 兩班,『조선사회사연구』, 일조각, 1987.

송준호, 남원에 들어오는 昌平의 월구실(維谷) 柳氏 – 양반세계에서 혼인이 의미하였던 것,『조선사회사연구』, 일조각, 1987.

송준호, 南原地方을 例로 하여 본 朝鮮時代 鄕村社會의 構造와 性格,『조선사회사연구』, 일조각, 1987.

송준호, 全羅道 茂長의 咸陽吳氏와 羅州의 羅州羅氏,『조선사회사연구』, 일조각, 1987.

송준호・전경목, 남원 도호부 屯德坊의 역사에 관한 현존자료,『전라문화연구』5, 전북향토문화연구회, 1991.

宋哲榮,『裡里 내고장 人物集』, 一文社, 1958.

송화섭, 익산 미륵산・미륵사지의 윷판형 바위그림에 대하여,『향토문화』9・10합집, 대구향토문화연구회, 1995.

송화섭, 성황당대신 사적 현판에 나타난 순창의 성황제,『순창 성황대신 사적기 연구』, 한국종교사연구회, 1996.

순창군,『순창군지』, 1982.

순창군,『玉川의 얼』, 1983.

신석신,『全羅北道誌』, 향토문화연구회, 1960.

양만수, 三印臺의 由來,『玉川文化』2, 옥천향토문화연구소, 1995.

楊萬鼎 外,『부안의 얼 : 지명과 설화』(향토교육자료 2), 부안군교육청, 1985.

楊萬鼎, 순창지방의 양반가문에 대한 고찰,『宋俊浩敎授停年記念論叢』, 1987.

楊萬鼎, 순창지방에 世居한 歸化族 慶州설씨의 先系에 대한 小考,『향토문화연구』5, 원광대학교 향토문화연구소, 1989.

楊萬鼎, 淳昌 龜尾의 歷史에 대한 考察,『鄕土史硏究』2, 한국향토사연구전국협의회,

1990.

楊萬鼎, 扶安邑 甕井마을의 歷史,『전라문화연구』5, 전북향토문화연구회, 1991.

楊萬鼎, 淳昌城隍大神 事蹟懸板의 發見과 그 考察,『玉川文化』1, 옥천향토문화연구소, 1993.

楊萬鼎, 淳昌을 本貫으로 삼고 있는 姓氏考,『三川文化』1, 옥천향토문화연구소, 1993.

楊萬鼎,『정년퇴임기념 玄谷楊萬鼎鄕土史論文集』, 1994.

楊萬鼎, 玉山祠와 그 奉享人物(文愍公 濯纓 金馹孫 등의 事蹟),『玉川文化』2, 옥천향토문화연구소, 1995.

楊萬鼎, 玉川誌(경진판) 刊行의 顚末,『玉川文化』2, 옥천향토문화연구소, 1995.

양세운 편,『湖南發展史』, 世宗出版社, 1959.

梁在連, 群山·沃溝 地方의 抗日運動, 한국교원대학교 석사학위논문, 1994.

양정욱, 高麗朝 巨星 薛公儉의 功德,『玉川文化』1, 옥천향토문화연구소, 1993.

양정욱, 玉川이 낳은 才星, 邕夢辰의 文行,『玉川文化』1, 옥천향토문화연구소, 1993.

양정욱, 玉川司馬 永嗣會(司馬계) 實記,『玉川文化』2, 옥천향토문화연구소, 1995.

오병도, 익산지역의 산성,『益山文化』2, 益山古蹟宣揚會, 1992.

오병무, 익산군의 향교에 관하여,『益山文化』4, 益山古蹟宣揚會, 1994.

오학수, 익산지방의 전래지명에 대한 조사,『益山文化』창간호, 益山古蹟宣揚會, 1990.

옥구군,『五聖의 횃불 - 내고장 전통가꾸기 - 』, 옥구군, 1982.

옥구군지편찬위원회,『옥구군지』, 옥구군, 1962.

옥구군지편찬위원회,『沃溝郡誌』, 1990.

옥구문화원,『옥구지방 항일운동사』, 1993.

沃溝鄕校誌刊行編纂委員會,『沃溝鄕校誌』, 1994.

완주군,『전통의 고장 완주』, 1982.

完州郡 편,『完州郡史』, 1987.

月刊鄕土 편, 全羅北道 各市郡 沿革,『鄕土』1 - 2, 1971.

유윤종, 익산 지방의 연혁,『益山文化』2, 益山古蹟宣揚會, 1992.

유윤종, 익산의 전통사찰,『益山文化』4, 益山古蹟宣揚會, 1994.

柳在泳, 향토사 연구(Ⅱ) : 전라북도편,『한국학논집』10, 한양대학교, 1986.

李康五, 金馬 普德城의 位置에 대한 고찰 - 太平散人 姜侯晉의 '遊金馬城記' 발견을 계기로,『考古美術』138·139합집, 한국미술사학회, 1978.

李康五 외,『淳昌地方의 傳統文化開發을 爲한 硏究』(전북지방문화재조사보고서), 전북대학교 박물관 학술조사단, 1982.

李康五, 泰仁 古縣鄕約에 대한 연구(1),『전라문화논총』1, 전북대학교 전라문화연구소, 1986.

李康五,『우리의 문화적 전통과 향토문화재』, 전라북도교육위원회 교육연수원, 1987.

이강오, 淳昌 高靈申氏家 所藏 十老稧帖, 薛氏夫人作 花鳥圖와 勸善文帖,『전라문화연

구』5, 전북향토문화연구회, 1991.

李康五, 泰仁 古縣鄕約에 대한 소고,『향토사연구』4, 한국향토사연구전국협의회, 1992.

李起華, 高敞邑城의 戰績 調査報告,『전북문화』1, 1994.

李東熙, ‘先生案’과 全羅監司 및 茂長·興德縣監 名單,『전라문화논총』3, 전북대학교 전
  라문화연구소, 1989.

李丙燾, 지리역사상으로 본 호남,『호남문화연구』2, 전남대학교 호남문화연구소, 1964.

이리문화원,『내 고장 이리유산』, 1985.

이리문화원,『우리 고장 솜리』, 1990.

裡里文化院 鄕土史硏究所 편,『내 고장 裡里의 뿌리』, 1990.

이리시,『이리시사』, 1980.

이리시교육청,『우리 고장(이리 익산)의 얼』, 1984.

裡里市史編纂委員會 편,『裡里市史』, 1989.

이상비, 쌀물방죽과 그 주변설화,『군산문화』7, 군산문화원, 1993.

이세현 외 4인,『五聖의 횃불 - 내고장 전통 가꾸기』, 옥구군, 1982.

李乙浩, 호남문화의 개관 - 하나의 시론으로서 - ,『호남문화연구』2, 전남대학교 호남문화
  연구소, 1964.

이재형, 계사익산민란 산고,『益山文化』2, 益山古蹟宣揚會, 1992.

李眞榮, 全北地域의 獨立功勞者,『전라문화논총』3, 전북대학교 전라문화연구소, 1989.

李熙煥, 정유재란에 있어서의 南原城戰鬪에 대한 一考察, 전북대학교 석사학위논문,
  1982.

李熙煥, 丁酉再亂時의 南原城戰鬪에 대하여,『전북사학』7, 전북대학교 사학회, 1983.

익산군,『익산고적(유인물)』, 1953.

익산군,『미륵산의 정기』, 1982.

益山郡誌編纂委員會,『益山郡誌』, 익산군, 1981.

임선광·강병문·김만수, 淳昌 三防의 고찰,『玉川文化』2, 옥천향토문화연구소, 1995.

任實郡史編纂委員會 편,『任實郡史』, 전라북도 임실군, 1977.

임실군청 편,『내 고장 傳統文化』, 1982.

林地煥, 全北地域 邑誌에 관한 硏究 - 氏族形勢에 대한 分析을 중심으로,『전라문화논총』
  3, 전북대학교 전라문화연구소, 1989.

임피향교지편찬위원회,『임피향교지』, 1994.

張奉善 편,『井邑郡誌』, 履露齋, 1989.

長水郡,『三節의 고장』, 장수군, 1982.

장응철, 금마면의 자연지명考 : 조어법을 중심으로,『益山文化』창간호, 益山古蹟宣揚會,
  1990.

전북대학교신문사 편,『전라기행』(전북대학교 신문 향토발굴시리즈), 1993.

전북대학교 전라문화연구소 편,『全羅文化의 脈과 全北人物』, 1990.

전라북도,『전북농촌발전사』, 1962.

전라북도,『全北의 뿌리』, 1984.

전라북도,『孝烈行記念施設物誌』, 1984.

전라북도 편,『全羅北道誌』1～3, 1989～1991.

전라북도 공보실 편,『내 고장의 발전상』, 1963.

전라북도사편찬위원회 편,『全羅北道誌』상·하, 大興出版社, 1969～1970.

전북일보사,『裡里市 益山郡의 약진상』, 1958.

전북 체신청 편,『通信文化 遺跡 全北의 烽燧臺』, 1992.

전북향교재단,『全北鄕校院宇大觀』, 1994.

전북향토문화연구회 편,『全北義兵史』上·下, 1990·1992

전북향토문화연구회 편,『扶安郡誌』, 扶安郡, 1991.

전북향토문화연구회,『고현향약』, 1992.

전북향토문화연구회,『김제인의 유적』, 전라북도 김제군, 1994.

전북향토문화연구회,『정읍군 유상대 유적 - 종성리 한말 의병 발상지 유적 연구보고서』,
    1994.

전북향토사단,『전라북도 향토수호사』, 1995.

전영래·송영상,『향토자료지』, 전주문화원, 1987.

전주문화원,『향토 전주사』, 1984.

전주문화원,『역사의 고향 전주의 향기』, 1992.

전주문화원,『웅치대첩 전적지 자료지』, 1992.

전주시,『우리고장 전주』, 1982.

全州市史編纂委員會,『全州市史』, 三和印刷株式會社, 1964.

全州市史編纂委員會,『全州市史』, 1974.

全州市史編纂委員會,『全州市史』, 1986.

정읍군문화공보실,『정읍군사』, 1985.

정읍문화원 편,『新編 井州 井邑 人物誌』, 1990.

정읍문화원 편,『井州·井邑 文化藝術史』, 1991.

정읍문화원,『정읍문화예술사』, 1991.

정읍문화원,『井邑市洞誌』, 1993.

정읍문화원,『第六將軍里鄕約』, 1993.

정읍문화원,『정읍항일운동사』, 1994.

정읍문화원,『井邑三郡古邑誌』(影印本), 1995.

정주시,『태인지』, 1965.

鄭鎭亨,『碧骨堤史』, 세종출판사, 1971.

鄭鎭亨,『벽골문예지(상)』, 경인출판사, 1986.

趙成敎 편,『南原誌』(증보판), 남원향교, 1972.

趙成敎, 임실지방에 성행한 향약과 동약,『전라문화연구』1, 전북향토문화연구회, 1979.

조재섭, 조선후기 익산지방의 예인들,『益山文化』2, 益山古蹟宣揚會, 1992.

진안군,『鎭安誌』, 1978.

진안군,『진안군사』, 1992.

진안향교,『진안향교지』, 1989.

蔡南錫, 익산지역 향토문화 연구의 발자취,『益山文化』창간호, 益山古蹟宣揚會, 1990.

崔京周, 全北地方의 鄕校 考察, 원광대학교 교육대학원 석사학위논문, 1988.

崔根茂, 山城研究 – 全州 完州地區를 中心으로,『전주교대논문집』12, 1976.

崔洛哲,『茂朱郡史』, 語文閣, 1968.

崔炳云, 고려 · 조선시대의 飛入(越境)地 – 조선시대 전주부의 비입지를 중심으로,『전라문화연구』1, 전북향토문제연구소, 1979.

崔炳云, 全北의 沿革,『전라문화논총』3, 전북대학교 전라문화연구소, 1989.

최병운 · 오병무 · 박기정 · 임채용,『용성지』, 남원문화원, 1995.

최현식,『정읍군지』, 무등교육출판사, 1957.

충청남도 문화체육과 편,『錦江誌』上 · 下, 충청남도, 1993.

河泰奎, 壬亂期에 있어서 全北人의 倡義活動 – '湖南節義錄'의 분석을 중심으로,『전라문화논총』3, 전북대학교 전라문화연구소, 1989.

한국향토사연구전국협의회,『향토사연구 소편람』, 한국향토사연구전국협의회, 1990.

향토문화연구회,『내 고장 완주군』, 1958.

鄕土社 編, 湖南 本貫의 姓氏,『鄕土』6, 1972.

洪淳鐸, 호남문화의 구조적 특질,『지역개발연구』6, 전남대지역개발연구소, 1971.

洪潤植, 토론 : 益山文化圈의 諸問題,『마한 · 백제문화』2, 원광대학교 마한백제문화연구소, 1977.

1) 고문서

金容燮,「古阜郡聲浦面量案」의 분석 – 1791년 古阜民의 농지소유,『동방학지』76, 연세대학교 국학연구원, 1992.

문화재관리국,『한국典籍종합조사목록4(전라북도)』, 1990.

朴炡, 全羅道 洞契文書에 나타난 東床禮 研究,『고문서연구』6, 한국고문서학회, 1994.

송준호 · 전경목,『조선시대 남원 屯德坊의 全州李氏와 그들의 文書(1)』, 전북대학교 박물관, 1990.

楊普景, 全羅道邑誌에 대한 小考,『전국지리지총서(전라도읍지)』, 아세아문화사, 1983.

柳基石, 호남지역 典籍문화에 관한 연구, 청주대학교 석사학위논문, 1990.

李海濬, 湖南地方의 古文書 整理 · 所藏現況과 그 性格,『민족문화논총』13, 영남대학교 민족문화연구소, 1992.

임란사료편찬위원회,『호남지방 임진왜란 사료집』1∼4, 전라남도, 1990∼1992.

全炅穆, 19세기 말에 작성된 南原 屯德坊의 戶籍中草와 그 성격,『고문서연구』3, 한국고
    문서학회, 1992.

全炅穆, 三溪講舍에 소장되어 있는 洞契案과 古文書를 통해서 본 조선후기 南原府 屯德
    坊의 몇 가지 모습들,『전주사학』2, 전주대학교, 1993.

전북대학교 박물관,『全羅道 茂長의 咸陽吳氏와 그들의 문서』1 · 2, 1986 · 1988.

전북향토문화연구회,『전북지방의 古文書』1∼3, 1993∼1995.

전북향토문화연구회,『南原源洞鄕約』, 1994.

趙東元,『한국금석문대계(권1 전남북편)』, 원광대출판부, 1979.

趙湲來, 선조실록소재 난중 전라도관계 자료초(1),『전남문화재』1, 전라남도, 1989.

한국학문헌연구소,『한국사지총서 8 : 금산사지』, 1982.

(5) 기행

고은 外, 지리산의 정신사와 저항사,『한길사 한국역사기행(1)』, 한길사, 1986.

김경미 · 고은 外, 백제는 살아 숨쉰다,『한길사 한국역사기행(1)』, 한길사, 1986.

김백일, 동학농민군의 피로 물든 지리산,『역사비평』19, 역사비평사, 1992.

金義煥, 東學軍戰績地踏查記(1∼14),『新人間』317∼330, 신인간사, 1974∼1975.

金重圭, 新東學紀行,『대전일보』1989.10.25∼1990.7.3.

동학혁명기념사업회,『동학농민혁명 전적지 답사안내서 : 황토재에서 우금재까지』, 이리 :
    도서출판 동남풍, 1994.

文淳太,『동학기행』, 어문각, 1986.

문화재관리국,『문화유적기행 2 : 부여 · 공주 · 익산편』, 1987.

박맹수, 사료로 읽는 동학농민혁명(1∼18),『문화저널』50∼67, 1992∼1993.

박태순, 동학의 지평선 - 정읍 고부 들판에서,『마당』, 한길사, 1982.

박태순, 호남평야 동학농민혁명군의 함성,『한길사 한국역사기행(1)』, 한길사, 1986.

宋基淑, 역사기행 : 동학농민전쟁의 발자취,『한국사회연구』1, 한길사, 1983.

신정일,『그 산들을 가다 - 동학의 산 - 』, 산악문화, 1995.

엄묘섭, 역사기행 : 동학농민전쟁의 진원지를 찾아서,『역사비평』창간호, 역사비평사,
    1988.

엄묘섭, 역사기행 : 평민의병장 신돌석의 전적지를 찾아서,『역사비평』2, 역사비평사,
    1988.

엄묘섭, 역사기행 : 황토현에서 우금치까지,『역사비평』6, 역사비평사, 1989.

역사문제연구소 · 동학농민전쟁백주년기념사업추진위원회,『동학농민전쟁 역사기행 - 동학
    농민전쟁의 발자취를 찾아서』, 여강출판사, 1993.

張德順, 15세기의 智異山 등반기행 - 金馹孫과 그의 頭流紀行文,『隨筆文學』58, 1977.
장효문, 동학혁명 현장르포,『藝鄕』44~58, 광주일보사, 1988~1989.
전북대학교신문사 편,『전라기행』(전북대학교 신문 향토발굴시리즈), 1993.
崔錫愛, 전북지역 답사기,『綠友會報』22·23합집, 이화여자대학교, 1981.

（6）전기

姜信沆, 申景濬 - 국학정신의 온상,『한국의 인간상 4』, 신구문화사, 1965.
姜信沆, 旅庵 申景濬 - 지리학·문자(음운)학자,『李乙浩정년기념 실학논총』, 전남대학교
    호남문화연구소, 1975.
康連植, 全州城의 守城將 李廷鸞,『전북인물지(하권)』, 전북애향운동본부, 1984.
姜周鎭, 경세가로서의 磻溪,『한국학』22, 중앙대학교 한국학연구소, 1980.
고려대학교 민족문화연구소 편,『고려대학의 사람들 3 - 김성수』, 1986.
곽병찬, 하늘이 거둬간 하늘의 소리 만정 김소희,『한겨레21』57, 1995.
권오기,『인촌 김성수』, 동아일보사, 1986.
김규식,『김성수』, 계성출판사, 1984.
金光重, 조선왕조실록을 수호한 선비 孫弘祿,『전북인물지(하권)』, 전북애향운동본부,
    1984.
金光重, 朝鮮王朝實錄 수호한 烈士 勿齋 安義,『나라와 더불어 겨레와 더불어』(전북신서
    5), 전북애향운동본부, 1987.
金根洙, 磻溪의 인물과 학문,『한국학』22, 중앙대학교 한국학연구소, 1980.
金南圭, 호국의병의 선봉장 梁大樸,『전북인물지(하권)』, 전북애향운동본부, 1984.
金鳳文·湖南人物志編纂委員會,『湖南人物志』, 梨花文化社, 1991.
金相五, 河西 金麟厚의 생애와 문묘종향 경위,『전북사학』5, 전북대학교 사학회, 1981.
金相廈,『秀堂 金秊洙』, 삼양사, 1985.
김승곤, 건재 정인승 스승님의 인품과 학문,『한글새소식』168, 한글학회, 1986.
김승곤, 건재 정인승 선생의 생애와 학문,『새국어생활』6-3, 1996.
金龍德, 全琫準 - 민족의 파랑새 - ,『인물한국사 5』, 박우사, 1965.
金龍德·金義煥·崔東熙,『녹두장군 전봉준』, 동학출판사, 1973.
金載烈, 厖村 黃喜,『호국』106, 1982.
金鍾寬, 石顚 朴漢永선생 行略,『전라문화연구』3, 전북향토문화연구회, 1988.
金種心, 壬辰倭亂과 忠景公 이정란,『新東亞』181, 동아일보사, 1979.
金俊榮, 名宰相의 대명사가 된 黃喜정승,『전북인물지 6』(전북신서 10), 전북애향운동본
    부, 1991.
金準玉, 忠直·仁厚한 節人 晩庵 李尙眞,『전북인물지 7』(전북신서 11), 전북애향운동본

부, 1992.

김진배,『街人 金炳魯』, 가인기념회, 1983.

金珍培, 韓國司法의 化神 街人 金炳魯,『전북인물지(상권)』, 전북애향운동본부, 1983.

김진배, 해방민족의 분열을 외롭게 지킨 김병로의 지조,『2000년』30, 1985.

김학준,『街人 金炳魯 평전』, 민음사, 1988.

稻葉繼雄, 金性洙 - 韓國における民族系私學の指導者 -,『仁村 金性洙의 애족사상과 그 실천』, 동아일보사, 1982.

동아일보사,『인촌 김성수의 애족사상과 그 실천』, 동아일보사, 1982.

동아일보사,『評傳 仁村 김성수』, 동아일보사, 1991.

동아일보사편집부 편,『인촌 김성수의 사상과 일화』, 동아일보사, 1985.

모윤숙,『논개』, 광명출판사, 1974.

文璇奎, 임진왜란의 명장 武愍公 黃進,『전북인물지(상권)』, 전북애향운동본부, 1983.

朴焌圭, 河西 金麟厚와 그의 시문학,『금호문화』1985 - 11 · 12.

박황, 감찰 송만갑 국창,『예술세계』17, 1992.

方基中, 白南雲연구(1),『역사비평』5, 역사문제연구소, 1989.

白南赫, 항일구국 투쟁의 선봉 義士 白貞基,『전북인물지(상권)』, 전북애향운동본부, 1983.

白南赫, 절의의 표상, 3世5忠의 春秋大義 吳應鼎,『전북인물지(하권)』, 전북애향운동본부, 1984.

成季玉 편저,『晉州 義巖別祭誌 : 論介追慕歌舞祭』, 진주민속예술보존회, 1986.

宋建鎬, 農民편에 선 安貧의 經世家 磻溪 柳馨遠,『敎育春秋』1 - 6, 1977.

宋俊浩, 勿欺齋 姜膺煥의 생애와 업적 - 조선조후기의 한 지방관의 발자취 -,『전라문화연구』1, 전북향토문화연구회, 1979.

宋河璇, 한말에 순절한 우국지사 일유제 張泰秀,『전북인물지(중권)』, 전북애향운동본부, 1983.

수당기념사업회 편,『수당 김연수』, 1971.

순국선열유족회, 백정기 의사,『殉國』42, 1994.

安保問題硏究院, 국어국문 수호에 앞장선 건재 정인승 선생 - 국가보훈처 · 독립기념관 · 광복회 공동 선정,『통일로』98, 1996.

吳炳武, 河西 金麟厚의 生涯과 學問,『全南開發』23, 1990.

吳在植,『민족대표 33인전』, 동방문화사, 1959.

柳承宙, 진주성의 義妓 論介고,『최영희화갑기념 한국사학논총』, 1987.

柳在泳, 孤高한 선비 欽齊 崔秉心,『전북인물지 6』(전북신서 10), 전북애향운동본부, 1991.

柳鍾國, 文武兼全의 忠節 忠剛公 金齊閔,『전북인물지 6』(전북신서 10), 전북애향운동본부, 1991.

柳浩錫, 止浦 金坵論,『전라문화연구』7, 전북향토문화연구회, 1993.

李家源, 磻溪선생년보,『인문과학』32, 연세대학교 인문과학연구소, 1974.

李家源 편,『실학총서 2 - 柳馨遠』, 탐구당, 1979.

李康五, 木山 李基敬論,『비사벌』2, 전북대학교, 1975.

李康五, 海鶴 李沂의 救國思想,『비사벌』6, 전북대학교, 1979.

李康五, 항일구국의 근세 실학자 海鶴 李沂,『전북인물지(상권)』, 전북애향운동본부, 1983.

李康五, 舊韓末의 큰 선비 石亭 李定稷,『나라와 더불어 겨레와 더불어』(전북신서 5), 전
　　북애향운동본부, 1987.

李京雨, 金坵論,『인문과학논문집』4, 서원대학교 인문과학연구소, 1995.

李啓弘, 가난한 고독은 예술의 스승 - 나전칠기 공예의 匠人 金素熙옹,『예술계』11, 한국
　　예술문화단체총연합회, 1986.

이동희, 청백리의 사표, 황희,『정훈』78, 1980.

李奉燮, 湖南義兵의 지도자 海山 全垂鏞,『전북인물지(중권)』, 전북애향운동본부, 1983.

李英俠, 海鶴 李沂考,『학술지(사회과학편)』14, 건국대학교 학술연구원, 1972.

이영환,『李英男將軍 傳記』, 진천문화원, 1984.

이이화, 전봉준 : 압제를 박찬 녹두장군,『한국 근대인물의 해명』, 역사비평사, 1985.

이이화,『발굴 동학농민전쟁 인물열전』, 한겨레신문사, 1994.

李載襸, 磻溪 柳馨遠,『李乙浩정년기념 실학논총』, 전남대학교 호남문화연구소, 1975.

李重訓, 경상도 지방을 중심으로 발달한 동편제 판소리와 宋門一家인 국창 宋萬甲,『韓國
　　音盤學』4, 1994.

이훈구, 유형원,『조선명인전』, 조광사, 1947.

익산문화원,『익산인물지』, 1991.

인촌기념회,『仁村 김성수전』, 1976.

林秉燦, 임진왜란의 水軍 忠將 效岳 李英男,『전북인물지(중권)』, 전북애향운동본부,
　　1983.

자유평론사 편, 충렬공 송상현의 살신구국 정신,『새물결』42, 1979.

장을병, 녹두장군 전봉준 - 민중과 함께 한 민족주의,『인물로 본 한국민족주의』, 범우사,
　　1988.

全羅北道初代議會回顧錄編纂委員會,『全羅北道 初代議員會回顧錄』, 1958.

전북대학교 전라문화연구소 편, 香山 李東煥의 生涯와 遺著,『전라문화논총』1, 전북대학
　　교 전라문화연구소, 1986.

전북매일신문사,『명문의 고향 : 전북인물 오백년사』, 1970.

전북애향운동본부 편,『전북인물지』상·중·하, 1983～1984.

전주문화원,『향토문화 인물사』, 1985.

정손모, 나의 아버지 건재 정인승,『새국어생활』6 - 3, 1996.

정읍문화원,『정읍인물지』, 1990.

정종구, 久庵 韓百謙,『李乙浩정년기념실학논총』, 전남대학교 호남문화연구소, 1975.

趙璣濬, 유형원론,『사조』1 - 2, 1958.

趙璣濬, 柳馨遠 - 實事求是의 함성,『인물한국사 4』, 박우사, 1965.

趙東杰, 年譜를 통해 본 鄭寅普와 白南雲,『한국독립운동사연구』5, 독립기념관 한국독립운동사연구소, 1991.

趙炳喜, 임진왜란의 순절공신 泉谷 宋象賢,『전북인물지(상권)』, 전북애향운동본부, 1983.

趙炳喜, 護國의 英將 安衛,『전북인물지(하권)』, 전북애향운동본부, 1984.

趙炳喜, 壬亂 의병장의 師表로 우러르는 趙慶男선생,『전북인물지 6』(전북신서 10), 전북애향운동본부, 1991.

趙成敎, 불굴의 호남 의병장 靜齋 李錫庸,『전북인물지(상권)』, 전북애향운동본부, 1983.

趙成敎, 3 · 1 운동 민족대표 朴準承,『전북인물지(중권)』, 전북애향운동본부, 1983.

조오현, 나의 스승 건재 정인승 박사님,『새국어생활』6 - 3, 1996.

朱明俊, 長水鄕校를 지킨 丁敬孫,『나라와 더불어 겨레와 더불어』(전북신서 5), 전북애향운동본부, 1987.

중앙문화사편집부 편,『김성수』, 중앙문화사, 1984.

蔡印幻, 新羅 眞表律師 연구(1~3),『불교학보』23~25, 동국대학교 불교문화연구원, 1986 · 1987 · 1988.

千寬宇, 柳馨遠 - 새학풍의 선구자,『한국의 인간상 4』, 신구문화사, 1965.

千寬宇, 반계 유형원,『한국사의 재발견』, 일조각, 1975.

崔公燁, 3 · 1운동 민족대표 48인 중의 한 분 林圭,『전북인물지(하권)』, 전북애향운동본부, 1984.

崔根茂, 義兵大將 金東臣에 關한 研究,『전주교대논문집』18, 1982.

崔根茂, 구한말 抗日義兵將 돈헌 林炳瓚,『전북인물지(중권)』, 전북애향운동본부, 1983.

崔根茂, 의병대장 李錫庸에 관한 연구 - 1907~1908 양년간의 의병전쟁을 중심으로 - ,『전주교대논문집』21, 1985.

崔根茂, 李錫庸의 思想에 관한 연구,『전주교대논문집』22, 1986.

崔炳云, 香山 李東煥의 生涯와 遺著,『전라문화연구』6, 전북향토문화연구회, 1992.

崔勝範, 朝鮮朝 實學의 鼻祖 磻溪 柳馨遠,『나라와 더불어 겨레와 더불어』(전북신서 5), 전북애향운동본부, 1987.

최시중,『인촌 김성수』, 동아일보사, 1986.

崔辰聖, 영원한 호국의 여인상 朱論介,『전북인물지(상권)』, 전북애향운동본부, 1983.

崔玄植, 동학혁명의 지도자 녹두장군 전봉즌,『전북인물지(상권)』, 전북애향운동본부, 1983.

崔玄植, 日帝에 맞서 殉節한 곧은 선비 春雨亭 金永相,『나라와 더불어 겨레와 더불어』(전북신서 5), 전북애향운동본부, 1987.

洪石影, 조선초 名臣이자 文章家 陽谷 蘇世讓,『전북인물지(중권)』, 전북애향운동본부, 1983.

洪石影, 절의 청백으로 일관한 公人 송영구,『전북인물지(하권)』, 전북애향운동본부, 1984.

洪以燮, 關衛編纂集者 李基慶의 傳記자료,『최현배선생환갑기념논문집』, 사상계사, 1954

(7) 지리

건설부 국립지리원,『한국지지 : 지방편(4) 광주·전북·전남·제주』, 1986.
高基萬, 雲峰盆地의 지형분류, 한국교원대학교 석사학위논문, 1994.
高文煥, 嶺底聚落의 變貌에 관한 연구 : 南原郡 東面 引月里를 중심으로, 동국대학교 교육대학원 석사학위논문, 1993.
權赫在, 호남평야의 沖積地形에 관한 지리학적 연구,『지리학』12, 대한지리학회, 1972.
郭貴勳, 全北 一圓에 있어서의 地形과 氣候와의 關係(上)·(下),『연구월보』2 - 6, 전북교육연구소, 1964.
郭貴勳, 全北 一圓에 있어서의 地形과 氣候와의 관계 : 벚꽃 만기일 조사를 중심으로,『硏究月報』2 - 7·8·9합집, 전북교육연구소, 1965.
吉基玄, 서해안의 간척지 형성과정과 토지이용 구조에 대한 연구, 경희대학교 박사학위논문, 1987.
金基本, 겨울철 우리나라 서해안에서 발생하는 폭설에 관한 연구, 경북대학교 교육대학원 석사학위논문, 1993.
金大坤·金鍾文, 자연부락의 생활공간 연구 : 金堤郡 月村面 長華里 後長마을을 사례로,『地理學報告』2, 전북대학교, 1983.
金宣愛, 金堤地域의 地形的 環境과 土地利用에 관한 연구, 성신여자대학교 교육대학원 석사학위논문, 1990.
金善勳, 도시 주변의 인구이동에 관한 고찰 : 전주 주변의 外元堂·元新里·龍新里를 중심으로,『地理學報告』2, 전북대학교, 1983.
金善勳, 김 가공업의 立地와 景觀에 관한 연구 : 부안군을 사례로, 서울대학교 석사학위논문, 1993.
金英謙, 裡里地域의 地形的 環境과 土地利用, 성신여자대학교 석사학위논문, 1990.
김영주, 조선시대 邑聚落의 발달요인에 관한 歷史地理的 고찰 : 전주·남원·정읍을 중심으로,『地理學報告』2, 전북대학교, 1983.
金日基, 곰소 어촌에 관한 지리학적 연구,『교육논총』5, 전북대학교 교육대학원, 1985.
金在具, 全州市의 人口變化에 관한 地理學的 硏究, 고려대학교 교육대학원 석사학위논문, 1982.
金在云, 위도 漁村에 對한 地理學的 硏究, 전북대학교 교육대학원 석사학위논문, 1988.
金點順, 鎭安邑의 중심성 연구,『地理學報告』창간호, 전북대학교, 1982.
金春洙, 전북의 교통망 분석과 접근도,『地理學報告』창간호, 전북대학교, 1982.
金赫堤, 萬頃江 北岸의 充積地形과 聚落發達 : 정당한 보상을 중심으로, 고려대학교 교육대학원 석사학위논문, 1992.

나도승, 錦江水運과 河港聚落에 關한 地理學的研究, 건국대학교 석사학위논문, 1979.

나도승, 錦江水運의 變遷에 관한 地理學的 研究,『공주교대논문집』16, 1980.

나도승, 開港 前後期 錦江水運 탄토港 群山과 그 背後地 形成에 關한 研究,『공주교대논문집』20, 1984.

나도승, 금강유역 개발을 위한 수문문화권에 관한 연구,『공주교대논문집』27, 1991.

羅仁孝, 지명의 지리적 의미와 그 유형적 분류에 관한 고찰 : 扶安郡의 경우,『地理學報告』3, 전북대학교, 1984.

南宮燁, 개척촌의 문화지리학적 연구 : 全北 沃溝郡 米面 山北里 干潟地 개척촌을 중심으로,『石泉李燦박사화갑기념논문집 지리학의 과제와 접근방법』, 동간행위원회, 1983.

南宮燁, 동진강 하구 간척촌에 관한 연구 : 전북 김제군 廣活面을 중심으로,『地理學論叢』10, 서울대학교, 1983.

南宮燁, 두 간척지 공간구조의 비교연구 : 米面 간척지와 광활면 간척지를 대상으로,『교육논총』4, 전북대학교 교육대학원, 1984.

南宮燁, 界火干拓地의 空間構造에 관한 研究,『전라문화논총』1, 전북대학교 전라문화연구소, 1986.

南宮燁, 界火干拓地區 榮農生産空間에 관한 研究,『전라문화논총』2, 전북대학교 전라문화연구소, 1988.

南宮燁, 河川流域一帶 干潟地上의 干拓聚落類型에 관한 연구 : 萬頃江 東津江流域을 事例 地域으로, 서울대학교 박사학위논문, 1990.

南宮燁, 萬頃江流域 開墾과 聚落形態에 관한 研究,『문화역사지리』5, 대한문화역사지리연구회, 1993.

남상미·유희성·이영민·이현숙, 서해안 및 내륙고원(충남·전북)의 지리적 특색,『地理學과 地理敎育』13, 서울대학교, 1983.

南相駿, 전북 김제지방의 북한난민 개척촌에 관한 연구,『地理學과 地理敎育』13, 서울대학교, 1983.

남혜령·허진란·황금숙, 충남·전북의 서해안과 내륙의 자연과 인문,『地理學과 地理敎育』14, 서울대학교, 1984.

東和技術團 편,『裡里 都市計劃地區設定 報告書』, 東和技術團, 1967.

목포해양전문대학 학생회 편, 湖南은 어디인가,『海星文化』16, 1985.

閔德植, 丁酉再亂時 川上久國이 그린 南原城圖에 대하여,『宋甲鎬정년기념논문집』, 1993.

朴魯植, 智異山地開發,『再建』, 재건국민운동본부, 1963.

朴宣玟, 群山 工業地域의 形成過程과 構造에 관한 研究, 성신여자대학교 교육대학원 석사학위논문, 1992.

朴永祚, 群山市 文化景觀 形成過程에 關한 研究 : 住宅地區의 家屋構造를 中心으로, 전

북대학교 교육대학원 석사학위논문, 1986.

朴英漢, 농촌 써어비스 中心地의 空間構造에 關한 研究 – 金堤郡을 事例로,『地理學』11, 대한지리학회, 1975.

朴鍾紋, 實相寺 토지의 壞悖과정과 그 주변촌락의 연구,『공주사대논문집』20, 1982.

朴鍾紋, 사찰경지의 변천과정에 따른 寺下村의 변모 : 實相寺를 중심으로,『지리학연구』8, 한국지리교육학회, 1983.

徐辰容, 井州市의 세력권 연구,『地理學報告』3, 전북대학교, 1984.

宋恩淑, 전북지방 산성의 입지유형 분류에 관한 고찰,『地理學報告』3, 전북대학교, 1984.

宋貞姬, 全州市의 發達,『社會生活科緣友會報』3, 이화여자대학교 사범대학, 1961.

申一秀, 蘆嶺山脈을 中心으로 한 全南北地方의 氣候要素分布와 變化特性 및 氣象要素間의 相關点, 조선대학교 교육대학원 석사학위논문, 1986.

安在鶴, 階層分析法의 地理學的 應用 : 日本 福島縣 郡山市 住民의 移住性向分析을 事例로,『문화역사지리』3, 대한문화역사지리연구회, 1991.

梁鍾均, 金堤地區 斗月川 流域 重砂鑛에 關한 研究 – 重砂 및 砂金의 分布 狀態를 中心으로, 고려대학교 석사학위논문, 1982.

吳善熙, 錦江과 萬頃江의 河川 礫과 모래의 比較研究, 한국교원대학교 석사학위논문, 1993.

원종오·유승상, 전주에 대한 空間知覺構造 연구 : 전북대학교 학생을 중심으로,『地理學報告』4, 전북대학교, 1985.

柳南姬·李愚錫, 山間部와 平野部의 취락연구 : 鎭安郡 程川面과 金堤郡 竹山面을 중심으로,『地理學報告』3, 전북대학교, 1983.

柳濟憲, 호남평야에 있어서 지역구조의 식민지적 변용과정,『地理學』42, 대한지리학회, 1990.

柳輝相, 全羅道 廢縣의 沿革과 位置에 對한 地理學的 研究, 전북대학교 교육대학원 석사학위논문, 1986.

尹京淑, 鎭安高原 天主敎 敎友村에 관한 文化地理學的 연구, 고려대학교 석사학위논문, 1991.

尹美賢, 전북지방의 호우의 시공적 해석, 전북대학교 교육대학원 석사학위논문, 1994.

尹成柱, 全州地方의 城廓에 對한 歷史地理學的 研究 : 山城과 邑城을 中心으로, 경희대학교 석사학위논문, 1985.

尹汝香, 전라도와 경상도에 분포하는 백악기 화성암류의 암석화학적 비교연구, 서울대학교 석사학위논문, 1990.

尹仁赫, 錦江流域의 河系綱 및 傾斜 分析, 경북대학교 석사학위논문, 1980.

李官洪, 선유도의 礫質海濱에 對한 研究, 경희대학교 석사학위논문, 1989.

李丙燾, 지리역사상으로 본 호남,『호남문화연구』2, 전남대학교 호남문화연구소, 1964.

이분형, 南原地域의 교룡산 누완사면 研究, 성신여자대학교 석사학위논문, 1980.

李相坤, 嶺·湖南 小都邑의 實態와 類型化, 경북대학교 교육대학원 석사학위논문, 1992.

李錫宰, 전주시 도시화 과정,『地理學報告』창간호, 전북대학교, 1982.

李始貞, 우리나라 韓紙工業의 역사지리적 고찰 : 전주지방을 중심으로,『君子社會』4, 수도여자사범대학교, 1977.

李貞玉, 湖南地方의 人口現象에 관한 地理學的 研究, 동국대학교 석사학위논문, 1985.

李鍾文, 智異山 地域 開發에 關한 調査研究,『진주교대논문집』5, 1970.

李標鎔, 泰仁과 新泰仁의 空間構造 比較研究, 전북대학교 교육대학원 석사학위논문, 1990.

이한영, 雲峰盆地 周邊의 山麓斜面 地形 研究, 동국대학교 석사학위논문, 1981.

李赫鎭, 野山開發에 의한 農業構造의 變化分析 : 高敞郡 大山面을 중심으로, 경희대학교 석사학위논문, 1992.

李鎬載, 智異山 斜面河川의 Pothole에 關한 研究, 동국대학교 석사학위논문, 1985.

李洪永, LANDSAT 映像資料에 의한 干潟地 地形研究 - 全羅北道 海岸을 中心으로, 고려대학교 석사학위논문, 1981.

李厚錫, 韓國의 山寺觀光聚落에 관한 연구 : 法住寺·修德寺·內藏寺를 事例로, 동국대학교 박사학위논문, 1992.

林秉泰, 全州市의 都市 地理學的 研究, 고려대학교 교육대학원 석사학위논문, 1982.

張明煥, 界火干拓地 住宅構造의 變化에 관한 연구 : 全北 扶安郡 界火面을 중심으로, 전북대학교 교육대학원 석사학위논문, 1992.

張龍國, 山間農村의 地域構造 分析 : 長水郡을 中心으로, 경희대학교 교육대학원 석사학위논문, 1989.

張長源, 井州市 空間構造 變化에 關한 研究, 전북대학교 교육대학원 석사학위논문, 1987.

張載勳, 南原地域의 山麓緩斜面 研究,『地理學』7, 대한지리학회, 1972.

張昊, 섬진강 上流(白雲~馬靈)의 段丘狀 地形의 研究,『전북대논문집(자연과학편)』22, 1980.

張昊, 茂朱郡 安城盆地의 지형발달,『전북대사대논문집』7, 1981.

張昊, 全州市街 埋沒堆積層의 퇴적환경과 퇴적시기,『전북대사대논문집』7, 1981.

張昊, 智異山地 主稜線 東部(細石~帝釋峰)의 主氷河 地形,『地理學』27, 대한지리학회, 1983.

田美英, 群山工業團地의 工業構造와 地域連繫에 관한 연구,『지리교육논집』26, 1991.

田美英, 群山工業團地의 工業構造와 地域連繫에 관한 연구, 서울대학교 교육대학원 석사학위논문, 1992.

전주문화원,『전라산천』, 전주문화원, 1991.

全賢淑, 야산개발에 관한 지리학적 고찰 : 전북 고창군을 사례로,『君子社會』6, 세종대학교, 1979.

鄭求福, 韓百謙의 동국지리지에 대한 일고 - 역사지리학파의 성립을 중심으로,『전북사학』

2, 1978.

鄭求福, 韓百謙의 사학과 그 영향,『진단학보』63, 1987.

丁奎閏, 장계 장수분지의 지형환경, 한국교원대학교 석사학위논문, 1994.

鄭永善, 南原郡 山內盆地의 地形發達에 關한 硏究, 전북대학교 교육대학원 석사학위논문, 1993.

鄭利永, 智異山 國立公園의 觀光에 對한 地理學的 硏究, 경희대학교 석사학위논문, 1982.

정종구, 久庵 韓百謙,『李乙浩정년기념실학논총』, 전남대학교 호남문화연구소, 1975.

丁致榮, 産地開墾과 山村 : 智異山 地域 中黃里 山村의 事例硏究, 고려대학교 석사학위논문, 1991.

丁致榮 外, 智異山地의 耕地開墾과 聚落發達(Ⅰ) : 南原郡 山內面 中黃里를 事例로,『문화역사지리』3, 대한문화역사지리연구회, 1991.

趙東奎, 智異山 地域 開發에 따른 제문제,『智異山 地域開發에 관한 보고서』, 1963.

曹華龍, 만경강 연안 충적평야의 지형발달,『교육연구지』28, 경북대학교 사범대학, 1986.

陳美美・姜秉樹, 서부경남 및 전북 내륙의 자연・인문 현상,『曉原地理』2, 부산대학교 사범대학, 1984.

崔茂雄, 전북 진안군의 冷泉藥水 및 風穴 조사,『洞窟』9 - 10, 한국동굴학회, 1984.

최성길, 우리나라 서해안 Shoer Platform 지형 연구, 서울대학교 석사학위논문, 1982.

崔雲植, 도시 재개발에 대한 사회지리학적 접근 : 전주시를 사례로,『石泉李燦박사화갑기념논문집 지리학의 과제와 접근방법』, 동간행위원회, 1983.

崔辰星, 전라북도 천주교 전파에 대하여 : 1784~1963년,『地理學報告』4, 전북대학교, 1985.

崔辰星, 全羅道 天主敎 聚落의 特性에 關한 硏究, 전북대학교 교육대학원 석사학위논문, 1991.

崔昌祚, 全羅北道 特殊 聚落의 類型과 特性,『전라문화논총』1, 전북대학교 전라문화연구소, 1986.

崔亨心, 井邑郡의 定期市場에 관한 지리학적 연구,『地理學報告』2, 전북대학교, 1983.

河惠淑, 智異山地域의 理想鄕에 대한 硏究, 경상대학교 교육대학원 석사학위논문, 1994.

洪在模, 진안・마령・부귀・성수・소양면 일대의 백악제 층서 및 퇴적, 경북대학교 석사학위논문, 1982.

11. 순수과학

(1) 화학

金玉培, 옥천계 저질탄층중에 부존하는 우라늄광상의 성인과 지구화학 탐사에 관한 연구, 서울대학교 박사학위논문, 1981.

金源澤·柳寅坪, 碧梧桐油의 性狀에 관하여 : 전북 이리산, 『대한화학회지』 5, 대한화학회, 1961.

孫致武, 井邑地區原子力鑛物의 根源岩의 探索, 『原子力研究論文集』 261, 1959.

吳仁敎, 大田市圈內의 河川 및 錦江의 水質汚染에 關한 研究, 숭전대학교 석사학위논문, 1985.

유일수, 전북지역 생태계의 중금속 함량에 관한 조사연구, 원광대학교 박사학위논문, 1994.

尹錫台, 龍化—雲川地域의 金銀鑛化作用, 서울대학교 박사학위논문, 1991.

이미혜, 황해 세립 퇴적물의 지구화학적 특성, 서울대학교 석사학위논문, 1988.

정인봉·조경응, 『山內鑛山 Nickel鑛 選鑛試驗 報告書』(選鑛製鍊研究試驗報告 1), 1958.

鄭振和, 全北地域 鑛泉水의 Inorganic - ion에 關한 研究, 원광대학교 석사학위논문, 1992.

黃在順·趙仁鎬, 水質分析, 『전북대논문집(자연과학편)』 6, 1964.

(2) 지구과학

姜承遠, 南原地域에 分布하는 深成火成岩類에 對한 岩石學 및 岩石地球化學的 研究, 조선대학교 석사학위논문, 1991.

金玉影, 所陽片麻岩과 全州片狀花岡岩 및 淳昌葉理狀花岡岩의 微量成分에 關한 研究, 전북대학교 석사학위논문, 1987.

金龍德, 全北地方의 降水氣候 特性에 對한 研究, 전북대학교 교육대학원 석사학위논문, 1993.

金蓉嬉, 鎭安盆地 세일에서 産出되는 粘土鑛物에 대한 鑛物學的 研究, 전북대학교 석사학위논문, 1992.

남기상·조규성·송영미, 지리산 서부일대에 분포하는 편마암류의 미량성분, 『한국지구과학회지』 12 - 2, 한국지구과학회, 1991.

남기상·조규성, 임실~순창 일대에 분포하는 염리상화강암에 대한 지구화학적 연구, 『한국지구과학회지』 17 - 1, 한국지구과학회, 1996.

남기상·조규성·김영철, 전주 일대에 분포하는 편상화강암에 대한 암석지화학적 연구,

『과학교육논총』 20, 전북대학교 과학교육연구소, 1996.

朴政官, 南原郡 山內面 一帶에 分布하는 片麻岩의 微量成分에 關한 研究, 전북대학교 교육대학원 석사학위논문, 1989.

裵錫悌, 錦江河口의 潮汐現象에 關한 研究, 조선대학교 석사학위논문, 1982.

서만석, 錦江河口域의 浮遊物質 年變動에 관한 研究, 조선대학교 석사학위논문, 1987.

서만석, 금강하구 연안해역에 분포하는 표층퇴적물의 지화학적 및 광물학적 연구, 조선대학교 박사학위논문, 1995.

徐榮校, 全州 片麻岩과 凰山 花崗岩의 微量成分에 關한 研究, 전북대학교 교육대학원 석사학위논문, 1985.

徐正杏, 南原 一帶에 分布하는 花崗岩과 變成岩의 微量元素에 관한 研究, 전북대학교 교육대학원 석사학위논문, 1989.

宋永美, 智異山 西部 一帶의 片麻岩類에 對한 微量分析, 전북대학교 교육대학원 석사학위논문, 1991.

송형경, 국립공원 내장산의 자연경관 분석, 세종대학교 석사학위논문, 1991.

兪炳喆, 錦江河口에 나타나는 黃色 水色帶의 特性에 관한 研究, 조선대학교 석사학위논문, 1993.

劉銀淑, 茂朱地域에 分布하는 斑狀花崗岩의 岩石化學的 研究 : 鑛化作用과 關聯하여, 전남대학교 교육대학원 석사학위논문, 1995.

柳在鉉, 邊山半島 一帶의 地質構造와 층서학적인 研究, 전북대학교 석사학위논문, 1984.

이광호, 全北地方의 最大 DAD에 관하여, 『전북대사대논문집』 2, 1976.

이광호, 全北地方의 最大 DAD에 관하여(2), 『기초과학』 2-1, 전북대학교, 1979.

이광호, Penman식에 의한 전북지방의 증발산량 측정, 『전북대논문집(자연과학편)』 22, 1980.

이광호, 남한 4대강 유역에 대한 최대 가능 강수량의 특성에 관하여, 『기초과학』 14-2, 전북대학교, 1991.

이광호 외 1인, 전북지방의 강수기후 특성에 대한 연구, 『교육논총』 4, 전북대학교, 1994.

이동준, 임실·장수일대에 분포하는 화강암질 편마암과 화감암의 미량성분에 관한 연구, 전북대학교 교육대학원 석사학위논문, 1989.

李化淑, 금강유역 사금 및 중광물의 특성에 관한 연구, 이화여자대학교 교육대학원 석사학위논문, 1990.

장보안, 전주시 우아동 석소리 일대의 지열에 대한 지구물리학적 조사연구, 서울대학교 석사학위논문, 1984.

全景殷, 서해 해안의 바람 특성에 관한 연구, 세종대학교 석사학위논문, 1982.

田成源, 대야지역의 변성암에 관한 연구, 전북대학교 석사학위논문, 1981.

鄭仁英, 鎭安層郡 및 高敞·扶安 一帶의 火山岩類에 對한 古地磁氣學的 研究, 전북대학교 석사학위논문, 1986.

曺圭聖, 全州一帶에 分布하는 花岡岩과 變成岩의 微量元素에 關한 硏究, 전북대학교 석
　사학위논문, 1987.

조규성·남기상, 소백산육괴 남서부지역(남원일대)에 분포하는 편마암류의 미량원소함량
　과 지화학적 연구,『기초과학』14-2, 전북대학교, 1991.

조규성, 소백산육괴 편마암류의 기원에 대한 지화학적 연구, 전북대학교 박사학위논문,
　1992.

崔京植, 全羅北道 鎭安地域 馬耳山 역암층의 역암에 관한 硏究, 전북대학교 교육대학원
　석사학위논문, 1990.

許振碩, 겨울철 한반도 서해안지역 강설의 분석과 수치 시뮬레이션 연구, 서울대학교 석
　사학위논문, 1994.

홍성근, 群山港의 潮流와 擴散 特性에 關한 硏究, 조선대학교 석사학위논문, 1983.

(3) 기상

金龍德, 全北地方의 降水氣候 特性에 對한 硏究, 전북대학교 교육대학원 석사학위논문,
　1993.

朴淳雄 外 1人, 冬季 寒波 來襲時 黃海上에서의 공기의 變質에 관하여,『한국기상학회
　지』20, 한국기상학회, 1984.

박정규 外, 군산측후소에서의 해륙풍 관측 결과,『기상연구논문집』7-1, 기상연구소,
　1990.

박정규·이충구, 1989년 7월 25~27일 호남지역에서 발생한 집중호우의 종관 상태,『기상
　연구논문집』8-1, 기상연구소, 1991.

이광호 외 1인, 전북지방의 강수기후 특성에 대한 연구,『교육논총』4, 전북대학교, 1994.

조주영 外, 서해안 10개 관측소의 여름철 해륙풍 특성분석,『기상연구논문집』7-1, 기상
　연구소, 1990.

(4) 수문학

高哲煥, 만경·동진 하구역 생태계의 환경특징과 생산량,『한국해양학회지』27-2, 한국해
　양학회, 1992.

국중렬, 군산항 내 해수중의 구리의 함량 - 原子吸光分析法에 依하여,『문교부연구보고서
　(일반과학계)』3, 1974.

기준학, 금강하구에서의 영양염류 순환에 관한 연구, 서울대학교 석사학위논문, 1987.

김기철·정종률, 금강하구 염분전선의 변화연구,『한국지구과학회지』9-1, 한국지구과학

회, 1988.

金尙鎬,『금강하구역의 해수순환에 관한 연구』, 군산대학교, 1991.

金重來・尹長澤, 開也島의 海藻群集,『海洋開發硏究』1 - 1, 군산대학교 해양개발연구소, 1989.

김중래・이원호, 서해 연안산 김에 착생하는 규조류의 정량적 연구,『海洋開發硏究』1 - 1, 군산대학교 해양개발연구소, 1989.

金重來・尹長澤, 西海岸 泰安半島 학암포와 신진도의 海藻類에 관한 硏究,『海洋開發硏究』4 - 1, 군산대학교 해양개발연구소, 1992.

김태인, 금강하구 부유퇴적물의 분포 및 이동, 서울대학교 석사학위논문, 1985.

金煥起 外, 玉井湖의 季節的 水質變動에 關한 硏究,『도시및환경연구』7, 전북대학교, 1992.

羅泰景, 錦江 및 錦江 鹽河口에서 浮游堆積物의 移動과 微量金屬元素들의 變化性, 서울대학교 석사학위논문, 1993.

남순석, 計劃 降雨量 算定을 위한 推計學的 模擬 技法에 관한 硏究 : 全州 釜山地方을 中心으로, 충남대학교 교육대학원 석사학위논문, 1989.

박영기・조웅현, 유한차분법에 의한 군산항 부유사의 거동,『海洋開發硏究』1 - 1, 군산대학교 해양개발연구소, 1989.

박용만, 해양(조수환경) 사립 퇴적물의 이동시작에 관한 연구 - 한국 서해 만경강・동진강 하구해역,『한국제4기학회』5 - 1, 1991.

배석제, 錦江河口의 朝夕現狀에 관한 硏究,『조선대대학원연구보고』6, 1982.

邊漢燮・金聲秀, 錦江 下流域에서 水質의 時空間的 變化特性,『해양과학연구소 연구논문집』22, 부산수산대학교, 1990.

서만석 외, 금강・동진・만경 염하구 표층퇴적물의 특성,『수산과학연구소 연구보고』16 - 5, 군산대학교, 1995.

徐承源, 萬頃江 干潮區間 水質의 動的模擬,『연구논문집(Reprints판)』1, 군산대학교 해양개발연구소, 1993.

宋亨浩, 農漁村의 所得增大 方案을 위한 大雅 貯水池의 陸水生物學的 硏究,『전라문화연구』2, 전북향토문화연구회, 1988.

신현출, 서해 조간대 지역의 환경과 동물분포, 서울대학교 석사학위논문, 1986.

沈載亨・李東燮, 群山 近海産 動物 플랑크톤에 관한 硏究,『서울대자연과학대논문집』11, 1983.

安淳模, 서해 만경・동진벌 조간대의 환경과 저서동물 군집, 서울대학교 석사학위논문, 1990.

안순모・고철환, 서해 만경・동진 조간대의 환경과 저서동물 분포,『한국해양학회지』27 - 1, 한국해양학회, 1992.

安忠鉉, 衛星資料에 의한 錦江河口域의 潮間帶 및 浮游物質의 分布, 인하대학교 석사학

위논문, 1989.

양재삼 外, 군산시 지역별 지하수 수질조사,『海洋開發硏究』7－1, 군산대학교 해양개발
　연구소, 1995.

오상희, 서해 만경·동진벌 조간대의 환경과 저서규조류 군집, 서울대학교 석사학위논문,
　1990.

오상희·고철환, 서해 만경·동진 조간대의 주요 우점 저서 규조류의 분포,『한국해양학회
　지』26－1, 한국해양학회, 1991.

吳錫欣 外 1인, 군산만의 해양기초 조사,『원광대논문집』18, 1984.

오임상·최현우, 금강하구의 수치모델을 위한 기초연구,『한국해양학회지』21, 한국해양학
　회, 1986.

유공식, 금강하류의 기초 생산성에 관한 연구－최장기(夏 8·9)의 염소도 수은 PH 영양염
　류 변동에 관한 연구,『군산교대논문집』4, 1971.

유송희, 금강하구역의 부유퇴적물 이동에 관한 연구, 서울대학교 석사학위논문, 1991.

陸雪洙, 錦江水系의 自淨能力 推定에 관한 硏究,『관동대논문집(자연과학·예체능)』12,
　1984.

이건형·이원호,『서해안 조간대의 저생규조류 및 종속영양세균의 동태와 환경 요인과의
　상호관계에 대한 연구』(한국과학재단결과보고서), 1988.

이건형·김정희·이균춘, 고군산군도 인근해역에서의 해양 종속영양세균의 년중 분포,
　『海洋開發硏究』6－1, 군산대학교 해양개발연구소, 1994.

李光浩, 우리나라 主要 河川流域에서의 面積降水量에 對하여,『전북대논문집(자연과학
　편)』23, 1981.

이기성, 환경오염 분석 및 그 처리방법 개발에 관한 연구－금강 수역내 미생물 군집의 유
　기물 분해기능과 자정능력,『한국육수학회지』25－1, 한국육수학회, 1991.

李大澈, 萬頃江 水系의 流域特性에 關한 硏究,『大田工專論文集(自然界)』22, 1978.

이동주, 錦江河口의 鹽度 模型 解析,『군산대논문집』21, 1994.

이상호, 錦江河口 및 沿岸域 表層水의 季節變化,『海洋開發硏究』4－1, 군산대학교 해양
　개발연구소, 1992.

이상호, 황해동부에서 4월에 관측된 수온역전,『한국해양학회지』27－4, 한국해양학회,
　1992.

이상호, 하계 금강담수 Plume 구조,『海洋開發硏究』7－1, 군산대학교 해양개발연구소,
　1995.

이상호 외, 하계 금강 plume의 구조와 변동,『한국해양학회지』30－2, 한국해양학회, 1995.

이영길 외, 한국 서해 만경강·동진강 하구역 및 연안역 조간대 퇴적층의 퇴적상과 미고생
　물학적 연구,『한국해양학회지』30－2, 한국해양학회, 1995.

이원호,『서해안 조간대와 조하대의 식물플랑크톤 군집구조의 비교연구』(한국과학재단 결
　과보고서), 1988.

이원호 外, 군산부근 조간대 및 조하대역에서의 식물 플랑크톤과 Bacterio‐plankton,『한국
해양학회지』24‐3, 한국해양학회, 1989.
이원호, 古群山列島 周邊海域의 海洋學的 基礎硏究 : 海水特性表層 堆積物 및 植物 플
랑크톤 群集(1989年 6月),『海洋開發硏究』2, 군산대학교 해양개발연구소, 1990.
이원호·이상호·장진호, 고군산군도 주변해역의 해양학적 기초연구(Ⅰ) : 해수특성 표층
퇴적물 및 식물플랑크톤 군집,『海洋開發硏究』2‐1, 군산대학교 해양개발연구소, 1990.
이원호 外, The Phytoplankton Clones From The Coastal Yellow Sea(1). GSNU0001‐0028,
『海洋開發硏究』5‐1, 군산대학교 해양개발연구소, 1993.
이원호·심재형, 대규모 간척사업 이전 만경강·동진강 하구 인근해역의 식물플랑크톤 생
태,『인하대 기초과학 심포지엄논문집』, 1995.
이원호,『서해 동남해역 식물플랑크톤 종들의 성장과 영양염 요구(1) : 천연군집 내에서의
서식환경 및 분류군에 따른 차이』(한국화학재단 '94 핵심전문연구결과보고서), 1996.
이재형·황만하·김양일·정재성, 금강하구호의 월유입량 추정,『한국수문학회지』27‐3,
한국수문학회, 1994.
이점숙·김정길, Factors Affecting Plant Distribution In Salt Marsh Of Mankyong River And
Dongjin River Estuaries,『자연과학연구소논문집』3, 군산대학교, 1988.
이정렬 외, 금강하구의 부유물질 년변동에 관한 연구,『수산과학연구소 연구보고』4, 군산
수산전문대학, 1988.
이정화, 海水가 금강의 水質에 미치는 영향,『동양공업전문대논문집』1, 1979.
이창복 外, 황해 남동해역 표층퇴적물중 수종 금속원료의 분포특성에 관한 연구,『한국해
양학회지』27‐1, 한국해양학회, 1992.
李忠烈, 금강하구의 하구언 축조이후 어류군집 변화,『한국육수학회지』25‐3, 한국육수학
회, 1992.
임영빈, 錦江水系의 降雨量에 따른 水位와 水害에 관한 研究,『大田工專論文集(自然界)』
21, 1977.
林又春, 萬頃江의 水質汚染 實態와 水棲生物相의 調査研究,『研究月報』228, 全北敎育
研究院, 1990.
任齊彬, 인의 제거방법의 개발 및 금강유역의 인의 분포에 관한 연구,『전북대논문집(자연
과학편)』31, 1989.
정영채·이병석, 群山港 粘土의 石灰 및 시멘트 安定處理土에 대한 工學的 特性의 研究,
『海洋開發硏究』1‐1, 군산대학교 해양개발연구소, 1989.
정의영·김익수·최윤, 內草島 潮間帶에 出現하는 망둥어科(Gobiidae) 魚類의 底質別 分
布樣狀 및 먹이生物에 關한 研究,『海洋開發硏究』2‐1, 군산대학교 해양개발연구소,
1990.
鄭義泳·吳永男, 內草島産 가무락, Cyclina sinensis의 性成熟에 關한 研究,『自然科學研
究』5, 군산대학교, 1990.

정종률, 금강 鹽하구의 海水巡還 力學,『한국해양학회지』18, 한국해양학회, 1983.

鄭鍾律 外, 錦江 河口의 海水循環力學(Ⅰ) : 鹽分境界層의 變化性,『韓國海洋學會誌』18 - 2, 1983.

정창수 外, 황해 중심부 해역의 하계 일차생산력 영양염류 및 용존산소동태에 관한 연구, 『황해연구』4, 인하대학교, 1991.

정희옥 外, 만경·동진강 하구해역 사질퇴적체의 제4기 탄성파 층서 및 퇴적작용,『海洋 開發硏究』6 - 1, 군산대학교 해양개발연구소, 1994.

曺珪煥, 群山港의 潮流와 擴散特性에 關한 硏究,『자연과학연구』7, 조선대학교, 1984.

趙仁鎬 外 2人, 海洋環境保存에 관하여,『韓國水産學會誌』16 - 1, 한국수산학회, 1983.

曹炷煥, 黃海의 海洋物理學的 요소의 변화에 따른 열 收支에 대한 硏究, 조선대학교 석 사학위논문, 1981.

曹炷煥·徐萬錫, 錦江河口域의 부유물질 變動에 관한 硏究,『한국지구과학회지』9 - 2, 한국지구과학회, 1988.

曹炷煥·申仁鉉, 錦江河口둑 建設前後의 海洋環境 變化에 관한 硏究,『자연과학연구』 15, 조선대학교, 1992.

趙顯英·羅圭煥·洪思澳, 錦江河口의 理化學的 수질환경과 底樓生物에 관한 연구,『한 국육수학회지』11, 한국육수학회, 1978.

車聖植·朴光材, 만경·동진강 하구의 浮游性 卵 仔稚漁의 分布 樣相,『한국해양학회지』 26 - 1, 한국해양학회, 1991.

최경식, 한국 서해 만경강·동진강 연근해역 해저 퇴적층의 퇴적학적 연구, 서울대학교 석 사학위논문, 1994.

최문술, 만경강의 이화학적 수질 특성에 관한 연구,『海洋開發硏究』1 - 1, 군산대학교 해 양개발연구소, 1989.

최문술·유문희, 萬頃江과 東津江 水界의 營養鹽 循環에 關한 硏究,『海洋開發硏究』2 - 1, 군산대학교 해양개발연구소, 1990.

최문술, 만경강의 오염현황 및 장래 수질예측,『海洋開發硏究』3 - 1, 군산대학교 해양개 발연구소, 1991.

최문술·유문희, 전주천 이화학적 성질의 시간적 변화에 관한 연구,『海洋開發硏究』4 - 1, 군산대학교 해양개발연구소, 1992.

최문술, 전북소재 저수지의 부영양화에 관한 비교연구,『海洋開發硏究』5 - 1, 군산대학교 해양개발연구소, 1993.

崔秉倫, 全北地方의 溫泉,『硏究月報』232, 全北敎育硏究院, 1991.

최성규, 황해의 해양 환경보호를 위한 국제법적 고찰, 한국해양대학교 석사학위논문, 1991.

崔信錫·朴鍾聲,『錦江下流水域의 水質汚染과 保護魚類 및 特産魚類調査』(自然保存硏 究報告書 1), 1979.

崔鎭勇,『하계 군산 인근 해역 부유 퇴적물의 분포에 관한 연구』, 군산대학교, 1991.

崔鎭勇·李尙鎬, 韓半島 西海海域에서 冬季와 夏季의 浮遊堆積物 분포와 변화,『海洋開發研究』3 - 1, 군산대학교 해양개발연구소, 1991.

崔鎭勇, 금강하구 및 인근해역에서 부유퇴적물의 계절적 변동에 관한 연구,『한국해양학회지』28 - 4, 한국해양학회, 1993.

崔鎭勇, Dispersal dynamics of fine - grained sediments on the west coast of Korea,『海洋開發研究』6 - 1, 군산대학교 해양개발연구소, 1994.

崔鎭勇, 태안반도 인근 해역의 초여름 해수 특성,『海洋開發研究』7 - 1, 군산대학교 해양개발연구소, 1995.

韓國水資源公社 水資源研究所,『錦江流域 大淸댐 및 河口둑의 效率的 管理方案 : 利水管理』(技術資料 - 韓國水資源公社 水資源研究所 第158號), 1992.

홍성근·김영섭, 群山地方의 바람 特性에 關한 研究,『군산수산전문대학연구보고』16 - 3, 1982.

홍성근·김영섭, 錦江河口의 潮流와 鹽分變動,『군산수산전문대학연구보고』18 - 3, 1984.

홍성근·김영섭, 群山地方의 移流霧 發生에 關한 研究,『군산수산전문대학연구보고』20 - 3, 1986.

황학건·최중기, 황해 중동부 해역 동물플랑크톤의 계절적 분포 특성,『한국해양학회지』28 - 1, 한국해양학회, 1993.

(5) 지질학

姜必鍾·曺民·智光薰·白種勛, 대전·삼례지역 遠隔探査 자료에 의한 지질학적 분석,『자원개발연구소 조사연구보고』11, 1981.

高哲煥 外 1人,『西海岸 潮間帶 地域의 海洋地質學的 제반 현상 및 低生生物 群集에 관한 연구』, 서울대학교, 1984.

郭在輝, 진안분지 남동부에 분포하는 백악기 마이산역암층의 퇴적환경, 서울대학교 석사학위논문, 1990.

國立地質鑛物研究所 편,『全北炭田 精密地質調査報告書』, 지오싸이엔씨즈, 1970~79.

국립지질조사소,『순창도폭』(한국지질도 24), 자원개발연구소, 1963.

김남장, 서해연안 지질과 해저 퇴적물,『지질광상』11, 1970.

김남장·김승우·이영환, 서해 해저 퇴적물 조사 연구보고,『해양지질조사연구보고』1, 1970.

金大經, 沃川系 全州統의 지질 및 지형학적 고찰 - 전주부근의 變性堆積岩層을 中心으로,『전주교대논문집』6, 1971.

金大經, Karst 地形에 關한 研究 - 全州附近의 limestone의 分布地域을 中心으로,『전주교대논문집』12, 1976.

金大經, 全州盆地 堆積層의 考古地理學的 研究,『전주교대논문집』18, 1982.

金大經, 全北 鎭安의 馬耳山 礫石層에 發達한 Tafoni 地形에 關한 氣候地形學的 研究, 『전주교대논문집』19, 1983.

金大經, 邊山半島의 海岸地形에 關한 研究,『전주교대논문집』20, 1984.

金大經, 古群山群島의 地質과 地形에 關한 研究,『전주교대논문집』31, 1995.

金東鶴·李炳柱,『南原圖幅 地質報告書』, 한국동력자원연구소, 1984.

金東鶴·李炳柱,『南原地質圖幅 및 說明書』, 한국동력자원연구소, 1984.

金福洙, 東津江의 流砂量 決定, 한양대학교 산업대학원 석사학위논문, 1968.

金錫中, 馬耳山 礫岩의 地質과 堆積 構造, 전북대학교 석사학위논문, 1984.

金昇吾, 全州―金銀鑛山의 産出 鑛物과 鑛床成因에 關한 研究, 전남대학교 석사학위논 문, 1986.

金玉培, 송광리지역 연아연의 지구화학적 연구, 전북대학교 석사학위논문, 1973.

金玉準·洪萬燮·尹碩奎·朴喜寅·朴陽大·金起泰·李河,『雲峰地質圖幅 및 설명서』, 국립지질조사소, 1964.

金勇俊, 남원지역에 분포하는 화강암 질암에 대한 암석학적 연구,『대한지질학회지』24 - 특별호, 대한지질학회, 1988.

金正彬, 潭陽~鎭安 사이에 分布하는 深成 火成岩類에 대한 岩石化學과 成因, 전남대학 교 박사학위논문, 1990.

김종구 외, 서해(군산~동초리간) 연근해저 지질 및 지형조사 연구보고,『지질광물조사연 구보고서』3 - 2, 1975.

김종수·김규호·구자학·장영한, 서해 해상 物理探査보고서,『지질광상조사보고서』14, 1972.

金鍾煥 外, 우라늄廣域地質調査研究 : 全北炭田 湖南炭田 寶城炭田,『研究要報』5, 1981.

김준배, 全北 益山郡 崇林寺 附近의 含炭層 調査報告,『전북대논문집(자연과학편)』11, 1969.

김철민·이원영, 서해해상 물리 탐사보고,『지질광상조사보고서』1 - 2, 1974.

金亨植, 한국 全州·木浦 一帶의 미그마타이트에 관한 연구,『지질학회지』9 - 4, 대한지 질학회, 1973.

나춘기·김선영·전서령·이무성·정재일, 전주지역 강수의 황동위원소비와 대기오염원의 추적자로서 그 유용성,『대한자원환경지질학회지』28 - 3, 대한자원환경지질학회, 1995.

남기상·박홍민·김영석, 만덕산 및 천호산의 석회암 조사보고,『전북대논문집(자연과학 편)』11, 1969.

남기상·김기주, 황등 화강암의 화학성분에 대하여,『전북대논문집(자연과학편)』14, 1972.

남기상, 황등화강암의 풍화에 따른 화학조성의 변화와 주요원소의 상대적 이동,『광산지 질』6 - 2, 대한광산지질학회, 1973.

남기상, 백구화강암의 풍화에 따른 화학조성의 변화와 주요원소의 상대적 이동,『광산지질』7 - 4, 대한광산지질학회, 1974.

남기상, 全北 全州地區 花崗岩의 郎山地域 花崗岩의 風化에 따른 化學調成의 변화와 主要元素의 相對的 移動,『광산지질』8, 대한광산지질학회, 1975.

남기상, 전북 전주지역 및 낭산지역 화강암의 풍화에 따르는 주요성분의 상대적 이동,『광산지질』8 - 4, 대한광산지질학회, 1975.

남기상, 송광사 식영반암의 풍화에 따른 주요성분의 상대적 이동,『과학교육논총』1, 전북대학교 과학교육연구소, 1976.

남기상, 화강암의 풍화에 따른 주요성분의 상대적 이동(특히 장수 산서지방),『전북대사대논문집』4, 1978.

남기상·이종덕, 비봉탄전의 지질과 함탄층에 대한 연구,『전북대사대논문집』6, 1980.

남기상·이종덕, 황등 화강암의 지질연대 측정과 그 성인에 대하여,『기초과학』4 - 1, 전북대학교, 1981.

남기상, 용화산 일대에 분포하는 화강암질암의 화학분석,『교육논총』3, 전북대학교 교육대학원, 1983.

남기상, 용화산일대에 분포하는 화강암질암의 미량성분,『교육논총』4 - 1, 전북대학교 대학원, 1984.

남기상·서영교, 전주 편마암과 황산 흑운모화강암의 미량성분에 관한 연구,『교육논총』5, 전북대학교 교육대학원, 1985.

남기상, 龍華山一帶에 分布하는 花崗巖質巖石의 微量成分(2보),『교육논총』6, 전북대학교 교육대학원, 1986.

남기상·조규성, 전주 일대에 분포하는 화강암과 변성암의 미량원소에 관한 연구,『전북대논문집(자연과학편)』29, 1987.

남기상, 무주일대에 분포하는 편마암의 미량성분에 대하여,『교육논총』8, 전북대학교 교육대학원, 1988.

남기상·조규성, 소백산육괴 남서부지역에 분포하는 편마암류의 미량원소함량과 지화학적 연구,『지질학회지』26 - 3, 대한지질학회, 1990.

노해룡, 전주 규석에 대한 선광시험보고,『광물시험보고』4 - 12, 1964.

대한광업진흥공사, 전북탄전 지질 조사 및 시추조사 보고,『탄전지질 및 시추조사 보고』2, 1972.

대한광업진흥공사 석탄광탐사부,『韓國의 石炭鑛(下) : 聞慶·報恩·忠南·湖南炭田』, 대한광업진흥공사, 1992.

大韓石炭公社,『湖南炭田地質調査報告書 : 1965年度』(附錄 : 地質圖 1枚·地質斷面圖 1枚), 大韓石炭公社, 1966.

류호정, 지리산 일대에 분포하는 선캠브리아 편마암류의 변성작용, 부산수산대학교 석사학위논문, 1993.

牟鎭錫, 群山地域 變成岩에 關한 硏究, 전북대학교 교육대학원 석사학위논문, 1982.

박관순·김광식, 부안연안 해빈사지역 자력탐사보고,『지질광물조사보고연구보고서』3 -
2, 1975.

박노영·김승우·최현일·이영한·김성규, 연근해저(서해중부) 지질조사 보고,『지질광물
조사연구보고서』7, 1973.

박도영 外 3인, 西海沿岸 및 島嶼 지질 조사보고서,『지질광상조사연구지질학 보고』14,
1992.

朴東源, 김제·정읍 일대에 분포하는 뢰스狀 赤黃色土에 대한 연구,『지리학』32, 대한지
리학회, 1985.

朴培榮, 全北 淳昌 東部地域에 分布하는 葉理狀 花崗岩類에 關하여,『전남대논문집(자
연과학)』36, 1991.

朴龍安, 한국 서해안 潮間帶環境에서의 生物的 堆積構造에 관하여,『학술원논문집(자연
과학편)』16, 1977.

박정관 外, 남원군 산내면 일대에 분포하는 편마암류의 미량성분에 의한 그 기원암에 관
한 연구,『기초과학』12 - 1, 전북대학교, 1989.

박준범, 전북 고창군 반암리 주변에 분포하는 화산암체의 층서 및 암석학적 연구, 연세대
학교 석사학위논문, 1986.

朴洪民, 萬德山 및 天壹山 一帶의 石炭岩調査報告,『전북대논문집(자연과학편)』11 - 12,
1969.

朴喜寅,『淳昌地質圖幅 및 설명서』, 국립지질조사소, 1966.

卞正圭 외,『湖南炭田開發合理化硏究』(硏究報告 : 韓國動力資源研究所 85 - 17), 韓國動
力資源研究所, 1985.

서정희, 裡里驛 爆發事故에 따른 地震動 傳播效果에 대한 조사보고,『대한광산학회지』
15 - 2, 대한광산학회, 1978.

서효준·김승우·이윤오, 중부(서해) 해저 퇴적물 조사 연구보고,『해양지질조사연구보고』
2 - 1, 1971.

成孝鉉, 馬耳山 일대에 나타나는 徵地形의 氣候地形學的 硏究, 이화여자대학교 석사학위
논문, 1982.

安秉基·趙成燮, 錦江流域 주요지점의 諸 水文量에 관한 연구,『農業技術報告書』2 - 1,
충남대학교, 1975.

吳世勳, 錦江 平澤地區 傾斜地 開發事業,『기술사』34, 한국기술사회, 1972.

유공열·김인빈·이정오, 전주 삼례지구 탄성파 탐사 연구보고,『지질광상조사보고서』1
- 2, 1973.

尹淳奇, 전북지방 씨감자에 罹病된 감자 바이러스의 分布調査,『전북대농대논문집』2,
1971.

李圭澤·李大喆·李在夏, 全北産業用 無煙炭에 關하여 - 工業分析 發熱量을 中心으로,

『전북대논문집(자연과학편)』 10 - 12, 1968.

李大聲・南基庠・池楨蔓,『江景地質圖幅 및 說明書』, 자원개발연구소, 1980.

이무성・전서영・나춘기・정재일, 중금속 오염원으로서 동진 금은동 광산주변에 방치된 폐석의 환경적 영향,『대한자원환경지질학회지』29 - 1, 대한자원환경지질학회, 1996.

李文燦, 錦江河口둑 建設 前後의 海洋環境 變化에 관한 연구, 조선대학교 석사학위논문, 1991.

이미경, 임실 주변 순창전단대내 화강암질분쇄암에 대한 미구조 및 지화학적 연구, 경북대학교 석사학위논문, 1994.

이상원・이수양, 지리산 북부지역의 반려암질암에 대한 암석화학적 연구,『사대논문집(인문・자연과학)』27, 부산대학교, 1993.

李相恩 外, 全北 益山地域 花崗岩採石場에 있어서 花崗岩 造岩鑛物內의 microcrack의 方向性,『전북대논문집(자연과학편)』35, 1993.

이석민, 지리정보시스템(GIS)을 이용한 부여군 금강유역의 토양유실 분석, 연세대학교 석사학위논문, 1994.

李成熙, 天壺山石灰岩에 關한 研究, 전북대학교 석사학위논문, 1980.

李受亮, 智異山深成岩 複合體에 대한 岩石學的 연구, 부산대학교 교육대학원 석사학위논문, 1991.

李英珠, 全州・光州 一帶 마그마타이트 中의 綠泥石에 대한 研究, 고려대학교 석사학위논문, 1980.

이원영 外 3인, 연안 및 도서 자력 탐사보고서,『지질광상조사보고서』14, 1972.

李恩姬, 咸陽・南原 地域의 花崗岩類에 대한 岩石學的 研究, 경북대학교 교육대학원 석사학위논문, 1992.

李仁炯, 大屯山 地帶의 地質과 地質構造에 대한 研究, 연세대학교 교육대학원 석사학위논문, 1977.

李廷厚,『진안분지 퇴적암의 속성 작용에 대한 연구(Ⅰ)』, 전북대학교, 1992.

李宗星, 천호산 石灰岩의 力學的 特性에 관한 연구, 전북대학교 석사학위논문, 1991.

李鍾七, 內藏山 一帶의 火山岩類에 對한 高地磁氣學的 研究, 전북대학교 교육대학원 석사학위논문, 1988.

이종혁, 호남일원의 合炭變成堆積巖에 대한 小考,『대한석탄협회지』3 - 1, 대한석탄협회, 1971.

李昌伸, 鎮安・長水地域에 分布한 花崗岩類에 對한 岩石地球化學과 金銀鑛床의 成因에 關한 研究, 전남대학교 박사학위논문, 1989.

李昌伸, 장수지역 금은 광상에 대한 광물학적 연구,『한국자원공학회지』27 - 6, 한국자원공학회, 1990.

李㷠雨, 智異山 片麻岩複合體의 地溫 地壓計的 研究, 부산대학교 교육대학원 석사학위논문, 1991.

李亨鎬, 한국의 서해안에 발달한 海蝕崖에 곤한 地形學的 硏究, 경희대학교 석사학위논문, 1985.

張榮宜, 湖南野山에 分布된 赤黃色土에 關한 硏究, 원광대학교 석사학위논문, 1976.

張榮宜, 湖南野山에 分布된 赤黃色土에 關한 硏究, 『農村副業問題硏究』 1, 1978.

張泰根, 淳昌～谷城間에 分布하는 火成岩類게 對한 岩石化學的 硏究, 전남대학교 석사학위논문, 1989.

鄭炅喆, 만경강 유역의 土壤과 農作物의 重金屬 오염에 관한 硏究, 원광대학교 석사학위논문, 1986.

정재일·나춘기·이영엽·전서령·김선영, Studies on the Geology and Geochemistry in the Beonam Mine Korea, 『대한자원환경지질학회지』 28 - 6, 대한자원환경지질학회, 1995.

정재일·이영엽·이광식·나춘기·전서령, 전북 번암광산의 금은 광화작용에 관한 연구, 『대한과학학회지』 15 - 6, 대한과학학회, 1994.

정재일·김선영, 동진광상의 지질과 광물 암석학적 연구, 『대한자원환경지질학회지』 29, 대한자원환경지질학회, 1996.

鄭昌熙·高錫湊, 『咸悅地質圖幅 및 설명서』, 국립지질조사소, 1963.

지하수개발공사, 『지하수보고서(전북)』, 1969.

최현일·한상복, 금강하구 해안선 해양지질 조사보고, 『지질광물조사연구보고서』 3 - 2, 1975.

토지개량조합연합회, 『全天候農業用水源開發 地下水 基本調査報告(全北屯南 地區·郡東地區)』, 1967.

韓國資源硏究所, 『錦江流域 第4紀地質 및 사역鑛床 調査硏究』, 1994.

韓國資源硏究所, 『海底地質硏究 : 群山海域』(연구보고서), 1994.

韓榮民, 全州附近 花崗岩의 延性變形作用. 경북대학교 석사학위논문, 1987.

韓榮哲·宋定洛, 群山地域 浚渫埋立土의 堆積特性, 『大宇엔지니어링技術報』 14, 1992.

홍만선·김영원, 『參禮地質圖幅 및 설명서』, 국립지질조사소, 1969.

홍세선, 남원 화강암질암의 광물학적 및 암석지화학적 연구, 연세대학교 박사학위논문, 1995.

洪勝昊·李炳柱·金源永, 『茂朱 地質圖幅 및 說明書』, 자원개발연구소, 1980.

황선국·김영자, 적상 광산 함금·황철광 선광 시험, 『선광시험보고』 2, 1969.

황선국·고원식, 장안종 광산 함금·은·등광에 대한 선광 시험보고, 『선광시험보고』 7, 1972.

황선국·이창식, 고창 광산 인상 흑연광에 대한 선광 시험보고, 『선광시험보고』 7, 1972.

（6）생물학

姜同完, 全北産 턱거머리目(Gnathobdellida)의 分類學的 研究, 고려대학교 교육대학원 석사학위논문, 1988.

姜東遠, 全北産 응애科(거미綱 ; 진드기目)의 分類學的 研究, 전북대학교 석사학위논문, 1987.

姜相姬, 참종개(Cobitis koreensis)와 부안종개(Cobitis k. pumilus)의 생식주기에 관한 연구, 전북대학교 석사학위논문, 1994.

강정순·박노용, 지리산의 산채연구, 『경남교연 교육연구논문집』 4, 1969.

姜獻熙, 계화도의 貝類와 海底뻘에 對한 腸炎 비브리오菌 分布에 關한 研究, 원광대학교 교육대학원 석사학위논문, 1986.

建設部, 『智異山 國立公園 植物資源調査』, 1979.

高東奎, 대청호 및 금강수역의 유기물 분해능과 오염의 신호지표, 배재대학교 석사학위논문, 1993.

高美貞, 지리산 일대 Parmeliaceae과와 physciaceae과 지의식물의 분류학적 연구, 숙명여자대학교 교육대학원 석사학위논문, 1992.

高在明, 智異山 一帶의 洛東江 上流産 淡水魚의 分布에 관한 研究, 전북대학교 교육대학원 석사학위논문, 1978.

郭昇勳, 邊山半島 國立公園의 植生, 원광대학교 교육대학원 석사학위논문, 1990.

權斗星, 錦江流域 淡水魚의 Sparganum에 關한 調査 研究, 충남대학교 석사학위논문, 1987.

길봉섭, 전라북도산 담수패류의 분포와 현재량, 『한국육수학회지』 9-1~2, 한국육수학회, 1976.

길봉섭, 한국산 담수패류에 관한 생태학적 연구(1) : 전북내의 분포와 현존량, 『원광대논문집』 10, 1976.

길봉섭, 전라북도산 수생관속식물에 대하여, 『원광대논문집』 19, 1985.

길봉섭 외, 전라북도 지방의 수생식물상 조사, 『한국육수학회지』 18-3~4, 한국육수학회, 1985.

길봉섭 외, 대둔산 식물의 분류학적 특성과 수식분포, 『한국생태학회지』 10-2, 한국생태학회, 1987.

길봉섭 외, 대둔산 도립공원 삼림식생의 분류와 유형분포, 『한국생태학회지』 11-3, 한국생태학회, 1988.

길봉섭 외, 선운산 도립공원의 식물상, 『기초과학연구』 7-1, 원광대학교 기초과학연구소, 1988.

길봉섭·김창환, 長安山의 植物相과 多樣性 分析, 『원광대논문집』 22-2, 1988.

길봉섭 외, 전라남북도 수역의 관속식물상과 그 분포, 『한국육수학회지』 22-2, 한국육수학회, 1989.

길봉섭, 변산반도 국립공원 식물상,『원광대논문집(자연·가정·예체능계)』24, 1990.

길봉섭, 내장산 국립공원의 식물상 조사,『기초과학연구』10 - 2, 원광대학교 기초과학연구소, 1991.

길봉섭 외, 변산반도 국립공원의 식생,『한국생태학회지』14 - 2, 한국생태학회, 1991.

길봉섭 외, 서열법에 의한 전북 장안산 삼림군락 분석,『한국생태학회지』14 - 3, 한국생태학회, 1991.

길봉섭, 적상산의 식생,『한국생태학회지』14 - 2, 한국생태학회, 1991.

길봉섭, 식물생태계,『국립공원자연자원조사 : 덕유산 국립공원』, 1993.

길봉섭 외, 지리산 함양군지역 및 뱀사골 일대의 식생,『韓國自然保存協會調査報告書』31, 한국자연보존협회, 1993.

길봉섭 외, 덕유산 국립공원의 식물상,『원광대논문집』28, 1994.

길봉섭 외, 변산반도 국립공원 일대의 식생,『韓國自然保存協會調査報告書』34, 한국자연보존협회, 1995.

길봉섭 외, 덕유산 국립공원 삼림식생의 종다양성,『한국생태학회지』19 - 3, 한국생태학회, 1996.

金寬洙·姜在善, 全羅北道 綠地自然度 査定에 관한 硏究(沃溝·群山·益山·裡里),『대전대논문집』7 - 2, 1988.

金吉子, 智異山 Foliose形 地衣植物의 種分類에 關한 集團分析, 전북대학교 석사학위논문, 1981.

金明坤, 智異山의 高度別·植物別 Arbuscular 內生菌根菌의 生態的 硏究, 한국교원대학교 석사학위논문, 1993.

김무열, 전라북도의 식물,『과학교육』27, 전북대학교, 1988.

金炳淑, 장·노년층의 영양섭취 실태 및 혈중 지질함량에 관한 조사 연구 : 전주시를 중심으로, 원광대학교 석사학위논문, 1994.

金兵珍, 內藏山의 庇蟲相,『원광대논문집(자연·가정·예체능계)』27 - 2, 1993.

金丙鎬·金容斗, 智異山의 密源植物에 關한 調査報告,『한국축산학회지』9, 한국축산학회, 1967.

金碩燦, 경기도 및 전라북도 지방의 원충감염에 관한 역학적 조사연구, 연세대학교 석사학위논문, 1982.

金聖德·尹雄燮, 지리산 반야봉 구상나무(Abies Koreana Wils)林의 更新에 관한 연구,『환경연구보고』9, 충남대학교, 1991.

金淑子, 섬진강上流 水系의 水棲昆蟲에 관한 生態學的 연구, 조선대학교 교육대학원 석사학위논문, 1990.

金榮奎, 國立公園 內藏山地域 날개응애類의 分類學的 硏究, 원광대학교 교육대학원 석사학위논문, 1987.

金永植, 內藏山의 植物相, 『기초과학연구』 5 - 1, 원광대학교 기초과학연구소, 1986.

金榮浩·洪載植·金炯武·金明坤·朴鍾旲, 全北大學校 邊山演習林 一帶에 自生하는 高等菌類(Ⅰ), 『전북대농대논문집』 20, 1989.

金榮浩·洪載植·金炯武·金明坤·朴鍾旲, 全北大學校 邊山演習林 一帶에 自生하는 高等菌類(Ⅱ), 『전북대농대논문집』 22, 1991.

金有仁, 錦江 淡水産 貝類의 分布樣相에 관한 研究, 충남대학교 석사학위논문, 1990.

金允根·文昌國, 智異山産 구상나무의 精油特性에 관한 研究, 『펄프·종이技術』 61, 한국펄프·종이기술, 1994.

金潤植·朴正源·吳炳云, 彌勒山의 植物相 調査, 『理工論集』 23, 고려대학교, 1982.

金潤植·洪京希, 智異山 順頭流 일대의 草本植物相 調査, 『理工論集』 30, 고려대학교, 1989.

김익수, 전주천 참종개 Cobitis Koreensis의 생태, 『한국생태학회지』 2, 한국생태학회, 1978.

김익수·이완옥, 황해에서 채집된 볼낙속(양볼낙과) 어류 1신종, 『한국동물학회지』 37 - 3, 한국동물학회, 1994.

김익수, 『95 주암댐 어류조사 용역결과 보고서』, 전북대학교 기초과학연구소, 1995.

김인자, 지리산 피아골의 졸참나무와 서나무 군락의 물질생산과 분해에 관한 연구, 서울대학교 석사학위논문, 1983.

김재생·송기학, 지리산 삼림생태 조사예보, 『농업연구보고』 2, 진주농과대학, 1963.

김재원, 군산앞 인근해역에서의 종속영양세균의 분포 및 Heterotrophic activity, 군산대학교 석사학위논문, 1993.

김종만·한상복·이종화, 서해안에서의 불소이온의 분포에 대하여, 『한국수산학회지』 10, 한국수산학회, 1977.

金鍾元, 天王峯(智異山) 一帶의 植物生態 調査報告, 부산대학교 석사학위논문, 1963.

김종환, 전북 진안군 일부지역에 있어서 lymnaea의 분포 및 그 패에 대한 Fasciola 종의 감염 실험, 『기생충학잡지』 15, 한국기생충학회, 1977.

김종환, 금강산 Zacco platypus에 대한 metagonimus 吸蟲被囊幼蟲에 관한 조사연구, 『자연과학연구지』 7, 충남대학교, 1980.

김종환, 금강 상류지역에 있어 다슬기과의 분포에 관한 연구, 『자연과학연구지』 9, 충남대학교, 1982.

김종환, 금강 상류산 다슬기에 기생된 흡충류 유생에 관한 연구 보고, 『환경연구보고』 5, 충남대학교, 1987.

김중래, 於靑島의 海藻相, 『군산수산전문대학연구보고』 12 - 2, 1978.

김지식, 금강하구 조간대 저서생물군집의 에너지 유전, 『한국생태학회지』 8 - 1, 한국생태학회, 1985.

김지식·이점숙, 금강하구 조간대의 해저동물 구조에 관한 연구, 『군산대논문집』 11, 1985.

金昌煥·金鎭一, 무주 구천동의 곤충상(국문), 『한국자연보존연구학회조사보고서』 5 - 6,

1972.

金昌煥·金鎭一·申泰弘, 전북지방의 한우의 吸血性 등에 관하여, 『고려대한국곤충연구소연구보고』 5, 1973.

金昌煥·金鎭一, 內藏山 一帶의 夏季 곤충상, 『내장산 국립공원일 대 종합학술조사보고서』 8, 1974.

金昌煥, 全北 長安山의 森林植生形과 그 構造, 원광대학교 석사학위논문, 1987.

金昌煥·김신기·방극수, 全北 高山 칠백이고지 一帶의 森林 植生, 『이리농공전문대논문집』 2, 1993.

김창환·오일수·방극수, 全北 高山 칠백이고지 一帶의 植物相, 『이리농공전문대논문집』 2, 1993.

金泰龍, 大淸湖를 中心으로 한 錦江의 魚類分布比較에 關한 硏究, 숭전대학교 석사학위논문, 1982.

김헌규, 전주지방 송림해충 조사를 마치고, 『한국식용동물학회지』 3 - 1, 한국식용동물학회, 1960.

羅榮彥, 錦江産 끄리(Opsariichthys bidens)에 寄生된 Metagonimus 被囊幼蟲의 脫囊에 關한 硏究, 충남대학교 석사학위논문, 1985.

나철호 外, 부안 변산반도 수계의 수서곤충 군집에 관한 연구, 『환경과학연구지』 3, 원광대학교, 1994.

南宮埈, 『덕유산의 거미』(무주구천동 종합학술조사보고서), 1972.

南宮埈·白雲夏·尹慶一, 지리산의 거미상(영문), 『한국식물보호학회지』 11, 한국식물보호학회, 1972.

盧粉祚·宋瓊鎬, 곰소(邊山半島) 多毛類의 분류에 관하여, 『韓國生活科學硏究院論叢』 16, 이화여자대학교, 1976.

盧粉祚·李景惠, 古群山島 및 飛雁島의 海洋無 椎動物相, 『韓國自然保存協會調査報告書』 18, 한국자연보존협회, 1980.

文敎正, 韓國 南部地方에 棲息하는 송사리(Oryzias latipes)의 形態와 核型比較에 관한 硏究, 전북대학교 석사학위논문, 1988.

閔丙末, 한국 서해안 간척지의 토양과 植生變化, 서울대학교 박사학위논문, 1986.

朴光禹 外, 智異山 高山地帶의 山火跡地 植物群集의 生態學的 硏究, 『농업연구소보』 22 - 2, 경상대학교 농업연구소, 1988.

朴萬奎·朴弘惠, 茂朱九天洞의 植物相, 『ㅈ-연보존협회보고서』 5, 1972.

朴培榮, 지리산 南部地域에 分布하는 變成巖에 관하여, 『과학교육연구지』 5, 전남대학교, 1976.

朴奉奎, 內藏山의 森林群集의 連續變化에 關하여, 『韓國生活科學硏究院論叢』 15, 이화여자대학교, 1975.

朴奉奎, 內藏山一帶의 環境勾配(溫度差)에 따른 種集團의 分布에 관하여, 『韓國生活科

學研究院論叢』14, 이화여자대학교, 1975.

朴奉奎,『智異山에 있어서의 人爲作用에 의한 植生의 動態』(자연보존연구보고서 1), 1979.

朴奉奎 外 8인, 지리산 삼림 생태계의 생체량과 그 보호에 관한 연구,『韓國生活科學研究院論叢』39, 이화여자대학교, 1987.

朴壽現, 大芚山 植物調査 研究, 성균관대학교 석사학위논문, 1965.

朴勝太, 전북지방에 분포된 Parmeliaceae에 대한 분류,『전북대사대논문집』2, 1976.

朴勝太, 전주지방의 地衣類 分布에 관한 生態學的 연구,『전북대사대논문집(자연과학편)』3, 1977.

박연숙, 西海岸 夏季 海藻類 分布에 관한 植物地理學的 연구, 충북대학교 석사학위논문, 1990.

朴殷圭・文征技, 全北 초파리 自然集團의 染色體逆位丹形現象,『기초과학연구』2 - 1, 원광대학교 기초과학연구소, 1983.

박재홍, 智異山 盤若峰 구상나무(Abies Koreana)林의 植物 社會學的 研究, 중앙대학교 석사학위논문, 1989.

朴塤淑, 錦江上流産 다슬기(Semisulcospira spp.)에 寄生된 吸蟲類 幼生에 關한 研究, 충남대학교 석사학위논문, 1987.

潘鍾祐, 國立公園 德裕山 一帶의 地衣植物 分類, 전북대학교 석사학위논문, 1983.

裵光錫, 錦江上流 淡水魚에 被囊된 Metagonimus屬 吸蟲에 關한 研究, 충남대학교 석사학위논문, 1987.

裵基雄, 해안 일대의 패류와 해저펄에 대한 장염 Vibrio균 분포에 관한 연구, 원광대학교 석사학위논문, 1987.

백운하・우건석, 지리산의 거미류,『韓國植物保護學會誌』9 - 2, 한국식물보호학회, 1970.

백의신, 황해 저서산 다조 환충류의 분류,『한국수산학회지』6, 한국수산학회, 1973.

徐康宗, 한국 담수산 Grammarus(amphipoda : gammaridae)의 계통분류학적 연구(전라남・북도산 Gammarus), 단국대학교 석사학위논문, 1991.

徐元基, 全州近郊 公園의 夏季昆蟲相, 원광대학교 교육대학원 석사학위논문, 1991.

徐海眞, 전주 초파리 集團內 遺傳性 變異에 關한 研究, 전북대학교 교육대학원 석사학위논문, 1989.

宣炳崙, 全北地域의 植物資源,『전라문화연구』2, 전북향토문화연구회, 1988.

宣炳崙・김철환・서정수, 변산반도 국립공원 일대의 식물상,『자연보존협회조사보고서』, 34, 한국자연보존협회, 1995.

宣玉培, 群山 市內에 分布한 一部 地下水의 微生物學的 水質, 군산대학교 석사학위논문, 1995.

宋永祐, 금강의 어류군집 분류에 관한 연구, 충남대학교 석사학위논문, 1981.

宋仁植, 錦江流域 Planorbidae의 分類, 충남대학교 석사학위논문, 1982.

宋采鏞, 德裕山의 고도에 따른 민들레(Taraxacum Mongolicum H. Mazz)의 종자발이에 관한 연구, 건국대학교 석사학위논문, 1987.

宋海星, 서해연안성 민태와 보구치의 연령 성장 및 산란상태, 충남대학교 석사학위논문, 1988.

宋亨浩, 全州川의 底棲動物에 의한 生物學的 水質判定,『科學敎育硏究所論文集』2, 전주교육대학 과학교육연구소, 1976.

宋亨浩, 玉井湖의 陸水生物學的 硏究, 부산수산대학교 박사학위논문, 1982.

沈揆哲, 智異山 細胞性 粘菌에 關한 硏究, 서울대학교 석사학위논문, 1994.

安光國, 錦江과 揷橋川의 淡水魚群集에 관한 硏究, 충남대학교 석사학위논문, 1987.

安榮根, 萬頃江 流域의 水銀分布에 關한 硏究,『원광대논문집』6, 1972.

安榮根, 河川水質(만경강) 汚染과 底樓生物에 관한 연구,『한국육수학회지』6 - 3 · 4, 한국육수학회, 1973.

梁南浩, 全北地方의 水生植物相 調査, 원광대학교 교육대학원 석사학위논문, 1985.

양재삼, 금강하구에서의 식물성 플랑크톤의 분류 및 분포에 관한 연구, 서울대학교 석사학위논문, 1981.

오석훈, 군산만에 서식하는 패류의 세균오염에 대한 연구, 원광대학교 박사학위논문, 1982.

吳泰燁, 금강수역내 자정능에 관여하는 난분해성 농약분해 미생물의 군집분포와 분해능, 배재대학교 석사학위논문, 1993.

柳東弦, 全北地方 노랑쐐기나방의 生活史, 전북대학교 석사학위논문, 1993.

柳明媛, 전주～군산간 도로변 왕벚나무의 생리 · 생태학적 연구, 군산대학교 석사학위논문, 1993.

유종수, 西海岸 海藻群集의 構造 및 遷移에 關한 生態學的 硏究, 충북대학교 석사학위논문, 1989.

유형빈 · 김석이, 부안댐에 서식하는 동물플랑크톤 군집에 관한 생태학적 연구,『환경과학연구지』3, 원광대학교, 1994.

尹柱完, 錦江上流 水系의 水棲昆蟲群集에 관한 硏究, 고려대학교 교육대학원 석사학위논문, 1982.

尹漢植, 群山灣에서 棲息하는 貝類의 腸炎 비브리오에 관한 分布硏究, 원광대학교 석사학위논문, 1987.

李景宰 外 6인,『내장산 국립공원의 레크레이션지역 내의 이용객 수용능력에 관한 연구』, 서울시립대학교, 1987.

李貴永, 군산내항에서 서식하는 패류의 세균오염에 관한 고찰, 원광대학교 석사학위논문, 1983.

李多美, 群山 隣近海域에서의 從屬營養細菌의 分布와 季節的 特性에 관한 硏究, 군산대학교 석사학위논문, 1990.

李得寧, 智異山一帶 Parmelia屬 地衣植物의 分類에 대한 硏究, 전북대학교 석사학위논문,

1987.

李萬相・權泰牛, 智異山 自生 부추의 形態的 特性 및 核型에 關한 研究,『원광대논문집(자연・가정・예체능계)』25‐2, 1991.

李萬相, 長水 白映山(흰 산철쭉)自殖에 의한 次世代 形質發現에 관한 研究,『원광대논문집』26‐2, 1992.

이명우 外, 소유역내 수자원 관리를 위한 체계생태계 모델링에 관한 연구 : 전주시 덕진공원 유역을 사례로,『環境論叢』26, 서울대학교, 1990.

李丙璇 外, 전북 林業試驗場 시험림內 植生別 토양응애類의 分布 및 諸 要因에 關한 研究,『전북대논문집(자연과학편)』34, 1992.

李祥禮, 오식島 花本科 植物分布에 對한 正準分析法의 適用研究, 전북대학교 교육대학원 석사학위논문, 1987.

李守一, 全羅南北道地域 익수류의 分類學的 研究, 경남대학교 석사학위논문, 1987.

李永魯・吳瑢子, 內藏山일대의 單子葉植物,『자연보존협회보고서』8, 1974.

李完玉, 白川(全北 扶安郡)에 棲息하는 참종개(Cobitis koreensis KIM) 個體群의 形態 및 生態에 관한 研究, 전북대학교 석사학위논문, 1984.

이용주・임양환, 邊山半島 白川의 魚類相,『科學敎育研究所論文集』17, 전주교육대학 과학교육연구소, 1995.

이인규・유순애, 서해 格列飛列島의 하계 해조상에 대하여,『韓國自然保存協會調査報告書』12, 한국자연보존협회, 1978.

李一球・金仁擇, 고군산군도의 植物相에 대한 생태학적 연구,『韓國自然保存協會調査報告書』18, 한국자연보존협회, 1980.

李姿鏡, 全州 초파리集團內의 異型接合逆位의 頻度에 關한 研究, 전북대학교 교육대학원 석사학위논문, 1985.

李在春, 邊山半島 地域의 土壤微生物 分布, 한양대학교 교육대학원 석사학위논문, 1993.

이점숙, 오식도와 인근도서의 식물상에 관한 연구,『한국생태학회지』7, 한국생태학회, 1984.

이점숙, Studies on the competition of the received light intensity of some wood plants in the Climax forest of Piagol Valley in Mt. Chiri,『자연과학연구』1, 군산대학교 자연과학연구소, 1986.

Lee Jeom Sook, Factors affecting palnt distrivution in Salt marsh of Mankyong and Dongjin River Estuaries,『자연과학연구』3, 군산대학교 자연과학연구소, 1988.

李忠烈, 萬頃江 魚類群集의 動態에 關한 研究, 고려대학교 석사학위논문, 1980.

李忠烈・尹一炳・金白秀, 만경강 어류군집의 동태에 관한 연구,『한국육수학회지』13, 한국육수학회, 1980.

李忠烈, 만경강하구 생태계의 구조‐어류 군집의 동태에 관하여,『한국생태학회지』13‐4, 한국생태학회, 1990.

李河逸, 萬頃江 淡水魚群集에 대한 Ordination 技法의 適用, 서강대학교 석사학위논문, 1983.

李鉉珍, 全州地方 배추흰나비(pieris rapae)의 染色體, 고려대학교 교육대학원 석사학위논문, 1975.

李鉉珍·金昌煥, 전북지방 배추흰나비의 染色體, 『한국곤충학회지』 6 - 1, 한국곤충학회, 1976.

任良宰, 智異山의 植生에 관한 研究(1), 『인천교대논문집』 1, 1963.

任良宰·金正彦, 『智異山의 植生』, 중앙대학교 출판부, 1992.

全柄度, 전라북도 연안의 魚類相에 관한 연구, 전북대학교 석사학위논문, 1992.

田眞和, 茂朱九千洞의 나방相에 關하여, 경희대학교 석사학위논문, 1979.

점헌용, 扶安 邊山半島 一帶의 植物相, 원광대학교 교육대학원 석사학위논문, 1990.

丁明鉉, 智異山 生藥資源植物調査, 『조선대종합논문집』, 1976.

鄭相潤, 변산반도 眼周之山 地域의 窒素固定細菌 分布, 한양대학교 교육대학원 석사학위논문, 1993.

鄭鎭澈·田璟秀·張圭寬·崔正鎬, 彌勒山 植生에 관한 研究, 『원광대대학원논문집』 6, 1993.

정태영·김용억, 서해안 대구 Gadus macrocehalus Tilesius의 체장·체중의 상관관계, 『한국수산학회지』 4, 한국수산학회, 1971.

趙三來, 內藏山 一帶의 나방相에 관한 研究, 고려대학교 석사학위논문, 1983.

曹聖植, 德裕山 一帶의 매화나무 이끼(parmelia)에 관하여, 고려대학교 석사학위논문, 1981.

趙重培, 大芚山의 植生, 원광대학교 교육대학원 석사학위논문, 1987.

陳相一, 군산만에 서식하는 패류의 세균오염에 대한 연구, 원광대학교 석사학위논문, 1983.

陳相一·오석흔, 군산만에 서식하는 패류의 세균오염에 대한 연구, 『원광대논문집(자연·가정·예체능편)』 17, 1983.

崔基哲·金益秀, 茂朱 南大川의 魚類相에 관하여, 『한국육수학회지』 5, 한국육수학회, 1972.

최민규 外, 변산반도 국립공원의 담수조류상, 『환경과학연구지』 3, 원광대학교, 1994.

崔星植·金榮奎, 國立公園 內藏山地域 날개응애類의 分類學的 研究, 『원광대논문집』 21 - 2, 1987.

河慶三, 智異山의 高度別 鳥類分布에 관한 生態學的 研究, 경남대학교 석사학위논문, 1992.

韓叔景, 全北地域 男女高等學校 寄宿舍生들의 Na 攝取量에 관한 調査研究, 원광대학교 석사학위논문, 1991.

韓昌勳, 群山 및 沃溝地方의 Aspergillus 層에 관하여, 고려대학교 교육대학원 석사학위논

문, 1976.
許光信·李一球, 위도 식물상의 생태학적 연구,『한국생태학회지』4, 한국생태학회, 1981.
許智順, 全州地域의 管束植物相과 分布, 원광대학교 교육대학원 석사학위논문, 1986.
許智順·吉奉燮, 全州地域의 植生,『기초과학연구』5-1, 원광대학교 기초과학연구소, 1986.
玄善永, 군산지역 해수의 병원성 비브리오균의 오염실태에 관한 연구, 부산수산대학교 산업대학원 석사학위논문, 1993.
洪京希, 智異山 順頭流 일대의 草本植物相 調査, 고려대학교 교육대학원 석사학위논문, 1988.
洪淳佑·閔庚喜, 고군산군도의 土壤菌類,『韓國自然保存協會調査報告書』18, 한국자연보존협회, 1981.
洪榮杓, 錦江上流 魚類群集의 季節的差異, 충남대학교 석사학위논문, 1983.
環境處 편,『自然生態系 全國調査 '90(2-2) : 第5次年度(全北의 植生)』, 1990.
黃炅洙, 선유도의 식물상에 관하여,『건국대대학원논문집』9, 1979.
黃琴花, 금강하류역의 어류상에 관하여, 상명여자대학교 교육대학원 석사학위논문, 1992.
黃琴花 外, 금강하류역의 어류상에 관하여,『기초과학연구』6, 상명여자대학교, 1992.
黃大澳, 全州地域學生의 PTC 味覺역치에 關한 研究, 고려대학교 교육대학원 석사학위논문, 1985.
黃秉鶴, 母岳山(全北)의 植物相 調査研究, 고려대학교 교육대학원 석사학위논문, 1990.
黃修玉, 錦江上流의 水棲昆蟲群集에 關한 生態學的 研究, 충남대 석사학위논문, 1989.
黃昌淵 外, 邊山半島 國立公園(內邊山)의 昆蟲分布相(Ⅰ),『전북대농대논문집』22, 1991.
黃昌淵 外, 邊山半島 國立公園(內邊山)의 昆蟲分布相(Ⅱ),『전북대농대논문집』23, 1992.

(7) 미생물학

金盛會, 錦江流域産 肝吸蟲類의 中間宿主에 관한 연구(1) : 第一中間宿主 왜우렁에 대하여(영문),『공주교대논문집』2, 1965.
金盛會, 錦江流域産 肝吸蟲類의 中間宿主에 관한 연구(2) : 淡水産 어류에 기생하는 肝吸蟲 및 吸蟲類의 被囊幼蟲의 寄生狀況(영문),『공주교대논문집』3, 1966.
金盛會, 錦江流域産 다슬기에 寄生하는 吸蟲類幼生에 관한 연구,『공주교대논문집』4, 1967.
金盛會, 錦江流域産 가재 및 참게에 寄生하는 吸蟲被囊幼生에 관한 연구,『공주교대논문집』5, 1968.
金永成 外 3인, 서해의 해양학적 요소와 프랭크톤 분석, 조선대학교 석사학위논문, 1982.
金鍾冕 外, 海洋環境保全에 있어서의 微生物學的 研究 : 群山 앞바다에 있어서의

Vitamin B12 Thiamine 및 Biotin의 分布,『韓國水産學會誌』16 - 1, 한국수산학회, 1983.

김종환, 금강유역 주민의 장내 기생충 및 간흡충 감염실태,『기생충학회지』34 - 4, 대한기생충학회, 1994.

김중래·김정희·이건형·이원호, 미소조류의 응용연구 : 개관,『韓國水産學會誌』25 - 3, 한국수산학회, 1992.

金智殖, 만경강하구 생태계의 구조와 기능 - 만경강과 동진강 하구 염습지의 식생구조에 미치는 환경요인,『자연과학연구』5, 군산대학교 자연과학연구소, 1990.

金智殖, 만경강하구 생태계의 구조와 기능 - 어류군집의 동태에 관하여,『한국생태학회지』13 - 4, 한국생태학회, 1990.

金智殖, 만경강하구 생태계의 구조와 기능 - 만경강과 동진강 하구의 저서동물과 서식환경에 관한 연구,『한국육수학회지』24 - 1, 한국육수학회, 1991.

金智殖, 만경강하구 생태계의 구조와 기능 - 만경강 하류 생태계에서의 종속영양세균의 계절적 분포와 이화학적 특성,『한국육수학회지』24 - 1, 한국육수학회, 1991.

金智殖, 만경강하구 생태계의 구조와 기능 - 만경강 하류의 환경과 식물플랑크톤군집,『한국육수학회지』24 - 1, 한국육수학회, 1991.

서해림 외, 만경·동진강 하구계의 동물플랑크튼의 분포와 염분,『한국해양학회지』26 - 3, 한국해양학회, 1991.

송인근 外, 변산반도 지역의 미생물 분포,『환경과학논문집』14, 한양대학교, 1993.

심재형, 만경·동진강 하구표면 생태계의 무생물 환경과 일차생산자(Ⅰ) : 환경 특성과 식물플랑크톤의 군집구조,『한국해양학회지』26 - 2, 한국해양학회, 1991.

심재형, 만경·동진강 하구역에 있어서 미생물 고리환을 통한 미소 생물 동태와 저하대 저서 동물의 군집 분석,『한국해양학회지』28, 한국해양학회, 1993.

심재형 외, 만경강 하류의 환경과 식물플랑크톤 군집,『연구논문집(Repiints 판)』1, 군산대학교 해양개발연구소, 1993.

심재형 외, 만경·동진강 하구에서의 박테리아 및 식물플랑크톤의 역활과 상호관계,『한국해양학회지』28 - 2, 한국해양학회, 1993.

심재형 외, 만경·동진강 하구계에서 요소와 요소분해 속도의 분포,『한국해양학회지』29 - 4, 한국해양학회, 1994.

심재형·박수영·조병철·이원호, 만경·동진강 염하구에서 섬모충류에 의한 박테리아 섭식에 관하여,『한국해양학회지』30 - 5, 한국해양학회, 1995.

劉奉錫, 만경강産 참게 浮游幼生인 Megalopa에 관한 생태학적 연구,『한국육수학회지』2, 한국육수학회, 1969.

柳元錫, 서해안에서 분리한 비브리오균의 특성 및 항균제 내성에 관한 연구, 단국대학교 석사학위논문, 1988.

이건형, 錦江河口 堆積土에서의 從屬營養細菌의 分布와 附着에 관한 硏究, 서울대학교 박사학위논문, 1986.

이건형·하영칠·홍순우, 금강하구 퇴적토의 이화학적 성질과 종속영양세균의 분포에 관하여,『미생물학회지』24, 한국미생물학회, 1986.

이건형, 금강하구 堆積土에서의 從屬營養細菌의 분포에 미치는 환경요인과 계절적 優占屬에 관하여,『미생물학회지』25 - 2, 한국미생물학회, 1987.

이건형·김상진·이다미, 군산부근 조간대에서의 해양종속영양세균의 계절적 분포와 특성,『미생물학회지』28, 한국미생물학회, 1990.

이건형·김상진·이원호·이다미, Seasonal distribution and characteristics of heteorotrophic marine bacteria in the intertidal zone near Kunsan of Yellow Sea Korean,『韓國水産學會誌』28 - 4, 한국수산학회, 1990.

이건형·이다미·김상종, 군산 인근해역에서의 해양세균의 균체수와 Biovolume,『미생물학회지』29 - 6, 한국미생물학회, 1991.

이건형, 군산 인근해역에서의 형광현미경법에 의한 균체수와 Biovoulume의 상호관계,『미생물학회지』, 한국미생물학회, 1991.

이건형·이영옥·이규춘, 만경강 하류 생태계에서의 종속영양세균의 계절적 분포와 이화학적 특성,『한국육수학회지』24, 한국육수학회, 1991.

이건형·김재원·김정희, 군산 인근해역에서 종속영양세균의 분포·평균체적 및 세포의 효소활성력,『한국생태학회지』17 - 1, 한국생태학회, 1994.

이규춘, 만경강 하류에 분포하는 항생제내성 세균에 관한 연구, 군산대학교 석사학위논문, 1991.

이동섭, 군산 근해산 동물플랑크톤에 관한 연구, 서울대학교 석사학위논문, 1982.

李素暎, 곰소灣 조간대의 有孔蟲 연구, 전북대학교 교육대학원 석사학위논문, 1994.

이영엽, Pseudomonas sp. K101이 생산하는 단백분해효소의 특색에 관한연구,『전주대논문집(자연과학편)』20, 1991.

이영엽 外, 저온성 Pseudomonas sp에 의한 지방분해효소의 최적 생산조건에 관한 연구,『전주대논문집(자연과학편)』23, 1994.

이점숙, 만경강하구 염습지의 식생분포에 관한 연구,『한국환경생물학회지』6 - 1, 한국환경생물학회, 1987.

이점숙, 만경강과 동진강 하구 염습지 조위 구배에 따른 염생식물의 정착에 관한 연구, 서울대학교 박사학위논문, 1990.

이점숙, 만경강하구 생태계의 구조와 기능에 관한 연구 : 만경강과 동진강 하구 염습지의 식생구조에 미치는 환경요인,『자연과학연구』5, 군산대학교 자연과학연구소, 1990.

이점숙, 만경강과 동진강의 염생식물군락 분포,『연안환경연구』, 1995.

池洋宇, 곰소灣 潮間帶의 有孔蟲 연구, 고려대학교 교육대학원 석사학위논문, 1992.

12. 의학·약학

(1) 의학 일반

金鍾仁, 全北地域의 診療圈에 관한 調査研究,『원광보전연구지』5, 원광보건전문대학, 1982.

李相文, 農民仁術 李永春의 77년,『政經文化』254, 한국정경연구소, 1986.

李相宰·吳戊姬·金慶子, 南原邑人의 出生死亡 및 死因에 관한 調査研究,『綜合醫學』13 - 1, 1968.

이인학, 재활의료 써비스가 병원이용도에 미치는 영향 - 전북 전주지역을 중심으로,『대한물리치료학회지』2 - 1, 대한물리치료학회, 1990.

(2) 병리학

이광민·정동규, 호남지역의 악성 임파종에 관한 고찰,『대한병리학회지』16 - 4, 대한병리학회, 1982.

이춘희·박숙자, 호남지역에서 분리된 병원성세균의 항균제에 대한 감수성,『대한임상병리학회지』2 - 1, 대한임상병리학회, 1982.

정옥봉, 전주시내 한 종합병원에서의 1992년도 혈액배양 결과,『紀全女專論文集』13, 1993.

(3) 세균

김윤희, 전주 인근지역의 천수답 물에서의 Leptospira균 분리상황,『紀全女專論文集』12, 1992.

盧永福·陳福姬·金裕鉉, 全北地方의 설사 患者에서 分離한 細菌의 抗生劑 感受性 檢査,『원광보전연구지』5, 원광보건전문대학, 1982.

吳錫欣, 군산만의 패류에 대한 장염 비브리오균의 분포에 관한 연구,『원광대논문집』18, 1984.

李圭植·韓斗錫·李相福, 全北地域 市販 貝類의 細菌學的 檢査,『원광보전연구지』3, 원광보건전문대학, 1980.

李圭植·陳福姬, 全北地域 市販 貝類의 腸炎 Vibrio 汚染度 調査研究,『원광보전연구지』

4, 원광보건전문대학, 1981.

李圭植·金裕鉉, 全北地方 腸內 細菌의 抗生劑 感受性 檢査,『원광보전연구지』6, 원광
　　보건전문대학, 1983.

(4) 면역·혈청

殷錫, 全羅北道 돼지에 있어서 톡소플라마중의 抗體 調査,『원광보전연구지』1-1, 원광
　　보건전문대학, 1978.

(5) 간호학

姜性祚, 一部 全北地域 妊娠婦의 營養狀態에 관한 조사연구, 원광대학교 석사학위논문,
　　1987.
김희정, 金堤地域 女子高等學生의 총 지방량과 營養狀態에 관한 調査硏究, 원광대학교
　　석사학위논문, 1983.
柳光銖, 全北地域 保健所 看護師의 業務遂行 實態와 그에 關聯된 要因分析 研究,『전북
　　대의대논문집』26, 1988.
정영숙, 일부지역 보건 간호원의 지역사회 보건자원 이용에 영향을 주는 요인에 관한 연구
　　: 전북도내 보건 간호원을 중심으로,『대한간호』111, 대한간호협회, 1981.
정영숙, 전북지역 양호교사의 업무수행과 관련요인 분석,『전북대의대논문집』23, 1987.
정영숙, 가정간호 요구에 관한 연구 - 전북지역을 중심으로,『한국보건간호학회지』1, 한국
　　보건간호학회, 1994.
정영숙·문영희, 전북지역 양호교사의 AIDS 관련 지식과 태도 조사연구,『한국보건교육회
　　지』11-2, 문선사, 1994.
정영숙· 문영희, 보건소 간호사의 직무몰입 분석 - 전북지역을 중심으로,『지역사회간호
　　학회지』7-1, 1996.

(6) 결핵

朴寶漢·河大有, 全北地方에서 分離한 結核菌의 분류(第2報) : 抗結核劑에 대한 耐性度,
　　『결핵 및 호흡기질환』25, 대한결핵학회·대한결핵협회, 1966.

(7) 기생충

金錫默, 東津江流域의 寄生蟲分布調査, 고려대학교 교육대학원 석사학위논문, 1976.

김석찬·김재진·이근태, 경기도 및 전라북도 주민의 장내원충 감염에 대한 역학적 조사, 『기생충학회지』 22 - 1, 대한기생충학회, 1984

김종환, 금강유역에 있어서 Metagonimus속 흡충에 관한 연구, 『기생충학회지』 18, 대한기 생충학회, 1980.

김종환·宋仁植, 錦江流域에서 採集한 Planorbidae의 分流學的 硏究, 『기생충학회지』 52, 대한기생충학회, 1983.

閔弘基, 전라북도 산간지역 주민의 장내원충 감염에 관한 역학적 연구, 『기생충학회지』 10, 대한기생충학회, 1972.

朴鉉, 전북지역 서류의 내부 기생충 조사, 원광대학교 석사학위논문, 1990.

白秉杰·金臣武, 全羅北道 平野 및 山間住民의 寄生蟲 感染率 調査, 『원광보전연구지』 1, 원광보건전문대학, 1978.

신현성 外, 錦江流域에 있어서 肝吸蟲의 調査硏究, 『대전보전논문집』 6, 대전보건전문대 학, 1984.

吳賢淑·殷錫, 全州市內 保育院生의 蟯筮感染 實態調査, 『원광보전연구지』 3, 원광보건 전문대학, 1981.

李根泰·金鍾煥·朴鍾台·李萬鎔, 全北地方에 있어서 有鉤感染率 및 有·無鉤條蟲 寄 生狀態에 관한 調査報告, 『기생충학회지』 4, 대한기생충학회, 1966.

李元求, 全羅北道와 寸蟲, 『전라문화연구』 2, 전북향토문화연구회, 1988.

정인성, 全北 南原地方의 腸內寄生蟲 分布狀態, 『전남의대잡지』 1, 1964.

(8) 내과학

권주혁·박순영·홍재웅, 1969년에 유행한 콜레라에 대한 조사연구(제1보) : 忠南·全北地 區 콜레라에 대한 疫學調査 報告, 『국립보건연구원보』 6, 국립보건연구원, 1969.

권철 外, 1982년 전북지역의 성인에 발생한 일본뇌염의 고찰, 『대한의학협회지』 284, 대한 의학협회, 1983.

김한중 外, 1991년 서천·군산 지역 콜레라 유행의 전파경로와 발생근원, 『韓國疫學會誌』 20, 韓國疫學會, 1991.

南廷子, 전북지방 신장질환의 역학적 검토, 전북대학교 석사학위논문, 1992.

문무언 외, 全北地方에서 發生한 韓國型 出血熱 37例에 對한 考察, 『대한내과학회지』 200, 대한내과학회, 1977.

박명선, 전북 서북부지역에서의 E형 간염 바이러스에 대한 역학적 연구, 원광대학교 석사학위논문, 1993.

박명선 外, 전북 서북부지역에서의 Anti‒HEV의 발현빈도,『대한내과학회지』407, 대한내
   과학회, 1994.

朴英圭, Leptospirosis of Chonbuk province of Korea in 1987, 전북대학교 석사학위논문,
   1990.

安官鎔, 全北地域의 살모넬라증의 疫學的 調査, 전북대학교 석사학위논문, 1985.

安僑燦, 錦江流域 住民의 肝吸蟲 感染에 對한 疫學的 調査研究, 충남대학교 박사학위논
   문, 1982.

安僑燦・沈雲澤, 錦江流域 住民의 肝吸蟲 感染에 對한 疫學的 調査研究,『충남대의대잡
   지』9‒1, 1982.

安得洙・洪起芳, 全北地方의 內科 患者에 對한 比較評價 : 20個月間 1,722例의 分析,
   『전북대의대논문집』3, 1979.

이광영 外, 전북지방에 발생한 쭈쭈가무시병 38例의 임상적 고찰,『대한내과학회지』348,
   대한내과학회, 1989.

임동석 外, 1989년 전북 서북부지역에서의 A형 바이러스성 간염의 역학적 조사,『대한내
   과학회지』383, 대한내과학회, 1992.

임창열, 전북지방 성인의 각종 혈액학적 검사의 정상치에 관한 소견,『전북대의대논문집』
   26, 1988.

장대윤, 금강상류지역에 있어서 肝吸蟲의 感染實態 및 Embay8440(praziguantel)의 治療效
   果에 關한 研究, 충남대학교 석사학위논문, 1980.

장대윤・김신환・백금헌・김기선・ 안승운, 금강유역 주민의 간흡충 감염실태 및
   Embay8440(Praziquantel)의 치료효과에 관한 연구,『대한내과학회지』23, 대한내과학회,
   1980.

전기엽・장우현, 1986년・1988년 전북지역에서 발생한 쭈쭈가무시병 24例,『대한내과학회
   지』343, 대한내과학회, 1989.

전기엽 外, 전북지방의 C형간염 발현 양상,『大韓消化器病學會誌』56, 대한소화기병학회,
   1992.

정종훈・김형식, 1990년 전북 정주 일원에서 발생한 렙토스피라병, 한국형 출혈열 쭈쭈가
   무시병에 대한 임상학적 고찰,『中央醫學』366, 중앙의학사, 1991.

曹慶鍾, 扶安地區에서 流行한 콜레라에 대한 疫學的 調査,『공중보건잡지』7, 1970.

崔基鐵, 全北 農村住民에 대한 胃集團檢診 結果,『전북대의대논문집』1‒1, 1977.

黃仁澹・奇老錫・朴榮洙, 전북지방의 유행성 腸炎에 관한 疫學的 調査研究,『대한보건
   협회지』2, 대한보건협회, 1976.

(9) 산부인과학

홍기연, 전북지역 비정상 임신 환자에서의 Toxoplasma gondii 항체가 연구, 원광대학교 석사학위논문, 1991.

홍기연 外, 전북지역 비정상 임신 환자에서의 Toxoplasma gondii 항체가 연구, 『大韓産婦人科學會誌』 35 - 2, 1992.

(10) 소아과학

김선준 外, 전북지역의 급성 류마치열 환아의 임상적 고찰, 『전북대의대논문집』 41, 1991.

金鍾悳 外, 全北地方 小兒의 身體發育에 관한 研究, 『전북대의대논문집』 15, 1985.

金鎭吾, 전주지역 국민학교 아동에서의 무증상 혈뇨·단백뇨 및 당뇨의 유병률, 전북대학교 석사학위논문, 1990.

김진오 外, 전주지역 국민학교 아동에서의 무증상 혈뇨·단백뇨 및 당뇨의 유병률, 『소아과』 34 - 2, 1991.

이진희, 영유아 영양법 및 이유실시에 관한 조사연구 : 군산시내·옥구군 거주 영유아를 중심으로, 『中央醫學』 196, 중앙의학사, 1977.

조석범·박선규·이오경·김종덕·이대열, 전라북도 지역 소아 당뇨병의 임상적 고찰, 『제44차 대한소아과학회 추계학술대회 발표논문집』, 86, 대한소아과학회, 1994.

(11) 이비인후과학

朴勳明, 湖南地方에 있어서 알레르기性 鼻炎의 抗原에 대한 臨床統計學的 考察, 조선대학교 석사학위논문, 1978.

오수섭, 호남지방에 있어 알레르기성 비염의 임상통계학적 고찰, 조선대학교 석사학위논문, 1989.

(12) 정신·신경과학

김윤희, 정신증상에 대한 교육자의 인식도 조사연구 : 전라북도내 전주·이리·군산지역 교육자를 중심으로, 『中央醫學』 195, 중앙의학사, 1977.

(13) 치과학

姜基鉉, 치아손상의 임상통계학적 연구 : 전북대학교 병원 치과 외래환자를 중심으로, 전
  북대학교 석사학위논문, 1991.
康聖洙, 전북지역 청소년의 치주상태와 치주처치 수요도에 관한 연구, 원광대학교 석사학
  위논문, 1987.
고상진, 전북지역 초·중등학생의 두개하악장애 증상 유병률에 관한 연구, 원광대학교 석
  사학위논문, 1994.
金榮心·申瀅植, 圓光醫療院 齒科外來患者의 有效齒科 治療需要에 관한 調查硏究,『원
  광보전연구지』4, 원광보건전문대학, 1981.
金鍾培, 全北 金堤郡 白鷗面 柳江里 東子浦 住民 斑狀齒에 關한 疫學的 硏究,『대한치
  과의사협회지』106, 대한치과의사협회, 1978.
김오환, 1974年度 全北道의 兎脣患者 35名에 對한 成形手術 報告,『대한치과의사협회지』
  13－2, 대한치과의사협회, 1975.
김오환, 全羅北道 西海 島嶼住民의 구강상태에 관한 硏究,『전북대의대논문집』2, 1978.
김오환, 만경강 유역 주민의 반상치에 관한 역학적 연구,『전북대의대논문집』4－1, 1980.
김오환, 전주시 학동들의 우식경험율에 관한 연구,『전북대의대논문집』5－1, 1981.
金容達, 全北 井邑郡 영원면 풍월리 신월 部落民의 斑狀齒에 關한 疫學的 硏究,『대한치
  과의사협회지』13－11, 대한치과의사협회, 1975.
김재곤·백병주, 전북지역 치과 개원의의 열구전색제 사용실태에 관한 연구,『대한소아치
  과학회지』21－1, 대한소아치과학회, 1994.
김준관, 원광대학교 치과병원 교정과에 내원한 환자의 분포 및 변동 추이에 관한 연구, 원
  광대학교 석사학위논문, 1991.
朴星浩, 全州市 國民學校 兒童의 치아우식 경험도(1),『전북대의대논문집』7－1, 1983.
신형식, 圓光大學校附屬 齒科病院 外來患者 有效齒科醫療需要의 特性과 變化에 關한
  調查硏究(Ⅰ),『대한치과의사협회지』165, 대한치과의사협회, 1983.
安鎭龜·朴貞順, 群山市地域 中産層主婦의 口腔保健 行動實態에 關한 硏究,『원광보전
  연구지』6, 원광보건전문대학, 1983.
李光熙·朴貞順, 全羅北道內 中小都市人과 非都市人의 口腔健康實態 比較調查硏究,
  『원광보전연구지』5, 원광보건전문대학, 1982.
이수경·정대인·노용환·장기완, 전주시 국민학교 교사의 구강보건 지식·태도 및 상태,
  『대한구강보건학회지』18－2, 대한구강보건학회, 1994.
이수경, 전주시 국민학교 교사의 구강보건 지식·태도 및 상태, 전북대학교 석사학위논문,
  1995.
李鍾滿, 全羅北道 淳昌居住 南原楊氏 學童의 齒牙 우식經驗度 調查硏究,『대한치과의사
  협회지』13－2, 대한치과의사협회, 1975.

李賢玉, 全北地域 都市와 農村 學童의 口腔保健管理 實態에 관한 比較研究, 원광대학교
  산업대학원 석사학위논문, 1991.
전주연·이현옥, 全羅北道 齒科醫院에 來院한 患者의 Chief Complaint에 따른 診療內容
  에 대한 調査研究, 『원광보건전문대논문집』 12, 1989.
정동균, 萬頃江流域(金堤郡 益山郡 및 裡里市 郊外)에 居住하는 國民學校 兒童의 尿中
  弗素濃度에 關한 研究, 『서울대치대논문집』 3, 1978.
趙澤珦, 湖南地域 不正咬合 患者의 來院狀態에 關한 研究, 조선대학교 석사학위논문,
  1986.

(14) 피부과학

李柱琇, 全北地方에 있어서의 癩病에 관한 輿論調査, 『나학회지』 6, 1969.
任哲完, 全北地方에서 空中 眞菌총에 對한 研究, 『전북대의대논문집』 3, 1979.
黃基碩, 國立益山病院 癩患者의 疫學 및 社會醫學的 考察, 『나학회지』 4, 1967.

(15) 위생학·예방의학

기노석, 전북지역 일부 공무원의 체격 및 건강상태에 관한 조사, 『최신의학』 19, 최신의학
  사, 1976.
기노석, 島嶼地域 學齡前 兒童의 營養狀態에 關한 調査研究, 『전북대의대논문집』 3,
  1979.
기노석, 일부 도서지역 주민의 사망 양상에 관한 조사연구, 『전북대의대논문집』 4, 1980.
기노석, 일부 보건진료원의 업무활동에 관한 조사연구, 『전북대의대부속간호전문대논문
  집』 8, 1982.
기노석, 1982년 전북지역의 일본뇌염에 관한 역학적 조사연구, 『전북대의대부속간호전문
  대논문집』 9, 1983.
기노석, 일부 농촌지역 노인들의 혈압과 관련된 제 요인 분석, 『한국농촌의학회지』 10, 국
  제농촌의학회 한국지부, 1985.
기노석, 일부 공단주변 국민학생들의 뇨중 중금속 함량에 관한 연구, 『전북대의대논문집』
  11, 1987.
기노석, 일부 중소도시 기혼여성의 혈액 및 중금속 함량의 상관성에 관한 연구, 『예방의학
  회지』 20, 대한예방의학회, 1987.
기노석, 만경강 침적도중 중금속 함량에 관한 연구, 『전북대의대논문집』 12, 1988.
기노석, 일부 국민학교 아동의 모발 및 뇨중 중금속함량에 관한 연구, 『전북대의대논문집』

12, 1988.

기노석, 일부 하천유역의 논토양 및 현미중 중금속오염에 관한 조사연구,『전북대의대논문집』12, 1988.

기노석, 만경강 상류 유입지천의 대장균군 오염도와 분포비에 관한 연구,『전북대의대논문집』13, 1989.

기노석, 일부 하천유역의 담수어와 침적토의 중금속 함량에 관한 조사,『환경위생학회지』15, 1989.

기노석, 일부지역 강수내 Ion 특성에 관한 조사,『전북대의대논문집』14, 1990.

기노석, 일부 염색업체에 종사하는 근로자의 작업환경 및 보건상태에 관한 연구,『대한산업의학회지』6, 대한산업의학회, 1994.

金克魯, 大學生의 保健行動에 관한 研究 : 群山大學을 中心으로,『군산대논문집』14, 1987.

김영규 外, 一部 河川流域의 논 土壤 및 玄米中 重金屬汚染에 關한 調査硏究,『전북대의대논문집』26, 1988.

문홍만, 전주시내 일부 유치원 아동의 요충 감염조사,『광주보건전문대논문집』20, 1995.

박재황, 응급환자의 실태에 관한 연구 : 호남 서북부 지역(이리·익산·옥구·김제·군산 지역)을 중심으로,『圓光醫科學』6 - 1 · 2합집, 원광대학교, 1990.

安晴子 外 1인, 전북지역 학교 보건사업 개선을 위한 평가 연구,『한국학교보건학회지』2, 한국학교보건학회, 1989.

吳賢淑 · 金臣武, 全羅北道地域 成人의 血色素 平均値에 關한 研究,『원광보전연구지』5, 원광보건전문대학, 1982.

朱仁鎬 · 賓順德, 西海島嶼의 모기,『최신의학』6 - 2, 최신의학사, 1963.

최승렬, 소양면 지역사회 환경 기초조사,『예방의학회지』6, 대한예방의학회, 1973.

洪思澳 · 安榮根 · 羅圭煥 · 安年衡, 이리시 일원 井水의 위생화학적 연구,『한국육수학회지』6 - 3~4, 한국육수학회, 1973.

황인담, 一部 島嶼住民의 醫療에 關한 研究,『전북대의대논문집』3, 1979.

황인담 · 기노석 · 박영수,『農村地域 住民의 保健衛生에 關한 情報源과 그 熟知度에 關한 調査研究』(1979년도 학술연구보고서), 전북대학교, 1980.

황인담 · 박영수 · 서석권, 全北地域 産業勞動者의 産業災害에 관한 調査硏究,『예방의학회지』14 - 1, 대한예방의학회, 1981.

황인담 · 고대하, 전북대학교 보건진료소의 최근 10년간의 실태에 관한 조사연구,『전북대의대논문집』6 - 2, 1982.

1) 보건학

金成淑, 全北地域 印刷工의 自覺症狀 調査研究, 원광대학교 산업대학원 석사학위논문,

1990.

김재구, 서해안지역의 장염 Vibrio균에 대한 역학적 조사, 충남대학교 보건대학원 석사학
　　위논문, 1992.

김재구 外, 서해안지역의 장염 Vibrio균에 대한 역학적 조사,『中央醫學』381, 중앙의학사,
　　1992.

金虎信, 裡里市의 地域別 騷音水準에 關한 硏究, 원광대학교 산업대학원 석사학위논문,
　　1995.

金熙權, 의료기관에 勤務하는 物理治療士의 職務滿足度에 關한 調査硏究 : 光州 全南
　　全北地域을 中心으로, 원광대학교 산업대학원 석사학위논문, 1993.

두재균, 전북 일부지역 산업노동자의 산업재해에 관한 조사연구, 서울대학교 석사학위논
　　문, 1982.

朴大根, 慰安婦들에 對한 社會醫學的 調査硏究 - 群山地區를 中心으로, 서울대학교 석사
　　학위논문, 1965.

潘德鎭, 地域醫療保險 抵抗에 관한 調査 연구 : 全北 鎭安郡과 서울市 관악구 신림9동을
　　중심으로, 서울대학교 보건대학원 석사학위논문, 1991.

변주나, 전라북도 지역 일차보건진료원의 지역사회 간호지식에 관한 연구,『전북대의대논
　　문집』19, 1986.

李相圭·奇老錫, 全羅北道 公務員의 體格에 관한 연구,『예방의학회지』9, 대한예방의학
　　회, 1976.

李在殷, 家庭主婦의 健康에 대한 知識 態度 및 實踐水準과 家族健康間의 關聯性 연구 :
　　천안 및 부안지역을 중심으로, 서울대학교 보건대학원 석사학위논문, 1990.

曹芝鉉, 湖南地域에 流行한 Vibrio vulnificus의 染色體 DNA의 制限酵素 分解樣相과 血
　　淸型, 전남대학교 박사학위논문, 1993.

2) 환경의학

朴贊云, 萬頃江流域 飮料水의 弗素含有量과 斑狀齒에 關한 硏究,『전북대의대논문집』6
　　- 1, 1982.

장관식, 萬頃江 流域 沈積土중 重金屬含量에 關한 調査硏究, 전북대학교 석사학위논문,
　　1988.

趙庸元, 萬頃江上流 流入支川의 大腸菌群 汚染度와 分布比에 關한 硏究, 전북대학교 석
　　사학위논문, 1989.

황인담 外, 만경강유역 침적토중 중금속함량에 관한 연구,『전북대의대논문집』29, 1988.

황인담 外, 萬頃江上流 流入支川의 大腸菌群 汚染度와 分布度에 關한 硏究,『전북대의
　　대논문집』32, 1989.

황인담 外, 군산지역 택시 운전기사의 혈액뇨 및 모발의 중금속 함량에 관한 조사,『대한

보건협회지』 36, 대한보건협회, 1992.

황인담 外, 전북지역 도금작업장 환경 및 근로자의 건강실태 조사,『環境科學研究誌』 3, 원광대학교, 1994.

황인담·박경옥, 전북지역 도금작업장 환경 및 근로자의 건강실태 조사,『산업보건』 9, 1995.

3) 영양학

김성숙, 전북지역 청소년의 식염섭취 상태에 관한 조사연구, 원광대학교 석사학위논문, 1985.

金永植, 裡里地方 靑少年들의 動物性 蛋白質攝取 嗜好性向,『원광보전연구지』 3, 원광보건전문대학, 1981.

김인숙·모수이, 전북지역의 농촌 및 도시근교의 유유가 영양에 관한 연구,『대한보건학회지』 4 - 2, 대한보건학회, 1978.

김인숙, 도시근교 노년층의 영양실태조사 - 전주시를 중심으로,『한국영양식량학회지』 9 - 1, 한국영양식량학회, 1980.

김인숙 외 2인, 전라북도내 서해안 지역의 하천에 서식하는 붕어의 중금속 함량에 관한 연구,『한국영양학회지』 6 - 2, 한국영양학회, 1993.

김인숙 외 5인, 전주지역 주민의 식품섭취 실태조사,『한국영양연구소 연구업적집』 9, 한림대학교, 1993.

김인숙 외 5인, 전주지역 주민의 영양상태 조사연구,『한국영양연구소 연구업적집』 9, 한림대학교, 1993.

김인숙 외 2인, 건강운동습관 등의 생활습관이 건강에 미치는 영향(1) - 영양섭취 실태를 중심으로 : 전주 주민을 중심으로,『한국노화학회지』 4 - 2, 한국노화학회, 1994.

김인숙 외 2인, 건강운동습관 등의 생활습관이 건강에 미치는 영향(2) - 혈중지질조성을 중심으로 : 전주 주민을 중심으로,『한국노화학회지』 4 - 2, 한국노화학회, 1994.

김인숙 외 2인, 전북지역의 주부가 담근 저장식품과 노동의 식염함량에 관한 연구,『한국식품학회지』 7 - 3, 1994.

김인숙, 전주지역 주민의 비만도와 체지방함량 및 혈중지질에 관한 연구,『한국노화학회지』 5 - 1, 한국노화학회, 1995.

김인숙, 지방산 섭취가 혈압 혈당 r - gtp 및 혈중지질에 미치는 영향 - 전주 주민을 중심으로,『한국노화학회지』 5 - 2, 한국노화학회, 1995.

文珠鉉, 全羅北道內 食水에 의한 칼슘·마그네슘 및 불소攝取量에 關한 調査研究, 원광대학교 석사학위논문, 1986.

白京美·鄭惠民, 主婦消費者의 加工食品 購買運動에 관한 연구 : 전주시 주부를 대상으로,『紀全女專論文集』 7, 1987.

서혜경, 전북 진안군의 장아찌에 관한 조사연구,『윤서석박사 정년퇴임 기념논문집』, 1988.

서혜경·이영란, 전북 고창지방의 장아찌에 관한 조사연구,『전주대논문집(자연과학편)』 20, 1991.

송요숙, 전북 임실군 농촌지역의 학교급식 실시학교 학생의 영양실태조사,『전주우석대논 문집(자연과학편)』6, 1984.

윤계순, 전북지역 야간 남자대학생의 식습관 및 건강상태에 관한 연구,『전주우석대논문집 (자연과학편)』14, 1992.

李景子, 全北地域 職場人과 學生들의 食生態에 관한 調査,『紀全女專論文集』6, 1986.

이경자·김숙배, 全北地域 職場人과 學生들의 아침식사 패턴에 관한 調査,『紀全女專論 文集』6, 1986.

李景子, 全北地域 主婦들의 食事行動에 관한 研究,『紀全女專論文集』11, 1991.

張惠順, 全北 一部地域(群山·沃溝)의 女子 中·高·大學生의 食習慣調査研究,『새마을 연구』3, 군산대학교 새마을연구소, 1985.

張惠順, 全北 一部地域(群山·沃溝)의 女子 中·高·大學生의 食品嗜好調査研究,『自 然科學研究』1, 군산대학교, 1986.

全光翊, 裡里市內 國民學校 學生의 間食品 調査研究,『원광보전연구지』2, 원광보건전문 대학, 1980.

全淳榮, 都·農에 居住하는 主婦가 담근 貯藏食品 및 尿의 食鹽含量에 관한 연구 : 全羅 北道內 全州 裡里 및 金堤郡을 中心으로, 원광대학교 석사학위논문, 1992.

최선남, 군산지역 전문학교 남학생의 도시락 영양실태조사,『한국영양식량학회지』8-1, 한국영양식량학회, 1979.

최선남, 전북지방 국민학교 학생의 도시락 영양실태조사,『한국영양식량학회지』11-2, 한 국영양식량학회, 1982.

한숙경 外, 전북지역 남녀 고등학교 기숙사학생들의 무기물 섭취 실태조사,『韓國食品營 養學會誌』6-2, 한국식품영양학회, 1993.

한숙경 外, 전북지역 남녀 고등학교 기숙사학생들의 영양 섭취 실태조사,『韓國食品營養 學會誌』6-2, 한국식품영양학회, 1993.

玄仲順, 湖南地方 高等學生과 大學生들의 飮食選擇 및 嗜好性向, 명지대학교 석사학위 논문, 1979.

(16) 약학

金貞姬, 지리산 오갈피나무 뿌리의 성분 연구, 중앙대학교 박사학위논문, 1981.

李友榮, 群山地域의 皮膚絲狀菌病에 關한 研究, 성균관대학교 석사학위논문, 1985.

李正鎬·河大有, 全北에서 分離된 Salmonella의 藥劑耐性,『전북대의대논문집』6-1, 1982.

鄭淇化, 지리산 오갈피나무 근피유출물의 약리작용, 경희대학교 박사학위논문, 1980.
韓京熹, 沃溝湖의 衛生學的 研究, 동덕여자대학교 석사학위논문, 1985.

13. 공학·기술

(1) 과학 기술

전북경제사회연구원,『과학기술 발전을 위한 전북지역 정책포럼』, 전북경제사회연구원, 1994.

(2) 건설공학

1) 토목공학

姜京錫, 錦江流域의 河川維持流量 算定, 충북대학교 석사학위논문, 1991.

姜容德, 새만금 海域의 潮汐數値模型, 성균관대학교 석사학위논문, 1990.

高在昱, 萬頃江 水系의 蛇行特性 硏究, 조선대학교 석사학위논문, 1987.

權男顔, 錦江의 滿堤流量 算定에 關한 硏究, 건국대학교 산업대학원 석사학위논문, 1988.

김기린, 호남 내륙지방의 강우 특성에 대한 연구, 조선대학교 석사학위논문, 1982.

김동희, 군산항 및 금강하구의 제 현상 조사보고서,『대한토목공학지』9 - 1, 대한토목공학회, 1961.

金炳漢, 全州市의 開發事業에 관한 考察, 조선대학교 석사학위논문, 1986.

김성호, 금강유역 내 용담지점에서의 수위 - 유량 곡선의 검정에 관한 연구, 연세대학교 산업대학원 석사학위논문, 1990.

金勝植, 全北地域의 콘크리트용 骨材에 關한 實態調査 및 需要量 豫測에 관한 硏究, 원광대학교 산업대학원 석사학위논문, 1993.

金陽洙, 錦江水系의 蛇行特性, 충북대학교 석사학위논문, 1981.

金寧圭, 東津江 干拓地 第2防潮堤 끝막이에 對하여,『농업토목학회지』9 - 2, 1967.

金榮煥, 錦江水系河川整備基本計劃,『대한토목학회지』24, 대한토목학회, 1976.

金鎔潤, 錦江의 水理現象 및 汚染物質 分布狀況의 모델링, 성균관대학교 석사학위논문, 1983.

金雲中 外, 全北地方 主要地域別 最適確率降雨强度公式의 誘導,『國土開發硏究』10 - 1, 조선대학교, 1990.

金載洙, 서해안 연약지반의 토질 정수간의 상관성에 관한 연구, 경희대학교 석사학위논문, 1987.

金辰河 外, 東津江 制水門施工,『韓國農工學會誌』22 - 1, 한국농공학회, 1980.

金贊基, 錦江流域의 年平均 洪水量 推定에 관한 研究, 성균관대학교 석사학위논문, 1981.

金抗根, 地籍業務의 地域的 特性 : 群山市 地域을 中心으로, 『地籍』 106, 대한지적공사, 1984.

김환기·이기완·나덕관·정붕섭, 전주시 대규모 주택개발이 三川에 미치는 영향, 『도시 및환경연구』 3, 전북대학교 도시및환경연구소, 1988.

김환기 외, 금강호의 수질변동 및 예측에 관한 연구, 『도시및환경연구』 5, 도시및환경연구소, 전북대학교, 1990.

김환기 외, 龍潭댐 建設에 따른 水質豫測, 『도시및환경연구』 5, 전북대학교 도시및환경연구소, 1990.

南宣祐, 全北地方 降雨 強度 特性, 『대한토목학회지』 15 - 2, 대한토목학회, 1967.

文秀男, 섬진강 流域의 單位 流量圈의 合成, 경희대학교 석사학위논문, 1984.

문유희, 보행자 전용공간의 정비와 활성화 방안에 관한 연구 : 전주시 C.B.D를 중심으로, 전북대학교 석사학위논문, 1993.

민병섭, 금강 수계에 대한 최대 홍수량 공식에 관한 연구, 『충남대논문집(자연과학편)』 7, 1968.

朴明根, 錦江流域의 適正洪水 頻度分析 : 年趙過值系列을 中心으로, 충북대학교 석사학위논문, 1981.

박상조, 군산대교 교형에 관하여, 『대한토목학회지』 12 - 3, 대한토목학회, 1964.

朴善喜, 共同住宅에서의 다용도실에 관한 연구 : 全州地區의 아파트를 중심으로, 『전북대 사대논문집』 6, 1980.

朴正熙, 龍潭댐 地點 月流出의 推計學的 時系列模型, 경희대학교 석사학위논문, 1986.

朴昶宣, PUD方式을 利用한 不良住宅地區 住居環境改善에 관한 研究 - 全州市 西老松洞을 中心으로, 전북대학교 석사학위논문, 1987.

박춘혁·배주성·조기성, 『소양교 안전도 검사보고서』, 전북대학교 공업기술연구소, 1994.

朴煥秀, 茂朱댐 餘水吐에 關한 水理模型 實驗, 서울대학교 석사학위논문, 1964.

배주성, 『전주시 하수종말 처리장 2장계 건설공사 포기조C2헌치 부위의 구조 안전진단 보고서』, 전북대학교 공업기술연구소, 1994.

배주성, 『함라 수동천 정비 공사 수로 구체에 대한 안전진단 보고서』, 전북대학교 공업기술연구소, 1994.

배주성·박춘혁·조기성·이진휴, 『갈마교 안전도 검사보고서』, 전북대학교 공업기술연구소, 1995.

배주성·이규원·최길열·정영채·유희중·조기성·이병석, 『경포교 안전진단 연구보고서』, 대한토목학회, 1995.

배주성·박춘혁·조기성·이규원·이진휴, 『교량안전도 검사보고서(용은교 外 11개교)』, 전북대학교 공업기술연구소, 1995.

배주성·조기성·임정환·이병석, 『내장산~칠보 간 도로확장 및 포장공사(6차분) 안전점검 보고서』, 대한토목학회, 1995.

배주성·박춘혁·이병석,『무주리조트 내 사면 및 토목구조물 안전진단 보고서』, 전북대학교 공업기술연구소, 1995.

배주성·박춘혁·조기성,『삼천교 안전도 검사보고서』, 전북대학교 공업기술연구소, 1995.

배주성,『전주권 광역쓰레기 매립장 조성 공사의 우수 BOX 저판 콘크리트에 대한 품질실험』, 전북대학교 공업기술연구소, 1995.

배주성·이병구·임정환·조기성·김유성,『전주~금구 간 도로확장 및 포장공사(2차분 3차년도) 안전점검 보고서』, 대한토목학회, 1995.

백창식, 금강유역의 증량산량과 물수지, 연세대학교 교육대학원 석사학위논문, 1977.

선우중호 外 6인,『소양강 다목적댐 운영평가 및 수문학적 재설계』, 한국수자원공사, 1995.

宋浚泰, 古都 全州의 歷史景觀 再構成에 관한 연구, 전북대학교 석사학위논문, 1991.

申承翼, 錦江蛇行의 水理幾何學的 特性 및 流量과의 相關性, 홍익대학교 석사학위논문, 1990.

安相鎭, 금강 수계의 부유 유사량의 산정,『충북대논문집』6, 1972.

安相鎭, 금강 유역의 수자원 개발 방향에 대하여,『물의 과학』6-2, 한국수문학회, 1973.

安相鎭, 금강 유역의 홍수피해에 관한 고찰,『충남대논문집』7, 1973.

安相鎭·尹龍男·姜琯沅, 錦江水系의 水理幾何學的 特性研究,『대한토목학회지』27-1, 대한토목학회, 1979.

安相鎭·尹龍男·姜琯沅, 錦江水系의 河川形態學的 特性 因子에 依한 渴水量 算定,『韓國水文學會誌』14-1, 한국수문학회, 1981.

安相鎭·金陽洙, 錦江水系의 蛇行特性,『韓國水文學會誌』15-1, 한국수문학회, 1982.

安相鎭 외 3인, 금강 수계의 미계측 지점에 관한 저수유량 측정,『건설기술논문집』9-2, 충북대학교, 1991.

安相鎭 외 3인, 금강 유역의 저수유출 특성,『건설기술논문집』3-1, 충북대학교, 1991.

安相鎭 외 3인, 금강 유역의 하천유지유량 산정,『한국수문학회지』24-1, 한국수문학회, 1991.

梁相鉉, 全州市 水理計劃에 대한 考察,『전북대논문집(자연과학편)』11, 1969.

梁相鉉, 全州市의 衛生工學的 特性에 관한 研究(1),『工學研究』5, 전북대학교 공업기술연구소, 1976.

梁相鉉, 全州市의 衛生工學的 特性에 관한 研究(2),『工學研究』6, 전북대학교 공업기술연구소, 1976.

梁相鉉,『새마을 簡易上水道 事業의 評價分析과 合理的 推進方案에 관한 研究 : 全北地方을 中心으로』(1977년도 문교부학술연구보고서), 전북대학교 공과대학, 1978.

梁相鉉, 새마을 簡易上水道 事業의 評價分析과 合理的 推進方案의 研究 : 全北地方을 中心으로,『전북대논문집(자연과학편)』24, 1982.

오동현, 관광자원의 유형별 이용실태 및 만족도 예측모델에 관한 연구 : 전주 완주지역을 중심으로, 전북대학교 석사학위논문, 1993.

吳允根, 錦江의 淺海潮汐에 관한 硏究, 성균관대학교 석사학위논문, 1986.

柳應敎, 全州圈 開發에서 全州市의 機能과 役割, 『國土와 建設』 23, 대한건설진흥회, 1986.

柳應敎, 龍潭댐과 全北地域開發, 『全銀調査』 5, 전북은행, 1989.

유학영, 호남·남해 고속도로 건설공사 현황과 전망, 『고속도로』 3-8, 1972.

尹正模·金起柱, 全州 上水道 用水의 流速에 따른 아연鍍金鋼板의 온도 溶解에 관한 연구 : 開放系에서 試片의 회전을 中心으로, 『한국부식학회지』 18-1, 한국부식학회, 1989.

尹鍾鳴, 龍潭댐 下流地域에서 河川維持流量의 算定, 충북대학교 산업대학원 석사학위논문, 1994.

李啓鶴·鄭永同·張智元·李晃球, 호남지방에 있어서 屈折係數에 관한 實驗的 硏究, 『韓國測地學會誌』 1-2, 한국측지학회, 1983.

이규원·배주성·조기성·이병석, 『금구~전주간 도로확장 및 포장공사(3차년) 안전점검보고서』, 대한토목학회, 1994.

이규원·이병석·배주성·조기성, 『내장산~칠보간 도로 포장공사 안전점검보고서』, 대한토목학회, 1994.

이규원·배주성·조기성·이병석, 『전주시 우회도로 3차공사(4차분) 안전점검보고서』, 대한토목학회, 1994.

이규원·송기범·배주성·정영채·유희중·김학수·임정환, 『남평교외 5개교 교량 안전도 검사 연구보고서』, 전북대학교 공업기술연구소, 1995.

이규원 外 6인, 『삼례교 안전진단 보고서』, 대한토목학회, 1995.

이규원 外 6인, 『오정교 안전도 검사보고서』, 전북대학교 공업기술연구소, 1995.

이규원 外 5인, 『용동교 안전도 검사보고서』, 대한토목학회, 1995.

이규원 外 6인, 『일남교 및 고남교 안전도 검사보고서』, 대한토목학회, 1995.

이규원·정형식·이승호, 『전라선 2공구 슬치터널 콘크리트 2차라이닝에 대한 안전성조사 연구보고서』, 대한토목학회, 1995.

李明雨, 『자연공원의 환경분석 및 용도지역 설정을 위한 전산 환경 정보 체계의 수립과 적용』, 전북대학교, 1993.

李炳求·安元植, 全北地域 月降雨量의 模擬發生에 관한 연구, 『공업기술개발연구지』 2, 원광대학교, 1982.

이상돈, 共同住宅에서의 Privacy와 近隣交際에 關한 硏究 - 全州市 '아파트'團地를 中心으로, 전남대학교 석사학위논문, 1985.

李良相, 우리나라 西南海岸 海成粘土의 剪斷特性에 관한 연구, 중앙대학교 건설대학원 석사학위논문, 1993.

이재형·이동주, 용담댐과 전주권 용수수요 및 공급, 『도시및환경연구』 4, 전북대학교 도시및환경연구소, 1989.

이재형 · 전일권 · 황만하 · 조기태, 『섬진다목적댐 ’94홍수기 유량측정 보고서』, 전북대학교 공업기술연구소, 1994.

이재형, 『섬진강 다목적댐 ’95 홍수기 유량측정』, 한국수자원공사, 1995.

李正圭, 全州地方 月別 水文學的 特性에 관한 연구, 『工學研究』 6, 전북대학교 공업기술연구소, 1976.

李正圭, 河口의 海水의 鹽度變動에 관한 研究 : 群山外港 부근을 中心으로, 『대한토목학회논문집』 1 - 1, 대한토목학회, 1981.

이종각, 금강 수계에 대한 최대 홍수량 공식에 관한 연구, 『대전공업고등전문학교논문집』 3, 1967.

印正得, 全州 都市 街路網과 商街變遷에 關한 研究, 전북대학교 석사학위논문, 1985.

林炳大, 全州地方의 降雨特殊性에 對한 研究, 조선대학교 석사학위논문, 1968.

장명수 · 유응교 · 채병선, 『전주 광역도시권 설정에 관한 기본구상』, 전주시, 1994.

張憲德, 益山 王宮里遺蹟의 金堂復元 計劃에 關한 研究, 홍익대학교 환경대학원 석사학위논문, 1994.

全皓遠, 錦江의 支配流量 算定에 關한 研究, 건국대학교 산업대학원 석사학위논문, 1989.

정재훈, 傳統 伽藍造景에 관한 연구 : 益山 彌勒寺址를 중심으로, 한양대학교 환경대학원 석사학위논문, 1991.

鄭鐘安, 錦江의 水理幾何에 關한 研究, 건국대학교 산업대학원 석사학위논문, 1993.

趙成祐, 섬진강 流域의 降雨特性에 關한 研究, 경희대학교 석사학위논문, 1984.

池貞煥, 우리나라 西海岸 海灣形成의 平衡에 관한 연구, 건국대학교 석사학위논문, 1982.

陳昭範, 數値模型을 利用한 錦江河口의 潮汐現象 分析, 연세대학교 석사학위논문, 1991.

千得琰, 實相寺 三層石塔의 造形比에 關한 研究, 전남대학교 석사학위논문, 1980.

崔義鎔, 錦江流域의 低水流量 推定, 충북대학고 석사학위논문, 1991.

崔在喆, 西南海岸 海砂의 物理的 性質에 관한 연구, 건국대학교 산업대학원 석사학위논문, 1990.

崔興植, 錦江河口둑 建設 後의 水位變動 推定에 關한 研究, 서울대학교 석사학위논문, 1985.

韓國建設技術研究院, 『錦江流域洪水豫警報 基本設計 : 綜合報告書』, 건설부, 1988.

許浹, 錦江下流地域 低品質 잔 骨材를 利用하는 콘크리트의 力學的 特性에 關한 實驗研究, 청주대학교 산업대학원 석사학위논문, 1984.

洪淳明, 學校內外의 消音에 관한 研究 - 全北大學校 工科大學 건물을 中心으로, 전북대학교 석사학위논문, 1981.

黃義辰, 全州市 交通運營 改善方案에 관한 考察, 조선대학교 석사학위논문, 1989.

2) 건축학

姜奉辰, 南原 廣寒樓 實測報告,『建築』40, 대한건축학회, 1971.

姜奉辰, 전주 풍남문 實測報告,『建築』47, 대한건축학회, 1972.

금성종합설계사,『익산 미륵사지 서탑 실측 및 통합복원 보고서』, 금성종합설계사, 1979.

金東賢, 미륵사지 東塔의 復元設計를 위한 部材調査,『문화재』22, 문화재관리국, 1989.

김영문,『정주시 청소년 수련관 신축건물 구조안전진단 보고서』, 전북대학교 공업기술개발연구소, 1994.

김영문,『전북대학교 삼성문화회관 구조설계 안전진단보고서』, 전북대학술장학재단, 1995.

김용만, 南原 廣寒樓의 烏鵲橋 復元에 관하여,『한국정치학회』1 - 1, 1982.

金容濬·金秀璘, 농촌주택의 配置 및 平面形態 原型에 관한 연구 - 전북 내륙평야지역을 중심으로,『대한건축학회논문집』83, 대한건축학회, 1995.

盧載琡, 構造物 基礎로서 基礎地盤의 支持力(全州·裡里地區),『工學研究』5, 전북대학교 공업기술연구소, 1976.

박용석, 전북 오공리 공동마을의 民家 형식적 특성, 충북대학교 석사학위논문, 1988.

朴漢圭, 全北大學校 캠퍼스 플래닝에 關한 研究,『工學研究』7, 전북대학교 공업기술연구소, 1977.

박한규, 인문적 인자에 의한 금산사의 건축해석에 관한 연구,『건축학론』, 1987.10.

배귀용, 사진측량을 이용한 미륵사지 석탑복원 가능성에 관한 연구, 연세대학교산업대학원 석사학위논문, 1987.

새한建築文化研究所,『完州花巖寺實測報告書』, 문화공보부 문화재관리국, 1985.

蘇暘燮, 建築物 基礎沈下와 全北地域의 基礎設定에 관한 연구,『工學研究』7, 전북대학교 공업기술연구소, 1977.

蘇暘燮,『전주 하수종말처리장 구조안전성 평가에 관한 연구결과보고』, 전북대학교 공업기술연구소, 1995.

안경온·박선희, 전북 완주군의 민가에 관한 조사연구,『대한건축학회논문집』18, 대한건축학회, 1988.

柳應敎, 韓國 農村 定柱集村化 계획에 관한 연구 - 湖南 平野部의 新平集村化를 중심으로,『전북대논문집(자연과학편)』25, 1983.

柳應敎·鄭喆謨, 農村住居環境의 實態와 改善方向에 關한 研究 : 全北의 郡部를 事例로,『도시및환경연구』5, 전북대학교 도시및환경연구소, 1990.

유창균·조용준, 대학캠퍼스 시설 환경문제의 발생과정에 관한 연구 : 호남지방의 대학캠퍼스를 중심으로,『대한건축학회논문집』73, 대한건축학회, 1994.

李鍾純, 全北大學校 綜合計劃(Master Plan)에 關한 研究(Ⅰ),『전북대논문집(자연과학편)』19, 1977.

林永培, 彌勒寺址 西塔의 造形計劃에 대한 고찰,『대한건축학회지』21 - 75, 대한건축학회, 1977.
林永培, 한일 塔婆建築의 조형설계에 관한 연구 : 미륵사지 西塔과 法隆寺 오층석탑을 중심으로,『大韓建築學會誌』26 - 104, 1982.
張慶浩, 미륵사지 석탑 복원에 관한 일고찰,『考古美術』171 · 172합집, 한국미술사학회, 1986.
張明洙, 農村聚落의 最適規模에 關한 硏究,『대한건축학회지』17 - 52, 대한건축학회, 1973.
張明洙, 全北大學校 Campus Plan의 問題點 考察,『工學硏究』1, 전북대학교 공업기술연구소, 1973.
張明洙, 새마을運動에 있어서 集村化에 關한 硏究,『工學硏究』3, 전북대학교 공업기술연구소, 1975.
張明洙, 農村聚落 構造改善에 關한 硏究,『工學硏究』9, 전북대학교 공업기술연구소, 1979.
전라북도,『미륵사지 동탑 설계보고서』, 1990.
朱命綠, 彌勒寺址 西塔 實測記,『建築士』1990.10, 대한건축사협회.
진정 · 백옥, 近代化過程에 나타난 産業建築物의 建築的 特性에 關한 硏究 - 全北地方 精米所建築을 中心으로,『도시및환경연구』7, 전북대학교 도시및환경연구소, 1992.
洪光瑾, 全州市 韓屋保存地區의 建築的 特性에 관한 硏究, 서울대학교 석사학위논문, 1985.

3) 도시공학

建設部 편,『全州圈 廣域都市計劃』, 大韓國土計劃學會, 1968.
金鎭澈, 전주시 도심상가의 구조에 관한 연구,『지리학과 지리교육』6, 서울대학교, 1976.
金漢培 · 朴贊龍, 朝鮮王朝時代의 都邑景觀體系硏究(Ⅱ) : 全州府 晉州牧 公州牧을 中心으로,『韓國造景學會誌』29, 한국조경학회, 1987.
朴成吾, 全州市 東西貫通路 開設에 따른 CBD 內部構造 變化 및 成長에 關한 硏究, 서울대학교 석사학위논문, 1986.
宋制龍, 全州古都 官衙配置의 空間構成에 관한 硏究,『建築』144, 대한건축학회, 1988.10
宋制龍, 全州古都 官衙配置의 外部空間 構成에 관한 硏究, 전북대학교 석사학위논문, 1989.
楊秉舜, 전주의 도시문화 환경조성과 都市美 구현의 과제,『現代住宅』122, 현대주택사, 1986.
柳基翼, 全州市 랜드마크의 이미지를 中心으로 한 認知 및 選好特性에 關한 硏究, 전북대학교 석사학위논문, 1988.
柳應敎, 전주권 개발에서 전주시의 기능과 역할,『現代住宅』122, 현대주택사, 1986.

柳應敎·洪俊杓, 全州 都市構造의 變化 : 日帝時代,『도시및환경연구』5, 전북대학교 도시및환경연구소, 1990.

柳應敎·鄭喆謨, 地域均衡發展을 위한 都市體系의 합리적 設定方向 : 全北地域 事例를 中心으로,『도시및환경연구』6, 전북대학교 도시및환경연구소, 1991.

柳應敎·채병선 外 10인,『공원보호를 위한 주변 주거지역 용도세분 및 고도지구 지정에 관한 연구』, 전주시, 1995.

柳應敎·채병선 外 10인,『문화예술 관광도시 종합개발기본계획』, 전주시, 1995.

柳應敎 外 4인,『전북대학교 대학로 개설안 추진계획』, 1995.

柳應敎·채병선·정철모,『전주시 도심부 주차장 확장 및 주차정책 합리화방안에 관한 연구』, 전북경제사회연구원, 1995.

柳應敎·장명수·채병선·곽훈성·이문호·전병실,『전주 첨단영상산업단지 추진과 산·학·연 협력방안』, 과학기술정책관리연구소, 1995.

이상구, 전라도 지방 중심도시의 도시형태 형성의 사적 연구,『경기대논문집』26, 1990.

李洋宰, 裡里市 都市活動의 空間的 特性에 관한 연구,『원광대논문집』19, 1985.

李洋宰, 裡里市 貨物터미날의 最適立地 選定을 위한 研究,『원광대논문집(자연·가정·예체능계)』21, 1987.

李洋宰, 용담댐 건설에 따른 주민보상과 이주대책,『도시및환경연구』4, 전북대학교 도시및환경연구소, 1989.

李洋宰, 裡里市 都市活動의 立體的 立地性向에 관한 研究,『원광대논문집』24 - 2, 1990.

李洋宰·李昌鉉, 이리시 都市經濟活動의 特性에 관한 研究,『원광대논문집(자연·가정·예체능계)』26 - 2, 1992.

李俊英, 高層아파트團地 造成에 대한 計劃 및 規模 設定에 관한 研究 : 全州圈 共同住宅 實態分析을 중심으로,『全州工專論文集』18, 1993.

張明洙, 最近時의 都市設計理論에 관한 研究,『대한건축학회지』10 - 23, 대한건축학회, 1966.

張明洙, 市街地 路邊 商街 建物과 거기에 設置되는 Sign Board에 對한 연구(法令↔技術↔美),『전북대논문집(자연과학편)』11, 1969.

張明洙·朴漢圭, 全州市 都市計劃을 中心으로 한 地方都市의 問題點에 관한 考察,『전북대논문집(자연과학편)』11, 1969.

張明洙, 全州市 都市形態中 古典要素의 抽出과 保存에 관한 연구,『대한건축학회지』16 - 46, 대한건축학회, 1972.

張明洙, 全州 古典都市에 都市計劃이 끼친 影響,『전북대논문집(자연과학편)』17, 1975.

張明洙, 全州圈에 있어서 全州의 機能과 그 開發方向,『지역개발 세미나 논문집』, 1975.

張明洙, 全州市의 住宅建立에 따르는 合理的 土地利用 研究,『工學研究』6, 전북대학교 공업기술연구소, 1976.

張明洙,『都市와 地域開發』, 昶學社, 1977.

張明洙, 都市 주거환경의 문제와 그 개선방안『주택금융』54, 한국주택은행, 1979.

張明洙, 全州 群山 裡里 3市의 機能분담에 關한 考察,『工學硏究』10, 전북대학교 공업기술연구소, 1980.

張明洙, 都市開發 行政에 關한 市民意識構造 考察,『工學硏究』11, 전북대학교 공업기술연구소, 1981.

張明洙, 주거환경에 있어서 都市계획과 주택문제,『주택』41, 대한주택공사, 1981.

張明洙, 지역개발에서 도시기능의 역할에 관한 연구, 전북대학교 박사학위논문, 1981.

張明洙, 都市計劃과 地域개발계획,『都市問題』17 - 1, 1982.

張明洙, 都市計劃의 민주화는 주민참여로부터,『都市정보』1 - 6, 1982.

張明洙, 地域開發에서 都市機能의 役割에 關한 硏究,『전북대논문집(자연과학편)』24, 1982.

張明洙, 地域開發을 위한 한국都市機能 集中度 분석에 관한 연구,『충남대논문집』6 - 1, 1983.

張明洙 외 1인, 전주 도시공간구조 변화에 관한 연구,『대한건축학회 추계학술발표회 논문집』5 - 2, 1985.

張明洙, 全州의 建築과 都市,『공간』213, 공간사, 1985.

張明洙 외 1인, 都市시각구성요소로서 건물외관의 전통성 재현에 대한 연구,『도시및환경연구』2, 전북대학교 도시및환경연구소, 1987.

張明洙, 都市 再開發의 方向은 이대로 좋은가?,『現代住宅』12 - 5, 현대주택사, 1987.

張明洙, 문화적 측면에서 본 지방都市 활성화 방안,『都市問題』22 - 8, 1987.

張明洙 외 1인, 전주시 랜드마크의 인지특성에 관한 연구,『대한건축학회 추계학술발표회 논문집』7 - 2, 1987.

張明洙·柳應敎·오인석·유기익, 전주 도시 스카이라인 형성을 위한 가로변 건축물의 고도설정에 관한 연구,『도시및환경연구』3, 전북대학교 도시및환경연구소, 1988.

張明洙·柳應敎·김시진, 도시 Open Space 체계확립에 관한 연구 - 남원의 행정적 계획의 보완을 중심으로,『도시및환경연구』4, 전북대학교 도시및환경연구소, 1989.

張明洙, 전북지역 발전과 용담댐 건설의 기본방향,『도시및환경연구』4, 전북대학교 도시및환경연구소, 1989.

張明洙·宋浚泰, 古都 全州의 歷史景觀 再構成에 關한 硏究,『도시및환경연구』5, 전북대학교 도시및환경연구소, 1990.

張明洙, 2천년대 전북의 이상도시 계획,『월간전라』1990년 1월호, 1990.

張明洙,『全北地域 開發構想』, 신아출판사, 1991.

張明洙 외 2인, 地域개발에 있어서 개설도로의 경제적 분석에 관한 연구,『大韓國土·都市計劃學會論文集』26 - 1, 대한국토·도시계획학회, 1991.

張明洙 외 2인, 도시 소공원개발 방안에 관한 연구,『대한건축학회전북지부 논문집』4 - 1, 1992.

張明洙, 도시 주거환경의 개선방안,『계간 감사』30, 감사원, 1992.

張明洙 외 1인, 보행자공간의 정비 활성화에 관한 연구,『도시및환경연구』7, 전북대학교 도시및환경연구소, 1992.

張明洙, 서해안지역의 대규모 프로젝트 현황과 도시개발 정책,『都市問題』27 - 285, 1992.

張明洙, 전북 신산업지대 조성방안,『전주상공』100, 전주상공회의소, 1992.

張明洙 外, 地方都市 發達에 따른 市街地 交通整備方案에 關한 基礎的 研究 : 全州市를 中心으로,『도시및환경연구』7, 전북대학교 도시및환경연구소, 1992.

張明洙, 한중수교와 서해안의 도시발전 방향,『都市問題』27 - 288, 1992.

張明洙, 성곽도시 전주에 있어 성곽과 상업공간의 구조적 변천에 관한 연구,『일본도시계획학회 학술논문집』28, 1993.

張明洙, 全州의 傳統文化遺産과 都市開發의 調和方向,『都市問題』301, 1993.

張明洙, 朝鮮時代 都市計劃 特徵에 관한 研究 : 全州 城郭都市를 中心으로,『大韓國土 · 都市計劃學會誌』28 - 3, 대한국토 · 도시계획학회, 1993.

張明洙, 지방도시의 경관적 미학,『자치행정』66, 1993.

張明洙, 성곽도시 전주에 있어 도시공간구조의 변화에 관한 연구,『일본도시계획학회 학술논문집』29, 1994.

張明洙,『城郭發達과 都市計劃研究 : 全州府城을 中心으로』, 學研文化社, 1994.

張明洙, 전주부성의 역사적구조 변천과 근대도시계획의 대응에 관한 연구, 日本東京大學 大學院 박사학위논문, 1994.

정태섭,『관촌도시계획시설(유원지) 변경결정 환경성 검토』, 임실군, 1994.

정태섭,『정주시 공설묘지 조성에 따른 환경성 검토』, 정주시, 1994.

朱鍾元 · 李京贊, 都市內 筆地體系의 變化特性에 관한 研究 : 全州市를 中心으로,『大韓國土 · 都市計劃學會誌』66, 대한국토 · 도시계획학회, 1992.

4) 하해공학

김경수, 금강유역의 월 유출량 산정,『군산수산전문대학연구보고』28, 1993.

김경수, 전주권 용수 수요에 대한 고찰(I),『군산대논문집』21, 1994.

金煥起 外, 高敞地域 農業用水源의 水質特性에 關한 研究,『도시및환경연구』7, 전북대학교 도시및환경연구소, 1992.

서승원, 금강하구둑 건설로 인한 조석체계 변화 모의,『한국수자원학회 학술발표논문집』, 1996.

李大澈, 萬頃江水系의 流域特性과 流量과의 相關性 研究,『대전공업고등전문대논문집(인문 · 자연계)』24, 1979.

이동주, 韓國의 西海에 있어서 各港의 潮位의 Pearson分布에 관하여,『군산수산전문대학 연구보고』16 - 3, 1982.

이동주·이재형, 금강유역 호우의 환상스펙트럼 추정,『工學硏究』20, 전북대학교 공업기
　　술연구소, 1989.
이동주·이재형, 龍潭댐과 全州圈 用手需要 및 供給,『도시및환경연구』4, 전북대학교 도
　　시및환경연구소, 1989.
이동주·박영기, 錦江河口 海域의 潮汐模型 解析,『군산수산전문대학연구보고』28, 1993.
이재형·박영기, 금강하구의 부유사 거동에 관한 연구,『工學硏究』19, 전북대학교 공업기
　　술연구소, 1988.
이재형·황만하, 섬진강 하류부의 수위·유량 관계,『한국수문학회지』7 - 4, 한국수문학
　　회, 1994.
이재형·황만하·김경수·전일권, 전주권 저수지의 물 收支 분석,『도시및환경연구』9, 전
　　북대학교 도시및환경연구소, 1994.
이재형·황만하·김경수·전일권, 전주지역의 공업용수 수급에 관한 연구,『도시및환경연
　　구』9, 전북대학교 도시및환경연구소, 1994.
장기환, 부안다목적댐 건설,『土木』182, 1995.
장인규·이동주, 韓國西海港의 潮位計劃水面에 관하여,『군산수산전문대학연구보고』20
　　- 1, 1986.
장인규, 錦江河口의 堆積土에 대한 연구,『水産科學硏究所硏究報告』3, 1987.
崔秉昊, 錦江河口의 水理現狀,『港灣』37, 1990.
崔秉昊, 錦江河口의 海岸開發,『港灣』40, 1990.
韓相昱, 錦江河口둑 締切工事,『한국수문학회지』22 - 2, 한국수문학회, 1989.

5) 기타

건설부 편, 동진강지역 종합개발계획의 개요,『건설』2, 1963
건설부 편,『群山·西海岸 地域建設綜合計劃調査報告書』, 1966.
건설부,『금강유역 조사사업보고서』, 1971.
건설부,『錦江河川整備基本訂劃』1 - 1, 1 - 2, 2 - 1, 2 - 2, 1974.
건설부,『낙동강 및 금강유역 홍수유출분석조사 보고서』, 1974.
건설부 편,『湖南 및 南海高速道路 周邊地域 土地分類調査』, 1975.
건설부 편,『兩水 南原 靈光地域의 土地分類調査』, 1979.
건설부 편,『土地分類調査(13) : 南原地域』, 1980.
건설부 편,『錦江(甲川·柳等川)河川整備基本計劃 報告書』, 1985.
건설부,『錦江河床變動調査報告書』, 1985.
건설부 편,『智異山國立公園計劃 : 要約』, 1987.
건설부 편,『錦江水系綜合整備計劃』1~2, 1938.
건설부,『東津江(井邑川)河川整備基本計劃』, 1988.

건설부 편,『東津江河床變動調査報告書：東津江・院坪川・古阜川』, 1989.
建設部 錦江洪水統制所 편,『錦江水系 洪水量測定調査報告書』, 1991.
建設部 錦江洪水統制所 편,『錦江水系 洪水量測定調査報告書』, 1992.
建設部 錦江洪水統制所 편,『錦江水系 洪水量測定調査報告書』, 1993.
건설부 산업기지개발공사,『錦江流域調査報告書』, 1979.
建設部 漢江洪水統制所,『錦江流域流量測定調査報告書』, 1989.
建設部 漢江洪水統制所,『錦江洪水豫警報 프로그램開發 最終報告書』, 1989.
建設部 漢江洪水統制所,『錦江洪水豫警報 프로그램說明書』, 1989.
건설부 한국수자원개발공사,『금강유역개발자원 조사보고서』, 1972.
건설부 한국수자원개발공사,『금강유역 조사사업 우선개발댐 기본계획 조사보고서』, 1972.
건설부 한국수자원공사 편,『동진강유역 조사보고서』, 1988.
慶尙南道 智異山開發對策委員會,『智異山地域開發 調査報告書』, 1965.
군산외항건설사무소,『군산외항 공사지』, 군산외항건설사무소, 1980.
群山港建設事務所 편,『錦江河口水理現象調査報告書』, 1985.
群山港建設事務所 편,『錦江河口水理現象調査研究：浮遊砂의 數値實驗』, 1989.
群山港建設事務所 편,『錦江河口水理現象調査報告書』1~6, 1989.
群山港建設事務所 편,『群・長新港灣北側導流堤實施設計報告書』, 1990.
群山港建設事務所 편,『現地調査報告書(1)：水深測量地層探査 및 地質調査』, 1990.
群山港建設事務所 편,『現地調査報告書(2)：水理現象調査』, 1990.
群山港建設事務所 편,『群山港物揚場築造工事實施設計用役 報告書』, 1991.
群山港建設事務所 편,『錦江河口水理現象調査報告書』, 1991.
群山港建設事務所 편,『群・長新港灣南側導流岸壁築造工事實施設計用役報告書』,
　1992.
群山港建設事務所 편,『群・長新港灣南側導流堤築造工事實施設計用役報告書』, 1992.
群山港建設事務所 편,『群・長新港灣南側岸壁築造工事實施設計用役報告書』, 1992.

（3）운수공학

建設部,『全州圈地域 物動量調査』1~3, 1981.
安商燮, 東津江 橋梁 安全度 調査,『鐵道施設』5, 대한철도기술협력회, 1982.
유웅교・박창선, 전주시 도심부 주차장의 효율적인 관리 운영방안에 관한 연구,『도시및환
　경연구』9 - 1, 전북대학교 도시및환경연구소, 1994.

（4） 전기공학

김동용 외 2인, 전북지역 종합전산망 구축을 위한 기본계획에 관한 연구,『회로 및 시스템
　연구회 합동학술연구발표논문집』2, 1989.
趙英柱, 全州 - 裡里 - 群山間 市內 PEF - P케이블 建設 工事計劃에 關하여,『전기통신기
　술』4 - 2, 1967.
한국전기통신공사,『全北電氣通信沿革錄』, 1989.

（5） 원자력공학

盧鈑愚 外, 전북지방의 방사능자원탐사,『전북대문리과대학논문집』2, 1975.

（6） 화학공학

田昌培, 湖南 에틸렌 參與의 意義와 展望,『大林』49, 1979.
허남칠, 한국 서해안에서 어획된 어류중의 유해성 중금속 함량에 관한 연구, 조선대학교
　산업대학원 석사학위논문, 1988.

（7） 식품공학

權涌周, 全州 地方産 사과의 化學成分에 관한 연구(2),『전북대농대논문집』7, 1976.
文範洙·吉泰燮,『加工食品에 出現하는 害蟲類의 生態調査 : 湖南地方을 中心으로 한
　菓子害蟲類의 實態』(1978년도 문교부학술연구보고서), 원광대학교, 1978.
梁熙天·權涌周·金中晩, 全州 地方産 사과의 化學成分에 관한 연구(1),『전북대농대논
　문집』7, 1976.
李榮蘭, 전북 고창지방의 장아찌에 관한 연구, 전주대학교 석사학위논문, 1991.
趙漢玉 外 4人, 全羅北道 地方의 傳統 고추장의 製造法 調査와 成分,『한국농화학회지』
　24, 한국농화학회, 1981.

（8） 금속공학

金起柱, 全州 상수도수의 流速 및 溫度가 아연 도음강板의 부식에 미치는 영향,『한국부

식학회지』 17 - 2, 한국부식학회, 1988.
元國光, 전주도금기술 1~3,『綜合技術情報』 30~32, 1990.

（9） 제지공학

김춘영·임제빈, 전북지방의 한지공장의 실태조사 및 개선방안,『工學研究』 8, 전북대학교 공업기술연구소, 1978.
裵暎奎, 全北 韓紙工業에 對한 考察,『社會生活科緣友會報』 3, 이화여자대학교 사범대학, 1961.
吳成龍·崔鍾萬, 韓紙의 特性開發에 關한 研究 : 全州 韓紙를 中心으로,『研究月報』 204, 全北敎育研究院, 1986.
全哲, 韓紙의 뿌리를 찾아서(12) : 全北地方의 韓紙工業 實態調査 및 育成策에 관한 研究,『製紙界』 206, 한국제지공업연합회, 1989.
全哲, 전북지방의 닥나무와 한지생산의 고찰과 현지산업의 육성방안,『원광대논문집』 31 - 2, 1996.
조형균, 韓紙의 뿌리를 찾아서(15) : 제2회 全州地方篇(上),『製紙界』 213, 한국제지공업연합회, 1990.
조형균, 韓紙의 뿌리를 찾아서(17) : 제2회 全州地方篇(下),『製紙界』 215, 한국제지공업연합회, 1990.

（10） 환경공학

강진석, 고창지역 농업 용수원의 수질특성에 관한 연구, 전북대학교 환경대학원 석사학위논문, 1993.
고찬영, 도시고형 폐기물의 관리와 수거 시스템에 관한 연구 : 김제시를 중심으로, 전북대학교 환경대학원 석사학위논문, 1992.
高昌鉉, 湖南地方의 公害對策에 관한 연구,『조선대종합논문집』, 1975.
具滋健, 서해안 개발에 따른 금강 수질오염도 추계, 연세대학교 보건대학원 석사학위논문, 1990.
權文先, 全州市 都市下水와 工團廢水의 混合處理에 關한 研究, 전북대학교 석사학위논문, 1983.
權炳彩, 금강 광역 상수원 수질오염과 전주시 상수에 관한 연구, 전북대학교 환경대학원 석사학위논문, 1989.
權鍾煥, 전주시 도시쓰레기 배출 특성과 처분에 관한 연구, 전북대학교 환경대학원 석사학위논문, 1990.

吉奉燮, 全州 工業團地 周邊의 植生,『環境科學硏究誌』1, 원광대학교, 1992.

김기환·이기완·박종환, 전주시 도시쓰레기의 처리를 위한 기초연구,『도시및환경연구』 4, 전북대학교 도시및환경연구소, 1989.

金南松, 淡水魚의 重金屬 含量에 關한 硏究 - 萬頃江을 中心으로, 전북대학교 석사학위 논문, 1988.

김대현, 전라북도 쓰레기관리 현황 및 장래 쓰레기매립장 선정에 관한 연구, 전북대학교 환경대학원 석사학위논문, 1991.

김병용, 全州地方의 酸性雨에 관한 조사 및 예측 연구, 전북대학교 환경대학원 석사학위 논문, 1990.

김성회·이우진, 금강 수계 수질오염에 관한 조사 - 그 實態를 中心으로,『공주교대논문 집』8 - 2, 1971.

김영식, 금강유역의 수질에 관한 연구,『숭전대논문집(자연과학편)』6 - 2, 1976.

金榮植, 群山 工業地域의 TCM 模型을 適用한 大氣質 低減方案에 關한 硏究, 서울대학 교 보건대학원 석사학위논문, 1990.

金禮僑, 錦江中流部 水質評價 및 BOD 豫測, 한양대학교 환경대학원 석사학위논문, 1989.

김옥배,『공업단지 주변토양의 중금속 오염에 관한 환경지질학적 연구 - 여천 공업단지와 전주 공업단지를 중심으로』, 한림원, 1995.

김옥배·김환기·정팔진·정태섭·이강수·김익수·길봉섭,『'95 용담다목적댐 건설사업 환경영향 조사』, 전북대학교 공업기술연구소, 1995.

金在奎, 大田都市 河川이 錦江汚染에 미치는 影響, 한남대학교 지역개발대학원 석사학위 논문, 1984.

金正國, 農工團地開發의 地域雇用效果에 관한 연구 : 全北地域 農工團地를 중심으로, 서 울대학교 환경대학원 석사학위논문, 1992.

김창희, 은파 유원지의 집단시설 및 주위환경 요인이 유원지의 수질과 농업용수에 미치는 영향, 전북대학교 환경대학원 석사학위논문, 1993.

김충배, 한국 서남해 연안 서식 패류중의 중금속 함량에 관한 조사 연구, 연세대학교 산업 대학원 석사학위논문, 1988.

김탁곤, 전북지역 약수 수질분석 연구, 전북대학교 환경대학원 석사학위논문, 1991.

김해수, 주거형태의 건립 특성에 따른 도시 공간구조의 변화에 관한 연구 : 전주시를 중심 으로, 전북대학교 환경대학원 석사학위논문, 1992.

김환기, 만경강 하류부의 수지에 관한 고찰,『전북대논문집(자연과학편)』14, 1972.

김환기, 전주시 수질오탁과 어류군집 변동에 관한 연구,『한국육수학회지』14, 한국육수학 회, 1975.

김환기, 전주시 수질오탁이 만경강 본류에 미치는 영향,『한국육수학회지』10 - 3 · 4합집, 한국육수학회, 1977.

김환기, 고농도 활성 슬러지에 의한 회분식 폐수처리 공정의 개발에 관한 연구, 전남대학교 박사학위논문, 1981.

김환기·김익수·조기주, 전주시 상관 상수도 수원지의 부영양화와 어류폐사, 『도시및환경연구』 3, 전북대학교 도시및환경연구소, 1988.

김환기, 『'94 용담다목적댐 건설사업 환경 관리조사』, 전북대학교 도시및환경연구소, 1994.

김환기, 『전주시 평화지구 토지구역정리 사업 환경영향평가서』, 전북대학교 공업기술연구소, 1994.

김환기 외, 五成貯水池의 富營養化 豫測에 關한 硏究, 『도시및환경연구』 9, 전북대학교 도시및환경연구소, 1994.

김환기·김태근·이영우, 남원시 생활하수가 요천 수질 오염에 미치는 영향에 관한 연구, 『도시및환경연구』 10, 전북대학교 도시및환경연구소, 1995.

김환기·이영동·김유성, 『익산시 제2공단 폐기물 매립장 시설공사 조사연구』, 익산시, 1995.

김환기·송호면·김진덕, 전북지역 농촌공업개발이 수질 환경에 미치는 영향에 관한 연구, 『도시및환경연구』 10, 전북대학교 도시및환경연구소, 1995.

羅德寬, 全州工團 廢水에 依한 全州川 下流部의 汚染에 關한 硏究, 『工學硏究』 10, 전북대학교 공업기술연구소, 1980.

나춘기·김선영·진서령·이무성·정재일, 전주지역 강수의 황동위 원소비와 대기 오염원의 추적자로서의 그 유용성, 『대한자원환경지질』 28, 1995.

文東然, 萬頃江流域 底質土의 重金屬 汚染에 관한 調査硏究, 전북대학교 환경대학원 석사학위논문, 1988.

문일석, 群山 TDI 공장 公害시비, 『옵서버』 24, 1991.

박경수, 전북지역 정호수 수질에 관한 연구, 전북대학교 환경대학원 석사학위논문, 1990.

박내만, 만경강 수계의 유기물 오염 특성에 관한 연구, 전북대학교 환경대학원 석사학위논문, 1993.

박명술, 전남북지역의 산성비 및 산성눈에 대한 연구, 조선대학교 산업대학원 석사학위논문, 1988.

朴承雲, 공간의 상품화가 지역의 사회형성에 미치는 영향에 관한 연구 : 지리산 주변지역을 사례로, 서울대학교 환경대학원 석사학위논문, 1994.

박용덕, 옥정호의 계절적 수질변동에 관한 연구, 전북대학교 환경대학원 석사학위논문, 1993.

朴容柱, 西海沿岸 海底質中의 重金屬 含量에 관한 調査硏究, 연세대학교 산업대학원 석사학위논문, 1992.

박정제, 군산시 상수원 수질오염도에 관한 연구, 전북대학교 환경대학원 석사학위논문, 1991.

박종갑·이민선·박민대·김이수·윤명조, 『섬진강(광양시지역)골재 채취 및 환경영향 평가서』, 동아기술공사, 1995.

배기수, 전주시 생활하수의 오탁부하량에 관한 연구, 전북대학교 환경대학원 석사학위논문, 1991.

徐奎石, 전라북도 서해연안 지질 및 패류의 중금속 오염에 관한 조사연구, 전북대학교 환경대학원 석사학위논문, 1989.

서승원, 萬頃江 干潮區間 水質의 動的模擬,『대한환경공학회지』13 - 4, 대한환경공학회, 1991.

石仁壽, 읍·면 상수도의 실태와 합리적 유지관리에 관한 연구 : 전북지역을 중심으로, 전북대학교 환경대학원 석사학위논문, 1994.

蘇起玉, 군산시 하수관리 특성에 관한 연구, 전북대학교 환경대학원 석사학위논문, 1990.

손동헌 外, 금강유역의 수질 및 어류중의 수은 함량,『약학논총』6, 중앙대학교, 1992.

宋時燁, 대아댐의 수질변동에 관한 연구, 전북대학교 환경대학원 석사학위논문, 1990.

安斗榮, 全州市의 環境汚染과 豫防에 關한 硏究 : 水質汚染을 中心으로,『전주교대논문집』16, 1980.

梁相鉉·尹燈鉉, 內藏山 觀光施設地區의 汚濁負荷가 內藏貯水池의 水質에 미치는 影響,『도시및환경연구』7, 전북대학교 도시및환경연구소, 1992.

오동훈, 향토 수종의 조경적 이용확대를 위한 기초적 연구 : 전라북도 지역을 대상으로, 전북대학교 환경대학원 석사학위논문, 1992.

오석훈·이건형, 금강하구의 수리 및 수질,『자연보전연구보고서』7, 1985.

오인석, 전주도시 스카이라인 형성을 위한 건축굴의 고도 설정에 관한 연구, 전북대학교 환경대학원 석사학위논문, 1988.

吳泰善, 전북지역 산업폐기물의 특성 및 처리대책, 전북대학교 환경대학원 석사학위논문, 1990.

원찬희 외 8명,『한솔제지 (주)장항공장 배출수가 인근어업과 김양식장에 미치는 영향 조사』, 연세대학교 산업기술연구소, 1994.

庾甲鳳, 錦江水質 및 淡水魚의 重金屬含量에 關한 硏究, 청주대학교 산업대학원 석사학위논문, 1986.

유능환, 금강유역의 지하 수질에 관한 연구, 충남대학교 석사학위논문, 1970.

유능환, 금강유역의 지하 수질에 관한 조사 연구,『대전실업고등전문학교논문집』2, 1971.

유두철, 정읍천 수질오염이 동진강 본류에 미치는 영향, 전북대학교 환경대학원 석사학위논문, 1993.

유병철·유선재·曺炷煥, 금강하구에 나타나는 황색 수색대의 환경특성,『韓國水産學會誌』27 - 1, 한국수산학회, 1994.

柳應敎 外, 全北地方의 大氣排出施設 現況과 效率的인 汚染防止 方案에 관한 硏究,『도시및환경연구』5, 전북대학교 도시및환경연구소, 1990.

유일수 外, 만경강유역 토양 및 농작물의 중금속 함량에 관한 조사연구,『대한보건협회지』

36, 대한보건협회, 1992.

윤등현, 내장산 집단시설 및 주변의 오락화가 정주시 상수도 수원에 미치는 영향, 전북대학교 환경대학원 석사학위논문, 1990.

이광우, 황해의 환경보전을 위한 국제협력연구의 현황과 전망, 『한국해양학회지』 28 - 4, 한국해양학회, 1993.

이교철, 전북지역 농촌 환경오염 실태분석, 전북대학교 환경대학원 석사학위논문, 1991.

李尙洙, ARIMA 모형을 이용한 금강의 장래 수질 예측에 관한 연구, 중앙대학교 석사학위논문, 1994.

李容源, 全州川의 水質汚濁 變動에 관한 調査研究, 전북대학교 환경대학원 석사학위논문, 1988.

이윤철·최성규, 황해에 있어서의 해양오염 방지를 위한 지역적 협력에 관한 연구, 『韓國航海學會誌』 36, 한국항해학회, 1992.

이정원, 용담댐 건설에 따른 수질 예측, 전북대학교 환경대학원 석사학위논문, 1991.

이정화, 금강 상류 수질의 월별 변화에 관한 연구, 『대전실업고등전문학교논문집』 2, 1971.

이정화, 금강하구의 流下土砂量과 수질 변화에 관한 연구, 『동양공업전문대논문집』 1, 1979.

이정화, 금강의 수질환경에 따른 담수어류의 분포조사 연구, 『동양공업전문대논문집』 6, 1984.

이종섭, 『서해연안 수질오염이 생물 생태에 미치는 영향』, 원광대학교, 1991.

이종섭 外, 전북지역 대기중의 중금속 함량에 관한 연구, 『원광대대학원논문집』 12, 1993.

이학재, 고산천과 전북농조 대간선 수로의 수질에 관한 연구, 전북대학교 환경대학원 석사학위논문, 1993.

李孝桂, 우리나라 都市 河川의 現況과 問題点 - 全州市를 中心으로, 『都市問題』 130, 1977.

林秉順, 錦江流域의 淡水魚中 重金屬含量 研究, 고려대학교 석사학위논문, 1980.

任齊彬·崔圭滿, 정읍천의 오염실태와 방지대책에 관한 연구, 『도시및환경연구』 4, 전북대학교 도시및환경연구소, 1989.

任齊彬·김병용, 大氣중의 酸性降下物에 관한 研究 : 全州地方의 酸性비에 관하여, 『도시및환경연구』 5, 전북대학교 도시및환경연구소, 1990.

任齊彬·원찬희, 全北地方의 大氣汚染特性에 관한 研究(1) : 오염농도와 WASHOUT 계수의 계산, 『工學研究』 22, 전북대학교 공업기술연구소, 1991.

任齊彬, 全北地方의 大氣汚染特性에 관한 研究(2) : 산성비에 관하여, 『도시및환경연구』 6, 전북대학교 도시및환경연구소, 1991.

任齊彬 外, 全北地方의 大氣汚染特性에 관한 研究(3) : 전주시의 분진농도에 관하여, 『도시및환경연구』 6, 전북대학교 도시및환경연구소, 1991.

任齊彬·高粲永, 都市 固形 廢棄物의 管理 시스템에 關한 研究 - 金堤市를 中心으로,

『도시및환경연구』 7, 전북대학교 도시및환경연구소, 1992.

任齊彬, 『전주시 소각로 건설사업 환경영향평가』, 전주시, 1994.

任齊彬·정태섭, 『순창군 운동장 도시계획시설 결정에 대한 환경성 검토』, 순창군, 1995.

任齊彬·이희보·송주훈, 전북지역 수도수 중 잔류 알루미늄에 관한 연구, 『도시및환경연구』 10, 전북대학교 도시및환경연구소, 1995.

任齊彬·정태섭·원찬희·권문선, 『전주시 소각로 건설에 관련한 환경영향 평가』, 1995.

장근조, 방사성 폐기물의 관리시스템에 관한 연구 : 전북지역 3개 종합병원을 중심으로, 전북대학교 환경대학원 석사학위논문, 1993.

張明洙, 地方都市의 쓰레기 處理에 關한 硏究 : 裡里市를 中心으로, 『工學硏究』 14, 전북대학교 공업기술연구소, 1983.

張明洙, 도시 주거환경의 개선방안, 『계간 감사』 30, 감사원, 1992.

전라북도, 『수질보전대책종합보고서 : 만경·동진·섬진·금강』, 1995.

全炳英·盧春尙, 裡里市의 交通騷音에 관한 調査, 『원광보전연구지』 7, 원광보건전문대학, 1984.

全州商工會議所 地域經濟硏究所 편, 『全北地域 産業廢棄物 實態分析과 處理方案에 關한 調査硏究報告書』, 1992.

전주지방환경관리청, 『95년도 전북지역 수질오염원 현황』, 1996.

鄭京募, 智異山地域 藥水의 水質에 關한 調査 硏究, 조선대학교 산업대학원 석사학위논문, 1994.

정수일, 全州·群山地域의 氣象特性이 大氣汚染에 미치는 影響에 關한 硏究, 한양대학교 환경대학원 석사학위논문, 1987.

정철웅, 용담댐 유역하천의 수질현황 및 댐 건설후 영양단계 예측, 전북대학교 환경대학원 석사학위논문, 1990.

정태석, 금강호 수질변동 및 예측에 관한 연구, 전북대학교 환경대학원 석사학위논문, 1991.

정태섭, 『군산 대우자동차 토취장 환경성 검토』, (주)대우건설, 1994.

정태섭, 『임실군 운동장 도시계획시설 결정 환경성 검토』, 임실군, 1994.

丁八鎭·권병채·허영덕, 금강 광역상수원 수질오염과 전주시 상수에 관한 연구, 『도시및환경연구』 4, 전북대학교 도시및환경연구소, 1989.

丁八鎭·丁鐵雄, 龍潭댐流域 河川의 水質現況 및 댐 建設 後 營養段階 豫測, 『도시및환경연구』 5, 전북대학교 도시및환경연구소, 1990.

丁八鎭·朴京洙, 全北地域 井水 水質에 관한 硏究, 『도시및환경연구』 5, 전북대학교 도시및환경연구소, 1990.

丁八鎭·박정제, 群山市 上水源 水質汚染度에 關한 硏究, 『도시및환경연구』 6, 전북대학교 도시및환경연구소, 1991.

丁八鎭·金鐸坤, 藥水 水質에 關한 分析硏究 - 全北地域을 中心으로, 『도시및환경연구』

6, 전북대학교 도시및환경연구소, 1991.

丁八鎭·姜潛翊, 淨水處理 實態에 關한 研究 - 全北地域을 中心으로,『도시및환경연구』
  6, 전북대학교 도시및환경연구소, 1991.

丁八鎭,『남원권 광역쓰레기 위생매립장 부지선정 타당성 조사보고서』, 남원시, 1994.

丁八鎭·조웅현·이영동,『수질보전대책 종합보고서(만경·동진·섬진·금강)』, 전북대학
  교 공업기술연구소, 1995.

丁八鎭·김민정·정진필,『전주 서신 2지구 사후 환경관리 환경영향 측정』, 전북대학교
  도시및환경연구소, 1995.

鄭憲俊·彭鍾仁, 錦江 水質變動에 關한 推計學的 研究,『대전보전논문집』9, 대전보건전
  문대학, 1988.

曺基生, 전주시 상관 상수도 수원지의 부영양화와 어류폐사, 전북대학교 환경대학원 석사
  학위논문, 1990.

조덕기 外, 우리나라 주요 도시의 대기청명도 평가,『태양에너지』14 - 2, 1994.

趙炳辰 外, 새萬金 干拓事業地區 淡水湖의 水質豫測,『환경보전연구소보』2, 경상대학
  교, 1994.

曺雄鉉·黃甲洙, 萬頃江 河口域 풀망둑어중의 重金屬(Cu Pb Cd)含量分布,『海洋開發研
  究』4 - 1, 군산대학교 해양개발연구소, 1992.

조철호, 전주 주변 정호의 위생학적 연구, 전북대학교 환경대학원 석사학위논문, 1990.

주우철, 전주시 발전에 따른 도시교통의 영향 및 대책에 관한 연구, 전북대학교 환경대학
  원 석사학위논문, 1993.

지동식, 錦江의 水質豫測에 關한 研究, 한양대학교 환경대학원 석사학위논문, 1988.

채수천, 전주시 대기중 부유분진 환경오염도 조사에 관한 연구, 전북대학교 환경대학원 석
  사학위논문, 1991.

崔圭寬, 甲川 水質汚染이 錦江本流에 미치는 影響 調査 研究, 한양대학교 환경대학원 석
  사학위논문, 1991.

최규만, 정읍천의 오염실태와 방지대책에 관한 연구, 전북대학교 환경대학원 석사학위논
  문, 1989.

최규철, 全州工團 廢水에 의한 全州川의 汚染과 對策, 전북대학교 석사학위논문, 1980.

최문술·심재환, QUAL - Ⅱ E 모델에 의한 만경강의 수질예측,『한국환경농학회지』10 -
  1, 한국환경농학회, 1991.

최문택, 삼천 수질오염이 전주천에 미치는 영향, 전북대학교 환경대학원 석사학위논문,
  1992.

최병한, 전북지방의 대기배출 시설현황과 효율적인 오염방지 방안에 관한 연구, 전북대학
  교 환경대학원 석사학위논문, 1990.

최병현, 금강 하류부 수질변동에 관한 연구, 전북대학교 환경대학원 석사학위논문, 1993.

崔承鎬, 錦江의 水質및 魚類의 重金屬含量 調査, 공주사범대학교 교육대학원 석사학위논

문, 1990.
崔龍奎, 금강의 수질, 어패류, 이끼 및 토양중의 중금속 함량 조사, 공주대학교 석사학위논
　문, 1993.
최윤근, 농어촌 정주 생활권 개발에 따른 주거환경의 개선 방안 : 고수면 성산마을을 중심
　으로, 전북대학교 환경대학원 석사학위논문, 1993.
최장진·유일수·황은희, 만경강의 수질오염도 조사 연구,『기초과학연구』5 - 1, 원광대학
　교 기초과학연구소, 1986.
한국과학재단,『만경강 수질오염이 유역 농작물 수중생물 및 주민건강에 미치는 영향 연
　구』, 1991.
韓鱗傳·洪春杓, 금강의 수질 및 어류의 중금속 함량 조사,『공주사대논문집』27, 1989.
韓鱗傳 外, 금강의 수질, 어패류, 이끼 및 토양중의 중금속 함량 조사,『과학교육연구』24,
　공주대학교, 1993.
한일석, 섬진강댐 유역의 수질오염 부하에 관한 연구, 전북대학교 환경대학원 석사학위논
　문, 1992.
許康瑞, 錦江流域의 水質·土壤 및 淡水魚中의 總水銀含量에 關한 硏究, 중앙대학교 석
　사학위논문, 1990.
環境廳 편,『'88 自然生態系 全國調査 제3차년도 1 - 2 : 全北의 綠地自然度』, 1988.
황갑수, 군산시와 전주시 음용수중의 Trihalomethane(THM) 생성 현황,『공학연구소논문집』
　2, 군산대학교, 1992.

(11) 정보통신공학

가영홍·황재정,『서해안 지역 개발에 따른 군산 고도 정보통신단지(Teleport) 구축』(통신
　학술연구과제), 1993.
곽훈성·고봉구,『전북대학교 종합전산망 구측에 관한 연구』, 전북대학교 전자계산소,
　1994.
金洪基, 호남지역 Computer Network의 설계 및 구현 방안에 관한 연구, 전남대학교 석사학
　위논문, 1986.
이문호,『전국토 기술지대망화 추진 구상에 관하여 - 전주 Art - technopolis를 중심으로』, 과
　학기술처, 1990.
이문호·박동선,『정보통신의 지방화 추진에 관한 연구 - 전북지역을 중심으로』('91 통신학
　술연구과제), 1991.
이문호,『전북의 정보네트 구축』('92 통신학술연구과제), 1993.
이상만·형성우,『전북지역 농업 농촌정보 시스템 구축에 관한 연구』, 전북대학교 통신개
　발연구원, 1994.

전칠환・양해권・고남영,『전북지역 중소기업 정보화의 현황과 추진방안에 관한 연구 - 이
리 수출자유지역 내 중소기업을 중심으로』('92 통신학술연구과제), 1992.
최병일, 지역정보체제를 위한 지역정보화 사회의 분석에 관한 연구 : 전북지역 정보화 사
회의 현황을 중심으로,『지역개발연구』1, 전주대학교 지역개발연구소, 1993.
최연성・김명철・전형원,『전북지역 정보산업의 현황과 활성화 방안 연구』('93 통신학연구
과제연구보고서), 1993.
한국정보문화센터 편,『전북지역 정보화 실태 및 수요조사』(한국정보문화센터 연구보고),
1992.

（12）산업공학

徐應河, 東津江流域의 平常時 流出量推定에 關한 硏究, 한양대학교 석사학위논문, 1979.
정병호, 전주지역 강수확률 예보의 평가,『工學硏究』22, 전북대학교 공업기술연구소,
1991.
許東寧, 西海岸地域 海成堆積土의 壓縮指數와 흙의 特性에 關한 硏究, 한양대학교 산업
대학원 석사학위논문, 1988.

（13）생명공학

오석홍・장광엽・양문식・최동성,『전북 생명공학 연구단지 조성에 대한 타당성과 추진방
향에 관한 연구』, 전북경제사회연구원, 1995.

（14）자원공학

김기주,『군산시 월명터널공구 암석의 강도특성에 관한 보고서』, 전북대학교 공업기술연
구소, 1995.
김기주,『전주권계통 광역상수도사업 암석강도 측정결과 보고서』, 전북대학교 공업기술연
구소, 1995.
김상엽・비숍 E.D., 전주 金鑛 追加報告,『USOM』7, 1964.
김상욱, 咸羅山附近 無煙炭地質 調査報告,『炭田地質調査報告』4, 1963.
김영석・김일중,『관촌 사선교 설치를 위한 안전조치 및 굴착공법』, 전북대학교 공업기술
연구소, 1995.
김영석・김일중,『군장지구 진입도로(장항측) 축조 및 포장공사의 시험발파』, 전북대학교

공업기술연구소, 1995.

김영석 · 김일중, 『병암터널 안전진단』, 전북대학교 공업기술연구소, 1995.

김영석 · 김일중, 『전주~소양 간 도로 확장 및 포장공사구간 암발파를 위한 안전조치 및 발파설계』, 전북대학교 공업기술연구소, 1995.

김영석 · 김일중, 『전주 아중지구 택지개발 공사구간 중 286 부럭 부근 아중 저수지 구조물에 대한 안전한 발파설계』, 전북대학교 공업기술연구소, 1995.

김영석 · 김일중, 『전주 아중지구 택지개발사업 시설공사 구간 암판정』, 전북대학교 공업기술연구소, 1995.

김철인 · 이원영, 西海海上 物理探査 報告, 『지질광물조사연구보고서』 2, 1974.

델리오 S.M · 김훈 · 정윤익, 『대야 鐵鑛山 조사보고서』, 1962.

박홍민 外, 全北地域의 石材資源 活用性 硏究 : 화강암 석재자원을 중심으로, 『한국자원공학회지』 123, 한국자원공학회, 1992.

裵二棟, 全北 益山地域의 花崗岩 採石場에 있어서 미소균열의 方向性에 관한 硏究, 전북대학교 석사학위논문, 1993.

徐東宇, 湖南炭座 坑道周壁의 彈性的 性質에 關한 硏究, 조선대학교 석사학위논문, 1978.

유공렬 · 김인빈 · 이정오, 전주 · 삼례지구 탄성파 탐사 연구보고, 『지질광물조사연구보고서』 1, 1973.

유의규 · 김인빈, 淳昌 · 玉果一帶 地質調査報告書, 『炭田地質調査報告』 6, 1966.

윤한상, 전북산 주물사에 대한 연구, 『전북대논문집(자연과학편)』 9, 1967.

이재하 · 이규택 · 이대철, 전북 산업용 무연탄에 관하여, 『전북대논문집(자연과학편)』 10, 1968.

丁一鳳, 湖南炭座의 岩石鑛物 및 地球化學的 硏究, 전남대학교 석사학위논문, 1988.

황인호, 砂金鑛床에 대한 地球化學 探査法의 適用性에 관한 硏究 : 金堤 砂金鑛床을 中心으로, 전북대학교 석사학위논문, 1989.

부록 : 全羅北道內 主要 定期刊行物 一覽

개정간호전문대 논문집	년간	개정간호전문대학
工技年譜	年刊	전북대학교 공업기술연구소
共産圈研究	年刊	전북대학교 공산권연구소
工業技術開發研究紙	年刊	원광대학교 공업기술개발연구소
工學研究	年刊	전북대학교 공업기술연구소
工學研究論文集	年刊	군산대학교 공학연구소
工學研究所論文集	年刊	전주대학교 공학연구소
科學敎育	年刊	전북대학교 과학교육연구소
科學敎育論叢	年刊	전북대학교 과학교육연구소
科學敎育研究論文集	年刊	전주교대 과학교육연구소
敎育論叢	年刊	전북대학교 교육대학원
敎育研究	年刊	원광대학교 교육문제연구소
國語國文學	年刊	전북대학교 국문학과
國語國文學研究誌	年刊	원광대학교 국어국문학과
군산대논문집	年刊	군산대학교
군산 실업전문대 논문집	年刊	군산 실업전문대학교
급변하는 사회·교회갱신	年刊	전주대학교 기독교 연구원
기전여자전문대논문집	年刊	기전여자전문대학교
基礎科學研究	年刊	군산대학교 기초과학연구
基礎科學研究紙	年刊	원광대학교 기초자연과학연구소
노령	隔月刊	전주문화원
農村副業問題研究	年刊	원광대학교 농촌부업문제연구소
農村社會研究	年刊	전북대학교 농촌사회연구소
都市 및 環境研究	年刊	전북대학교 도시 및 환경연구소
馬韓百濟文化	年刊	원광대학교 마한백제연구소
모악어문학	年刊	전주대학교 국어국문학과
貿易研究論文集	年刊	원광대학교 무역연구소
문화저널	月刊	전북문화저널
半導體物理 심포지엄	年刊	전북대학교 반도체물성연구소
백제예술전문대 논문집	년간	백제예술전문대학

法學研究	年刊	전북대학교 법학연구소
복음과 학문	年刊	전주대학교 기독교연구원
比較文化論叢	年刊	전주대학교 비교문화연구소
社會科學論叢	年刊	전주대학교 사회과학연구소
社會科學研究	年刊	전북대학교 사회과학연구소
社會思想研究	年刊	원광대학교 사회사상연구소
산경논총	년간	전주대학교 산업경영연구소
産經研究	年刊	원광대학교 산업경영연구소
産業開發研究	年刊	군산대학교 산업개발연구소
産業經濟研究所 論文集	年刊	전북대학교 산업경제연구소
産業技術研究所論文集	年刊	전주공업전문대학
生體安定性研究所論文集	年刊	전북대학교 생체안정성연구소
生活體育研究	年刊	원광대학교 생활체육연구소
水産科學研究	年刊	군산대학교 수산과학연구소
스포츠科學研究所 論文集	年刊	전북대학교 스포츠과학연구소
食品 藥品 安全性研究	年刊	원광대학교 식품약품안전성연구소
新素材 研究	年刊	전북대학교 신소재개발연구소
兒童福祉研究論文	年刊	우석대학교 아동복지연구소
藥品研究所譜	年刊	원광대학교 약품연구소
語學	年刊	전북대학교 어학연구소
語學研究	年刊	군산대학교 어학연구소
語學研究	年刊	전주대학교 어학연구소
言論文化研究 論文集	年刊	원광대학교 언론문화연구소
역사와 사회	年2回刊	채문연구소
예수간호전문대 논문집	년간	예수간호전문대학
藝術文化	年刊	전주대학교 예술문화연구소
옥천문화	년간	옥천향토문화연구소
완주문화	년간	완주문화원
우석대 논문집	年刊	우석대학교
우석어문	年刊	우석대학교 국어국문학과
원광	월간	원불교 원광사
원광대 논문집	年刊	원광대학교
원광대 농대논문집	年刊	원광대학교 농과대학
원광대 대학원논문집	年刊	원광대학교 대학원
원광보건전문대논문집	年刊	원광보건전문대학교
원광사학	年刊	원광대학교 사학과

圓光醫科學	年刊	원광대학교 의과학연구소
圓光韓醫學	年刊	원광대학교 한의학연구소
圓佛敎思想	年刊	원광대학교 원불교사상연구소
원불교 청년	隔月刊	재단법인 원불교 대표
월간 노령	月刊	(주) 노령신문
월간 전라	月刊	(주) 전라일보
遺傳工學硏究所譜	年刊	전북대학교 유전공학연구
익산 농공전문대 논문집	年刊	익산 농공전문대학교
익산문화	부정기	익산고적선양회
人文科學硏究	年刊	전주대학교 인문과학연구소
인문논총	年刊	우석대학교 인문과학대
人文論叢	年刊	전북대학교 인문과학연구소
自然科學硏究所紙	年刊	전주대학교 자연과학연구소
자치광장	月刊	(사) 전북의정연구소
自治行政	年刊	전주대학교 지역자치연구소
電氣電磁回路合成硏究所論文集	年刊	전북대학교 전기전자회로합성연구
全羅文化論叢	年刊	전북대학교 전라문화연구소
전라문화연구	年刊	(사) 전북향토문화연구회
전북대 논문집	年刊	전북대학교
전북대 농대논문집	年刊	전북대학교 농과대학
전북대 사대논문집(폐간)	年刊	전북대학교 사범대학
전북대 상대논문집(폐간)	年刊	전북대학교 상과대학
전북불교	년간	전북불교대학
전북사학	年刊	전북대학교 사학과
전북산업대논문집	年刊	전북 산업대학교
전북예술마당	月刊	사회단체 예술기획 예루 대표
전북예총	년간	한국예총 전라북도지회
전북예총	年刊	한국예총 전라북도지회
전북은행노보	年刊	전북은행
全北醫大論文集	年刊	전북대학교 의과학연구소
전북의정연구	월간	전북의정연구소
전북의회보	년간	전라북도 의회
전북행정학보	年刊	전북행정학회
電磁産業硏究	年刊	전북대학교 전자산업개발연구소
전주공업전문대논문집	年刊	전주공업전문대학교
전주대 논문집	年刊	전주대학교

전주대 대학원논문집	年刊	전주대학교 대학원
全州史學	年刊	전주대학교 전주사학연구소
情報産業研究	年刊	전북대학교 정보산업연구소
정읍문화	년간	정읍문화원
政策科學論叢	年刊	전주대학교 정책과학연구소
地方自治研究	年刊	전북대학교 지방자치연구소
地域開發論叢	年刊	전주대학교 지역개발연구소
地域開發研究	年刊	군산대학교 지역개발연구소
體力科學研究所紙	年刊	원광대학교 체력과학연구소
體育科學研究所論文集	年刊	우석대학교 체육과학연구소
初等教育研究	年刊	전주교대 초등교육연구소
畜産開發研究報告	年刊	전북대학교 축산개발연구소
齒大論文集	年刊	전북대학교 치의학연구소
統計研究	年刊	전주대학교 통계연구소
포커스 전북저널	月刊	포커스 전북저널사
학생생활연구	年刊	전북대학교 학생생활연구소
학생생활연구	年刊	전주대학교 학생생활연구소
韓國宗敎	年刊	원광대학교 종교문제연구소
海洋開發研究	年刊	군산대학교 개발연구소
鄕土文化研究	年刊	원광대학교 문화연구소
現代理念研究	年刊	군산대학교 이념연구소
現代美術研究	부정기적	군산대학교 미술연구소
호남사회연구	年刊	호남사회연구회
호남사회연구	年刊	호남사회연구회
湖南學研究	年刊	전주대학교 학연구소
環境研究노트	年刊	원광대학교 과학연구소

論著者索引

姜吉遠

延世大學校 史學科와 同大學院에서 공부하였으며,
全北大學校 人文大學 史學科長, 韓國史研究會幹事,
Universitario Orinentale Departmento Di Sui Asiatici
(Napoli, Italia)초빙교수였고, 현재 全北大學校 人文
大學 史學科 教授, 韓國民族運動史研究會 運營委
員, 全北大學校 全羅文化研究所長이다.

全北大學校開校50年紀念

全北研究論著目錄

姜吉遠

인쇄 · 1997년 2월 11일
발행 · 1997년 2월 18일

엮은곳 · 全北大學校 全羅文化研究所
　　　　560-756 전북 전주시 덕진구 덕진동 1가 664-14
　　　　전화 및 팩스 (0652) 70-3273

펴낸곳 · 도서출판 혜안
펴낸이 · 오일주
　　　　121-210 서울 마포구 서교동 326-26 102호
　　　　전화 (02) 3141-3711, 3712 / 팩스 (02) 3141-3710
　　　　등록 제22-471(1993. 7. 30)

ISBN 89-85905-37-6
값 20,000원